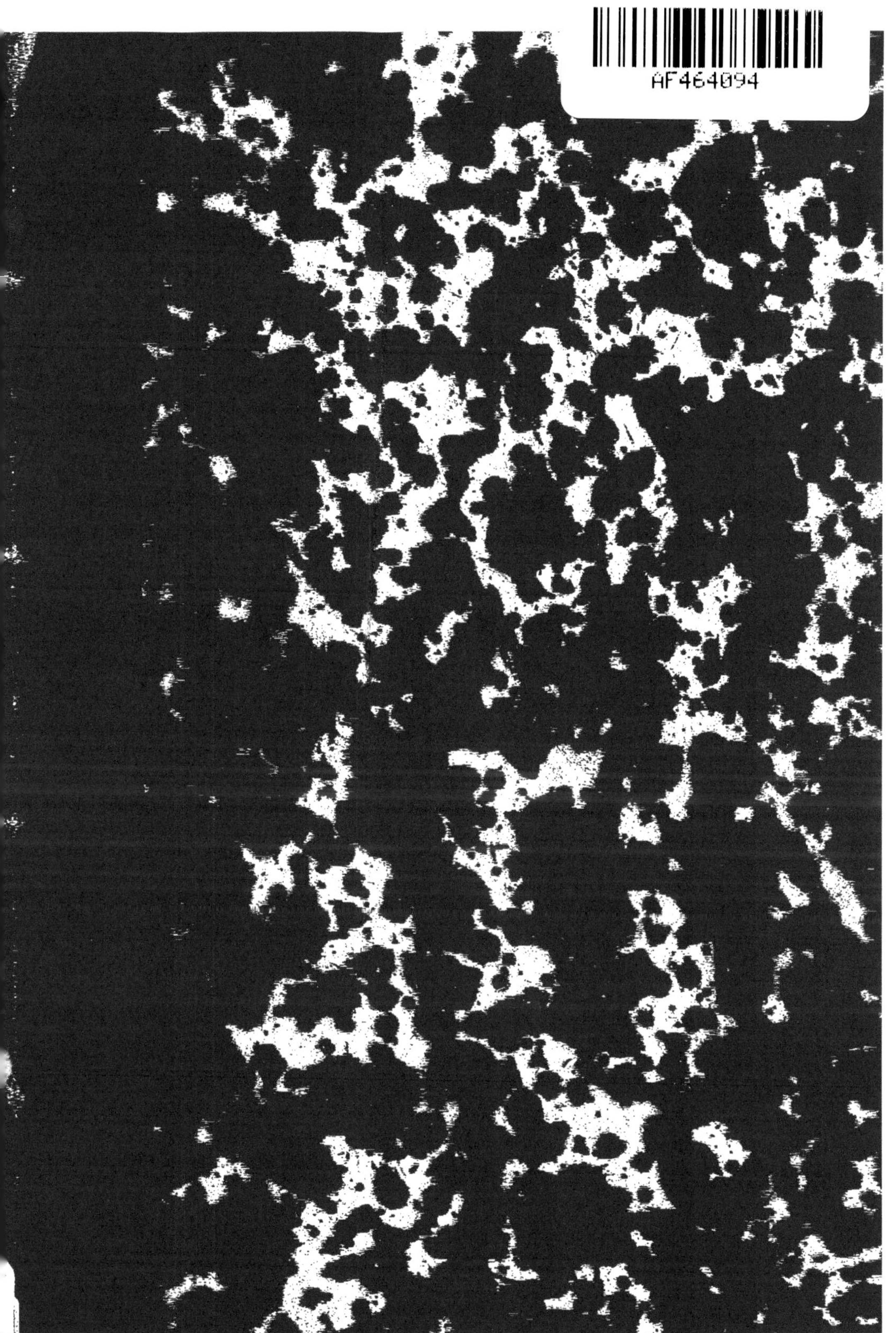

VOYAGES

EN AFRIQUE.

OUVRAGES DU MÊME AUTEUR:

VOYAGES AUTOUR DU MONDE, 2 vol. grand in-8.°

VOYAGES EN AMÉRIQUE, 2 vol. grand in-8.°

VOYAGES EN ASIE, 2 vol. grand in-8.°

LIMOGES ET ISLE,
IMP. MARTIAL ARDANT FRÈRES.

HISTOIRE PITTORESQUE

DES VOYAGES

EN AFRIQUE,

RECUEIL

DES RÉCITS CURIEUX, DES SCÈNES VARIÉES, DES DÉCOUVERTES SCIENTIFIQUES,

DES MŒURS ET COUTUMES

QUI OFFRENT UN INTÉRÊT UNIVERSEL,

EXTRAIT

DE ROBERTS, ANDRE BRUE, BRUCE, LEVAILLANT, VOLNEY,

CAMPBELL, ETC., ETC., ETC.

PAR L.-E. HATIN.

PARIS,
CHEZ MARTIAL ARDANT FRÈRES,
RUE HAUTEFEUILLE, 14.

LIMOGES,
CHEZ MARTIAL ARDANT FRÈRES,
RUE DES TAULES, 20.

1847.

VOYAGES

EN AFRIQUE.

PREMIÈRES EXPÉDITIONS.

L'Afrique est une région immense, située en grande partie entre les tropiques. Baignée de tous côtés par la mer, elle tient au continent de l'Asie par une langue de terre de vingt lieues, nommée l'isthme de Suez. L'intérieur du pays est peu connu ; il a toujours été difficile d'y pénétrer. Les sables brûlants, les déserts arides, des peuplades sauvages et inhospitalières, des chaînes de rochers qui traversent les fleuves et rendent la navigation impraticable, les influences du climat, tous les obstacles réunis ont long-temps découragé la curiosité et même l'avidité du voyageur et du commerçant. Ce n'est que depuis la fin du siècle dernier qu'il s'est rencontré des hommes assez intrépides pour affronter tous ces dangers, et dérober au prix de leur vie les secrets des déserts africains. Mais les côtes ont été fréquentées dans tous les temps, surtout la côte orientale qui regarde l'Inde, et qui est voisine de la mer Rouge, de ce golfe qui, par sa situation, semble fait pour rapprocher l'Afrique et l'Asie, et qui a dû toujours être le centre d'un grand commerce.

C'est de la mer Rouge que partirent, sous le règne de Nécao, les navigateurs phéniciens qui, au rapport d'Hérodote, firent en trois ans le tour de l'Afrique, et, après avoir parcouru l'Océan, revinrent en Égypte par le détroit de Gibraltar et la Méditerranée. Hannon et Himilcon firent aussi le même circuit depuis Gades jusqu'au golfe d'Arabie. Mais cette route, devenue depuis si facile et si commune pour les Européens, était alors un effort rare et pénible pour les peuples, qui ne pouvaient que suivre les côtes. Toute la partie occidentale d'Afrique, depuis Gibraltar jusqu'au cap de Bonne-Espérance, n'a été bien connue que depuis que les Portugais eurent doublé ce cap en allant aux Indes par mer.

Cependant plusieurs voyageurs, entre autres Vilhaut de Bellefond et Labat, prouvent, par les monuments qui subsistent encore en Afrique, que dès le milieu du quatorzième siècle, c'est-à-dire plus de cent ans avant les premières découvertes des Portugais, des marchands français de Dieppe, en suivant les côtes depuis Gibraltar, allèrent au Sénégal et jusqu'en Guinée, et formèrent des établissements sur la côte de la Malaguette, d'où ils rapportaient du poivre et de l'ivoire. On donne pour preuves de ces voyages les noms français qui se sont conservés dans ces contrées, où des baies s'appellent encore baies de France, où deux cantons sont encore nommés, l'un le Petit-Dieppe, l'autre le Petit-Paris. On ajoute que les tambours nègres battent encore une marche française. On avance enfin que le célèbre château de la Mina ne fut bâti par les Portugais que sur les ruines d'un ancien établissement français, qui avait été abandonné pendant les guerres civiles, ainsi que d'autres possessions à Cormentin et à Commendo. Mais il est difficile de croire qu'il soit resté si peu de traces d'une si grande puissance. Ce qui paraît prouvé, c'est qu'en effet les Normands, que leur situation a toujours portés au commerce de la mer, ont long-temps fréquenté les côtes d'Afrique, où ils eurent même quelques comptoirs, qu'après la mort de Charles VI nos guerres civiles firent abandonner. Il est du moins certain que, lorsque les Anglais, les premiers après les Portugais, firent quelques entreprises de commerce sur les côtes de Guinée, les Français paraissaient avoir oublié cette route, et ne s'y montrèrent que quelque temps après.

Nous ne pouvons suivre les premiers pas des Européens dans ces contrées. Les relations de ces tentatives commerciales ne méritent pas de nous arrêter, parce qu'on n'y trouve point ce qui rend les voyages intéressants, le tableau de la nature et des hommes. On y trouve cependant de loin en loin quelques anecdotes, quelques détails qui n'ont point encore vieilli, et que nous présenterons succinctement avant de suivre les voyageurs plus modernes dans leurs périlleuses explorations.

Héroïsme d'un vaisseau anglais. Horrible tempête.

Parmi ces premières relations il y en a une cependant si remarquable par de grands désastres et de grandes actions de courage, que nous ne croyons pas pouvoir l'omettre. C'est celle que le Hollandais Linschoten nous a laissée de l'héroïsme d'un vaisseau anglais. Il servait sur une flotte espagnole et portugaise qui était partie de Goa en 1589, et qui, en arrivant à la vue des Açores, y trouva un ordre de Philippe II de rester à l'ancre dans le port de Tercère, la plus forte de ces îles et la seule qui soit hors d'insulte. Cet ordre était l'effet de la crainte qu'inspiraient les Anglais. Leurs vaisseaux, croisant dans ces parages, attendaient le retour des flottes d'Espagne et de Portugal, qui, revenant des Indes plus chargées de richesses qu'elles n'en pouvaient défendre, devenaient souvent la proie d'un ennemi qu'elles avaient d'abord méprisé. L'ardeur des Anglais augmentant avec le gain, et leur courage se fortifiant de l'antipathie qui a toujours régné entre eux et les Espagnols, ces prises devinrent plus fréquentes, et il semblait que l'Espagne n'allât chercher si loin des trésors que pour enrichir les Anglais. Cette époque d'ailleurs, la fin du seizième siècle, est celle des disgrâces et de la décadence de l'Espagne, qui, par une fatalité singulière, perdit sa puissance en Europe au moment où elle venait d'acquérir le nouveau monde, et où les plus riches contrées de l'ancien, les Indes, passaient sous sa domination, par la réunion du Portugal à la monarchie espagnole. Les forces naissantes de la marine anglaise contribuèrent beaucoup à l'abaissement de cette vaste monarchie, et les historiens anglais regardent l'expédition de l'amiral Howard aux îles Açores, et le combat, quoique malheureux, du chevalier Richard Greenwill, l'un des capitaines de sa flotte, comme un des événements qui encouragèrent le plus les desseins de l'Angleterre sur les Indes, en lui faisant voir combien elle pouvait se rendre redoutable à ces mêmes ennemis dont elle avait craint l'ascendant.

Philippe II avait fait armer une puissante flotte pour protéger le retour des vaisseaux de l'Inde, et réprimer les courses des Anglais. A la vue de cette flotte nombreuse, l'amiral Howard, qui avait mouillé aux Açores avec six vaisseaux, se sentant trop inférieur en forces, prit le parti de s'éloigner à toutes voiles. Mais Greenvill, qui avait une partie de son équipage dans l'île de Flore, perdit un temps précieux à le faire rentrer dans son vaisseau. Déjà trop éloigné des siens pour espérer de les rejoindre avant d'être atteint par l'ennemi, on le pressa pourtant de couper son grand mât, et de s'abandonner à la mer avec toutes ses voiles. Cette ressource pouvait encore lui réussir; mais il la crut honteuse, et, déclarant qu'il aimait mieux périr que de se déshonorer par une fuite ouverte, il s'efforça de persuader à ses compagnons qu'il n'était pas impossible de s'ouvrir un passage au travers des ennemis. Cette résolution prévalut en un moment dans tout l'équipage, tant l'exemple d'un seul homme a quelquefois de pouvoir sur les autres. Les malades même (il y en avait quatre-vingt-dix sur son bord) oublièrent leurs infirmités pour se prêter à cette audacieuse entreprise.

On traversa effectivement plusieurs vaisseaux dans un espace si étroit, que la crainte de se nuire les uns aux autres ne leur permit pas de se servir de leurs canons. Mais *le Saint-Philippe*, vaisseau d'une grandeur démesurée, ayant le vent pour s'approcher, couvrit tellement celui des Anglais, que toutes leurs voiles demeurèrent tout d'un coup sans mouvement, comme dans le calme le plus profond. Cette prodigieuse masse, qui n'était pas de moins de quinze cents tonneaux, devint un obstacle insurmontable, et quatre autres vaisseaux espagnols s'étant avancés dans le même moment, Greenwill se trouva serré de si près, que son gouvernail même ne pouvait plus recevoir de mouvement. Dans cette situation, qui ne lui permettait pas d'éviter l'abordage, il déclara que son dessein était de se défendre jusqu'au dernier soupir. Les siens, partageant sa résolution, lui promirent tous de mourir les armes à la main. On vit commencer cet étrange combat d'un vaisseau contre une flotte. Les Espagnols du *Saint-Philippe* s'avancèrent d'abord avec peu de précaution, et moins préparés au combat qu'au pillage; mais ils reconnurent bientôt ce qu'ils avaient à craindre du désespoir. L'action dura quinze heures, avec un carnage si effroyable, qu'ils furent obligés de faire venir de leurs autres vaisseaux un renfort de soldats pour remplacer leurs morts et leurs blessés.

D'environ deux cents hommes sains ou malades, les Anglais en perdirent cent quarante, et quoique la poudre fût presque épuisée, les armes en pièces et le vaisseau presque abymé, le reste, couvert de sang et de blessures, rejetait encore toute ombre de composition, lorsque Greenwill fut blessé à la tête d'un coup de mousquet. Ce n'était pas le premier coup qu'il eût reçu; mais celui-ci le mettant hors de combat, il proposa aussitôt d'employer le peu de poudre qui lui restait à se faire sauter, ou d'élargir assez les ouvertures du vaisseau pour le faire couler à fond. Une partie de ses compagnons applaudirent à ce dessein; d'autres lui représentèrent qu'il ne pouvait sacrifier inutilement sa vie et celle du petit nombre de braves gens qui lui restaient sans offenser le Ciel et sans faire tort à la patrie. Le capitaine et le pilote embrassèrent ce sentiment. Ils lui firent espérer que les Espagnols ne seraient pas insensibles à la valeur, et qu'après avoir connu si parfaitement la sienne, ils le traiteraient moins en prisonnier qu'en héros. A l'égard du serment qu'il avait fait de ne point souffrir, tant qu'il lui resterait une goutte de sang, que son vaisseau pût être employé au service des ennemis de l'Angleterre, ils lui firent considérer que, dans l'état où ce bâtiment était réduit, il ne fallait plus craindre qu'il servît à personne. Greenvill parut sourd à toutes ces raisons. Il demandait à ceux qui voulaient ménager sa vie s'il ne valait pas mieux la perdre glorieusement que de la passer à la rame.

Mais, pendant ce débat, le pilote se fit conduire vers Alphonse Bacan, amiral de la flotte espagnole. Il lui déclara que, dans le désespoir où les Anglais étaient réduits, il ne fallait pas s'attendre à leur faire abandonner les armes sans une composition honorable; et protestant qu'ils n'attendaient que son retour pour se faire sauter avec leur vaisseau, il demanda deux articles qui lui furent accordés : l'un, qu'ils seraient exempts de toutes sortes de violences, et même d'emprisonnement; l'autre, que l'on conviendrait d'une rançon raisonnable, pour laquelle on se contenterait de la parole de Greenwill et des autres officiers anglais. Au surplus, les traitements que ce brave capitaine redoutait de la part des Espagnols prouvent quelle opinion l'on avait de cette nation, et des cruautés qu'elle exerçait contre des ennemis qui, s'appelant hérétiques, à ses yeux n'étaient plus des hommes. Mais l'amiral, en cette occasion, ne pouvait se dispenser d'accorder ce qu'on demandait. Les Anglais au désespoir, en faisant sauter leur vaisseau, auraient mis sa flotte en danger. Le pilote ayant rapporté sa réponse, on eut besoin de beaucoup d'efforts pour la faire goûter à Greenwill, qui s'obstinait à mourir. Le maître canonnier, plus opiniâtre encore, voulut se tuer d'un coup d'épée, et ce ne fut pas sans peine qu'on le détourna de cette résolution furieuse. Les exemples de ce courage désespéré sont fréquents sur mer. Il semble que cet élément, qui familiarise l'homme avec les dangers extrêmes et avec le mépris de la vie, et qui le remet souvent dans l'état d'égalité et de liberté primitive, ajoute à son caractère et à ses passions un degré d'énergie qu'il n'a pas ailleurs.

Les Anglais se hâtèrent de passer sur les vaisseaux espagnols, dans la crainte que, la fureur de Greenwill se réveillant tout d'un coup, il ne se trouvât quelqu'un qui le servît trop bien en mettant le feu aux poudres. Enfin Bacan chargea quelques uns de ses officiers d'aller prendre le capitaine anglais, qui n'était plus en état de se transporter sans secours. Les respects avec lesquels cet ordre fut exécuté semblèrent faire quelque impression sur son cœur. Cependant, en acceptant les services de ceux qui s'offrirent à le soutenir, il leur dit amèrement qu'ils pouvaient emporter son corps, dont il ne faisait aucun cas. Les Espagnols eurent soin de nettoyer le vaisseau, qui était souillé de sang et couvert de cadavres. Cette vue fit pousser un soupir à Greenwill, comme s'il eût envié le sort de ceux qui n'avaient point à supporter la fierté des vainqueurs. En sortant du vaisseau, il s'évanouit un moment, et, revenant à lui, il implora la protection du Ciel. Il paraissait se défier toujours des Espagnols; mais l'accueil qu'il en reçut le rassura. Ils le comblèrent d'éloges, et tous les soins lui furent prodigués. Cependant Linschoten prétend que Bacan ne voulut jamais le voir. Croyait-il faire trop d'honneur à un prisonnier anglais? ou bien avait-il honte d'avoir eu tant de peine à le vaincre?

Greenwill mourut de ses blessures. Son vaisseau, qui se nommait *la Vengeance*, fut radoubé par les Espagnols; mais il était destiné à périr. La flotte d'Espagne était demeurée sur ses ancres à Corvo, pour donner le temps à quantité d'autres vaisseaux espagnols et portugais de se rassembler autour d'elle. En y comprenant les vaisseaux de l'Inde, elle se trouva à la fin composée de cent quarante bâtiments. Mais lorsqu'elle se disposait à mettre à la voile, il s'éleva une tempête si furieuse, que les habitants des îles ne se souvenaient point d'en avoir vu jamais de semblable. Quoique leurs montagnes soient d'une étonnante hauteur, la mer lança ses flots jusqu'au sommet, et quantité de poissons y demeurèrent. Ce terrible orage dura sept ou huit jours, sans un moment d'interruption. Sur les seules côtes de Tercère, il périt douze vaisseaux. Linschoten, témoin oculaire, raconte que l'on fut occupé pendant trois semaines à pêcher les cadavres que les flots portaient continuellement vers le rivage. *La Vengeance*, ce glorieux vaisseau de Greenwill, fut un de ceux qui se brisèrent en mille pièces contre les rochers. Il avait à bord soixante Espagnols et quelques prisonniers anglais, qui périrent tous. Un vieux pilote d'un bâtiment hollandais qui avait été arrêté dans les ports d'Espagne pour le service de cette cour, et qui était commandé par un Espagnol, après avoir opposé tout son art à la tempête, avait été porté à la vue de Tercère. Le capitaine espagnol, croyant que sa sûreté consistait à gagner le rade, le pressa d'y entrer malgré toutes ses résistances. En vain le pilote lui représenta que c'était se perdre sans ressource; on lui répondit par des menaces injurieuses. Ce bon vieillard appela son fils, qui était un jeune homme de vingt ans: « Sauve-toi, lui dit-il en l'embrassant, et ne songe point à moi, dont la vie ne mérite plus d'être conservée. » Ensuite, obéissant au capitaine, il tourna vers la rade, tandis qu'un grand nombre d'habitants, qui bordaient les côtes, préparaient des cordes soutenues avec du liége, pour les présenter aux malheureux qu'ils s'attendaient à voir bientôt lutter contre les flots. En effet, le vaisseau fut lancé si rapidement sur les rocs, qu'il se brisa d'un seul coup. De cent quarante hommes, il ne s'en sauva que quatorze, entre lesquels était le fils du pilote hollandais.

Cette effroyable tourmente menaça toutes les îles Açores de leur ruine. Elle avait commencé par un tremblement de terre, dont les secousses ébranlèrent quatre fois Tercère et Feyal avec tant de violence, qu'elles paraissaient emportées par un tourbillon. Ce tremblement se fit sentir à Saint-Michel pendant quinze jours. Les insulaires, ayant abandonné leurs maisons, qui tombaient à leurs yeux, passèrent tout ce temps exposés aux injures de l'air. Une ville entière, nommée Villa-Franca, fut renversée jusqu'aux fondements, et la plupart de ses habitants furent écrasés sous ses ruines. Dans plusieurs endroits, les plaines s'élevèrent en collines, et dans d'autres, quelques montagnes s'aplanirent ou changèrent de situation. Il sortit de la terre une source d'eau vive qui coula pendant quatre jours, et qui parut ensuite sécher tout d'un coup. L'air et la mer, également agités, retentissaient d'un bruit continuel, qu'on aurait pris pour le mugissement d'une infinité de bêtes féroces. Plusieurs personnes moururent d'effroi; il n'y eut point de vaisseau dans les ports même qui ne souffrît des atteintes dangereuses, et ceux qui étaient à l'ancre ou à la voile à vingt lieues aux environs des îles furent encore plus maltraités; il en périt deux à Saint-George, trois à Pico, trois à Graciosa; les flots apportèrent les débris de quantité d'autres bâtiments qui avaient fait naufrage en pleine mer, soit en se brisant l'un contre l'autre, soit en s'ouvrant d'eux-mêmes, après avoir été fatigués long-temps par la violence des vagues. Il en périt trois de cette manière à la vue de Saint-Michel, d'où l'on entendit les cris lamentables des matelots, sans pouvoir en sauver un seul. La plupart des autres errèrent long-temps sans mâts, avec des peines inexprimables; et d'une si grande flotte, il n'en arriva que trente-deux ou trente-trois dans les ports d'Espagne.

Linschoten, dont nous avons emprunté ces détails, raconte aussi un trait remarquable de l'antipathie qui animait les Espagnols contre les Anglais. Un petit bâtiment de ces derniers avait été pris à la vue de Tercère, et mené en triomphe dans le port de cette île. Huit prisonniers anglais, gardés sur leur bord, attendaient la loi du vainqueur: un Espagnol monte au vaisseau, et en poignarde six avec un mouvement si prompt et si furieux, qu'ils n'ont pas le temps de se reconnaître; les deux autres sont si effrayés, qu'ils se jettent dans la mer. On saisit le meurtrier, on le charge de chaînes; son crime paraît si extraordinaire, qu'on l'envoie au roi d'Espagne, afin que ce prince juge seul du supplice qu'il mérite. Philippe II l'interrogea; mais l'Espagnol s'obstina à garder le silence. Le roi voulait l'envoyer à Élisabeth, et s'en remettre à elle du châtiment d'un crime dont il ignorait la cause; on l'en détourna, et quelque temps après des prêtres obtinrent la grâce du criminel.

AVENTURES DU CAPITAINE ROBERTS.

Mœurs de la piraterie.

Il est encore une ancienne relation qui intéressera à plus d'un titre, et qui variera un peu l'uniformité des récits ordinaires : c'est celle des aventures du capitaine Roberts. Elles offrent un tableau curieux des mœurs de la piraterie, mœurs assez extraordinaires pour mériter d'être connues.

Roberts partit pour la Virginie, en 1721, sur le vaisseau du capitaine Scot. Arrivé à la Virginie, il devait prendre le commandement d'un navire nommé *le Dauphin*, appartenant à des marchands de Londres, et chargé d'une cargaison pour la côte de Guinée. Scot mouilla aux îles du cap Verd, qu'il parcourut l'une après l'autre, et dans lesquelles il séjourna près d'un an. Ensuite, comme il devait mettre à la voile pour la Barbarie, Roberts acheta une felouque, nommée *la Marguerite*, d'environ soixante tonneaux, pour commercer en son propre nom. Il la chargea de marchandises qu'à son retour il croyait vendre avec avantage aux îles du cap Verd. C'est dans le voisinage de ces îles que l'attendait son malheur.

Vers le soir, il découvrit trois bâtiments, et le premier, qu'il observa soigneusement avec sa lunette, lui parut gros et chargé. Il ne douta point que les autres ne fussent de même, et qu'ils n'arrivassent ensemble. Cependant comme le calme continuait, et qu'ils ne faisaient aucun signe, il passa la nuit à l'ancre. Mais le vent s'étant levé avec le soleil, il aperçut bientôt, sur le vaisseau qu'il avait observé, un grand nombre d'hommes en chemises, et une longue bordée de canons qui lui rendirent cette rencontre fort suspecte. Il était trop tard pour se dérober par la fuite; déjà le vaisseau était fort proche. Cependant, lorsqu'il fut à portée du canon, ce vaisseau arbora le pavillon d'Angleterre, ce qui rendit l'espérance aux Anglais. Roberts se hâta de faire paraître aussi le sien. Il remarqua que le vaisseau portait environ soixante-dix hommes et quatorze pièces d'artillerie. Le capitaine, se faisant voir sur l'avant, demanda à qui appartenait la felouque, et d'où elle venait. Roberts répondit qu'elle était de Londres, et qu'elle venait de la Barbarie. « Fort bien, lui dit-on, c'est ce qu'on n'ignorait pas. » Là-dessus on lui ordonna brusquement d'envoyer sa chaloupe.

Roberts ne fit pas difficulté d'obéir. Le capitaine du vaisseau était un Portugais, nommé Jean Lopez, comme on l'apprit ensuite, mais qui, sachant fort bien la langue anglaise, avait jugé à propos de se faire passer pour un Anglais, né vers le nord de l'Angleterre, sous le nom de John Russel. Il demanda aux deux matelots que Roberts lui avait envoyés où était le patron de la felouque. Ils lui montrèrent Roberts, qui était à se promener sur son tillac. Aussitôt la fureur paraissant dans ses yeux, il l'accabla d'injures. Roberts était en mules et en chemise, aussi peu capable de défense par sa situation que par la petitesse et le mauvais état de son bâtiment. Il comprit dans quelles mains il était tombé, et qu'en déclarant son mépris par le silence, il s'exposait à se faire tuer d'un coup de balle. Sa réponse fut une marque honnête d'étonnement sur la manière dont il se voyait traité. On continua les outrages, et l'on y joignit les plus furieuses menaces, avec des reproches de ce qu'il n'était pas venu lui-même à bord. Il répondit que, n'ayant entendu demander que la chaloupe, il n'avait pas cru que cet ordre le regardât personnellement. « Quoi! misérable chien, reprit Russel, tu feins de ne m'avoir pas entendu? Je vais te faire prendre de meilleures manières. »

Russel donna ordre aussitôt à quelques uns de ses gens de lui amener Roberts, et chargea dix ou douze autres de ces brigands de prendre possession de la felouque. A l'arrivée de Roberts, qui fut amené sur-le-champ, il tira son sabre, en répétant, avec d'affreux blasphèmes, qu'il saurait lui apprendre à vivre. Le malheureux Roberts se crut à sa dernière heure, et continua de s'excuser sur son ignorance; mais l'autre tenait toujours son sabre levé et continuait ses menaces. Un de ses gens affecta de lui retenir le bras, et promit à Roberts qu'il ne lui arriverait rien de fâcheux. Alors Russel voulut savoir pourquoi il était si mal vêtu. L'excuse de Roberts fut qu'il ne s'attendait pas à paraître devant un homme si redoutable. « Et pour qui me prenez-vous? » reprit Russel. Ici Roberts, fort embarrassé, chercha long-temps sa réponse. Enfin, dans la crainte d'offenser également par la vérité ou par la flatterie : « Je crois, répondit-il, que vous êtes un homme de distinction, qui fait de grandes entreprises sur mer. — Tu mens, répliqua Russel; ou si tu crois dire vrai, apprends que nous sommes pirates. »

Roberts lui ayant offert d'aller se vêtir plus décemment, il lui dit, en jurant plus que jamais, qu'il était trop tard, et qu'il demeurerait dans l'habillement où il s'était laissé prendre, mais que son bâtiment et tout ce qu'il contenait ne lui appartenaient plus. « Je ne le vois que trop, répondit Roberts; cependant, lorsqu'il m'est impossible de l'empêcher, j'espère de votre générosité que vous vous contenterez de ce qui peut vous être utile, et que vous me laisserez le reste. » Le pirate lui dit, avec moins de brutalité, que ses compagnons en décideraient; mais en même temps il lui demanda un mémoire exact de tout ce qu'il avait à bord, surtout de son argent, et s'il s'y trouvait quelque chose de plus qu'il n'aurait accusé, il protesta qu'il le ferait brûler vif avec sa felouque.

Tous les gens du vaisseau, qui prêtaient l'oreille à cette conférence avec un air de compassion affecté, lui conseillèrent d'un ton d'amitié d'être sincère dans sa déclaration, surtout à l'égard de l'argent, des armes et des munitions, qui étaient, lui dirent-ils, leur objet principal, en l'avertissant que leur usage était de punir fort sévèrement les gens de mauvaise foi. Il leur rendit le compte le plus fidèle qu'il put trouver dans sa mémoire. Aux questions qu'on lui fit sur le dessein de sa navigation présente, il ne répondit pas moins sincèrement; mais voyant qu'on était instruit d'avance sur tout ce qu'il répondait, il demanda de qui on tenait tous ces éclaircissements. On répondit que c'était du capitaine Scot. « Mais vous êtes donc de ses amis? reprit Roberts. — Plus qu'il ne mérite, répliqua le corsaire, car nous nous sommes contentés de brûler son vaisseau, et nous l'avons mis à terre dans l'île de Buona-Vista. »

On fit ensuite passer les Anglais sur le vaisseau *la Rose*, de trente-six pièces de canon, commandé par Edmond Lo, chef général des pirates.

A leur entrée dans le vaisseau, tous les pirates vinrent les saluer successivement et les assurer qu'ils étaient touchés de leur infortune. Cette cérémonie se fit si gravement, que les prisonniers ne purent distinguer si c'était une insulte. On leur dit du même ton qu'il fallait rendre leurs respects au commandant. Un canonnier se chargea de lui présenter Roberts. Il trouva Lo assis sur un canon, quoiqu'il y eût des chaises près de lui; mais un héros de cet ordre ne pouvait paraître que dans une posture martiale. Ayant ordonné qu'on le laissât seul avec Roberts, il lui dit qu'il prenait part à sa perte; qu'étant Anglais comme lui, il ne souhaitait pas de rencontrer ses compatriotes, excepté quelques uns dont il était bien aise de châtier l'arrogance; mais que, la fortune le faisant tomber entre ses mains, il fallait qu'il prît courage, et qu'il ne marquât point d'abattement. Roberts répondit qu'au milieu de son chagrin, il se flattait encore qu'ayant affaire à des gens d'honneur, sa disgrâce pourrait tourner à son avantage. Le corsaire lui conseilla de ne pas se flatter trop, parce que son sort dépendait du conseil et de la pluralité des voix. Il ne désirait point, répéta-t-il, de rencontrer des gens de sa nation; mais comme lui et ses compagnons n'attendaient rien que de la fortune, ils n'osaient marquer de l'ingratitude pour ses moindres faveurs, dans la crainte que, s'en offensant, elle ne les abandonnât dans leurs entreprises. Ensuite prenant un ton fort doux, il pressa Roberts de s'asseoir, mais sans lui faire l'honneur de quitter lui-même sa posture. Roberts s'assit. Alors le général lui demanda ce qu'il voulait boire. Il répondit que la soif n'était pas son besoin le plus pressant, mais que, par reconnaissance de tant de bontés, il accepterait volontiers tout ce qui lui serait offert. Lo lui dit encore qu'il avait tort de se chagriner et de s'abattre; que c'était le hasard de la guerre, et que le chagrin était capable de nuire à la santé; qu'il ferait beaucoup mieux de prendre un visage riant, et que c'était même la voie la plus sûre pour mettre tout le monde dans ses intérêts. Tous ces conseils étaient donnés d'un ton d'ironie, et Roberts fut surpris de trouver cette figure si familière à des corsaires. « Allons, reprit Lo, vous serez plus heureux une autre fois »; et sonnant une cloche, qui fit venir un de ses gens, il donna ordre qu'on apportât du punch, « et dans le grand bassin », ajouta-t-il; il demanda aussi du vin. Il fut servi avec beaucoup de diligence. En buvant avec Roberts, il lui promit tous les services qui dépendraient de lui. Il regrettait beaucoup, lui dit-il, qu'il n'eût pas été pris dix jours plus tôt, parce que sa troupe avait alors en abondance diverses sortes de marchandises qu'elle avait enlevées à deux vaisseaux portugais qui faisaient voile au Brésil, telles que des étoffes de soie et de laine, de la toile, du fer et toutes sortes d'ustensiles; il aurait pu engager ses compagnons à lui en donner une partie qu'ils avaient jetée à la mer comme un bien superflu; que, s'il le rencontrait quelque jour dans une occasion aussi favorable, il lui promettait de le dédommager de sa perte; enfin, qu'il faisait profession d'être son serviteur et son ami. Quand j'aurais osé lui faire une réponse outrageante, dit Roberts, tant de caresses feintes ou sincères m'en auraient ôté la force, et m'obligeaient de le remercier

Il reconnut parmi les pirates trois Anglais qui avaient servi sous lui, et qui lui apprirent, sous la foi du secret, que Russel avait proposé de le garder dans leur troupe, parce qu'on avait su de son pilote qu'il connaissait parfaitement la côte du Brésil, où les corsaires avaient dessein de se rendre; mais qu'il avait un moyen de s'en garantir, en disant qu'il était marié, parce que les pirates s'étaient engagés par un serment inviolable à ne jamais employer parmi eux d'homme marié; que cependant Russel, préférant l'intérêt général au respect du serment, proposait de passer pas dessus cette loi; mais que Lo et les autres s'y opposaient.

A peine s'étaient-ils retirés, que le général parut sur le tillac, pour ordonner qu'on assemblât le conseil avec le signal ordinaire. C'était un pavillon de soie verte, que les pirates appelaient *the green trumpeter*, c'est-à-dire le trompette vert, parce qu'il portait la figure d'un homme avec la trompette à la bouche. Tout le monde s'étant rendu sur le vaisseau du général, et s'étant placés les uns dans sa chambre, les autres sur les ponts, et dans les endroits que chacun voulut choisir, il leur déclara qu'il ne les avait fait assembler que pour déjeuner avec lui. Cependant il se tourna vers Roberts, à qui il demanda publiquement s'il était marié. Sa réponse fut qu'il l'était depuis dix ans, et qu'en partant de Londres, il avait cinq enfants, sans compter un sixième dont sa femme était grosse. On continua de lui demander s'il avait laissé sa famille à son aise. Il répondit qu'ayant autrefois essuyé plusieurs disgrâces, la cargaison de sa felouque composait un grande partie de son bien, et que, s'il avait le malheur de la perdre, il n'espérait guère de pouvoir donner du pain à ses enfants. Lo, regardant Russel, lui dit qu'il fallait y renoncer. « Renoncer à quoi? », répondit l'autre en blasphémant. « Vous m'entendez », reprit le général; et, jurant à son tour, il répéta qu'il fallait y renoncer. Russel, s'échauffant beaucoup, prétendit que la première loi de la nature était pour chacun le soin de sa propre conservation, et rapporta plusieurs proverbes pour prouver que la nécessité n'a pas de loi. Lo répliqua doucement qu'il n'y consentirait jamais; mais que, si la pluralité des voix était contraire à son sentiment, il se réduirait à la patience; il ajouta que, tout le monde étant assemblé, c'était une affaire qui pouvait être décidée sur-le-champ. Alors il donna ordre à tout le monde de se rendre sur les ponts, et Roberts fut averti de demeurer dans la chambre.

Le conseil dura deux heures. Lo et Russel, étant descendus les premiers, demandèrent à Roberts s'il n'était pas vrai que sa felouque était en fort mauvais état. « Hélas! répondit-il, elle fait eau de tous les côtés. —Elle fait eau? reprit Russel; qu'en feriez-vous donc, si elle vous était rendue? D'ailleurs vous êtes sans matelots, car à présent tous les vôtres sont à nous. » Et, continuant de lui représenter ses besoins, il s'efforça long-temps de lui faire sentir sa misère. Ensuite: « Venez, venez, lui dit Lo; nous examinerons votre affaire en recommençant à boire. » On apporta du punch en abondance, et chacun se mit à parler de ses expéditions passées, à Terre-Neuve, aux îles de l'Amérique, aux Canaries. L'heure du dîner étant arrivée. Lo les invita tous. On leur servit des viandes, qu'ils s'arrachèrent de la main l'un de l'autre, comme une troupe de chiens affamés. C'était, disaient-ils, un de leurs plus grands plaisirs, et rien ne leur paraissait si martial.

Le jour suivant, un des trois matelots qui avaient parlé la veille à Roberts vint lui faire des excuses de leur peu d'empressement, qu'il rejeta sur un des articles de leur société, par lequel il était défendu, sous peine de mort, d'entretenir des correspondances secrètes avec un captif. Il lui apprit qu'il n'avait pas beaucoup à se louer de son pilote; qu'il le croyait disposé à prendre parti avec les pirates, et que le reste de ses gens ne lui était pas plus fidèle; de sorte que, si on lui rendait sa felouque, il ne lui resterait que son valet et un mousse pour la conduire; qu'ils auraient souhaité, lui et ses compagnons, de pouvoir lui offrir leurs services, mais qu'ils étaient liés par un autre article, portant que, si quelqu'un de la troupe proposait quelque chose qui tendît à la séparation, ou qui marquât quelque envie de se retirer, il serait poignardé sur-le-champ, sans autre formalité. Il ajouta que, jusqu'au moment où le pilote de Roberts avait déclaré que son maître connaissait parfaitement les côtes du Brésil, Russel avait témoigné de l'inclination à le servir, et qu'il avait parlé de le dédommager de la perte de son blé et de son riz, en lui formant une petite cargaison de toiles, d'étoffes, de chapeaux, de souliers, de bas, de galons d'or et de quantité d'autres marchandises, que les pirates gardaient dans la seule vue de les donner à ceux qu'ils prenaient, lorsqu'ils les avaient déjà connus et qu'ils se sentaient pour eux de l'amitié; mais que, Russel ayant changé de disposition, ce serait peut-être en vain que Lo prendrait les intérêts de Roberts, parce que Russel, ayant été deux fois général, avait conservé beaucoup d'ascendant sur toute la troupe, et que d'ailleurs il avait toujours traité les prisonniers avec moins de ménagement que Lo.

Aussitôt que cet homme eut quitté Roberts, Lo parut, lui parla de plusieurs sujets différents. Roberts fut obligé de soutenir gaîment une conversation fort fatigante, car les pirates prennent un air d'autorité si absolue, qu'au moindre mécontentement ils outragent leurs prisonniers de coups et de paroles, et le plus vil de la troupe s'en fait quelquefois un amusement. Russel arriva dans le même temps, et, s'adressant à Roberts avec un visage riant, il lui dit que plus il pensait à la proposition de lui rendre sa felouque, moins il y trouvait d'avantage pour lui-même; qu'il l'avait pris pour un homme sensé; mais que dans les instances qu'il faisait pour obtenir son bâtiment il ne voyait que de l'obstination et du désespoir; que, pour lui, il croyait l'honneur de la compagnie intéressé à ne pas souffrir qu'un galant homme courût volontairement à sa perte; que, lui voulant beaucoup de bien, il avait cherché pendant toute la nuit quelque expédient plus utile à ses véritables intérêts que la restitution de sa felouque, et qu'il croyait l'avoir trouvé; qu'il fallait commencer à mettre le feu à ce mauvais bâtiment. « Nous vous retiendrons, continua-t-il, en qualité de simple prisonnier, tel que vous êtes à présent, et dans cette supposition, je vous promets et je m'engage à vous faire assurer par toute la compagnie que la prise que nous ferons sera pour vous. Ce secours servira mieux que votre felouque à rétablir vos affaires, et pourra vous mettre en état de quitter la mer pour aller vivre heureux avec votre famille. »

Roberts lui fit des remercîments; mais, témoignant peu de goût pour ses offres, il le pria de considérer que, loin d'être aussi avantageuses qu'il paraissait le croire, elles n'étaient propres qu'à consommer sa ruine. Quelle espérance aurait-il jamais de pouvoir disposer du vaisseau et de la cargaison qu'on pouvait lui donner? Qui voudrait les acheter de lui, s'il n'était en état de prouver qu'il avait le droit de les vendre? Et si le propriétaire en apprenait quelque chose, ne serait-il pas obligé de lui restituer la valeur entiere de son bien, avec le risque d'être jeté dans un cachot, et de se voir mene peut-être au supplice?

Cette réponse n'embarrassa point Russel. Il la traita d'objection frivole. A l'égard du droit sur le vaisseau et de la crainte d'être découvert, il prétendit que les pirates pouvaient faire à Roberts un billet de vente, et lui donner par écrit d'autres titres qui assureraient sa possession; qu'il était aisé d'ailleurs de se dérober à la connaissance des propriétaires, parce que les pirates savaient toujours, soit par la déclaration d'un maître du vaisseau, soit par ses papiers, dont ils avaient soin de se saisir, qui étaient les principaux intéressés dans une cargaison; et quel était leur pays ou leur demeure. Il ajouta que les écrits et les titres pouvaient se faire sous un autre nom que celui de Roberts, et lui servir jusqu'à la fin de sa vente; après quoi il pourrait reprendre son véritable nom, et s'assurer ainsi de n'être jamais découvert.

Roberts se vit forcé de reconnaître qu'il y avait non seulement de la vraisemblance, mais une espèce de certitude dans cette proposition; il loua même l'esprit et l'habileté de Russel. Cependant, après avoir confessé qu'un plan si adroit pouvait le mettre à couvert, il eut le courage de déclarer qu'il était retenu par un motif beaucoup plus puissant que la passion de s'enrichir: c'était sa conscience, dont il craignait les remords. De là, s'étendant sur la nécessité de la restitution, il toucha plusieurs points qu'il crut capables de réveiller dans ses auditeurs quelque sentiment de repentir. En effet, son discours produisit différentes impressions. Les uns le félicitèrent sur son éloquence, et lui dirent qu'il était propre à faire un bon aumônier de vaisseau. D'autres lui déclarèrent brusquement qu'ils n'avaient pas besoin de prédicateur, et que les pirates n'avaient pas d'autre dieu que l'argent, ni d'autre sauveur que leur épée. Mais il s'en trouva aussi quelques uns qui louèrent ses principes, et qui souhaitèrent que l'humanité du moins fût plus respectée dans leur troupe. Cette variété de propos fut suivie de quelques moments de silence; mais Russel le rompit pour prouver à Roberts, par quantité de sophismes, qu'en supposant même que la piraterie fût un crime, ce n'en pouvait être un pour lui de recevoir ce que les pirates auraient enlevé, parce qu'il n'aurait pas de part à leurs prises, et qu'il était prisonnier malgré lui. « Supposez, lui dit-il, que nous ayons pris la résolution de brûler notre butin ou de le jeter dans la mer: que devient le droit du propriétaire, lorsque son vaisseau et ses marchandises sont brûlés? L'impossibilité de se les faire jamais restituer anéantit toute sorte de droits. Dites-moi, conclut Russel, si nous ne faisons pas la même chose lorsque nous vous donnons ce qu'il dépend de nous de brûler. »

Lo et tous les spectateurs semblaient prendre plaisir à cette dispute; mais Robert, s'apercevant que le ton de son adversaire devenait plus aigre, brisa tout d'un coup, en déclarant qu'il reconnaissait à la troupe le pouvoir de disposer de lui; mais qu'ayant été traité jusque alors avec tant de générosité, il ne faisait pas moins de fond sur leur bonté à l'avenir; que, s'il leur plaisait de lui rendre sa felouque, c'était l'unique grâce qu'il leur demandait, et qu'il espérait, par un travail honnête, de réparer ses pertes présentes. Lo, touché de ce discours, se tourna vers l'assemblée: « Messieurs, dit-il, je trouve que ce pauvre homme ne propose rien que de raisonnable, et je suis d'avis qu'il faut lui rendre sa felouque. Qu'en pensez-vous, messieurs? » Le plus grand nombre répondit oui, et le différent fut ainsi terminé.

Vers le soir, Russel voulut traiter Roberts sur son bord avant leur séparation. La conversation fut d'abord assez agréable. Après le souper, on chargea la table de punch et de vin. Le capitaine prit une rasade et but aux santés de la troupe. Roberts n'osa refuser cette santé. On but ensuite à la prospérité du commerce, dans le sens des avantages qui devaient en revenir aux pirates. La troisième santé fut celle du roi de France. Ensuite Russel proposa celle du roi d'Angleterre. Tout le monde la but successivement jusqu'à Roberts; mais Russel ayant mêlé dans le punch quelques bouteilles de vin pour le fortifier, Roberts, qui avait de l'aversion pour ce mélange, demanda qu'il lui fût permis de boire cette santé avec un verre de vin. Ici Russel se mit à blasphémer, en jurant qu'il lui ferait boire une rasade de la même liqueur que la compagnie. « Eh bien! messieurs, reprit Roberts, je boirai plutôt que de quereller, quoique cette liqueur soit un poison pour moi. Tu boiras, répondit Russel, fût-elle pour toi le plus affreux poison, à moins que tu ne tombes mort en y portant les lèvres. » Roberts prit le verre, qui tenait presque une bouteille entière, et porta la santé qu'on avait nommée. « La santé de qui? interrompit Russel. Mais, dit l'autre, c'est la santé qu'on vient de boire, celle du roi d'Angleterre. Et qui est-il, le roi d'Angleterre? demanda Russel. Il me semble, lui dit Roberts, que celui qui porte la couronne est roi, du moins pendant qu'il la porte. Et qui la porte? insista Russel. C'est le roi George, répondit Roberts. » Alors Russel entra en furie, s'emporta aux dernières injures, et jura que les Anglais n'avaient pas de roi. « Il est surprenant, lui dit Roberts, que vous ayez proposé la santé d'un roi dont vous ne reconnaissez pas l'existence. » Le furieux corsaire, sautant sur un de ses pistolets, l'aurait tué, s'il n'eût été retenu par son voisin. Il sauta sur l'autre, en répétant plusieurs fois que l'Angleterre n'avait pas d'autre roi que le prétendant. Ses voisins l'arrêtèrent encore. Le maître canonnier, qui était à table, homme considéré dans sa troupe, se leva d'un air ferme, et s'adressant à la compagnie : « Messieurs, leur dit-il, si notre dessein est de soutenir les lois qui sont établies et jurées entre nous, comme je vous y crois obligés par les plus puissants motifs de la raison et de notre propre intérêt, il me semble que nous devons empêcher Jean Russel de les violer dans les accès de sa fureur. » Russel, qui n'était pas encore revenu à lui-même, entreprit de défendre sa conduite; mais le canonnier, s'adressant à lui du même ton, lui déclara qu'on ne lui avait pas donné le pouvoir de tuer un homme de sang-froid, sans le consentement de la troupe, qui avait les prisonniers sous sa protection. « Je vois, ajouta-t-il, que ce qui vous irrite est de n'avoir pu violer nos articles au sujet de Roberts; on saura mettre un frein à vos emportements, et garder le prisonnier jusqu'à demain, pour le mener à bord du général, qui ordonnera de son sort avec plus d'équité. » Toute la compagnie paraissant approuver ce discours, Russel, à qui l'on avait ôté ses armes, reçut ordre de demeurer tranquille, s'il ne voulait offenser la troupe, et se voir traiter comme un mutin. Le canonnier dit à Roberts qu'on l'aurait conduit sur-le-champ au général, s'il n'eût été défendu par un ordre exprès de recevoir les chaloupes après neuf heures du soir.

Le lendemain, il fut transporté sur le vaisseau de Lo, qui lui promit sa protection. Dans l'après-midi, Russel vint à bord, accompagné de François Spriggs, commandant du troisième vaisseau des pirates. Il dit au général que le pilote et les matelots de Roberts voulaient entrer au service de la troupe en qualité de volontaires. Lo répondit que rendre la felouque à Roberts sans aucun de ses gens, c'était le livrer à la mort, et qu'il valait autant lui casser la tête d'un coup de pistolet. « Je ne m'y oppose pas, répliqua Russel; mais ce que je propose est pour l'utilité de la compagnie, et je voulais voir qui serait assez hardi pour me contredire. » Il ajouta qu'en qualité de quartier-maître, et par l'autorité que lui donnait cet emploi, il voulait que le pilote et les matelots fussent reçus sur-le-champ dans la troupe; que, grâces au Ciel, il soutenait la justice et l'intérêt public, comme il y était obligé par son poste, et que, si quelqu'un avait la hardiesse de s'y opposer, il avait un pistolet à sa ceinture et une poignée de balles pour se faire raison. Ensuite se tournant vers Roberts : « Mon ami, lui dit-il, la compagnie t'a rendu ta felouque, et tu l'auras. Tu auras deux hommes, et rien de plus. Pour les provisions, tu n'auras que ce qui est actuellement dans ton vaisseau. Il m'est revenu, continua-t-il, que plusieurs de nos gens se proposent de te former une cargaison ; mais je leur en fais défense, en vertu de mon autorité, parce qu'il n'est pas sûr que les marchandises qu'ils veulent te donner ne nous soient pas bientôt nécessaires à nous-mêmes; en un mot, je jure, par tout ce qu'il y a de plus redoutable, que, s'il passe quelque chose de nos vaisseaux dans le tien sans ma participation et sans mon ordre, je mets aussitôt le feu à ta felouque, et je t'y brûle toi-même avec ce que tu possèdes. »

Comme son emploi de quartier-maître lui donnait effectivement ce pouvoir, Lo ne put s'opposer à sa résolution. Il ne restait plus qu'à conduire Roberts sur sa felouque. Il quitta le vaisseau du général sans que personne osât lui présenter le moindre secours, effet des menaces de Russel, car la libéralité n'est pas une vertu fort rare chez les corsaires, qui donnent très facilement ce qu'ils sont exposés à perdre à toutes les heures du jour. Comme ce furieux capitaine était prêt à retourner sur son bord, il se chargea de prendre Roberts dans sa chaloupe. En arrivant à son vaisseau, il donna ordre que le souper fût préparé, et dans l'intervalle il se fit apporter du punch et du vin avec des pipes et du tabac. Tous les officiers furent invités, et Roberts avec eux. Russel lui dit qu'il l'exhortait à boire et à manger beaucoup, parce qu'il avait un voyage aussi difficile à faire que celui du prophète Élie au mont Oreb, et que, n'ayant ni vivres ni liqueurs dans sa felouque, il devait faire un bon fonds dans son estomac, pour résister long-temps à la soif et à la faim. Une raillerie si amère fit sentir à Roberts tout le malheur de sa situation. Cependant il répondit qu'il espérait mieux de la générosité de ceux qui lui laissaient la vie et la liberté. Russel jura qu'il n'avait plus d'autre faveur à se promettre que le souper qui se préparait.

« Je le conjurai, dit l'auteur, plutôt que de m'abandonner, dans cet état, aux funestes extrémités qui semblaient me menacer, de me mettre à terre dans l'île voisine ou sur les côtes de Guinée; enfin de faire de moi tout ce qu'il jugerait à propos dans sa colère ou dans sa bonté, pourvu qu'il me dispensât d'entrer dans son service. Il me répondit qu'il avait dépendu de moi d'être de ses amis; mais qu'ayant méprisé son amitié, il fallait me tenir au choix que j'avais fait, et qu'il avait encore pour moi plus de bonté que je ne devais en attendre, après l'avoir mis plus mal avec sa compagnie qu'il n'y avait jamais été et qu'il n'y voulait être. »

Roberts, s'étant excusé par l'innocence de ses intentions, le supplia, lui et tous ses confrères, de le regarder comme un objet de pitié plutôt que de vengeance. Russel répondit: « Vos arguments et vos persuasions sont inutiles. Il est trop tard; vous avez refusé notre pitié lorsqu'elle vous était offerte: votre sort est décidé. Remplissez-vous bien l'estomac pour soutenir vos forces aussi long-temps que vous le pourrez, car il y a beaucoup d'apparence que le repas que vous allez faire sera le dernier de votre vie; à moins qu'ayant la conscience si tendre, vous ne soyez assez bien avec le Ciel pour en obtenir des miracles. Si je sens quelque pitié, c'est pour les deux hommes qui doivent vous suivre. Je suis tenté de les prendre avec moi, et de vous laisser profiter seul des secours du Ciel. » Quelques personnes de l'assemblée lui dirent que ces deux hommes s'exposaient volontairement à suivre leur maître, et qu'ils étaient résolus de partager toutes ses disgrâces. « Apparemment, reprit Russel, qu'il leur a rendu la conscience aussi délicate que la sienne. Vous verrez que le Ciel ne refusera rien à de si honnêtes gens. »

Ces railleries furent continuées pendant le souper. A dix heures, Russel fit appeler quelques matelots qu'il avait nommés pour la garde de la felouque, et leur demanda s'ils avaient tout enlevé suivant ses ordres. Ils jurèrent qu'ils n'avaient rien laissé et qu'il n'y restait que de l'eau. « Comment de l'eau ! reprit Russel en blasphémant ; ne vous avais-je pas donné ordre de vider tous les tonneaux ? Nous n'y avons pas manqué, répondirent-ils, et l'eau que nous avons laissée n'est que de l'eau de mer, qui entre de tous côtés dans le bâtiment. » Cette réponse calma le corsaire, et lui donna occasion de redoubler ses ironies. Enfin, lorsqu'il se sentit pressé du sommeil, il donna ordre que Roberts et ses deux hommes fussent conduits à leur felouque.

Comme c'était dans son propre canot que Roberts avait eu la liberté de retourner à sa felouque, il attendit impatiemment le jour pour reconnaître en quel état elle lui était rendue. Il y trouva d'abord de quoi remplir son chapeau de miettes et de croûtes de biscuit, avec quatre ou cinq poignées de tabac à fumer. Tout étant précieux pour lui, dans la situation qu'on lui avait annoncée, il recueillit soigneusement ces misérables restes. Il retrouva sa boussole, son quart de cercle, et quelques autres instruments de mer. On lui avait laissé son lit, comme un meuble inutile pour les corsaires, qui, à l'exception des seuls officiers, n'ont pas d'autre lit que le tillac. Pour provisions de bouche, il ne trouva que dix bouteilles d'eau-de-vie et trente-six livres de riz, avec une fort petite quantité de farine. L'eau qui restait dans les tonneaux ne montait pas à plus de trois pintes.

Ses recherches tournèrent ensuite vers les voiles. A la place des siennes, on en avait mis de vieilles, qui étaient à demi pourries ; mais quelque pirate avait eu l'humanité de laisser six aiguilles avec un peu de fil de caret et quelques morceaux de vieux canevas, dont il commença aussitôt à faire usage. Ce travail l'occupa pendant trois jours, lui et ses deux hommes. Ils ne vécurent, dans cet intervalle, que de farine et de riz cru avec quelques verres d'eau-de-vie, pour épargner leur eau, dont ils espéraient se servir pour faire de la pâte. Le quatrième jour, ils firent un petit gâteau, qu'ils partagèrent fidèlement en trois parts ; et qui fut le meilleur mets qu'ils eussent mangé depuis qu'ils avaient quitté les pirates. Un autre jour, ils composèrent une sorte de bouillie qui les soulagea beaucoup. C'était le 3 de novembre. Avec une extrême difficulté, ils avaient mis leurs voiles en état de servir. Roberts observa le même jour qu'il était par 17 degrés de latitude nord. Le pilote de Russel lui avait dit, en le quittant, qu'on était à soixante-cinq lieues de l'île de Saint-Antoine.

Dans cette supposition, il se porta vers les îles du cap Verd, surtout vers celle de Saint-Nicolas. Le 7 de novembre, il se trouva, par ses observations, à 16° 55' nord, environ à quarante-six lieues de Saint-Antoine. La nuit suivante, il tomba un peu de pluie, qui lui donna le moyen de recueillir quatre ou cinq pintes d'eau. Elle fut suivie d'un calme de plusieurs jours. Le 10, avec le secours d'un vent frais, qui dura jusqu'au 16, il s'avança jusqu'à la vue de Saint-Antoine, à dix-huit ou dix-neuf lieues de distance. Le calme ayant recommencé l'après-midi du 16, il prit un requin. Cette pêche lui coûta beaucoup de peine, et mit même le bâtiment en danger, par les violentes secousses du monstre marin, qui avait onze pieds et demi de longueur. Roberts et ses compagnons jugèrent qu'il ne devait pas peser moins de trois cents livres. Après l'avoir cru mort sur le tillac, ils lui virent recommencer ses mouvements avec tant de furie, qu'ils ne purent les arrêter qu'en lui coupant une grande partie de la queue, où réside sa principale force. Ils lui trouvèrent dans le ventre cinq petits qui n'avaient encore que la grosseur d'un merlan. Roberts, faisant aussitôt du feu avec son fusil, seule arme qu'on lui avait laissée, se servit d'eau de mer pour faire cuire quelque partie de sa pêche, dont il fit un repas qui lui parut délicieux. Comme il manquait de sel pour conserver le reste, il le coupa en longues tranches qu'il fit sécher au soleil. Son fusil lui devint un meuble fort utile, parce qu'on ne lui avait laissé aucun instrument pour allumer du feu. Étant aussi sans chandelle, il se servait, pendant la nuit, d'un charbon ardent pour observer l'aiguille aimantée, et régler ainsi sa course.

Le 17, Roberts, n'étant qu'à huit lieues de Saint-Antoine, crut pouvoir user de son eau fraîche avec un peu moins d'épargne. Il fit cuire quelques tranches de son poisson avec du riz. Le lendemain au matin, il découvrit clairement Saint-Antoine, Saint-Vincent, Sainte-Lucie, Terra-Branca et Monte-Guarde, qui est la plus haute montagne de l'île Saint-Nicolas. Elle se fait voir de tous les côtés de l'île, dans la forme d'un pain de sucre, dont la pointe vient ensuite à s'élargir. Enfin le 20, il mouilla dans la rade de Currisal, à un quart de mille du rivage.

Un de ses gens, nommé Potter, lui demanda la permission de se rendre à terre dans le canot, pour en apporter de l'eau fraîche. Il y consentit, et se sentant accablé de sommeil, il donna ordre à l'autre de veiller jusqu'au retour de son compagnon ; après quoi il se mit à dormir. S'étant éveillé en sursaut, il appela son homme, qui ne lui fit point de réponse. Il se leva pour le chercher, et l'ayant trouvé endormi sur le tillac, il s'aperçut, en jetant les yeux autour de soi, que le courant l'avait éloigné de l'île. Sa surprise fut extrême. Il se voyait exposé aux flots pendant toute la durée des ténèbres, et dans une situation plus dangereuse que jamais, sans espérer que Potter pût le rejoindre. Cependant le jour étant venu l'éclairer, il trouva le moyen, avec beaucoup de peine, de gagner une baie sablonneuse, que les habitants nomment Pattako, où il jeta l'ancre le 22 de novembre.

Vers le soir, il lui vint sept nègres de Paraghisi, qui lui apportèrent une petite provision d'eau de la part du gouverneur de Saint-Nicolas. Ils l'assurèrent qu'il pouvait s'approcher de Paraghisi aussitôt que la marée descendante serait passée, c'est-à-dire dans l'espace d'une heure; et lorsqu'il leur parla d'attendre un de ses gens qui était resté à Currisal, ils lui protestèrent que, le vent étant contraire, il se passerait au moins quinze jours avant qu'il pût remonter au long de la côte. Cette objection l'ayant emporté sur ses désirs, il mit à la voile avec les nègres pour aller au devant de Potter. Mais le vent se trouva si fort, qu'il fut obligé de relâcher dans un lieu qui se nomme Porto-Gary; et voulant tenter un nouvel effort, sa grande voile fut si maltraitée, que les nègres parlèrent de l'abandonner pour rentrer dans leur barque. Il employa toutes sortes de motifs pour leur faire perdre cette pensée. Il leur représenta, d'un côté, qu'il y aurait de la barbarie à le laisser sans secours, et de l'autre, qu'ils allaient s'exposer encore plus follement à la fureur des flots, dans une barque beaucoup plus fragile que son bâtiment. Il ne put les persuader. Leur réponse fut qu'ils ne voyaient pas plus de danger dans leur barque que dans un vaisseau sans voiles, sans eau et sans provisions, ou que, s'il fallait périr, ils aimaient mieux que ce fût à la vue de leur demeure que dans des lieux éloignés. Un d'entre eux ajouta que Robert était sûr de ne manquer de rien lorsqu'il toucherait à quelque autre terre; au lieu que la seule sûreté qu'il y avait pour eux était d'y tomber dans l'esclavage. Ils le quittèrent malgré ses plaintes et ses reproches. Le vent continuant avec beaucoup de furie, il demeura incertain de quel côté il devait se porter. Sa situation ne lui laissait guère d'espérance de pouvoir gagner l'île de Mai ou celle de San-Iago. Il ne connaissait pas celles de Saint-Jean et de Saint-Philippe. Les cartes qu'il en avait vues étaient fort imparfaites, et il se souvenait d'avoir lu dans plusieurs relations que ces deux îles sont fort dangereuses. Il trouva néanmoins dans la suite que l'idée qu'il en avait conçue était tout à fait fausse.

Il passa la nuit dans toutes les alarmes qu'on peut se représenter. Mais, à la pointe du jour, il aperçut à l'est-nord-est Terra Vermilia, ou Punta-de-Ver-Milhari, comme la nomment les habitants. Il eut besoin du jour entier et de la nuit suivante pour s'en approcher. Le lendemain, sans s'être aperçu que personne fût monté sur son bord, il entendit la voix d'un homme qui demandait en portugais si le vaisseau était à l'ancre. Aussitôt il découvrit trois nègres, de qui était venue cette question. Il leur répondit que, dans l'embarras mortel où il était, à peine connaissait-il sa situation ; mais qu'il cherchait l'île de San-Iago. Alors un d'entre eux, qui se nommait Colau-Verde, l'assura qu'il connaissait parfaitement San-Iago, Saint-Philippe et Saint-Jean, qu'il pouvait le mener dans quelque port de ces trois îles qu'il voulût choisir ; que celle de Saint-Philippe était abondante en provisions, mais que l'ancrage était mauvais et la mer fort haute ; qu'au contraire Saint-Jean avait un excellent port, où il promettait de le conduire sûrement.

Roberts accepta cette offre. Il s'efforça d'abord, avec le secours des trois nègres, de réparer un peu le désordre de ses voiles. Ensuite, se livrant à la conduite de Colau, il porta droit à la pointe du nord de Saint-Philippe. L'ayant doublée, il tourna plus au sud en suivant les côtes, jusqu'à la vue de Ghors, qui est une partie de la même île. De là il découvrit l'île de Saint-Jean, vers laquelle il porta directement, et lorsqu'il eut passé les petites îles qui sont situées dans l'intervalle avec beaucoup de confiance dans Colau, qui lui fit prendre au dessus de la plus orientale, il gagna aisément la pointe ouest de Saint-Jean. Il restait, suivant le pilote nègre, à s'avancer vers la pointe nord, que les habitants nomment Ghelungo, et qui est éloignée de l'autre d'environ deux lieues. Alors Roberts voulut savoir de son pilote où il plaçait le port ; mais il fut extrêmement surpris de reconnaître, aux incertitudes de Colau, qu'il l'ignorait. L'unique éclaircissement qu'il en tira fut qu'il était sûr de ne l'avoir point encore passé. Ils s'attachèrent à suivre la côte, en observant soigneusement leur situation. Enfin le port se fit apercevoir ; mais ce ne fut qu'après qu'on fut arrivé sous le vent, car étant derrière une pointe, il faut l'avoir passée pour le découvrir ; et comme le vent est toujours assez fort au long de la côte, il devient très difficile de remonter pour gagner le rivage, sans compter qu'on est poussé par un courant fort impétueux qui augmente beaucoup la difficulté. Roberts, embarrassé par ces obstacles, demanda à son pilote s'il ne connaissait point au dessus du vent quelque endroit où l'on pût mouiller. Le nègre répondit non, et que, si l'on ne gagnait pas le rivage avant qu'on eût passé le Punta do Sal, non seulement il serait impossible d'aborder, mais très difficile d'éviter le naufrage. Roberts lui demanda conseil. « Je n'en ai pas d'autre à vous donner, lui dit le nègre, que d'aborder sur les rocs, d'où chacun se sauvera comme il pourra. — Mais je ne sais pas nager, lui répondit Roberts, et mon matelot non plus. » La réplique du nègre fut qu'étant si près des rocs, il allait aborder. Roberts, prenant son fusil, lui dit qu'il saurait empêcher qu'on ne lui fît violence sur son bord. Le nègre sauta aussitôt dans l'eau, en lui souhaitant une bonne fortune; il gagna la terre à la nage. Ses deux compagnons, qui ne savaient pas si bien nager, n'osèrent suivre son exemple, et protestèrent même qu'ils n'étaient pas capables de laisser Roberts sans secours; mais il le prièrent aussi de ne les pas abandonner aux flots sans provision. Il leur dit qu'il ne cherchait que le moyen d'aborder dans un lieu sûr, ou même de se faire échouer; et lorsqu'ils lui représentèrent de quoi Colau l'avait menacé, il répondit que ce perfide, comme ils avaient pu le remarquer eux-mêmes, s'était attribué des connaissances qu'il n'avait pas. Alors les deux nègres chargèrent Colau d'imprécations, et souhaitèrent de le voir périr avant qu'il pût atteindre les rocs. Roberts leur dit que, s'ils voulaient travailler à la pompe pour soulager un peu la felouque, il espérait encore de les mettre sûrement à terre. Mais ils lui déclarèrent qu'ils ne travailleraient à rien que lorsqu'ils le verraient à l'ancre, s'engageant néanmoins, par d'horribles serments, à ne pas l'abandonner.

Roberts s'approcha du rivage, et serra de si près la Punta do Sal, que, vers l'extrémité de la pointe, un homme aurait pu sauter du bord sur le rivage. La raison qui lui faisait tant hasarder contre les rocs était sensible. Cette pointe lui paraissant l'extrémité de la côte au dessous du vent, il n'était pas sûr au delà de trouver la terre assez avancée pour remorquer facilement. D'ailleurs les rocs étaient unis, et fort escarpés. Il savait qu'ordinairement ces sortes de rocs ne s'avancent pas sous l'eau, et la difficulté n'étant que d'y grimper lorsqu'il en serait assez proche pour y mettre le pied, il cherchait quelque lieu favorable à ce dessein. Mais, à la première vue qu'il eut de la terre, de l'autre côté de la pointe, il découvrit une petite baie assez profonde, dans laquelle il ne balança point à s'engager. La sonde qu'il avait à la main lui donna d'abord treize brasses, ensuite douze. Un courant du nord, qui entre dans la baie, l'aidant beaucoup plus que ses voiles, il s'approcha insensiblement de la terre; et quoique le rivage lui parût fort inégal, ce qui est ordinairement la marque d'un mauvais fond, il ne se vit pas plus tôt sur neuf brasses, qu'il mouilla à l'ancre à toutes sortes de risque. Les deux nègres, se voyant si près de la terre, se jetèrent aussitôt dans l'eau, et nagèrent heureusement jusqu'au rivage.

La nuit approchait; Roberts la passa tranquillement dans ce lieu. Au point du jour, trois insulaires parurent sur le bord de la mer, et n'apercevant que deux hommes sur la felouque, se mirent librement à la nage pour venir à bord. Ils firent des offres civiles à Roberts, jusqu'à lui proposer d'aller dîner à terre avec eux. Il leur répondit qu'il ne savait pas nager. Leur étonnement fut extrême. Ils répétèrent plusieurs fois qu'il leur paraissait bien étrange que des gens qui traversaient la grande mer osassent l'entreprendre sans savoir nager; et vantant, non sans raison, l'usage de leur nation, ils assurèrent qu'il n'y avait pas d'enfant parmi eux qui ne pût se sauver de toutes sortes de périls à la nage. Cependant, comme l'eau manquait à Roberts, ils consentirent à lui en apporter. Étant bientôt revenus avec deux calebasses qui tenaient environ douze pintes, Roberts leur offrit de préparer pour eux quelques tranches de son poisson. A la vue des tranches sèches ils lui dirent qu'ils croyaient les reconnaître pour la chair d'un poisson qu'ils nommèrent *sarde;* sur quoi ils demandèrent si ce poisson ne dévorait pas les hommes. Roberts leur ayant répondu qu'on en avait quantité d'exemples, ils jetèrent avec effroi ce qu'ils tenaient entre leurs mains, en disant qu'ils n'auraient jamais cru que les hommes fussent capables de manger un animal qui se nourrit de leur chair. Ce mécontentement ne les empêcha pas de travailler à la pompe, et de nettoyer entièrement la felouque. Roberts, pour les récompenser de leur travail, leur offrit un verre d'eau-de-vie, en regrettant que les pirates ne lui eussent pas laissé le pouvoir de leur en donner plus libéralement. Ils refusèrent d'en boire. Puisqu'il en avait si peu, lui dirent-ils, et qu'il était accoutumé à cette liqueur, ils lui conseillaient de la garder pour ses besoins. Ils ajoutèrent que l'eau était leur boisson naturelle, et qu'ils s'en trouvaient fort bien; qu'ils n'avaient jamais goûté d'*aqua ardente* (c'est le nom qu'ils lui donnaient), quoiqu'ils n'ignorassent pas qu'elle était fort bonne, mais qu'ils se souvenaient qu'un pirate français, nommé Maringouin, ayant abordé dans leur île avec une grosse provision de cette liqueur, qu'il n'avait pas épargnée aux habitants, la plupart de ceux qui en avaient bu étaient devenus fous pendant plusieurs jours, parce qu'ils n'y étaient point accoutumés, et que d'autres en avaient été dangereusement malades; que cependant il se trouvait encore des nègres qui souhaitaient d'être enlevés par quelque pirate, pourvu qu'ils fussent conduits dans une région où cette liqueur chaude fût en abondance.

Roberts leur demanda s'ils avaient beaucoup de coton dans leur île. Ils lui dirent que chaque année en produisait abondamment, mais que la rareté des pluies avait rendu la dernière assez stérile; qu'il n'y avait pas de nègre néanmoins qui n'eût cinq ou six robes, quoiqu'ils en fissent peu d'usage; que, les vaisseaux venant rarement dans leur île, ils employaient le coton à leurs propres besoins, et qu'il n'y avait pas d'habitant qui ne lui en donnât volontiers quelque pièce pour raccommoder ses voiles. Mais il les assura qu'il ne prendrait rien d'eux sans le payer. Si j'avais eu, dit Roberts, quelques grains de verre ou d'autres bagatelles, j'aurais acquis tout le coton de l'île.

Ils admirèrent beaucoup son horloge de sable et ses instruments astronomiques. Les Portugais, à qui ils avaient quelquefois vu des machines de la même espèce, n'avaient jamais voulu leur en apprendre l'usage. Roberts prenant plaisir à leur en donner quelque explication, ils lui dirent que tous les blancs étaient autant de *fittazars* (nom qu'ils donnent à leurs sorciers). Il leur répondit que toute correspondance avec le diable faisait horreur aux Anglais, et que dans leur pays les sorciers étaient brûlés vifs. « C'est une fort bonne loi, lui répondirent-ils, et nous en souhaiterions ici l'usage. » Mais, pour expliquer l'habileté des blancs, ils conclurent que, sans être aussi méchants que les sorciers, puisqu'ils les punissaient par le feu, ils devaient être plus savants que le diable même; et la raison qu'ils en apportèrent, c'est qu'ils avaient remarqué que leurs sorciers, dont le savoir venait du diable, n'avaient aucun pouvoir contre les blancs. Là-dessus ils prièrent Roberts d'employer ses lumières pour les empêcher de nuire à leurs bestiaux, et surtout à leurs enfants, qu'ils faisaient mourir par des maladies de langueur, lorsqu'ils portaient de la haine à leur famille.

« On sera peut-être surpris, dit Roberts, que j'entendisse si parfaitement leur langage. Mais sachant la langue portugaise, qui fait une grande partie de la leur, mêlée avec l'ancien mandingue, qui est leur première langue, ils ne me disaient rien dont je ne comprisse du moins le sens. D'ailleurs leurs moindres paroles sont accompagnées de tant de mouvements et de gesticulations, surtout dans cette île et dans celle de Saint-Philippe, que leur pensée se fait entendre avant qu'ils aient achevé de l'exprimer. »

Dans l'après-midi, le vent devint fort impétueux, et le ciel se couvrit de nuages si épais, que Roberts se crut menacé d'une tempête. Il était venu à bord plusieurs autres nègres. A sa prière, un d'entre eux se mit à la nage, tenant le bout d'une corde pour amarrer le bâtiment contre les rocs; mais il le fit si légèrement, que, la corde ayant coulé aussitôt, son travail devint inutile. Roberts le pria inutilement de recommencer. Il répondit que, si le vent éloignait sa felouque, il se chargeait, lui et ses compagnons, de porter les deux Anglais au rivage. Cependant quelques uns d'entre eux consentirent à retourner à terre pour chercher Colau-Verde, dont l'adresse et l'audace pourraient être de quelque secours. Le vent fut inégal pendant la nuit suivante. Une heure avant le lever du soleil, il plut beaucoup au nord-est et à l'est-nord-est; ce que les nègres expliquèrent comme un signe de vent, qui ne ferait qu'augmenter pendant le jour. Cependant le soleil se leva très clair; mais vers huit heures le vent souffla fort impétueusement, et devint si furieux vers le milieu du jour, que Roberts n'avait jamais vu les vagues dans une telle agitation; il ne savait quel parti prendre, et tous ses efforts se tournaient à persuader aux nègres de ne pas l'abandonner. Le reste du jour et la nuit suivante se passèrent avec moins d'alarme; mais, le lendemain, qui était le 29 novembre, les vents redevinrent si furieux, qu'ayant arraché le bâtiment de dessus son ancre, ils le précipitèrent sur la pointe d'un roc, où il se brisa misérablement. L'eau pénétrait de toutes parts, et les nègres, à cette vue, se jetèrent à la nage pour gagner la terre; cependant ils revinrent au secours de Roberts et de son matelot, qui jetaient des cris lamentables. A la faveur de quelques planches brisées, ils les conduisirent au pied d'un roc, où ils trouvèrent assez de facilité à monter plus de quinze pieds au dessus des flots. Là, le roc s'aplanissant dans un espace de neuf ou dix pieds, ils s'arrêtèrent pour reprendre haleine, tandis que d'autres nègres, qui avaient vu leur disgrâce du sommet de la côte, leur apportèrent de l'eau et quelques aliments du pays. Ils allumèrent du feu dans le même endroit, pour faire cuire des courges, et le temps ayant commencé à s'adoucir, ils y passèrent la nuit.

Le jour suivant fut employé par les nègres à sauver les débris de la felouque, surtout les moindres pièces de bois où il restait quelque trace de peinture. Ils dirent à Roberts que, s'il pouvait imaginer quelque moyen de rejoindre ensemble les mâts, le gouvernail, et quelques parties qui ne paraissaient pas fracassées, ils croyaient pouvoir le conduire jusqu'à un port voisin, où peut-être en tirerait-il quelque utilité. Il admira leur bonté dans cette proposition, et, touché de reconnaissance, il leur promit que, s'il arrivait dans ce port quelque bâtiment qui eût besoin de ces tristes restes, il les vendrait dans la seule vue de leur en donner le prix, et de récompenser leurs services par un présent fort inférieur à sa reconnaissance. Leur réponse, rapportée en termes exprès par l'auteur, est remarquable. Ils lui protestèrent qu'ils croyaient n'avoir fait que leur devoir en assistant des étrangers dans l'infortune; que, malgré la différence de leur couleur, et quoiqu'ils fussent regardés par les blancs comme des créatures d'une autre espèce, ils étaient persuadés que tous les hommes sont de la même nature; mais qu'ils avouaient néanmoins que Dieu les avait créés fort inférieurs aux blancs. Roberts, surpris de leur trouver tant de raison, leur répondit qu'au fond il n'y voyait pas d'autre différence que la couleur, et qu'il n'en connaissait pas d'autre cause que la chaleur excessive de leur climat; il ajouta que, si quelque blanc venait vivre dans leur île avec une femme de son pays, exposé comme eux à l'ardeur du soleil, il ne doutait pas que, dans trois ou quatre générations, leur postérité ne fût de la même couleur et de la même complexion.

Il fut fort surpris de leur entendre dire que, dans cette supposition, les blancs perdraient peut-être leur couleur, mais que leurs cheveux conserveraient toujours leur nature, et ne deviendraient pas frisés comme ceux des nègres; en quoi, certes ; ils raisonnaient beaucoup mieux que lui. Ils lui dirent encore qu'ils n'avaient que trop reconnu, par une longue expérience, qu'il y avait sur eux quelque malédiction, et qu'ils étaient faits pour être les serviteurs et les esclaves des blancs. Roberts, assez content de les voir dans cette idée leur répondit que c'était une opinion reçue dans le monde. Ils entrèrent s fort dans sa réponse, qu'ils la confirmèrent, en lui disant que c'était une vérité prouvée par l'usage des blancs, qui venaient annuellement prendre ou acheter des milliers d'esclaves en Guinée.

Non seulement les nègres sauvèrent tous les débris qui étaient sur la surface de la mer, mais, plongeant avec une hardiesse extrême, ils ramenèrent du fond des flots deux pots de fer, qu'ils se hâtèrent de rendre à Roberts. Ils excellent tous à nager et à plonger. La petite baie de Punta do Sal est d'une eau si claire, que dans le beau temps on voit le fond jusqu'à huit ou dix brasses. C'est un de leurs plus doux exercices, après la pêche, de jeter une pierre au fond de l'eau, et de parier entre eux qui aura le plus d'adresse à la trouver. Ils ont un art de ménager leur haleine qui les fait demeurer au fond plus d'une minute.

Vers midi, ils firent à Roberts un dîner composé de courges bouillies et de quelques poissons qu'ils avaient pêchés. Pendant que les deux Anglais oubliaient leur infortune, pour manger avec assez d'appétit, il leur vint un messager du seigneur Lionel Consalvo, gouverneur de l'île, qui s'excusait de n'être pas venu lui-même, parce qu'il était tourmenté d'un rhume. Il envoyait à Roberts quelques courges et trois ou quatre pommes de terre, en lui faisant espérer, pour le jour suivant, une pièce de chevreau sauvage. Au même moment, il parut un autre messager de la part du prêtre de l'île; loin d'apporter quelques provisions aux deux Anglais, il était chargé par son maître de leur demander s'ils n'avaient pas sauvé quelque reste de farine. Après cette question, il ajouta, comme de lui-même, que, s'il leur restait de l'*aqua ardente*, ils feraient beaucoup de plaisir au prêtre de lui en envoyer. Roberts lui montra les restes de son naufrage, qui consistaient dans quelques planches et les deux pots de fer. A la vue des deux pots, le messager releva beaucoup le pouvoir de son maître, qui le rendait plus capable d'être utile aux étrangers que le gouverneur même, et, pour conclusion, il déclara aux Anglais qu'ils lui feraient plaisir de lui envoyer un des deux pots.

D'autres nègres vinrent successivement, et parmi eux Domingo Gomerès, fils d'Antoine Gomerès, qui avait été gouverneur de l'île avant Lionel Consalvo. Roberts prit une juste opinion de Consalvo, en ne voyant qu'un nègre dans Gomerès. Les Portugais dédaignent de venir commander personnellement dans une île si pauvre, et laissent volontiers prendre aux nègres leurs noms et leurs titres. Gomerès présenta au capitaine anglais quelques courges, un papaye et des bananes, avec un gâteau composé de bananes et de maïs. Roberts lui ayant demandé ce qu'il exigeait de sa reconnaissance pour tant de faveurs, il répondit qu'il serait fort satisfait de son amitié, et que tous les autres habitants n'avaient pas d'autres prétentions, à la réserve du prêtre, qui ne cesserait pas, suivant sa coutume, de lui faire beaucoup de demandes; mais qu'il le prévenait là-dessus, afin qu'il ne se laissât pas tromper. Roberts lui dit qu'à son retour en Angleterre, il ne manquerait pas de se louer beaucoup de la générosité des nègres, pour engager ses compatriotes à venir souvent dans leur île. Gomerès répondit que malheureusement l'île ne produisait rien d'avantageux au commerce; que son père et d'autres nègres fort anciens se souvenaient d'y avoir vu des étrangers qui leur avaient dit qu'elle était fort pauvre, et que non seulement les habitants en étaient fort misérables, mais que leur misère était la raison qui empêchait les vaisseaux de les visiter.

Pendant cet entretien, Roberts observa un nègre qui paraissait prêter l'oreille avec une attention extraordinaire, et, jetant les yeux plus particulièrement sur lui, il crut remarquer qu'il ne ressemblait pas aux nègres de Guinée, mais qu'il était basané comme les Arabes des parties méridionales de Barbarie, et qu'il avait les cheveux droits et bruns, quoique assez courts. Tandis qu'il le considérait, il fut extrêmement surpris de lui entendre dire en anglais que l'île produisait quantité de richesses qui n'étaient pas connues des Portugais, et dont les insulaires ignoraient l'usage, telles que de l'or, de l'ambre gris, de la cire et divers bois de teinture. En s'expliquant davantage, Roberts apprit, avec une joie égale à son étonnement, que cet étranger était Anglais, né à Carléon, sur la rivière d'Usk, dans le pays de Galles; que son nom était Charles Franklin, et qu'il était fils d'un juge de paix. Il avait commandé plusieurs bâtiments de Bristol. Dans un voyage aux Indes occidentales, il avait été pris par le pirate Barthélemi, et conduit sur la côte de Guinée, d'où il avait trouvé le moyen de s'échapper. Il s'était réfugié à Sierra Leone, chez un prince nègre, nommé Thomé. Barthélemi avait employé les menaces pour l'arracher de cet asyle; mais le prince Thomé, fidèle à ses promesses, lui avait fait une réponse fière et méprisante, qui avait obligé le pirate à se retirer. Après son départ, le capitaine Plunket, chef du comptoir anglais de Sierra Leone, ayant entendu parler de Franklin, et le prenant pour quelque scélérat de la troupe du pirate, l'avait fait demander au prince Thomé, dans la seule vue de le condamner au supplice, suivant la rigueur des lois anglaises. Le prince nègre en avait averti Franklin, sans lui cacher qu'il était embarrassé par la crainte de déplaire aux Anglais.

Franklin, comprenant qu'il lui serait difficile de prouver son innocence, 'avait conjuré d'attendre l'arrivée de quelque vaisseau de Bristol dont il connût le capitaine. Son malheur avait touché si vivement le prince, qu'il avait obtenu le renouvellement de sa protection avec un redoutable serment. Cependant, Plunket ne se relâchant pas dans ses instances, il avait souhaité, pour l'intérêt de la paix, d'être envoyé plus loin dans les terres, et le prince ne lui avait pas refusé cette faveur. Outre le motif de sa sûreté, il avait appris qu'on trouvait beaucoup d'or dans l'intérieur du pays, surtout entre 12 et 13 degrés de latitude, tant du nord que du sud, et peut-être jusqu'à l'extrémité méridionale de cette vaste région. Le prince Thomé l'envoya au roi de Bembolou, accompagné de quatre gardes, et d'un bâton d'état, qui lui tenait lieu d'une lettre de créance. Son voyage avait duré sept jours, et, sur le calcul de sa marche, il croyait avoir fait cent milles. Il avait passé dans sa route par plusieurs villes, où il avait été fort bien reçu. Pendant les quatre premiers jours, il n'avait fait aucune remarque importante; mais il avait ensuite observé que l'or était fort commun parmi les habitants. L'attention que ses gardes avaient continuellement sur lui l'avait empêché de prendre des informations. Il apprit d'eux-mêmes qu'ils avaient ordre de lui ôter toutes les occasions d'acquérir trop de lumières, et de le conduire par les routes les plus désertes, mais surtout de ne pas lui laisser la liberté d'écrire. Le prince Thomé avait eu soin de lui prendre tous ses papiers, sous prétexte de les conserver jusqu'à son retour; mais les nègres, étant persuadés que les blancs sont autant de fittazars ou de sorciers, s'imaginent que le diable ou quelque génie est toujours prêt à leur fournir les commodités dont ils ont besoin. Enfin il était arrivé à la cour du roi de Bembolou, où la vue du bâton d'état l'avait fait recevoir avec beaucoup de civilité et d'affection. Il y avait fait l'admiration du roi et de tout son peuple, qui n'avaient jamais vu d'Européens dans leur ville.

Roberts, ayant remarqué, pendant le discours de Franklin, que les nègres qui étaient autour de lui l'écoutaient fort attentivement, leur demanda s'ils avaient compris quelque chose à son récit; ils lui dirent que non, mais qu'ils admiraient que le seigneur Carolo (ils donnaient ce nom à Franklin) eût trouvé le moyen de lui parler dans une langue qu'ils ne comprenaient pas. Franklin leur apprit alors qu'il était du même pays que Roberts. Une nouvelle si surprenante fut répandue aussitôt dans toute l'assemblée. Ils venaient tous prier Roberts de la confirmer de sa propre bouche, parce qu'ils ont pour principe de ne pas s'en rapporter au témoignage d'autrui, lorsqu'ils peuvent employer celui de leurs propres sens.

L'impatience de Roberts était de voir leur ville. Franklin lui en avait représenté le chemin comme inaccessible, par la multitude de rochers escarpés et pointus qu'il fallait traverser. Les nègres, qu'il interrogea aussi, confirmèrent la même chose, et lui firent une description extravagante de leur île. Cependant, comme le gouverneur et le prêtre l'avaient fait inviter à les aller voir chez eux, il résolut de surmonter toutes les difficultés, d'autant plus que dans le lieu où il était il se voyait exposé le matin et le soir à périr par la chute des pierres qui roulaient du sommet de la montagne. Les nègres lui dirent que ces mouvements venaient des chèvres sauvages, qui se retiraient le soir sous les rocs. En effet, l'auteur observe que l'île entière n'est qu'un composé de montagnes qui s'élèvent en monceau, et que, le sommet de l'une étant comme le pied de l'autre, elles forment ensemble une espèce de dôme. Lorsqu'il se fut déterminé à partir, Domingo voulut lui servir de guide, avec la précaution de le lier derrière lui, pour le soutenir dans sa marche. La première partie du chemin se fit assez facilement, et l'on s'arrêta pour prendre quelques moments de repos. Mais, en avançant plus loin, Roberts s'aperçut bientôt qu'il lui serait fort difficile de continuer. Quelques nègres, s'écartant pour chercher une meilleure route, firent tomber une grosse pièce de roc, qui mit en danger tous ceux qui les suivaient. Domingo déclara qu'il n'exposerait pas le capitaine anglais pendant le jour, parce que l'ardeur du soleil rendait les rocs moins capables de consistance, et les pierres plus faciles à se détacher; au lieu que l'humidité de la nuit formait une espèce de ciment qui les arrêtait. Sur ce raisonnement, dont Roberts ajoute qu'il reconnut la vérité par son expérience, on ne pensa qu'à retourner au lieu d'où l'on était parti. Domingo proposa de faire venir une barque pour gagner la ville par la voie de la mer.

Quoique ce dessein demandât plusieurs jours, Roberts se vit forcé d'y consentir par les premières atteintes d'une fièvre violente. Tant de chagrins et de fatigues, joints à l'ardeur excessive du soleil, qu'il fallait essuyer continuellement, avaient épuisé ses forces. Il tomba dans une maladie si dangereuse, que pendant plus de six semaines son matelot et Franklin désespérèrent de sa vie. Les nègres lui rendirent plus de services et de soins qu'il n'aurait pu s'en promettre dans la région la plus polie de l'Europe, et la plus affectionnée aux Anglais. Enfin, lorsqu'il fut en état d'entrer dans la barque, les nègres, qui se chargèrent de le conduire avec Domingo, prirent au sud-ouest, et trouvèrent toujours la mer fort calme; au lieu que de l'autre côté le vent ne cesse pas de se faire sentir, surtout à mesure que le soleil s'approche du méridien. On arriva le soir à Furno, où Roberts trouva un cheval du gouverneur, sur lequel il monta pour se rendre à sa maison. Ce n'était proprement qu'une cabane. Il y fut reçu fort civilement; mais ayant promis à Domingo de loger chez lui, il se rendit ensuite chez le signor Antonio, père de ce nègre. On y avait déjà pris soin de lui préparer un lit, secours précieux, si l'on considère le pays et les habitants. Il était composé de quatre pieux enfoncés dans la terre à de justes distances, et de quatre pièces de bois informes qui les joignaient ensemble, sans autre lien que des cordes de bananier. Le fond était rempli d'une paillasse de cannes, sur laquelle on avait mis une grande quantité de feuilles sèches de bananier couvertes d'une natte; et pour draps, deux pièces d'une étoffe blanche de coton. La courte-pointe était aussi de coton à raies bleues et blanches.

Roberts passa deux mois dans la maison du seigneur Antonio Gomerès sans pouvoir se rétablir; mais ayant commencé à reprendre ses forces, il se fit un amusement de la pêche. Il employait souvent trois ou quatre jours entiers à cet exercice. Les nègres portaient le bois dont ils avaient besoin pour allumer du feu et faire cuire le poisson. Ils trouvaient du sel sur les rocs, où la chaleur du soleil le formait naturellement de l'eau de la mer.

Dans la familiarité où Roberts vivait avec les nègres, il s'informa quels vaisseaux ils avaient vus dans leur île depuis quelques années. Il n'en était arrivé que deux dans l'espace de sept ans : l'un d'Angleterre, qui avait acheté des porcs; l'autre, portugais, qui, transportant des esclaves de Saint-Nicolas au Brésil, avait relâché à Saint-Jean pour faire de l'eau, mais s'était vu enlever de dessus ses ancres par une violente tempête. L'intention de Roberts était de passer dans l'île Saint-Philippe, où il savait que les vaisseaux abordaient plus souvent. Après de longues réflexions, il prit le parti de rassembler tous les débris de sa felouque, et d'en composer une barque avec le secours des nègres. Il lui donna vingt-cinq pieds de long sur dix de largeur, et quatre pieds dix pouces de profondeur. Il la calfata de coton et de mousse, avec un enduit de suif mêlé de fiente d'âne. Cette composition acquit tant de dureté en séchant au soleil, que non seulement la chaleur n'était pas capable de la fondre, mais que l'eau de la mer ne pouvait l'endommager; la fiente d'âne la défendait contre les poissons, qui auraient mangé le suif sans ce mélange. D'ailleurs Roberts n'aurait pu se procurer assez de suif pour fournir à tout l'ouvrage, car il observe que quarante chèvres ne lui en donnaient pas plus de cinq livres, et qu'une vache grasse n'en rendait pas davantage.

Lorsqu'il crut avoir mis sa barque en état de supporter la mer, il obtint des nègres une ancre qu'ils avaient pêchée après le départ du vaisseau portugais dont on a raconté l'accident. Il s'approcha ainsi de Furno, d'où il se rendit à la ville pour y faire ses adieux; mais il fut fort surpris que Franklin, après lui avoir promis constamment de s'embarquer avec lui, eût changé tout d'un coup de résolution. Il affecta de paraître satisfait de ses raisons, et, sans autre compagnie que son matelot et six nègres qui s'étaient offorts à le suivre, il partit deux heures avant le jour, avec la marée du matin.

Après avoir erré quelque temps, il fut encore obligé de retourner à Saint-Jean, et de s'y arrêter deux mois pour réparer sa barque. Mais enfin il gagna San-Iago, la principale des îles du cap Verd, où vint aborder un vaisseau de Bristol, commandé par un de ses amis, qui le ramena dans sa patrie.

Quoique nous nous soyons peut-être un peu étendu sur les aventures de Roberts, nous croyons que le lecteur judicieux ne nous en fera pas de reproches. Il a dû y retrouver à tout moment des objets d'intérêt et d'instruction. Quel contraste plus frappant que celui de la férocité des corsaires anglais, et de la bonté des nègres de Saint-Jean! D'un côté, quel horrible abus de tous les arts, de toutes les lumières, que l'homme policé acquiert dans la constitution sociale! et de l'autre, quel exemple de toutes les vertus qui tiennent au sentiment de la pitié dans l'homme sauvage, qu'ailleurs nous trouverons souvent aussi méchant dans sa grossièreté que nous le sommes avec nos connaissances! Peut-être les nègres de Saint-Jean n'avaient-ils conservé cette bonté naturelle que par une suite de l'extrême pauvreté de leur demeure. Jetés sur des rochers, au milieu des écueils qui éloignent les vaisseaux de ces parages dangereux, ils n'avaient point été corrompus par l'avarice et la fausseté qui naissent de l'esprit de commerce; et les prêtres, qui, pour régner mieux sur toutes ces nations grossières, obscurcissent leur intelligence par la superstition, qui les rend à la fois dociles et féroces, n'avaient pas eu d'intérêt à aveugler cette horde indigente à qui l'on ne pouvait rien prendre. Ainsi relégués au milieu de leurs rochers inabordables, ces nègres se croyaient heureux de voir d'autres hommes assez malheureux par le sort pour avoir besoin d'eux. Ils reconnaissaient encore la supériorité de ces Européens, qui pourtant leur était devenue inutile; et les Européens, portés à la nage par les nègres, qui plongeaient au milieu des rochers, pouvaient reconnaître à leur tour une autre espèce de supériorité que l'homme porte partout avec lui. Quelle multiplicité d'ailleurs, quelle variété d'incidents dans la situation de Roberts, abandonné dans sa felouque aux mers et à la fortune, et flottant sans cesse entre la mort et la vie! Combien de fois l'espérance vient remplacer le danger! et combien de fois le danger fait disparaître l'espérance! On a remarqué que les marins ne pouvaient pas souffrir long-temps le séjour de la terre: n'est-ce pas parce que leur âme, accoutumée aux fortes secousses, trouve insipide et monotone un genre de vie qui n'offre ni grands périls, ni grandes joies?

ANDRÉ BRUE.

VOYAGE SUR LES BORDS DU SÉNÉGAL.

Marabout; singulière onction. Palais du Damel; sa cour. Visite au Siratik. Chasse au lion. Aventures nocturnes. Roi de Cabo. Usages des Nègres.

Brue était directeur général de la Compagnie française d'Afrique, vers la fin du dix-septième siècle et au commencement du dix-huitième; ses voyages, qui ont été fréquents, eurent tous pour objet le bien du commerce et l'intérêt de sa patrie. Nous n'en rapporterons que ce qui nous semblera propre à faire connaître le pays et les mœurs, les révolutions des compagnies commerçantes et les démêlés des nations rivales n'entrant point dans notre plan.

Le premier voyage de Brue est celui qu'il fit par terre de Rufisque jusqu'au Fort-Louis sur le Sénégal. Il traversa le pays des Sérères, et s'arrêta un soir dans un village des Iolofs, qui était la résidence d'un des plus grands marabouts, ou prêtres du pays. Ce saint nègre s'était attendu à recevoir la visite et des présents du général français, mais il vit ses espérances trompées. L'alcadi de Rufisque et une femme mulâtre, qui avaient suivi Brue avec quelques Français, que la seule curiosité conduisait, se mirent à genoux devant le marabout, et lui baisèrent les pieds; après quoi, il prit la main de la signora, l'ouvrit et cracha dedans; ensuite la lui faisant tourner trois fois autour de la tête, il lui frotta de sa salive le front, les yeux, le nez, la bouche et les oreilles, en prononçant, pendant cette opération, quelques prières arabes. Il reçut leurs présents, et leur promit un heureux voyage. La signora fut raillée de sa superstition à son retour, et de sa complaisance à s'être laissé oindre de la salive du vieux marabout.

Ils arrivèrent le lendemain à Makaya, une des résidences du damel ou roi de Cayor, qui s'y était rendu pour recevoir les Français. Devant la porte du palais, ils trouvèrent une garde de quarante ou cinquante nègres, avec un grand nombre de guiriots ou de musiciens, qui se mirent à chanter les louanges du général aussitôt qu'ils le virent à portée de les entendre. Les grands officiers se présentèrent pour le recevoir et l'introduire à l'audience du roi. Il ne fut pas aisé à Brue, qui était d'une taille puissante, de passer par la porte de ce Versailles du royaume de Cayor : le guichet était si bas, qu'il était obligé de se courber beaucoup. L'enclos contenait quantité de bâtiments, entre lesquels il y avait un kalde, ou une salle d'audience ouverte de tous côtés. Le damel y était assis sur un petit lit dont la Compagnie française lui avait fait présent ; il se leva lorsque Brue fut entré, et, lui présentant la main, il l'embrassa, avec beaucoup de remercîments de s'être détourné si loin de sa route pour le voir. Le général lui fit son compliment, et lui offrit les présents de la Compagnie, avec deux barils d'eau-de-vie. L'ordre fut donné pour le traiter aux dépens de la cour, et pour renvoyer à Rufisque les chevaux et les chameaux qu'il y avait loués. Il fut conduit ensuite à l'audience des femmes du roi. Ce prince en avait quatre légitimes, suivant la loi de Mahomet, mais ses concubines étaient au nombre de douze, malgré les remontrances des marabouts. Un jour qu'ils lui reprochaient cette intempérance, il leur répondit que la loi était faite pour eux et pour le peuple, mais que les rois étaient au dessus.

Les femmes du damel ayant pris soin de fournir des provisions au général, il se crut obligé de leur faire quelques présents. C'était le roi qui se chargeait lui-même de ces détails, lorsqu'il avait la raison libre; mais sa passion pour l'eau-de-vie ne lui permettait pas d'être un moment sans en boire; il était ivre aussi long-temps qu'il avait de cette liqueur. Quatre jours se passèrent avant que le général pût le trouver en état de l'entendre, et ses deux barils étaient déjà presque épuisés.

Quoique les nègres de Cayor, païens et mahométans, aient l'usage de la polygamie, il ne leur est pas permis d'épouser deux sœurs. Le damel, se croyant dispensé de cette loi, avait deux sœurs entre ses femmes. Les marabouts et les mahométans zélés en murmuraient, mais secrètement, parce que ce prince n'était pas traitable sur ce qui pouvait blesser ses plaisirs. Il ne doutait pas de l'existence d'un paradis; mais il déclara naturellement à Brue qu'il n'espérait pas y être reçu, parce qu'il avait été fort méchant, et qu'il ne se sentait, disait-il, aucune disposition à devenir meilleur. Effectivement, il s'était rendu coupable de mille actions cruelles; il avait dépouillé, banni ou tué ceux qui avaient eu le malheur de lui déplaire. Comme il possédait deux royaumes, celui de Cayor et celui de Baol, il se croyait plus grand que tous les monarques d'Europe, et, faisant quantité de questions à Brue sur le roi de France, il demandait comment il était vêtu, combien il avait de femmes, quelles étaient ses forces de terre et de mer, le nombre de ses gardes, de ses palais, de ses revenus, et si les seigneurs de sa cour étaient aussi bien vêtus que les seigneurs nègres; et lorsque Brue s'efforçait de lui donner une idée de la grandeur du roi de France, ce qui lui paraissait le plus incroyable, c'était qu'un si grand roi n'eût qu'une femme. Il demandait comment il pouvait faire lorsqu'elle était enceinte ou malade. Le général répondit qu'il attendait qu'elle se portât mieux. « Bon! lui dit le monarque nègre, il a trop d'esprit pour être capable de tant de patience. »

Un jour, il fit présent au général d'une femme qui paraissait d'une condition supérieure à l'esclavage. En effet, elle avait été l'épouse d'un des principaux officiers de sa cour. Son mari, la soupçonnant d'infidélité, aurait pu se faire justice de ses propres mains; mais, comme elle était d'une famille distinguée, il avait pris le parti de porter ses plaintes au roi, qui, l'ayant jugée coupable, l'avait condamnée à l'esclavage, et l'avait donnée à Brue. Les parents de cette malheureuse femme vinrent solliciter les Français en sa faveur, et supplièrent le général d'accepter en échange une esclave beaucoup plus jeune, dont il aurait par conséquent plus de profit à tirer. Il y consentit, et l'autre fut conduite aussitôt par sa famille hors des états du damel. Cette rigueur dans la punition rend les femmes des grands assez chastes. Comme le droit de les vendre appartient au roi, après leur correction, elles sont sûres de ne jamais trouver en lui qu'un juge inexorable, qui accorde toujours une prompte justice aux maris dont il reçoit les plaintes.

Le port de Rufisque ne recevant guère que des barques et des chaloupes, le damel, qui souhaitait beaucoup de voir un vaisseau, pria le général d'en faire venir un près de cette ville. Brue lui répondit qu'il était fâché de ne le pouvoir, parce qu'il n'y avait point assez d'eau pour un bâtiment tel qu'il le désirait; mais qu'il en ferait venir un de dix pièces de canon, qui servirait à lui donner quelque idée de ceux qui en portent jusqu'à cent pièces. Il fit amener effectivement une corvette appareillée dans toute sa pompe, avec les pavillons déployés. Le damel et tous ses courtisans se rendirent sur le rivage pour jouir de ce spectacle. On fit faire quantité de mouvements à ce petit vaisseau, et les Français s'étaient attendus que le roi monterait à bord; mais, soit qu'il craignît la mer, ou qu'ayant à se reprocher ses extorsions et ses violences, il appréhendât qu'ils ne le retinssent prisonnier, il n'osa se procurer cette satisfaction. Lorsqu'il eut rassasié sa curiosité, il demanda au général de combien les grands vaisseaux surpassaient celui qu'il avait vu. Sans répondre directement à cette question, Brue lui conseilla d'envoyer de ses officiers pour être plus sûr de ce qu'il voulait savoir par le témoignage de ses propres gens. L'ordre fut donné à quelques nègres d'aller prendre les mesures. Ils revinrent tout chargés des cordes qu'ils avaient employées, et qu'ils étendirent devant le damel. « Quel canot! s'écria-t-il, et que la science des blancs est prodigieuse. »

Pour donner de l'amusement au général, ce prince fit un jour en sa présence la revue d'une partie de ses troupes, sous la conduite du condi, son lieutenant général. Ce corps d'armée montait à cinq cents hommes, armés de sabres, d'arcs et de flèches, et couverts de cottes de maille qui consistaient en deux morceaux d'étoffe de la forme d'une dalmatique. Le fond était de coton blanc, rouge ou d'autres couleurs, parsemé de caractères arabes, que les marabouts croient également propres à jeter l'effroi parmi leurs ennemis et à garantir ceux qui les portent de toutes sortes de blessures, à la réserve néanmoins de celle des armes à feu, parce que l'invention, leur a-t-on dit, est postérieure au temps de Mahomet. Sous ces cottes de maille, les nègres ont une multitude d'amulettes, qu'ils appellent *grisgris*, et celui qui en est le plus chargé doit être le plus brave, parce qu'il a moins de périls à redouter.

Le condi, s'étant mis à la tête de sa troupe, la disposa sur quatre rangs, et fit avertir le roi qu'il était prêt à le recevoir. Ce prince était dans le magasin que la Compagnie avait fait bâtir à Rufisque. Quoiqu'il ne fût pas fort éloigné de cette petite armée, il monta à cheval, et, prenant sa lance, il fit les mêmes mouvements que s'il eût été près de combattre. Brue fut obligé de prendre aussi un cheval pour l'accompagner. Ils s'avancèrent jusqu'au milieu de la ligne. Le condi, à la vue de son maître, ôta son turban, et, se jetant à genoux, se couvrit trois fois la tête de poussière; mais le roi, qui n'était plus qu'à dix pas, lui fit porter ses ordres par un de ses guiriots militaires. Le condi, après les avoir reçus dans la même situation, se couvrit la tête, et fit commencer les exercices. Ensuite il reprit sa première posture, en attendant de nouveaux ordres qu'il reçut encore, et qui ne produisirent que des mouvements fort irréguliers.

Les huttes des habitants sont de paille, mais plus ou moins commodes, suivant l'industrie du possesseur. La forme en est ronde. Elles n'ont pour porte qu'un trou fort bas, comme la gueule d'un four, de sorte qu'ils ne peuvent y entrer qu'en rampant. Comme elles n'ont pas d'autre ouverture pour recevoir la lumière, et que le feu qu'on y entretient continuellement répand une épaisse fumée, il n'y a au monde que des nègres qui puissent les habiter, surtout à cause de la chaleur, qui vient également de la voûte, et d'un fond de sable brûlé qui en fait le plancher. Leurs lits sont composés de petits pieux placés à deux doigts l'un de l'autre, et joints ensemble par une corde; aux quatre coins, d'autres pieux un peu plus gros servent à soutenir tout l'édifice. Les nègres de quelque distinction mettent une natte sur ces châlis.

Dans un autre voyage sur le fleuve Sénégal, Brue visita le pays des Foulas, et leur empereur, qui se nomme Siratik, nom que quelques voyageurs donnent aussi à ses états.

En arrivant au port de Ghiorel, situé vis-à-vis l'île de Bilbas, centre du commerce de ce canton, il fit tirer trois coups de canon pour annoncer son arrivée. A peine eut-il mouillé l'ancre, qu'il reçut la visite du seigneur du village, nommé Farba-Ghiorel. Ce nègre, qui était oncle du siratik, et qui avait toujours eu beaucoup d'affection pour les Français, fut reçu d'eux avec beaucoup de civilité. Il promit au général de dépêcher sur-le-champ un exprès au roi son neveu. Dès le même soir, Boucar Siré, un des fils du siratik, qui avait ses terres entre Ghiorel et Goumel, résidence de son père, se rendit à bord, et répondit au général de l'amitié que ce roi avait conçue pour lui sur la seule réputation de son mérite. Ce compliment fut accompagné d'un présent de deux bœufs gras et d'une petite boîte d'or du poids d'une once. Le général fit aussi ses présents au prince, et le salua de plusieurs coups de canon à son départ. Ensuite, ayant fait descendre ses facteurs pour commencer le commerce, il trouva dans le village tant d'avidité pour ses marchandises, que ses barques furent bientôt chargées des productions du pays.

Le siratik n'eut pas plus tôt appris l'arrivée des Français, qu'il fit complimenter Brue par son grand bouquenet, c'est-à-dire par le grand-maître de sa maison. Cet officier était un vieillard vénérable, de fort belle taille, avec la barbe et les cheveux gris, ce qui marque, parmi les nègres, une vieillesse fort avancée; mais ils n'en paraissait pas moins vigoureux, ni moins vif et moins poli. Son nom était Baba Milé. Après les premiers compliments, il reçut le paiement des droits et les présents annuels : c'étaient des étoffes noires et blanches de coton, quelques pièces de drap et de serge écarlate, du corail, de l'ambre jaune, du fer en barre, des chaudrons de cuivre, du sucre, de l'eau-de-vie, des épices, de la vaisselle, et quelques pièces de monnaie d'argent au coin de Hollande, avec un surtout de drap écarlate à la manière de Brandebourg, et deux boîtes pour renfermer la plus précieuse partie du présent. Le bouquenet reçut aussi les droits qui revenaient aux femmes du prince, et qui montaient à la moitié des premiers, sans oublier ce qui lui revenait à lui-même. Le kamalingo, ou le lieutenant général du roi, qui est ordinairement l'héritier présomptif de la couronne, vint recevoir à son tour le présent ou le droit annuel qui lui devait être payé. Tous ces présents pouvaient monter à la valeur de quinze ou dix-huit cents livres. Ensuite le bouquenet offrit au général, de la part du roi, trois grands bœufs, et l'ayant invité à se rendre à la cour, il fit paraître les officiers qui étaient nommés pour le conduire. On avait déjà préparé un grand nombre de chevaux pour les gens de sa suite, et des chameaux pour transporter son bagage.

Le jour suivant, Brue prit terre au bruit de son canon, et se mit en marche pour la cour du siratik. Son cortége était composé de six de ses facteurs, deux interprètes, deux trompettes, deux hautbois, et quelques domestiques, avec douze laptots, ou nègres libres, bien armés. Il traversa un pays fort uni et bien cultivé, plein de villages et de petits bois. En approchant de Boucar, il découvrit de vastes prairies, dont les parties basses se sentaient déjà de l'inondation qui commençait à gagner dans le pays. Ce qui restait de terrain sec était si couvert de toutes sortes de bestiaux, que les guides du général avaient peine à lui faire trouver un passage. Le convoi ne put arriver à Boucar qu'à l'entrée de la nuit.

Le prince Siré, à qui le village appartenait, vint au devant des Français, à la tête de trente chevaux. Aussitôt qu'il eut aperçu le général, il s'avança au grand galop en secouant sa zagaie, comme s'il eût voulu la lancer. Bruc l'aborda de la même manière, c'est-à-dire avec le pistolet en joue. Mais lorsqu'ils furent près l'un de l'autre, ils mirent pied à terre et s'embrassèrent, ensuite, étant remontés à cheval, ils entrèrent dans le village, et le prince conduisit son hôte dans une maison qu'il avait fait préparer pour lui, dans le même enclos que celui de ses femmes. Après l'avoir introduit dans son appartement, il le laissa seul; mais, au même moment, le général fut conduit à l'audience de la princesse. Elle lui parut d'une taille médiocre, mais très bien faite, jeune et fort agréable; ses traits étaient réguliers, ses yeux vifs et bien fendus, sa bouche petite et ses dents extrêmement blanches; son teint couleur d'olive aurait beaucoup diminué les agréments de sa figure, si elle n'eût pris soin de la relever avec un peu de rouge.

Elle reçut Bruc fort civilement, et le remercia de ses présents avec beaucoup de grâce. Il fit successivement sa visite à deux ou trois autres femmes du prince; après quoi, retournant auprès de lui, il y passa le temps jusqu'à l'heure du souper. Il fut reconduit alors dans son appartement, où il trouva plusieurs plats de couscous, du sanglet, des fruits et du lait en abondance, qui lui étaient envoyés par les femmes du prince. Quoiqu'il se fût fait préparer à souper par un cuisinier de sa nation, la civilité lui fit goûter de tous les mets africains. Après qu'il eut soupé, le prince vint, s'assit sans cérémonie, mangea quelque chose du dessert, but plusieurs coups de vin et d'eau-de-vie, et se mit à fumer avec lui jusqu'à ce qu'on fut venu l'avertir que tout était prêt pour le *folgar* ou le bal. L'assemblée était composée de toute la jeunesse du village, qui danse et chante, tandis que les plus âgés sont assis sur des nattes autour de celle où se fait le folgar. Ils s'y entretiennent agréablement, et cette conversation, dont ils font un de leurs plus grands plaisirs, s'appelle *kalder*. Chacun parle librement. C'est dans ces cercles qu'on remarque, disent les voyageurs, l'étendue surprenante de leur mémoire, et combien ils feraient de progrès dans les sciences, si leurs talents naturels étaient cultivés par l'étude.

Le village de Boucar est situé sur une petite éminence, au centre d'une grande plaine; l'air y est fort sain. Les maisons ressemblent à toutes celles du pays; elles sont rondes, et se terminent en pointe, comme nos glacières de France; les fenêtres en sont fort petites, apparemment pour se garantir des moucherons, qui sont extrêmement incommodes dans tous les pays bas. Le folgar auquel Brue fut invité se tint au milieu du village; il dura deux heures, et ne fut interrompu que par une pluie violente, qui força tout le monde de se mettre à couvert.

Le lendemain, on vint, de la part du prince, s'informer de la santé du général; cette politesse fut suivie du déjeuner. Le prince, ayant envoyé du couscous et du lait, parut aussitôt lui-même, et se mit à table avec Brue; ensuite ils partirent ensemble escortés d'environ quarante chevaux. La route se trouva remplie d'une foule de peuple, qui s'était rassemblé de tous les lieux voisins pour voir les Européens et pour entendre leur musique. En approchant de Goumel, Brue vit venir à sa rencontre le kamalingo, suivi de vingt cavaliers, qui le complimentèrent au nom du siratik. Ce grand-officier de la couronne portait des hauts-de-chausses fort larges, avec une chemise de coton dont la forme ressemblait à celle de nos surplis. Autour de la ceinture, il avait un large ceinturon de drap écarlate, où pendait un cimeterre dont la poignée était garnie d'or. Son chapeau et son habit étaient revêtus de grisgris, et dans sa main il portait une longue zagaie. Le général le reçut avec une décharge de sa mousqueterie. Ils continuèrent leur marche, et traversèrent le village de Goumel pour se rendre au palais du roi, qui en est éloigné d'une demi-lieue.

La demeure de ce prince est composée d'un grand nombre de cabanes, qui sont environnées d'un enclos de roseaux verts entrelacés, défendu par une haie vive d'épines noires si serrée, que le passage en est impossible aux bêtes sauvages. Le roi, informé de l'approche du général, envoya les principaux seigneurs de sa cour au devant de lui, de sorte qu'en arrivant au palais son train était d'environ trois cents chevaux. Tout ce cortége descendit à la première porte, excepté le général, le prince Siré et le kamalingo, qui entrèrent à cheval, et ne mirent pied à terre qu'à deux pas de la salle d'audience.

Brue trouva le siratik assis sur un lit, avec quelques unes de ses femmes et de ses filles, qui étaient à terre sur des nattes. Ce prince se leva, fit quelques pas au devant de lui, la tête découverte, lui donna plusieurs fois la main, et le fit asseoir à ses côtés. On appela un interprète; alors Brue déclara qu'il était venu pour renouveler l'alliance qui subsistait depuis un temps immémorial entre le siratik et la Compagnie française; il protesta que dans quelque occasion que ce fût la Compagnie était prête à l'aider de toutes ses forces, il insista sur les avantages que les sujets du prince tiraient de cet heureux commerce, et, pour conclusion, il l'assura de ses sentiments particuliers de respect et de zèle. Pendant que l'interprète expliquait ce discours, Brue observa que la satisfaction du siratik s'exprimait sur son visage ; il prit plusieurs fois la main du général pour la presser contre sa poitrine. Ses femmes et ses courtisans répétaient avec la même joie : Les Français sont une bonne nation ; ils sont nos amis.

Le siratik répondit d'un ton fort civil qu'il rendait grâce au général d'être venu de si loin pour le voir ; qu'il avait une véritable affection pour la Compagnie et pour sa personne en particulier ; qu'il voulait oublier quelques sujets de plainte qu'il avait reçus des agents de la Compagnie ; que, dans la confiance qu'il prenait à son caractère, il lui accordait la liberté d'établir des comptoirs dans toute l'étendue de ses états, et de bâtir des forts pour leur sûreté. Enfin il conclut en assurant les Français de sa faveur et de sa protection. Il combla le général de caresses ; il lui fit l'honneur de le faire fumer dans sa propre pipe ; enfin il le reconduisit lui-même jusqu'à la porte de la salle.

Deux officiers, qui étaient à l'attendre, le menèrent ensuite à l'audience des reines et des princesses filles du roi. Il fit à toutes ces dames des présents moins considérables par le prix que par leur nouveauté. Une des reines, ayant observé que pendant l'audience du siratik il avait regardé avec beaucoup d'attention une jeune princesse de dix-sept ans, qui était sa fille, s'imagina qu'il avait pris de l'amour pour elle, et proposa au roi de la lui donner en mariage. Ce prince y consentit aussitôt, et fit offrir au général les premiers postes de son royaume avec un grand nombre d'esclaves. Brue s'excusa sur ce qu'étant marié, sa religion ne lui permettait d'avoir qu'une femme. Cette réponse fit naître quantité de réflexions et de discours entre les dames nègres sur le bonheur des femmes de l'Europe. Elles demandèrent à Brue comment il pouvait vivre si long-temps sans la sienne, et ce qu'il pensait de sa fidélité dans une si longue absence.

Le lendemain, le siratik se rendit à la salle d'audience pour y administrer la justice à ses sujets. Brue, curieux d'assister à ce nouveau spectacle, obtint d'être placé dans un lieu où il pouvait tout voir sans être aperçu. Il trouva le siratik environné de dix vieillards, qui écoutaient les parties séparément et qui lui rapportaient ce qu'ils avaient entendu. Après quoi ce prince, sur l'avis des mêmes conseillers, prononçait la décision. Elle était exécutée sur-le-champ. Brue n'aperçut point d'avocat ni de procureur ; chacun plaidait sa propre cause. Dans les causes civiles, il revient au roi un tiers des dommages. Il y a peu de crimes capitaux parmi les nègres. Le meurtre et la trahison sont les seuls qui soient punis de mort. La punition ordinaire est le bannissement, c'est-à-dire que le roi vend les coupables à la Compagnie, et dispose de leurs effets à son gré. Un débiteur insolvable est vendu avec toute sa famille, et le roi tire son tiers dans cette vente.

Le siratik pria un jour Brue de l'accompagner à la chasse d'un lion qui avait fait depuis peu de grands ravages dans le pays. Brue se rendit à cette invitation, et ils trouvèrent bientôt ce furieux animal, qui se défendit avec tout le courage qu'il a reçu de la nature. Il tua deux nègres, il en blessa dangereusement un troisième, qu'il aurait achevé, si, du coup le plus heureux, un des laptots du général ne l'eût tué sur-le-champ. Il fut porté au palais comme en triomphe, et le roi fit présent de sa peau au général. C'était un des plus grands lions qu'on eût jamais vus dans le pays. Ce combat en rappelle un autre rapporté par Jannequin, et qui prouve avec quelle intrépidité les nègres attaquent ces animaux formidables si bien armés par la nature.

« Le chef d'une des tribus du désert, voulant faire connaître son courage et son adresse aux Français, les fit monter sur quelques arbres, près d'un bois très fréquenté des bêtes farouches. Il montait un excellent cheval, et ses armes n'étaient que trois javelines que les nègres appellent zagaies, avec un coutelas à la mauresque. Il entra dans la forêt, où, rencontrant bientôt un lion, il lui fit une blessure. Le fier animal accourut vers son ennemi, qui feignit de fuir pour l'attirer dans l'endroit où il avait placé les Français. Alors le kamalingo, tournant tout d'un coup, l'attendit d'un air ferme, et lui lança une seconde javeline, qui lui perça le corps. Il descendit aussitôt, et, prenant un épieu, il alla au devant du lion, qui venait à lui la gueule ouverte, avec un furieux rugissement. Il lui enfonça son épieu dans la gueule même; ensuite, sautant sur lui, le sabre à la main, il lui coupa la gorge. Après sa victoire, qui ne lui coûta qu'une légère blessure à la cuisse, il prit quelques poils du lion, et les attacha comme un trophée à son turban. »

Brue partit de Ghiorel, et continua de remonter le Sénégal jusqu'au village de Dembakané, près des frontières du royaume de Galam ; mais il eut, dans cet intervalle, un spectacle fort étrange. Tout d'un coup le soleil fut éclipsé par un nuage épais pendant l'espace d'un quart d'heure. Les Français reconnurent bientôt que c'était une légion de sauterelles. En passant au dessus de la barque, elles la couvrirent d'excréments. Quelques uns de ces animaux étant tombés dans le même temps, ils parurent entièrement verts, plus long et plus épais que le petit doigt, avec deux dents effilées et très propres à la destruction. Cette terrible armée fut plus de deux heures à traverser la rivière.

En arrivant à Tuabo, Brue trouva une nouvelle espèce de singes, d'un rouge si vif, qu'on l'aurait pris pour une peinture de l'art. Ils sont fort gros et moins adroits que les autres singes. Les nègres les nomment *paîas*, et paraissent persuadés que c'est une sorte d'hommes sauvages qui refusent de parler, dans la crainte d'être forcés au travail et vendus pour l'esclavage. Rien n'est si divertissant. Ils descendaient du haut des arbres jusqu'à l'extrémité des branches, pour admirer les barques à leur passage. Ils les considéraient quelque temps, et, paraissant s'entretenir de ce qu'ils avaient vu, ils abandonnaient la place à ceux qui arrivaient après eux. Quelques uns devinrent familiers jusqu'à jeter des branches sèches aux Français, qui leur répondirent à coups de fusil. Il en tomba quelques uns; d'autres furent blessés, et tout le reste tomba dans une étrange consternation. Une partie se mit à pousser des cris affreux, une autre à ramasser des pierres pour les jeter à leurs ennemis; quelques uns se vidèrent le ventre dans leurs mains, et s'efforcèrent d'envoyer ce présent aux spectateurs; mais s'apercevant à la fin que le combat était inégal, ils prirent le parti de se retirer. . . . .

En décrivant Cachao, Brue dit qu'on n'en peut sortir pendant la nuit sans courir quelque danger, et parle à ce sujet d'une espèce de gens qu'il appelle des aventuriers nocturnes, et qui est fort remarquable. Ils portent sur leurs habits un petit tablier de cuir, avec une bavette qui couvre une cuirasse ou une cotte de maille. Ce tablier, qui ne passe la ceinture que de quelques doigts, est plein de trous, auxquels sont attachés deux ou trois paires de pistolets de poche, et plusieurs poignards. Le bras gauche est chargé d'un petit bouclier. Au dessous pend une longue épée, dont le fourreau s'ouvre tout d'un coup par le moyen d'un ressort, pour épargner la peine et le temps de la tirer. Lorsqu'ils sortent sans dessein formé, et seulement pour se réjouir, ils sont couverts, par dessus toute cette parure, d'un manteau noir qui pend jusqu'aux mollets. Mais s'ils se proposent quelque aventure, c'est-à-dire un duel à la portugaise, ils ajoutent à leurs armes une courte carabine chargée de vingt ou trente petites balles et d'un quarteron de poudre, avec un bâton fourchu pour la poser dessus en tirant. Enfin, pour achever une si étrange parure, ils ont sur le nez une grande paire de lunettes qui est attachée des deux côtés à l'oreille. En arrivant au lieu de l'exécution, le brave commence par planter sa carabine, rejette son manteau sur le bras gauche, prend son épée de la main droite, et, dans cette posture, attend l'homme qu'il veut tuer, et qui ne pense point à se défendre. Aussitôt qu'il le voit, il fait feu, en lui disant de prendre garde à lui. Il lui serait fort difficile de le manquer, car cette espèce d'arme à feu écarte tellement les balles, qu'elle en couvrirait la plus grande porte. Si l'infortuné qui reçoit le coup n'est pas tout à fait mort, le meurtrier s'approche en l'exhortant de dire *Jesus Maria,* et l'achève à terre de quelques coups d'épée ou de poignard. Il arrive quelquefois que ces perfides assassins trouvent la partie égale, et qu'ils sont arrêtés par ceux dont ils menacent la vie; mais ils se tirent d'embarras en protestant qu'ils se sont trompés, et qu'une autre fois ils sauront mieux distinguer leur ennemi.

A quelque distance de Cachao vers le sud, on trouve les îles de Bissao et celle des Bissagos.

Les habitants de Bissao sont nommés Papels. Cette nation occupe une partie des îles et des côtes voisines, surtout au sud de Cachao. Elle est mal disposée pour les Portugais, quoiqu'elle ait emprunté un grand nombre de leurs usages. Les femmes des Papels ne portent pour habillement qu'une pagne de coton avec des bracelets de verre ou de corail. Les filles sont entièrement nues. Si leur naissance est distinguée, elles ont le corps régulièrement marqué de fleurs et d'autres figures ; ce qui fait paraître leur peau comme une espèce de satin travaillé. Les princesses filles de l'empereur de Bissao étaient couvertes de ces marques, sans autre parure que des bracelets de corail et un petit tablier de coton.

Les nègres de Bissao sont excellents mariniers, et passent pour les plus habiles rameurs de toute la côte. Ils emploient au lieu de rames de petites pelles de bois qu'ils nomment pagaies, et le mouvement qu'ils font pour s'en servir est si régulier, qu'il produit une sorte d'harmonie. Ils ont un langage qui est propre aux Papels, comme ils ont des usages qui leur sont particuliers. Le commerce n'a pas peu servi à les cultiver. Ils sont idolâtres ; mais leurs idées de religion sont si confuses, qu'il n'est pas aisé de les démêler. Leur principale idole est une petite figure qu'ils appellent *China*, dont ils ne peuvent expliquer la nature ni l'origine. Chacun d'ailleurs se fait une divinité suivant son caprice. Ils regardent certains arbres consacrés, sinon comme des dieux, du moins comme l'habitation de quelque dieu. Ils leur sacrifient des chiens, des coqs, et des bœufs, qu'ils engraissent et qu'ils lavent avec beaucoup de soin, avant de les faire servir de victimes. Après les avoir égorgés, ils arrosent de leur sang les branches et le pied de l'arbre. Ensuite ils les coupent en pièces, dont l'empereur, les grands et le peuple ont chacun leur partie. Il n'en reste à la divinité que les cornes.

L'empereur de Bissao jouit d'une autorité fort despotique. Il a trouvé une voie fort étrange pour s'enrichir aux dépens de ses sujets, sans qu'il lui en coûte jamais rien : c'est d'accepter la donation qu'un nègre lui fait de la maison de son voisin. Il en prend aussitôt possession, et le propriétaire se trouve dans la nécessité de la racheter ou d'en bâtir une autre. A la vérité, le moyen de se venger est facile, en jouant le même tour à celui de qui on l'a reçu ; mais l'empereur n'y peut rien perdre, puisqu'il ne hasarde que de gagner deux maisons pour une. Ce pouvoir arbitraire s'étend sur tous ceux qui habitent dans l'île. Un jour, l'empereur de Bissao avait confié à la garde des Portugais un esclave, qui se pendit. C'était lui naturellement qui devait supporter cette perte; mais il ordonna que le cadavre fût laissé dans le même lieu jusqu'à ce que les Portugais lui fournissent un autre esclave. Le désagrément de voir pourrir un corps devant leurs yeux leur fit prendre le parti d'obéir. Dans une autre occasion, deux esclaves qu'il avait vendus s'échappèrent de leurs chaînes, et furent repris par ses soldats. L'équité semblait demander qu'ils fussent restitués à leur maître; mais l'empereur déclara qu'ils étaient à lui, puisqu'ils étaient remis en liberté, et les revendit sans scrupule à d'autres marchands.

A la mort des empereurs de Bissao, les femmes qu'ils ont aimées le plus tendrement et leurs esclaves les plus familiers sont condamnés à perdre la vie, et reçoivent la sépulture près de leur maître, pour le servir dans un autre monde. L'usage était même autrefois d'enterrer des esclaves vivants avec le monarque mort; mais l'auteur prétend que cette coutume commençait à s'abolir. Le dernier roi n'avait eu qu'un esclave enterré avec lui, et celui qui régnait paraissait disposé à détruire une loi si barbare.

Lorsqu'il est question de guerre, ils ont un tocsin qui sert à rassembler la milice des nègres; il porte dans cette île le nom de *bonbalon*. C'est une sorte de trompette marine, mais sans corde, qui est beaucoup plus grosse et a le double de longueur. Elle est d'un bois léger. On frappe dessus avec un marteau de bois dur, et l'on prétend que le bruit se fait entendre de quatre lieues. L'empereur a plusieurs de ces instruments au long des côtes de l'île et dans l'intérieur, avec une garde pour chacun, et lorsque le sien a donné le signal, les autres répètent autant de fois les mêmes coups et sur les mêmes tons; de sorte que ses volontés sont connues en un moment par la manière de les communiquer. Si quelqu'un refuse d'obéir, il est vendu pour l'esclavage. Ce châtiment politique tient tout le monde dans la soumission, et l'empereur, pour qui la désobéissance est utile, se plaint quelquefois de trouver ses sujets trop ardents à le servir.

Dans l'archipel des Bissagos, entre la rivière de Cachao et le cap Tumbaly, vis-à-vis la côte des Balantes, se trouvent les îles de Cazégut.

Les nègres de ces îles sont grands et robustes, quoique leurs aliments ordinaires soient le poisson, les coquillages, l'huile et les noix de palmier, et qu'ils aiment mieux vendre leur riz et leur maïs aux Européens, que de les réserver pour leur usage. Ils sont idolâtres, et d'une cruauté extrême pour leurs ennemis. Ils coupent la tête à ceux qu'ils tuent dans leurs guerres; ils emportent cette proie pour l'écorcher, et faisant sécher la peau du crâne avec la chevelure, ils en ornent leurs maisons comme d'un trophée. Au moindre sujet de chagrin, ils tournent aussi facilement leur furie contre eux-mêmes;

ils se pendent, ils se noient, ils se jettent dans le premier précipice. Leurs héros prennent la voie du poignard. Ils sont passionnés pour l'eau-de-vie. S'ils croient qu'un vaisseau leur en apporte, ils se disputent l'honneur d'y arriver les premiers, et rien ne leur coûte pour se procurer cette chère liqueur. Alors le plus faible devient la proie du plus fort. Dans ces occasions, ils oublient les lois de la nature, le père vend ses enfants, et si ceux-ci peuvent l'emporter par la force ou par l'adresse, ils traitent de même leurs pères et leurs mères.

A Cazégut, Brue reçut un singulier hommage. Il traitait un seigneur nègre sur son bord, lorsqu'il vit paraître un canot chargé de cinq insulaires, dont l'un, étant monté à bord, s'arrêta sur le tillac en tenant un coq d'une main, et de l'autre un couteau. Il se mit à genoux devant Brue, sans prononcer un seul mot; il y demeura une minute, et, s'étant levé, il se tourna vers l'est et coupa la gorge du coq; ensuite, s'étant mis à genoux, il fit tomber quelques gouttes de sang sur les pieds du général. Il alla faire la même cérémonie au pied du mât et de la pompe; après quoi, retournant vers le général, il lui présenta son coq. Brue lui fit donner un verre d'eau-de-vie, et lui demanda la raison de cette conduite. Il répondit que les habitants de son pays regardaient les blancs comme les dieux de la mer; que le mât était une divinité qui faisait mouvoir le vaisseau, et que la pompe était un miracle, puisqu'elle faisait monter l'eau, dont la propriété naturelle était de descendre.

Les habitants de Cazégut, surtout ceux qui sont distingués par le rang ou les richesses, se frottent les cheveux d'huile de palmier, ce qui les fait paraître tout à fait rouges. Les femmes et les filles n'ont autour de la ceinture qu'une espèce de frange épaisse composée de roseaux, qui leur tombe jusqu'aux genoux. Dans la saison du froid, elles en ont une autre qui leur couvre les épaules, et qui descend jusqu'à la ceinture. Quelques unes en ajoutent une troisième sur la tête, qui pend jusqu'aux épaules. Rien n'est si comique que cette parure. Elles y joignent des bracelets de cuivre et d'étain aux bras et aux jambes. En général, les deux sexes ont la taille belle, les traits du visage assez réguliers, et la couleur du jais le plus brillant, sans avoir le nez plat ni les lèvres trop grosses. L'esprit et la vivacité ne leur manquent pas; mais ils souffrent l'esclavage avec tant d'impatience, surtout hors de leur patrie, qu'il est dangereux d'en avoir un grand nombre à bord. Un capitaine, après en avoir acheté plusieurs, avait pris toutes sortes de précautions pour les tenir sous le joug, en les enchaînant deux par deux par le pied, et mettant des menottes aux plus vigoureux. Ils n'en trouvèrent pas moins le moyen d'arracher l'étoupe du vaisseau, et l'eau pénétra si vite qu'il aurait coulé à fond, si le capitaine n'eût rencontré fort heureusement une vieille voile qui servit à boucher le trou. Le naturel fier et indomptable de ces insulaires est si connu en Amérique, qu'on ne les y achète qu'avec de grandes précautions. Ils ne travaillent qu'à force de coups. Ils se dérobent souvent par la fuite, et quelquefois ils se détruisent eux-mêmes.

Nous ne devons pas omettre un exemple singulier de ce que peut l'autorité d'un seul homme au milieu de l'ignorance et de la barbarie.

A cent cinquante lieues de son embouchure, la rivière de Casamansa forme, en tournant, un coude qui donne le nom de Cabo à un grand royaume voisin. Il était gouverné, au commencement du dernier siècle, par un roi nègre, nommé Briam-Mansare, qui vivait avec plus de faste que tous les autres princes de la même côte. Sa cour était nombreuse. Il se faisait servir dans de la vaisselle d'or, dont il avait jusqu'à quatre mille marcs. Il entretenait constamment six ou sept mille hommes bien armés, avec lesquels il tenait ses voisins dans la soumission, et les forçait de lui payer un tribut. La police était si bien établie dans ses états que les négociants auraient pu laisser sans crainte leurs marchandises sur le grand chemin. A force de lois et par la rigueur de l'exécution, il avait corrigé dans ses sujets le penchant au vol, qui est un vice naturel aux nègres. Jamais les esclaves n'étaient enchaînés; lorsqu'ils avaient reçu la marque du marchand, il ne fallait plus craindre de les perdre par la fuite, tant la garde était exacte sur la frontière et la discipline rigoureuse dans le gouvernement. Ce prince faisait chaque année, avec les Portugais, un commerce de six cents esclaves, échangés contre différentes espèces de marchandises, telles que des armes à feu, des sabres courbés avec de belles poignées, des selles de France, des fauteuils de velours, et d'autres meubles; de la fenouillette de l'île de Rhé, de l'eau de cannelle, du rossolis, etc. Lorsqu'il recevait la visite de quelque blanc, il le faisait défrayer dès l'entrée de ses états, et ses sujets ne pouvaient rien exiger d'un étranger, sous peine d'être vendus pour l'esclavage. Il était toujours prêt à donner audience : à la vérité on était obligé, pour l'obtenir, de lui faire un petit présent de la valeur de trois esclaves; mais il rendait toujours plus qu'il n'avait reçu. Ces civilités continuaient jusqu'à ce que l'étranger eût disposé de ses marchandises. Alors si, dans son audience de congé, il demandait au roi un présent pour sa femme, ce prince ne manquait jamais de donner un esclave ou deux marcs d'or. Il mourut en 1705, également regretté de ses peuples et des étrangers.

Brue, en remontant le canal qui joint le lac de Cayor à la rivière de Sénégal, débarqua dans un village des Foulas nommé Kéda, où il fut témoin d'une cérémonie funèbre qui l'amusa beaucoup.

Un des principaux habitants du village mourut subitement, et sa femme n'eut pas plus tôt mis la tête à sa porte, pour donner avis de sa perte par un cri, qu'il s'éleva un tumulte surprenant dans toute l'habitation. On n'entendit de toutes parts que des gémissements. Les femmes accoururent en foule, et, sans savoir de quoi il était question, commencèrent à s'arracher les cheveux, comme si chacune eût perdu sa famille. Ensuite, lorsqu'elles eurent appris le nom du mort, elles se précipitèrent vers sa maison avec des hurlements qui n'auraient pas permis d'entendre le tonnerre. Au bout de quelques heures, les marabouts arrivèrent, lavèrent le corps, le revêtirent de ses meilleurs habits, et le portèrent sur son lit avec ses armes à son côté. Alors ses parents entrèrent l'un après l'autre, le prirent par la main, lui firent plusieurs questions ridicules, et lui offrirent leurs services; mais, ne pouvant recevoir aucune réponse, ils se retiraient comme ils étaient entrés, en disant gravement: Il est mort. Pendant cette cérémonie, ses femmes et ses enfants tuèrent ses bœufs, et vendirent ses marchandises et ses esclaves pour de l'eau-de-vie, parce que l'usage, dans ces occasions, est de faire un folgar, c'est-à-dire de donner une fête après l'enterrement.

Le convoi fut précédé des guiriots avec leurs tambours. Tous les habitants suivaient en silence, chargés de leurs armes. Ensuite venait le corps, environné de tous les marabouts qu'on avait pu rassembler, et porté par deux hommes. Les femmes fermaient la marche, en criant et se déchirant le visage comme des furieuses. Lorsque le mort est enterré dans sa propre maison, privilége qui n'appartient qu'au prince et aux seigneurs, la procession se fait autour du village. En arrivant au lieu destiné pour la sépulture, le principal marabout s'approche du corps, et lui dit quelques mots à l'oreille, tandis que quatre hommes soutiennent un drap de coton qui le cache à la vue des assistants.

Enfin, les porteurs le mettent dans la fosse, et le recouvrent aussitôt de terre et de pierres. Les marabouts attachent ses armes au sommet d'un pieu, qu'ils placent à la tête du tombeau, avec deux pots, l'un rempli de couscous, l'autre d'eau. Après ces formalités, ceux qui soutiennent le drap de coton le laissent tomber; signal auquel les femmes recommencent leurs lamentations, jusqu'à ce que le principal marabout donne ordre aux guiriots de battre la marche du retour. Au même moment le deuil cesse, et l'on ne pense qu'à se réjouir, comme si personne n'avait fait aucune perte. Dans quelques endroits, on creuse un fossé autour du tombeau, et l'on plante sur le bord une haie d'épines. Sans cette précaution, il arrive souvent que le corps est déterré par les bêtes farouches. Dans d'autres lieux, la cérémonie funèbre dure sept ou huit jours. Si c'est un jeune homme qu'on ait perdu, tous les nègres du même âge courent le sabre à la main, comme s'ils cherchaient leur camarade, et font retentir le cliquetis de leurs armes lorsqu'ils se rencontrent.

Détails sur les habitants du Congo.

Peuples et rois de Loango. Épreuves judiciaires. Sonnette du roi. Nains. Superstitions. L'homme de nuit. Mariages, funérailles, etc.

Le Congo se divise en plusieurs grands royaumes, parmi lesquels on distingue le Loango, et le Congo proprement dit.

Les peuples qui habitent le royaume de Loango portent le nom de Bramas. Ils sont soumis à la rigoureuse pratique de la circoncision. Ils exercent le commerce entre eux. Ils sont vigoureux et de haute taille; civils, quoique anciennement leur férocité les ait fait passer pour anthropophages; livrés à tous les excès du libertinage; avides de s'enrichir, mais généreux et libéraux les uns à l'égard des autres; passionnés pour le vin de palmier, sans aucun goût pour celui de la vigne, et sans cesse entraînés par leurs superstitions.

Le mariage, dans le royaume de Loango, exige si peu de cérémonies et de formalités, qu'à peine se soumet-on à demander le consentement des pères. On jette ses vues sur une fille de l'âge de six ou sept ans, et lorsqu'elle en a dix, on l'attire chez soi par des caresses et des présents. Cependant il se trouve des pères qui veillent soigneusement sur leurs filles jusqu'à l'âge nubile, et qui les vendent alors à ceux qui se présentent pour les épouser. Mais une fille qui se laisse séduire avant le mariage doit paraître à la cour avec son amant, déclarer sa faute, et demander pardon au roi. Cette absolution n'a rien d'humiliant; mais elle est si nécessaire, qu'on croirait le pays menacé de sa ruine par une éternelle sécheresse, si quelque fille coupable refusait de se soumettre à la loi. Quoique le nombre des femmes ne soit pas borné, et que plusieurs en aient huit ou dix, le commun des nègres n'en prend que deux ou trois.

Les femmes sont chargées, comme chez tous les peuples nègres, de tous les ouvrages serviles, extérieurs et domestiques. Pendant que le mari prend ses repas, elles se tiennent à l'écart, et mangent ensuite ses restes. Leur soumission va si loin, qu'elles ne lui parlent qu'à genoux, et qu'à son arrivée elles doivent se prosterner pour le recevoir.

L'aîné d'une famille en est l'unique héritier; mais il est obligé d'élever ses frères et ses sœurs jusqu'à l'âge où l'on suppose qu'ils peuvent se pourvoir eux-mêmes. Les enfants naissent esclaves lorsque leur père et leur mère sont dans cette condition.

Tous les enfants, suivant l'observation particulière de Dapper, naissent blancs, et dans l'espace de deux jours ils deviennent parfaitement noirs. Les Portugais qui prennent des femmes dans ces régions y sont souvent trompés. A la naissance d'un enfant, ils se croient sûrs d'en être les pères, parce qu'ils les voient de leur couleur; mais, deux jours après, ils sont obligés de le reconnaître pour l'ouvrage d'un nègre. Cependant ils ne se rebutent point de ces épreuves, parce que leur passion, dit le même auteur, est d'avoir un fils mulâtre à toutes sortes de prix. On voit quelquefois naître d'un père et d'une mère nègres des enfants aussi blancs que les Européens. L'usage est de les présenter au roi. On les nomme *dondos*. Ils sont élevés dans les pratiques de la sorcellerie, et, servant de sorciers au roi, ils l'accompagnent sans cesse. Leur état les fait respecter de tout le monde. S'ils vont au marché, ils peuvent prendre tout ce qui convient à leurs besoins. Battel en vit quatre à la cour de Loango.

Dapper s'étend un peu plus sur la nature des nègres blancs. Il observe qu'à quelque distance ils ont une parfaite ressemblance avec les Européens. Leurs yeux sont gris et leur chevelure blonde ou rousse; mais, en les considérant de plus près, on leur trouve la couleur d'un cadavre, et leurs yeux paraissent postiches. Ils ont la vue très faible pendant le jour, et la prunelle tournée comme s'ils étaient bigles. La nuit, au contraire, ils ont le regard très ferme, surtout à la clarté de la lune. Quelques Européens ont cru que la blancheur de ces nègres est un effet de l'imagination des mères, comme on prétend que plusieurs femmes blanches ont mis des enfants noirs au monde après avoir vu des nègres.

Les Portugais donnent à ces Maures blancs le nom d'*albinos*, et cherchent l'occasion de les enlever pour les transporter au Brésil. On prétend qu'ils sont d'une force extraordinaire, et par conséquent très propres au travail, mais que leur paresse est extrême, et qu'ils préfèrent la mort aux exercices pénibles. Les Hollandais on trouvé des hommes de la même espèce non seulement en Afrique, mais aux Indes orientales, dans l'île de Bornéo, et dans la Nouvelle-Guinée ou pays des Papous. Les nègres blancs du royaume de Loango ont le privilége d'être assis devant le roi. Ils président à quantité de cérémonies religieuses, surtout à la composition des *mokissos*, qui sont des idoles du pays.

Il est fort remarquable, suivant Battel, que les nègres de Loango ne permettent jamais qu'un étranger soit enterré dans leur pays. Qu'un Européen meure, on est obligé, pour les satisfaire, de porter son corps dans une chaloupe à deux milles du rivage, et de le jeter dans la mer. Un négociant portugais, étant mort dans une de leurs villes, ne laissa pas d'y être enterré par le crédit de ses amis, et demeura tranquille pendant quatre mois dans sa sépulture; mais il arriva cette année que les pluies, qui commencent ordinairement au mois de décembre, retardèrent de deux mois entiers. Les mokissos ou prêtres sorciers ne manquèrent point d'attribuer cet événement au mépris qu'on avait fait des lois en faveur du Portugais. Son corps fut exhume avec diverses cérémonies, et précipité dans les flots. Trois jours après, suivant Battel, on vit tomber la pluie en abondance: car il fallait bien qu'elle tombât après deux mois de retard.

Loango était autrefois soumis au roi de Congo; mais un gouverneur du pays, s'étant fait proclamer roi, envahit une si grande partie des états de son souverain, que le royaume de Loango est aujourd'hui fort étendu et tout à fait indépendant; mais il est toujours regardé comme faisant partie du pays de Congo.

Les rois de Loango sont respectés comme des dieux, et portent le titre de *samba* et de *pango*, qui signifie, dans le langage du pays, dieu ou divinité. Les sujets sont persuadés que leur prince a le pouvoir de faire tomber la pluie du ciel. Ils s'assemblent au mois de décembre pour l'avertir que c'est le temps où les terres en ont besoin; ils le supplient de ne pas différer cette faveur, et chacun lui apporte un présent dans cette vue. Le monarque indique un jour auquel tous ses nobles doivent se présenter devant lui armés comme en guerre, avec tous leurs gens. Ils commencent les cérémonies de cette fête par des exercices militaires, et rendent à genoux leur hommage au roi, qui les remercie de leur soumission et de leur fidélité. Ensuite on étend à terre un tapis d'environ quatre-vingts pieds de circuit, sur lequel est placé le trône où il est assis. Alors il commande à ses officiers de faire entendre leurs tambours et leurs trompettes. Les tambours sont si gros, qu'un homme seul ne suffit pas pour les porter; les trompettes sont des dents d'éléphant d'une grandeur extraordinaire, creusées et polies avec beaucoup d'art. Le bruit de cette musique est effroyable. Après ce concert barbare, le roi se lève, et lance une flèche vers le ciel. S'il pleut le même jour, les réjouissances et les acclamations sont poussées jusqu'à l'extravagance.

L'usage absurde et barbare des épreuves juridiques, qui domine dans toute la Guinée, n'est pas moins en usage à Loango. L'engagement le plus solennel se fait en avalant la liqueur de Bonda.

Cette liqueur, qui se nomme aussi imbonda, est le suc d'une racine. On la râpe dans l'eau; après y avoir long-temps fermenté, elle forme une liqueur aussi amère que le fiel. Si on en râpe trop dans une petite quantité d'eau, elle cause une suppression d'urine, et, gagnant la tête, elle y répand des vapeurs si puissantes, qu'elle renverse infailliblement celui qui l'avale. C'est le cas où il est déclaré coupable.

La liqueur de Bonda sert aussi à découvrir la cause des événements. Les nègres de Loango s'imaginent que peu de personnes finissent leur vie par une mort naturelle; ils croient que tout le monde meurt par sa faute ou par celle d'autrui. Si quelqu'un tombe dans l'eau et se noie, ils en accusent quelques sortiléges. S'ils apprennent qu'une panthère ait dévoré quelqu'un, ils assurent que c'est un dakkin ou un sorcier qui s'est revêtu de la peau de cet animal. Lorsqu'une maison est consumée par un incendie, ils racontent gravement que quelque mokisso y a mis le feu. Ils ne sont pas moins persuadés, lorsque la saison des pluies arrive trop tard, que c'est l'effet du mécontentement de quelque mokisso, qu'on laisse manquer de quelque chose d'utile ou d'agréable. Comme il paraît important de découvrir la vérité, on a recours à la liqueur de Bonda. Les personnes intéressées s'adressent au roi pour le prier de nommer un ministre, et cette faveur coûte une certaine somme. Les ministres de Bonda sont au nombre de neuf ou dix, qui se tiennent ordinairement assis dans les grandes rues. Vers trois heures après midi, l'accusateur leur apporte les noms de ceux qu'il soupçonne, et jure par les mokissos que ses dépositions sont sincères. Les accusés sont cités avec toute leur famille, car il arrive rarement que l'accusation tombe sur un seul, et souvent tout le voisinage y est compris. Ils se rangent sur une ou plusieurs lignes pour s'approcher successivement du ministre, qui ne cesse point, pendant les préparatifs, de battre sur un petit tambour. Chacun reçoit sa portion de liqueur, l'avale et reprend sa place.

Alors le ministre se lève, et lance sur eux de petits bâtons de bananier, en les sommant de tomber, s'ils sont coupables, ou de se soutenir sur leurs jambes et d'uriner librement, s'ils n'ont rien à se reprocher. Il coupe ensuite une de ces mêmes racines dont la liqueur est composée, et jette les pièces devant lui. Tous les accusés sont obligés de marcher dessus d'un pas ferme. Si quelqu'un a le malheur de tomber, l'assemblée pousse un grand cri, et remercie les mokissos de l'éclaircissement qu'ils accordent à la vérité. Ses accusateurs le conduisent devant le roi, après l'avoir dépouillé de ses habits, qui sont l'unique salaire du ministre. La sentence est prononcée aussitôt, et le condamne ordinairement au supplice. On le mène à quelque distance de la ville, où son sort est d'être coupé en pièces au milieu d'un grand chemin. On accorde aux personnes riches la liberté de faire avaler la liqueur par un de leurs esclaves. S'il tombe, le maître est obligé d'avaler la liqueur à son tour. On donne l'antidote à l'esclave, et si le maître tombe, ses richesses ne le garantissent point de la mort. Cependant, lorsque le crime est léger, il achète sa grâce en donnant quelques esclaves. Au reste, tous les voyageurs reconnaissent que cette pratique est mêlée de beaucoup d'artifice et d'imposture. Les ministres font tomber l'effet du poison sur leurs ennemis, ou sur ceux dont la ruine peut leur être de quelque utilité. Ils se laissent gagner par des présents pour noircir l'innocence ou pour sauver les coupables. Si les accusés sont des étrangers à l'égard desquels ils soient sans prévention, c'est ordinairement sur le plus pauvre qu'ils font tomber la peine du crime. Maîtres de préparer la liqueur, ils donnent la plus forte dose à ceux qu'ils veulent perdre, quoique cette odieuse prévarication se fasse avec tant d'adresse que personne ne s'en aperçoit. Il ne se passe point de semaine où la cérémonie de l'épreuve ne se renouvelle à Loango, et elle y fait périr un grand nombre d'innocents.

Les femmes du roi n'en sont point exemptes, surtout dans les cas où leur fidélité paraît suspecte. La grossesse en est un qui favorise le plus les soupçons. Lorsqu'une femme du roi devient grosse, toute la sagesse de sa conduite n'empêche pas qu'on ne fasse avaler la bonda pour elle à quelque esclave. S'il tombe, elle est condamnée au feu, et l'adultère est enterré vif. Suivant le récit des nègres de Loango, leur roi n'a pas moins de sept mille femmes. Il nomme entre elles une des plus graves et des plus expérimentées, qu'il honore du titre de sa mère, et qui est plus respectée que celle à qui cette qualité appartient par le droit de la nature. Cette matrone, que le peuple appelle *makonda*, jouit d'une autorité si distinguée, que, dans toutes les affaires d'importance, le roi est obligé de prendre ses conseils. S'il l'offense, ou s'il lui refuse ce qu'elle désire, elle a le droit de lui ôter la vie de ses propres mains. Lorsque son âge lui laisse du goût pour le plaisir, elle peut choisir l'homme qui lui plaît, et ses enfants sont comptés parmi ceux du sang royal. L'amant sur lequel tombe son choix est puni de mort s'il est surpris avec une autre femme.

Une loi défend sous peine de mort de regarder boire ou manger le roi. On rapporte un exemple encore plus étrange que celui que nous avons déjà cité de l'atrocité du traitement que l'on fait éprouver aux malheureux qui par hasard enfreignent cet usage. Un fils du roi, âgé de onze ou douze ans, étant entré dans la salle tandis que son père buvait, fut saisi par l'ordre de ce prince, revêtu sur-le-champ d'un habit fort riche, et traité avec toutes sortes de liqueurs et d'aliments. Mais aussitôt qu'il eut achevé ce funeste repas, il fut coupé en quatre quartiers, qui furent portés dans toutes les villes, avec une proclamation qui apprenait au public la cause de son supplice. Ce trait exécrable est confirmé par une barbarie de la même nature que rapporte un témoin. Un autre fils du roi, mais plus jeune, ayant couru vers son père pour l'embrasser dans les mêmes circonstances, le grand-prêtre demanda qu'il fût puni de mort. Le roi y consentit, et sur-le-champ ce malheureux enfant eut la tête fendue d'un coup de hache. Le grand-prêtre recueillit quelques gouttes de son sang dont il frotta les bras du roi, pour détourner les malheurs d'un tel présage. Cette loi s'étend jusqu'aux bêtes. Les Portugais de Loango avaient fait présent au roi d'un fort beau chien de l'Europe, qui, n'étant pas bien gardé, entra dans la salle du festin pour caresser son maître : il fut massacré sur-le-champ.

Cet usage vient d'une opinion superstitieuse et généralement établie dans la nation, que le roi mourrait subitement si quelqu'un l'avait vu boire ou manger. On croit détourner le malheur dont il est menacé en faisant mourir le coupable à sa place. Quoiqu'il mange toujours seul, il lui arrive quelquefois de boire en compagnie; mais ceux qui lui présentent la coupe tournent aussitôt le visage contre terre, jusqu'à ce qu'il ait cessé de boire. Si ses courtisans boivent dans la même salle, ils sont obligés de tourner le dos pendant qu'ils ont le verre à la bouche. Il n'est permis à personne de boire dans le verre dont le roi s'est servi, ni de toucher aux aliments dont il a goûté. Tout ce qui sort de sa table doit être enterré sur-le-champ.

Il y a des crieurs publics dont l'office est de proclamer les ordres du roi dans la ville, et de publier ce qu'on a perdu ou trouvé. Battel parle d'une sonnette du roi, qui ressemble à celles des vaches de l'Europe, et dont le son est si redoutable aux voleurs, qu'ils n'osent garder un moment leurs vols après l'avoir entendue. Ce voyageur, étant logé dans une petite maison à la mode du pays, avait suspendu son fusil au mur. Il lui fut enlevé dans son absence. Sur ses plaintes, le roi fit sonner la cloche, et dès le matin du jour suivant le fusil se trouva devant la porte de Battel.

Vis-à-vis le trône du roi sont assis quelques nains, le dos tourné vers lui. Ils ont la tête d'une prodigieuse grosseur, et pour se rendre encore plus difformes, ils sont enveloppés dans un peau de quelque bête féroce.

Les images ou les statues s'appellent, ainsi que les prêtres, mokissos, comme on l'a déjà vu. Les nègres se font instruire par les prêtres dans l'art de faire des mokissos. Lorsqu'un particulier se croit obligé de créer une nouvelle divinité, il assemble tous ses amis et tous ses voisins. Il demande leur assistance pour bâtir une hutte de branches de palmier, dans laquelle il se renferme pendant quinze jours, dont il doit passer neuf sans parler; et pour mieux garder le silence, il porte deux plumes de perroquets aux deux coins de la bouche. Si quelqu'un le salue, au lieu de battre les mains suivant l'usage, il frappe d'un petit bâton sur un bloc qu'il tient sur ses genoux, et sur lequel est gravée la figure d'une tête d'homme.

Au bout des quinze jours, toute l'assemblée se rend dans un lieu plat et uni, où il ne croît aucun arbre, avec un *dembé* ou un tambour, autour duquel on trace un cercle. Le tambour commence à battre et à chanter. Lorsqu'il paraît bien échauffé de cet exercice, le prêtre donne le signal de la danse, et tout le monde, à son exemple, se met à danser en chantant les louanges des mokissos. L'adorateur entre en danse aussitôt que les autres ont fini, et continue pendant deux ou trois jours, au son du même tambour, sans autre interruption que celle nécessitée par les besoins indispensables de la nature, tels que la nourriture et le sommeil. Enfin le prêtre reparaît au bout du terme, et, poussant des cris furieux, il prononce des paroles mystérieuses; il fait de temps en temps des raies blanches et rouges sur les tempes de l'adorateur, sur les paupières et sur l'estomac, et successivement sur chaque membre, pour le rendre capable de recevoir le mokisso. L'adorateur est agité tout d'un coup par des convulsions violentes, se donne mille mouvements extraordinaires, fait d'affreuses grimaces, jette des cris horribles, prend du feu dans ses mains, et le mord en grinçant les dents, mais sans paraître en ressentir aucun mal. Quelquefois il est entraîné comme malgré lui dans des lieux déserts, où il se couvre le corps de feuilles vertes. Ses amis le cherchent, battent le tambour pour le retrouver, et passent quelquefois plusieurs jours sans le revoir. Cependant, s'il entend le bruit du tambour, il revient volontairement. On le transporte à sa maison, où il demeure couché pendant plusieurs jours sans mouvement et comme mort. Le prêtre choisit un moment pour lui demander quel engagement il veut prendre avec son mokisso. Il répond en jetant des flots d'écume et avec des marques d'une extrême agitation. Alors on recommence à chanter et à danser autour de lui; enfin le prêtre lui met un anneau de fer autour du bras, pour lui rappeler constamment la mémoire de ses promesses. Cet anneau devient si sacré pour les nègres qui ont essuyé la cérémonie du mokisso, que dans les occasions importantes ils jurent par leur anneau, et tous les jours on reconnaît qu'ils perdraient plutôt la vie que de violer ce serment. Le voyageur qui raconte ces cérémonies ne doute pas que ce ne soit une manière solennelle de se donner au diable. Ce qu'on doit observer, c'est que l'espèce d'hommes qu'on nomme convulsionnaires, énergumènes, démoniaques, joue à peu près les mêmes farces chez tous les peuples barbares.

Il paraît que les peuples de Loango sont les plus superstitieux de toute l'Afrique. En voyageant pour le commerce, ils portent dans une marche de quarante ou cinquante milles un sac rempli de misérables reliques, qui pèsent quelquefois dix ou douze livres. Quoique ce poids, joint à leur charge, soit capable d'épuiser leurs forces, ils ne veulent pas convenir qu'ils en ressentent la moindre fatigue ; au contraire, ils assurent que ce précieux fardeau sert à les rendre plus légers.

Le royaume de Congo n'a pas de plus belle et de plus grande rivière que celle de Zaïre. Cette fameuse rivière tire, dit-on, ses eaux du lac de Zambré. On voit dans ce grand lac plusieurs sortes de monstres, entre lesquels (si on en croit le missionnaire Mérolla) il s'en trouve un de figure humaine, auquel il ne manque que le langage et la raison. Le P. François de Paris, missionnaire capucin, qui faisait sa résidence dans le pays de Matomba, rejetait toutes ces histoires de monstres comme autant de fictions des nègres ; mais la reine Zinga, informée de ses doutes, l'invita un jour à la pêche. A peine eut-on jeté les filets, qu'on découvrit sur la surface de l'eau trois de ces poissons monstrueux. Il fut impossible d'en prendre plus d'un. C'était une femelle. La couleur de sa peau était noire ; ses cheveux longs et de la même couleur ; ses ongles d'une longueur singulière. Mérolla conjecture qu'ils lui servaient à nager. Elle ne vécut que vingt-quatre heures hors de l'eau, et, dans cet intervalle, elle refusa toute sorte de nourriture. Si cette espèce de monstre existe, c'est elle qui a servi de fondement aux contes arabes sur ce qu'ils appellent *l'homme de la mer*.

Il y a peu de régions aussi peuplées que le royaume de Congo ; Carli assure hardiment que ses habitants sont innombrables. Les Mosicongos (tel est le nom qu'ils se donnent eux-mêmes) sont communément noirs, quoiqu'il s'en trouve un grand nombre de couleur olivâtre ; la plupart ont les cheveux noirs et frisés, mais il s'en trouve aussi qui les ont roux. Leur taille est moyenne, et, sauf la couleur, ils ont beaucoup de ressemblance avec les Portugais. Les uns ont la prunelle des yeux noire, d'autres d'un vert de mer ; leurs lèvres ne sont pas grosses et pendantes comme celles des Nubiens et des autres nègres.

Quand le roi et les principaux seigneurs du royaume ont embrassé le christianisme, ils ont adopté l'habillement portugais ; ils ont pris les manteaux a l'espagnole, le chapeau, la veste de soie, les mules de velours ou de maroquin, et les bottines à la portugaise, avec des épées aussi longues qu'on en ait jamais porté dans la Castille. La nécessité borne encore les pauvres à leurs anciens habits ; mais les femmes de distinction imitent les usages des femmes de Lisbonne.

Ils n'ont aucune trace des sciences, ni la moindre inclination à les cultiver ; on ne trouve point parmi eux d'anciennes histoires de leur pays, ni des registres des temps éloignés, où la mémoire et le nom de leurs rois soient conservés. Jusqu'à l'arrivée des Portugais, ils n'avaient pas connu l'art de l'écriture ; la date des faits était la mort de quelque personne remarquable : Cela est arrivé, disaient-ils, avant ou après la mort d'un tel. Ils comptaient les années par les *kossionos,* ou les hivers, qui commencent pour eux au mois de mai et finissent au mois de novembre ; leurs mois par les pleines lunes, et les jours de la semaine par leurs marchés. Mais ils ne poussaient pas plus loin la division des temps. De même, ils n'avaient pas d'autres règles pour juger de la grandeur d'un pays que le nombre des marches ou des journées, qu'ils distinguaient seulement par le terme de voyage *libre* ou *chargé*.

Mérolla nous représente une de leurs fêtes. Ils choisissent ordinairement le temps de la nuit, et s'assemblent en fort grand nombre. Leur posture favorite est d'être assis en rond ; mais ils choisissent quelque arbre épais, sous lequel ils se placent sur l'herbe. Le centre du cercle est occupé par un grand plat de bois qui contient quelque mélange de leur goût. L'ancien de la troupe, qu'ils appellent *makolontou,* divise les portions, et les distribue avec une égalité qui ne laisse aucun sujet de plainte. Ils n'emploient pour boire ni verres ni tasses. Le makolontou prend le flacon qu'ils appellent *moringo,* le porte successivement à la bouche de tous les convives, laisse boire à chacun la mesure qu'il juge convenable, et le remet à sa place. Cette méthode s'observe jusqu'au dernier moment de la fête.

Mais, ce qui parut beaucoup plus surprenant à Mérolla, il ne passait personne près de l'assemblée qui ne se plaçât sans façon dans le cercle, et qui ne reçût sa portion comme les autres, quoiqu'il fût arrivé après la distribution. Le makolontou prenait sur chaque part de quoi composer celle de l'étranger. On apprit à Mérolla que cette cérémonie ne s'observe pas moins quand les passants se présentent en plus grand nombre. Ils se lèvent aussitôt que le plat est vide, et continuent leur chemin, sans prendre congé de l'assemblée et sans dire un mot de remercîment. Les voyageurs profitent de ces rencontres pour ménager leurs propres provisions. Il n'est pas moins étrange que l'assemblée ne fasse pas la moindre question à ces nouveaux venus, pour savoir d'eux où ils vont et d'où ils viennent. Tout se passe avec un silence admirable. « On croirait, dit Mérolla, qu'ils veulent imiter les Locriens, anciens peuples d'Achaïe, qui, suivant le témoignage de Plutarque, punissaient d'une amende ceux qui se rendaient importuns par leurs questions. »

Quoique le christianisme ait fait de grands progrès dans le royaume de Congo, la seule contrée de l'Afrique où les Portugais aient envoyé des missionnaires, quoique les mariages y soient célébrés avec les cérémonies de l'église romaine, il a toujours été fort difficile de faire perdre aux habitants le goût du concubinage. Malgré les plaintes et les reproches des missionnaires, ils prennent autant de maîtresses qu'ils en peuvent entretenir. L'ancien usage des nègres de Sogno était de vivre quelque temps avec leurs femmes avant de s'engager dans le mariage, pour apprendre à se connaître mutuellement par cette épreuve. La méthode chrétienne leur paraît contraire au bien de la société, parce qu'elle ne permet point qu'on s'assure auparavant de la fécondité d'une femme ni des autres qualités convenables à l'état conjugal; aussi les missionnaires n'ont-ils pas peu de peine à leur faire abandonner la pratique de leurs ancêtres, qui consiste dans un traité fort simple. Les parents d'un jeune homme envoient à ceux d'une jeune fille pour laquelle il prend de l'inclination un présent qui passe pour dot, et leur font proposer leur alliance. Ce présent est accompagné d'un grand flacon de vin de palmier. Le vin doit être bu par les parents de la fille avant que le présent soit accepté; condition si nécessaire, que, si le père et la mère ne le buvaient pas, leur conduite passerait pour un outrage. Ensuite le père fait sa réponse. S'il retient le présent, il n'y pas besoin d'autres explications pour marquer son consentement. Le jeune homme et tous ses amis se rendent aussitôt à sa maison, et reçoivent sa fille de ses propres mains. Mais si quelques semaines d'épreuves et d'observation font connaître au mari qu'il s'est trompé dans son choix, il renvoie sa femme, et se fait restituer son présent. Si les sujets de mécontentement viennent de lui, il perd son droit à la restitution. Mais de quelque côté qu'ils puissent venir, la jeune femme n'en est pas regardée avec plus de mépris et ne trouve pas moins l'occasion de subir bientôt une nouvelle épreuve.

Les femmes ont droit aussi de mettre leurs maris à l'essai, et on reconnaît tous les jours qu'elles sont plus inconstantes et plus opiniâtres que les hommes, car on les voit profiter plus souvent de la liberté qu'elles ont de se retirer avant la célébration du mariage, quoique leurs maris n'épargnent rien pour les retenir.

Une femme qui laisse prendre sa pipe par un homme, et qui lui permet de s'en servir un moment, lui donne des droits sur elle, et s'engage à lui accorder ses faveurs. Dans le cas de l'adultère, la loi condamne l'amant à donner la valeur d'un esclave au mari, et la femme à demander pardon de son crime, sans quoi le mari obtiendrait facilement la permission du divorce.

L'économie domestique a ses lois, qui sont uniformes dans toute la nation. Le mari est obligé de se pourvoir d'une maison, de vêtir sa femme et ses enfants suivant sa condition, d'émonder les arbres, de défricher les champs et de fournir sa maison de vin de palmier.

Le devoir des femmes est de faire les provisions pour tout ce qui concerne la nourriture, et par conséquent d'aller au marché. Aussitôt que la saison des pluies est arrivée, elles vont travailler aux champs jusqu'à midi, pendant que les maris se reposent tranquillement dans leurs huttes. A leur retour, elles préparent leur dîner. S'il manque quelque chose pour la subsistance de la famille, elles doivent l'acheter sur-le-champ de leur propre bourse, ou se le procurer par des échanges. Le mari est assis seul à table, tandis que sa femme et ses enfants sont debout pour le servir. Après son dîner, elle mange ses restes, mais sans cesser de se tenir debout, par la force d'une ancienne tradition qui leur persuade que les femmes sont faites pour servir les hommes et pour leur obéir.

Dans la première jeunesse des nègres, on les lie avec de certaines cordes faites par les sorciers ou les prêtres du pays, et cette cérémonie est accompagnée de quelques paroles mystérieuses.

Lorsque les missionnaires trouvent ces cordes magiques sur les enfants qu'on présente au baptême, ils obligent les mères de se mettre à genoux, et leur font donner le fouet jusqu'à ce qu'elles aient reconnu leur erreur. Une femme que le missionnaire Carli avait condamnée à ce châtiment s'écria sous les verges : « Pardon, mon père, pour l'amour de Dieu. J'ai ôté trois de ces cordes en venant à l'église, et c'est par oubli que j'ai laissé la quatrième. »

Les nègres qui n'ont point embrassé le christianisme, ou qui ne sont pas fermes dans la foi, présentent leurs enfants aux sorciers dès le moment de leur naissance.

L'ascendant des sorciers sur les nègres va jusqu'à leur interdire l'usage de la chair de certains animaux, et de tels fruits ou de tels légumes, et leur imposer d'autres obligations ridicules. Ce joug religieux porte le nom de kédjilla. Rien n'approche de la soumission des jeunes nègres pour les ordonnances de leurs prêtres. Ils passeraient plutôt deux jours à jeun que de toucher aux aliments qui leur sont défendus, et si leurs parents ont négligé de les assujettir au kédjilla dans leur enfance, à peine sont-ils maîtres d'eux-mêmes, qu'ils se hâtent de le demander au prêtre ou au sorcier, persuadés qu'une prompte mort serait le châtiment du moindre délai volontaire. Mérolla raconte qu'un jeune nègre, étant en voyage, s'arrêta le soir chez un ami qui lui offrit à souper un canard sauvage, parce qu'il le croyait meilleur que les canards domestiques. Le jeune étranger demanda de bonne foi si c'était un canard privé. On lui répondit que c'en était un. Il en mangea de bon appétit comme un voyageur affamé. Quatre ans après, les deux amis s'étant rencontrés, celui qui avait trompé l'autre lui demanda s'il voulait manger avec lui d'un canard sauvage. Le jeune homme, qui n'était point encore marié, s'en défendit, parce que c'était son kédjilla. « Quel scrupule, lui dit son ami ; et pourquoi refuser aujourd'hui ce que vous acceptâtes il y a quatre ans à ma table ? » Cette déclaration fut un coup de foudre qui fit trembler le jeune nègre de tous ses membres, et qui lui troubla l'imagination jusqu'à lui causer la mort dans l'espace de vingt-quatre heures.

Le royaume de Congo n'a point de médecins ni d'apothicaires, ni même d'autres remèdes que les simples, l'écorce des arbres, les racines, les eaux et l'huile, qu'on fait prendre aux malades presque indifféremment pour toutes sortes de maladies. Le climat d'ailleurs est sain, et les habitants sont sobres.

Dans les royaumes de Kakongo et d'Angoï, l'usage ne permet pas d'ensevelir un parent, si toute la famille ne se trouve assemblée ; l'éloignement des lieux n'est pas même un sujet d'exception. Les funérailles commencent par le sacrifice de quelques poules, du sang desquelles on arrose le dehors et le dedans de la maison. Ensuite on jette les cadavres par dessus le toit, pour empêcher que l'âme du mort ne fasse le *zombi*, c'est-à-dire qu'elle ne revienne troubler les habitants par des apparitions, car on est persuadé que celui qui verrait l'âme d'un mort tomberait mort lui-même sur-le-champ. Cette persuasion est si fortement gravée dans l'esprit des nègres, que l'imagination seule a souvent produit tous les effets de la réalité. Ils assurent aussi que le premier mort appelle le second, surtout lorsqu'ils ont eu quelque démêlé pendant leur vie.

Après la cérémonie des poules, on continue de faire des lamentations sur le cadavre, et si la douleur ne fournit pas des larmes, on a soin de se mettre du poivre dans le nez, ce qui les fait couler en abondance. Lorsqu'on a crié et pleuré quelque temps, on passe tout d'un coup de la tristesse à la joie, en faisant bonne chère aux frais des plus proches parents du mort, qui demeure pendant ce temps-là sans sépulture. On cesse de boire et de manger, mais c'est pour suivre le son des tambours, qui invite toute l'assemblée à danser : le bal commence. Aussitôt qu'il est fini, on se retire dans des lieux indiqués, où tous les spectateurs des deux sexes sont renfermés ensemble dans l'obscurité, avec la liberté de se mêler sans distinction. Comme le signal de cette cérémonie se donne au son des tambours, l'ardeur du peuple est incroyable pour se rendre à l'assemblée. Il est presque impossible aux mères d'arrêter leurs filles, et plus encore aux maîtres de retenir leurs esclaves ; les murs et les chaînes sont des obstacles trop faibles. Mais ce qui doit paraître encore plus étrange, si c'est le maître d'une maison qui est mort, sa femme se livre à ceux qui demandent ses faveurs, à la seule condition de ne pas prononcer un seul mot tandis qu'on est seul avec elle.

Moeurs et usages des Iolofs, des Foulas, et des Mandingues.

Nous allons rassembler ici les observations les plus importantes des voyageurs sur ces trois nations. Les Iolofs habitent le long de l'Océan, entre le fleuve du Sénégal et la Gambie. Les Foulas sont situés au nord, au sud et à l'est du Sénégal. Les Mandingues occupent les deux bords de la Gambie, et se mêlent partout aux deux autres nations.

Une des principales qualités qui se font remarquer dans les Iolofs, et qui paraît leur être commune avec tous les nègres de la côte, c'est, comme on l'a déjà dit, le penchant au vol; mais ils ont une adresse à voler qui leur est particulière.

Ce n'est pas sur les mains d'un voleur qu'il faut avoir les yeux ouverts, c'est sur ses pieds. Comme la plupart des nègres marchent pieds nus, ils acquièrent autant d'adresse dans cette partie que nous en avons aux mains; ils ramassent une épingle à terre. S'ils voient un morceau de fer, un couteau, des ciseaux, et toute autre chose, ils s'en approchent; ils tournent le dos à la proie qu'ils ont en vue; ils vous regardent en tenant les mains ouvertes. Pendant ce temps, ils saisissent l'instrument avec le gros orteil, et, pliant le genou, ils lèvent le pied par derrière jusqu'à leurs pagnes, qui servent à cacher le vol; la main achève de le mettre en sûreté.

Ils n'ont pas plus de probité à l'égard de leurs compatriotes de l'intérieur des terres, qu'ils appellent montagnards. Lorsqu'ils les voient arriver pour le commerce, sous prétexte de servir à transporter leurs marchandises ou de leur rendre l'office d'interprètes, ils leurs dérobent une partie de ce qu'ils ont apporté.

Leur avidité barbare va bien plus loin, car il s'en trouve qui vendent leurs enfants, leurs parents et leurs voisins. Pour cette perfidie, on s'adresse à ceux qui ne peuvent se faire entendre des Français. Ils les conduisent au comptoir pour y porter quelque chose, et, feignant que ce sont des esclaves achetés, ils les vendent, sans que ces malheureuses victimes puissent s'en défier, jusqu'au moment qu'on les enferme ou qu'on les charge de chaînes. Un vieux nègre, ayant résolu de vendre son fils, le conduisit au comptoir; mais le fils, qui se défia de ce dessein, se hâta de tirer un facteur à l'écart et de vendre lui-même son père. Lorsque ce vieillard se vit environné de marchands prêts à l'enchaîner, il s'écria qu'il était le père de celui qui l'avait vendu. Le fils protesta le contraire, et le marché demeura conclu; mais celui-ci, retournant en triomphe, rencontra le chef du canton, qui le dépouilla de ses richesses mal acquises, et vint le vendre au même marché. Tous ces crimes sont la suite d'un plus grand, celui de les acheter.

Quantité de petits nègres des deux sexes sont enlevés tous les jours par leurs voisins, lorsqu'ils s'écartent dans les bois, sur les chemins, ou dans les plantations, pour chasser les oiseaux qui viennent manger le millet et les autres grains. Dans les temps de famine, un grand nombre de nègres se vendent eux-mêmes pour s'assurer du moins la vie.

Leur pauvreté est extrême. Ils ont pour tout bien quelques bestiaux. Les plus riches n'en ont pas plus de quarante ou cinquante, avec deux ou trois chevaux, et le même nombre d'esclaves. Il est très rare qu'on leur trouve de l'or pour la valeur de onze ou douze pistoles.

Dans quelques pays des nègres, la couronne est héréditaire; dans d'autres, elle est élective. A la mort d'un prince héréditaire, c'est son frère, et non son fils, qui lui succède; mais, après la mort du frère, le fils est appelé au trône, et le laisse de même à son frère. Dans quelques pays héréditaires, c'est au premier neveu par les sœurs que tombe la succession, parce que la propagation du sang royal ne leur paraît certaine que par cette voie, tant ils comptent peu sur la fidélité des femmes.

Dans les royaumes électifs, trois ou quatre des plus grands personnages de la nation s'assemblent, après la mort du roi, pour lui choisir un successeur, et se réservent le pouvoir de le déposer ou de le bannir lorsqu'il manque à ses obligations. Cet usage devient la source d'une infinité de guerres civiles, parce qu'un roi déposé entreprend ordinairement de se rétablir malgré les constitutions.

Il n'y a point dans l'univers d'autorité plus absolue et plus respectée que celle de ces monarques nègres. Elle ne se soutient que par la rigueur. Les punitions, pour les moindres défauts de respect ou d'obéissance, sont la mort, la confiscation des biens, et l'esclavage de toute la famille des coupables. Le peuple est moins à plaindre que les grands, parce que, dans ces occasions, il n'a que l'esclavage à redouter. Barbot raconte que, sous les plus légers prétextes, sans égard pour le rang ni pour la profession, un roi fait vendre à son gré ses sujets. L'alcade de Rufisque vendit aux Français de Gorée, par l'ordre exprès du damel, un marabout qui avait manqué à quelque devoir du pays. Ce malheureux prêtre fut plus de deux mois sur le vaisseau sans vouloir prononcer une parole. Comme la volonté des princes est une loi souveraine, ils imposent des taxes arbitraires, qui réduisent tous leurs sujets à la dernière pauvreté.

Dans le royaume de Barsalli ou Boursalum, il n'y a que le roi et sa famille qui aient le droit de coucher sous des espèces d'étoffes qui servent de défenses contre les mouches et les mosquites. L'infraction de cette loi est punie de l'esclavage. Un Iolof qui aurait la hardiesse de s'asseoir sans ordre sur la même natte que la famille royale est sujet au même châtiment. L'orgueil et la tyrannie siégent donc sur des nattes comme sur la pourpre ! Mais, malgré tant de hauteur, les princes iolofs sont des mendiants si peu capables de honte, que, s'ils aperçoivent à l'étranger qui les visite quelque chose qui leur plaise, comme un manteau, des bas, des souliers, une épée, un chapeau, etc., ils demandent successivement qu'on leur permette d'en faire l'essai, et se mettent par degrés en possession de toute la parure.

Les épreuves du fer chaud et de l'eau bouillante, ces anciens monuments de notre barbarie, se retrouvent dans la jurisprudence des nègres, et la corruption, qui déshonore si souvent la nôtre, ne leur est pas étrangère.

Deux petits rois, oncle et neveu, tous deux tributaires du damel, étant en contestation pour les droits de leur souveraineté, résolurent de remettre la décision de leur différend au sort des armes ou à la sentence du damel, et, ce prince leur ayant fait défendre les voies violentes, ils furent obligés de venir à celles de l'autorité. Le jour marqué pour leurs explications, ils se rendirent dans une grande place qui est vis-à-vis du palais royal, tous deux accompagnés d'un nombreux cortége, qui formait deux bataillons armés de dards, de flèches, de zagaies et de couteaux à la mauresque. Ils se postèrent l'un vis-à-vis de l'autre, à trente pas de distance. Le damel parut bientôt à la tête de six cents hommes. Il montait un fort beau cheval de Barbarie, et alla se placer au milieu des deux rivaux. Quoiqu'ils parlassent tous la même langue, ils employèrent des interprètes pour s'expliquer. Le neveu, qui était fils du dernier roi, finit sa harangue en représentant que les domaines contestés devaient lui appartenir de plein droit, puisque le Ciel les avait donnés à son père, et qu'il attendait par conséquent de l'équité du damel la confirmation d'un titre qui ne pouvait lui être disputé sans injustice. Après l'avoir écouté fort attentivement, le damel lui répondit d'un air majestueux : « Ce que le Ciel vous a donné, je vous le donne à son exemple. » Une réponse si positive dissipa aussitôt le parti opposé. Les guiriots, avec leurs instruments et leurs tambours, célébrèrent les louanges du vainqueur. Ils lui répétèrent mille fois que le damel lui avait rendu justice, qu'il était plus beau, plus riche, plus puissant et plus courageux que son rival. Mais, tandis qu'il n'était occupé que de son bonheur, il fut surpris de s'en voir dépouillé le jour suivant. Le damel, corrompu par des présents, révoqua la sentence qu'il avait portée, et rétablit l'oncle à la place du neveu. Ce revers de fortune fit changer d'objet aux chants des guiriots; toutes leurs louanges furent pour celui qu'ils avaient décrié par leurs satires.

Les rois des nègres entreprennent la guerre sur les moindres prétextes; mais les batailles ne sont que des escarmouches. Dans tout le royaume du damel, à peine se trouverait-il assez de chevaux pour former deux cents hommes de cavalerie. Ce prince n'a pas besoin de provisions de bouche quand il est en campagne : toutes les femmes lui fournissent des vivres sur son passage.

Les armes de la cavalerie sont la zagaie, sorte de javeline fort longue, et trois ou quatre dards de la forme des flèches, avec cette différence que la tête en est plus grosse, et qu'étant dentelée, elle déchire la blessure lorsqu'on la retire après le coup. Tous les cavaliers sont si chargés de grisgris, qu'ils ne peuvent faire quatre pas s'ils sont démontés; ils lancent assez loin leurs zagaies. Avec ces armes, ils ont un cimeterre et un couteau à la mauresque, long d'une coudée sur deux doigts de largeur. Quoique chargés de tant d'instruments, ils ont les bras et les mains libres, de sorte qu'ils peuvent charger avec beaucoup de vigueur.

L'infanterie est armée d'un cimeterre, d'une javeline et d'un carquois rempli de cinquante ou soixante flèches empoisonnées, dont les blessures causent infailliblement la mort, pour peu que les remèdes soient différés. Les dents de ces flèches n'ont pas des effets moins dangereux, puisque, ne pouvant être retirées, il faut qu'elles traversent la partie dans laquelle elles sont entrées. L'arc est composé d'un roseau fort dur qui ressemble au bambou; la corde est d'une autre sorte de bois, et est jointe à l'arc avec beaucoup d'art. Les nègres, en général, se servent de leurs arcs avec tant d'adresse, que de cinquante pas ils sont sûrs de frapper un écu. Ils marchent sans ordre et sans discipline au milieu même du pays qu'ils attaquent. Leurs guiriots les excitent au combat par le son de leurs instruments.

Lorsqu'ils sont à la portée de leurs armes, l'infanterie fait une décharge de ses flèches, et la cavalerie lance ses dards; on en vient ensuite à la zagaie. Ils épargnent néanmoins leurs ennemis dans l'espérance de faire un plus grand nombre d'esclaves : c'est le sort de tous les prisonniers sans exception d'âge ni de rang. Malgré les ménagements qu'ils observent dans la mêlée, comme ils combattent nus et qu'ils sont fort adroits, leurs guerres sont toujours fort sanglantes. D'ailleurs ils aiment mieux perdre la vie que de s'exposer au moindre reproche de lâcheté, et ce motif les anime autant que la crainte de l'esclavage.

Si le premier choc ne décide pas de la victoire, ils renouvellent souvent le combat pendant plusieurs jours. Enfin, lorsqu'ils commencent à se lasser de verser du sang, ils envoient de chaque côté des marabouts pour négocier la paix, et s'ils conviennent des articles, ils jurent sur l'Alcoran et par Mahomet d'être fidèles à les observer. Il n'y a jamais de composition pour les prisonniers. Ceux qui ont le malheur d'être pris demeurent les esclaves de celui qui les a touchés le premier.

Si l'on veut avoir une idée de ces misérables brigands, que les historiens appellent *rois*, il n'y a qu'à voir dans Le Maire et dans Moore le portrait qu'ils tracent des princes qui, de leur temps, régnaient en Afrique.

Le roi, qui porte le titre de Brack, et qui gouverne la contrée que nous nommons Oualo, est si pauvre, dit Le Maire, qu'il manque souvent de millet pour se nourrir. Il aime les chevaux jusqu'à se priver de la nourriture pour fournir à leur entretien, comme maître Jacques dans *l'Avare ;* il leur donne le grain dont il devrait se nourrir, et se contente ordinairement d'une pipe de tabac et quelques verres d'eau-de-vie. La nécessité le force souvent de faire des incursions dans les cantons les plus faibles de son voisinage, où il enlève les bestiaux et des esclaves, qu'il vend aux Français pour de l'eau-de-vie. Lorsqu'il voit baisser sa provision de cette liqueur, il enferme le reste dans une petite cantine dont il donne la clef à quelqu'un de ses favoris, avec ordre de la porter à vingt ou trente lieues de sa demeure, pour se mettre lui-même dans la nécessité de s'en priver. S'il exerce sa tyrannie sur ses voisins, il garde encore moins de ménagements pour ses propres sujets. Son usage est d'aller de ville en ville avec toute sa cour, qui est composée d'environ deux cents nègres, la plupart infectés de tous les vices des blancs, et de demeurer dans chaque lieu jusqu'à ce qu'il en ait mangé toutes les provisions. Ceux qui ont la hardiesse de s'en plaindre sont vendus pour l'esclavage.

Ceux des Iolofs qui bordent immédiatement la Gambie habitent les royaumes de Barsalli et du bas Yani. Le roi de Barsalli gouverne avec une autorité absolue, et sa famille est si respectée, que tous ses peuples se prosternent la face contre terre lorsqu'ils paraissent devant quelque personne de son sang. Cependant il vit dans l'égalité avec sa milice. Chaque soldat a la même part au butin de la guerre, et le roi ne prend que ce qui est nécessaire à ses besoins. Cette loi, qu'il s'est imposée, ne lui permet guère de quitter les armes, car aussitôt qu'il a consommé les fruits d'une guerre, il est obligé, pour satisfaire son avidité et celle de ses gens, de chercher quelque nouvelle proie.

En 1732, c'est-à-dire dans le temps que Moore était en Afrique, le roi de Barsalli était un prince d'une humeur si emportée qu'au moindre ressentiment il ne faisait pas difficulté de tirer sur celui dont il se croyait offensé. Moore n'ajoute pas si c'était un coup de flèche ou d'arme à feu ; mais cette fureur était d'autant plus dangereuse, que le roi tirait fort adroitement. Quelquefois, lorsqu'il se rendait, sur une chaloupe de la Compagnie, à Cahone, qui était une de ses propres villes, il se faisait un amusement de tirer sur tous les canots qui passaient, et, dans la journée, il tuait toujours un homme ou deux. Quoiqu'il eût un grand nombre de femmes, il n'en menait jamais plus de deux avec lui. Il avait plusieurs frères, mais il était rare qu'il leur parlât ou qu'il les reçût même dans sa compagnie. S'ils obtenaient cet honneur, ils n'étaient pas dispensés de la loi commune, qui oblige tous les nègres de se jeter de la poussière sur le front lorsqu'ils approchent de leur roi. Cependant ils sont les héritiers de la couronne après lui; mais, dans le royaume de Barsalli, elle est ordinairement disputée par les enfants du roi mort, et c'est au plus fort qu'elle demeure.

On peut prendre une grande idée de leur adresse à dompter et à manéger les chevaux, si l'on en juge par ce que raconte Moore d'un des princes de Barsalli qu'il nomme Hamant Sica. Il montait un cheval blanc de lait d'une grande beauté, avec la crinière longue et une des plus belles queues du monde. Les étriers de Hamant étaient courts, de la largeur et de la longueur de ses pieds; de sorte qu'il pouvait se lever facilement et s'y soutenir en courant à toute bride, tirer un fusil, lancer son dard ou sa zagaie avec autant de liberté qu'à pied. Il portait toujours à la main une lance de douze pieds de long, qu'il tenait droite et appuyée par le bas sur son étrier, entre ses orteils; mais lorsqu'il exerçait son cheval, en lui faisant faire des courbettes, il la secouait au dessus de sa tête, comme s'il eût été prêt à combattre. Je l'ai vu plusieurs fois, dit Moore, monté sur ce beau cheval auquel il faisait faire des exercices surprenants; il le faisait quelquefois avancer quarante ou cinquante pas sur les deux pieds de derrière, sans toucher la terre avec ceux de devant; quelquefois, lui faisant courber les jambes, il le faisait passer ventre à terre sous les portes des Mandingues, qui n'ont pas plus de quatre pieds de hauteur.

On a déjà vu que les Foulas du siratik occupent un pays fort étendu, sous le gouvernement d'un roi qui leur est propre; mais ceux qui habitent les deux bords de la Gambie vivent dans la dépendance des Mandingues, parmi lesquels ils ont formé des établissements par intervalles. Il y a beaucoup d'apparence que c'est la famine ou la guerre qui les a chassés de leur pays. Les voyageurs disent beaucoup plus de bien de ces Foulas de la Gambie que de tous les autres nègres du même pays.

Quoiqu'ils aient quelques habitations fixes, la plupart mènent une vie errante, avec leurs bestiaux, qu'ils conduisent dans les cantons bas ou élevés, suivant qu'ils y sont forcés par les pluies. Lorsqu'ils rencontrent quelque bon pâturage, ils s'y établissent avec la permission du roi, et y restent tant qu'il y a de l'herbe. La vie des hommes est fort pénible. Outre le travail de leur profession, ils ont sans cesse à se défendre contre les bêtes féroces sur la terre, et contre les crocodiles sur le bord des rivières. La nuit ils rassemblent leurs bestiaux au centre de leurs tentes et de leurs cabanes; ils allument quantité de feux, et font la garde autour du troupeau. Jobson, ayant eu occasion de traiter souvent avec eux pour des vaches et des chèvres, faisait avertir le chef d'un de ces troupeaux, qui se présentait couvert de mouches dans toutes les parties du corps, surtout aux mains et au visage. Quoiqu'elles fussent de la même espèce que celles qui tourmentent les chevaux en Europe, il en était si peu incommodé, qu'il ne prenait pas la peine de lever la main pour les chasser, tandis que Jobson, piqué jusqu'au sang, était forcé de s'en défendre avec une branche d'arbre.

Ces peuples ressemblent beaucoup aux Arabes, dont la langue s'apprend dans leurs écoles, et en général ils sont plus versés dans cette langue que les Européens dans la langue latine; ils la parlent presque tous, quoiqu'ils aient leur propre langue, qui se nomme le foula.

Ils ont des chefs qui les gouvernent avec douceur; ils vivent en société et bâtissent des villes, sans être assujettis au prince dans les terres duquel ils s'établissent. S'ils reçoivent quelque mauvais traitement de lui ou de sa nation, ils détruisent leur ville pour aller s'établir dans quelque autre lieu. La forme de leur gouvernement se soutient sans peine, parce qu'ils sont d'un caractère doux et paisible. Ils ont des notions si parfaites de justice et de bonne foi, que celui qui les blesse est regardé avec horreur de toute la nation, et ne trouve personne qui prenne parti pour lui contre le chef. Comme on n'a pas de passion dans ce pays pour la propriété des terres, et que les Foulas d'ailleurs se mêlent peu de l'agriculture, les rois leur accordent volontiers la liberté de s'établir dans leurs états. Ils ne cultivent que les environs de leurs villes ou de leurs camps, pour en tirer les produits qui leur sont véritablement nécessaires : c'est du tabac, du coton, du maïs, du riz, du millet et d'autres sortes de grains.

L'industrie et la frugalité des Foulas leur font recueillir plus de blé et de coton qu'ils n'en consomment; ils les vendent à bon marché. Ils sont très hospitaliers, mais entre eux. Qu'un Foula tombe dans l'esclavage, tous les autres se réunissent pour racheter sa liberté. Ils ne laissent jamais un homme de leur nation dans le besoin; ils prennent soin des vieillards, des aveugles et des boiteux. Leurs armes sont la lance, la zagaie, l'arc et les flèches, des coutelas fort courts qu'ils appellent *fongs*, et même le fusil dans l'occasion. Il se servent de tous ces instruments avec beaucoup d'adresse. On les voit chercher ordinairement à s'établir près de quelque ville des Mandingues. Ils sont encore attachés au paganisme, et ne se font pas faute de boire de l'eau-de-vie ou d'autres liqueurs.

Leur industrie pour élever et nourrir des bestiaux est si reconnue, que les Mandingues leur abandonnent le soin de leurs troupeaux.

Ils ont pourtant leurs superstitions comme les autres nègres. S'ils apprennent qu'on ait fait bouillir le lait de leurs vaches, ils s'obstinent à n'en plus vendre, du moins à celui qui l'aurait acheté pour en faire cet usage, parce qu'ils attribuent à l'action du feu une vertu éloignée qui peut faire mourir leurs bestiaux.

Les Mandingues seraient souvent exposés à mourir de faim, sans le secours des Foulas. Ils tirent d'eux, par des échanges, une partie de leurs provisions. On ne connaît pas non plus d'autre peuple que les Foulas qui ait l'art de faire du beurre sur la rivière de Gambie. Ils le vendent pour diverses sortes de marchandises, mais surtout pour du sel.

Leur habillement n'est pas moins particulier à leur nation que leur commerce. Ils n'emploient pas d'autres étoffes que celles de leurs propres manufactures : elles sont de coton blanc, et leurs femmes ont soin de les entretenir avec beaucoup de propreté. Il n'y en a pas moins dans l'intérieur de leurs cabanes, où l'odorat n'a rien à souffrir, non plus que les yeux. On reconnaît aussi de la régularité dans l'ordre de ces petits édifices; il y a toujours de l'un à l'autre assez de distance pour les garantir de la communication du feu. Les rues sont fort bien ouvertes, et les passages libres; ce qui ne se trouve guère dans les villes des Mandingues. La plupart des habitations des Foulas sont bâties sur le même modèle.

La plus nombreuse de toutes les nations qui habitent les bords de la Gambie, et toute l'étendue même de cette côte, porte le nom de Mandingues. Ils sont vifs et enjoués, passionnés pour la danse, et pourtant querelleurs. Cette nation, distribuée dans toutes les parties du pays, vient de l'intérieur des terres et du pays de Mandinga. Ils sont les plus zélés mahométans d'entre tous les nègres; ils ne connaissent pas l'usage du vin ni de l'eau-de-vie. Ils sont aussi les plus instruits de toutes ces régions de l'Afrique. Le principal commerce du pays est entre leurs mains.

Dans l'économie du ménage, le soin du riz est abandonné aux femmes. Après en avoir mis à part ce qui leur paraît suffisant pour la subsistance de la famille, elles ont le droit de vendre le reste et d'en garder le prix, sans que les maris aient celui de s'en mêler. Le même usage est établi pour la volaille, dont elles élèvent une grande quantité.

On voit des Mandingues qui mettent leur gloire à nourrir un grand nombre d'esclaves. Ils leur rendent la vie si douce, qu'on a peine quelquefois à les distinguer de leurs maîtres, surtout les femmes, qui sont ornées de colliers d'ambre, de corail et d'argent, comme si l'unique soin de leur esclavage était de se parer. La plupart de ces esclaves sont nés dans les familles.

Tous les royaumes de la Gambie ont quantité de seigneurs particuliers, qui sont comme les rois des villes où ils font leur demeure. Leur principal droit est d'avoir en propriété tous les palmiers et les *siboas* qui croissent dans le pays; de sorte que, sans leur permission, personne n'ose en tirer le vin ni couper la moindre branche. Ils accordent cette liberté à quelques habitants, en se réservant dans la semaine deux jours de leur travail. Les blancs même sont obligés d'obtenir d'eux une permission formelle pour couper des feuilles de siboa et de l'herbe lorsqu'ils ont à couvrir quelque maison.

On compte les richesses des Mandingues par le nombre de leurs esclaves. Pour en fournir aux Européens, leur méthode est d'envoyer une troupe de gardes autour de quelque village, avec ordre d'enlever le nombre des habitants dont ils ont besoin. On lie les mains derrière le dos à ces misérables victimes pour les conduire droit aux vaisseaux, et lorsqu'ils y ont reçu la marque du bâtiment, ils disparaissent pour jamais. On transporte ordinairement les enfants dans des sacs, et l'on met un bâillon aux hommes et aux femmes, de peur qu'en traversant les villages ils n'y répandent l'alarme par leurs cris. Ce n'est pas dans les lieux voisins des comptoirs qu'on exerce ces violences, l'intérêt des princes n'est pas de les ruiner; mais les villes intérieures du pays sont traitées sans ménagement. Il arrive quelquefois que les prisonniers s'échappent des mains de leurs gardes, et que, rassemblant les habitants par leurs cris, ils poursuivent ensemble les ministres du roi. S'ils peuvent les arrêter, leur vengeance est de les conduire à la ville royale. Le roi ne manque jamais de désavouer leur commission; mais pour ne rien perdre de ses espérances, et sous prétexte de justice, il vend sur-le-champ les coupables pour l'esclavage, et si les habitants arrêtés paraissent devant le roi pour rendre témoignage contre leurs ravisseurs, ils sont aussi vendus, comme si le malheur qu'ils ont souffert devenait un droit sur leur liberté.

On rapporte un usage singulier du royaume de Baol. Lorsqu'il est question de délibérer sur quelque affaire importante, le roi fait assembler son conseil dans la plus épaisse forêt qui soit près de sa résidence. Là, on creuse dans la terre un grand trou, sur les bords duquel tous les conseillers prennent séance, et, la tête baissée vers le fond, ils écoutent ce que le roi leur propose. Les sentiments se recueillent et les résolutions se prennent dans la même situation. Lorsque le conseil est fini, on rebouche soigneusement le trou de la même terre qu'on en a tirée, pour signifier que tous les discours qu'on y a tenus y demeurent ensevelis. La moindre indiscrétion est punie du dernier supplice, ce qui probablement contribue plus que la cérémonie du fossé à rendre les secrets impénétrables.

L'habillement populaire, dans cette partie de l'Afrique dont nous parlons, consiste dans une pagne qui couvre la ceinture. C'est à peu près l'habillement de toutes les nations nègres, avec quelques variations. Les plus riches y joignent une espèce de chemise de coton fort courte, et dont les manches sont très larges.

Leur bonnet, quand ils en ont, ressemble au capuchon d'un jacobin. Le peuple marche pieds nus; mais les personnes de qualité ont des sandales de cuir, de la forme de nos semelles de souliers, attachées au gros orteil avec une courroie. Quoique leurs cheveux soient courts, ils les ornent assez agréablement de grisgris, de brins d'argent, de cuivre, de corail, etc. Ils ont aux oreilles des pendants d'étain, d'argent et de cuivre. Ceux qui descendent d'une race servile n'ont pas la liberté de porter leurs cheveux.

Les femmes et les filles sont nues de la ceinture jusqu'à la tête, à moins que le froid ne les oblige de se vêtir. Le reste du corps est couvert d'une pagne, qui est de toile ou d'étoffe, de la grandeur de nos serviettes d'Europe, et qui leur descend jusqu'au mollet. Elles se parent la tête de corail et d'autres bagatelles éclatantes, et leurs cheveux sont rangés avec assez d'art pour fournir une espèce de coiffure d'un demi-pied de hauteur. Les plus hautes passent pour les plus belles. Ainsi, les anciennes modes de Paris sont aujourd'hui celles d'Afrique. Jusqu'à l'âge de onze ou douze ans, les garçons et les filles sont entièrement nus.

Les nègres ne boivent ordinairement que de l'eau, quoiqu'ils usent quelquefois de vin de palmier, et d'une sorte de bière qu'ils appellent *boullo*, composée des grains du pays. Mais ils ont une passion si ardente pour les liqueurs fortes des Européens, qu'ils vendent jusqu'à leurs habits pour en acheter. L'exemple des hommes n'empêche pas que les femmes ne soient plus réservées, et ne les autorise pas même à toucher l'eau-de-vie de leurs lèvres, à l'exception de quelques favorites des princes, que leur situation met au dessus de l'usage.

Ils n'ont pas proprement de pain; ils mangent leurs grains cuits au lait et à l'eau. Le plus grand usage qu'ils fassent du maïs est lorsqu'il est vert; ils le font rôtir sur les charbons dans les épis, et l'avalent comme des pois verts. Ils emploient ordinairement leur riz, à faire du pilau, suivant l'usage des Turcs. Enfin, ils n'avaient ni l'usage du pain, ni celui de la pâtisserie; mais, en se familiarisant avec les Européens, leurs femmes ont appris d'eux l'art d'en faire, et le pratiquent aujourd'hui avec succès.

On trouve beaucoup de variations dans les voyageurs sur la forme du mariage des nègres; mais il faut l'attribuer moins à l'incertitude des témoignages qu'à l'inconstance des usages mêmes, qui ne sont pas établis avec assez d'uniformité pour ne pas recevoir beaucoup de changements et d'altérations. Jobson nous apprend que tout nègre est en droit de contracter avec une fille qui est en âge d'être mariée, mais que ce n'est jamais sans la participation et même sans le consentement des parents, entre les mains desquels il doit déposer la dot dont on est convenu. Le roi, ou le principal seigneur du canton, tire aussi quelques droits pour la ratification du traité. Alors le mari, accompagné de quelques amis de son âge, s'approche le soir, au clair de la lune, de la maison de sa femme, et cherche le moyen de l'enlever; il y réussit toujours, malgré sa résistance et ses cris, qui n'ont rien de sérieux. Elle demeure quelque temps enfermée dans sa maison, et plusieurs mois après, elle ne sort jamais sans un voile qui doit lui couvrir toute la tête, à l'exception d'un œil. Sa dot est réservée pour le cas où elle survivrait à son mari, parce que l'usage oblige les veuves qui se remarient d'acheter un homme, comme elles ont été achetées pour leur premier mariage.

Quand la jeune femme est conduite à son mari, il lui offre la main pour la recevoir dans sa maison; mais il lui ordonne immédiatement d'aller chercher de l'eau, du bois et les autres nécessités du ménage. Elle obéit respectueusement. Le mari se met à souper; elle ne soupe qu'après lui, et, demeurant en silence, elle attend son ordre pour l'aller trouver au lit. C'est un usage constant chez les nègres que les femmes ne mangent jamais avec les hommes. On retrouve partout l'esclavage des femmes, qui a été général dans le monde jusqu'au temps de la perfection des sociétés, et l'est encore dans tout l'Orient.

La dot consiste souvent en quelques veaux, qui doivent être donnés au père et qui ne surpassent jamais le nombre de cinq. Le mari et la femme se mettent sur-le-champ au lit. Si la femme est garantie vierge, on couvre le lit d'un drap de coton blanc, et les marques sanglantes de la virginité sont exposées aux yeux de l'assemblée; ensuite on porte le drap en procession dans toute la ville, au son des instruments, qui font retentir les louanges de la jeune femme et ses plaisirs. Mais si la virginité ne se déclare pas par des preuves, le père est obligé, sur la demande du mari, de reprendre sa fille et de rendre les veaux. Cette disgrâce est rare, parce qu'on prend soin d'examiner la fille avant le mariage, et qu'elle n'est demandée qu'après une parfaite conviction; d'ailleurs le malheur d'une fille n'est jamais irréparable : si elle ne peut demeurer femme de celui qui l'avait épousée, elle devient la concubine d'un autre, et le père est toujours sûr de trouver des marchands qui la recherchent.

Barbot observe qu'en Afriqu[illegible] mme en Europe, les goûts sont fort partagés sur ce qui rend une femme aimable. Les uns veulent des vierges, d'autres comptent pour rien cette qualité.

Tous les voyageurs conviennent qu'un nègre peut prendre autant de femmes qu'il est capable d'en nourrir, mais qu'il n'y en a qu'une qui jouisse des priviléges du mariage, et qui ne s'éloigne jamais du mari. Du temps de Jobson, les Anglais donnaient à ces véritables épouses le nom de *handwifes*, c'est-à-dire femmes de la main, parce qu'ils les trouvaient sans cesse à côté de leurs maris. Elles sont dispensées de plusieurs travaux pénibles qui sont le partage des autres; cependant elles ne mangent ni avec leurs maris, ni en leur présence. Jobson parle avec étonnement de la bonne intelligence qui règne entre toutes ces femmes; elles se retirent le soir dans leurs cabanes; elles y attendent l'ordre de leur mari commun, et le matin elles vont le saluer à genoux, en mettant la main sur sa cuisse. L'épouse légitime, c'est-à-dire celle qui a été épousée la première, a l'autorité sur toutes les autres, à moins qu'elle ne soit sans enfants.

Dans le cas d'adultère, les deux coupables sont vendus pour l'esclavage étranger, sans espérance d'être jamais rachetés. Cette punition est celle des plus grands crimes, car les supplices capitaux sont rares parmi les nègres. On prend soin que ces esclaves soient vendus aux Portugais, parce qu'on est sûr alors qu'ils seront transportés au delà des mers.

Malgré la rigueur de ces lois, la plupart des nègres se trouvent honorés que les blancs de quelque distinction daignent coucher avec leurs femmes, leurs sœurs et leurs filles. Ils les offrent souvent aux principaux officiers des comptoirs. Le Maire, Jannequin, et d'autres voyageurs, rendent là dessus le même témoignage. Barbot ajoute seulement que c'est l'intérêt qui les rend si lâches, et qu'il n'y a rien de sacré qui les arrête lorsqu'ils espèrent quelque profit.

Le Maire raconte que leurs femmes ont beaucoup d'inclination pour la galanterie, qu'elles sont passionnées pour les caresses des blancs. Cependant elles ont le cœur mercenaire, et toutes leurs faveurs doivent être payées. Mais Barbot assure qu'elles se contentent d'un prix fort léger. Elles ont, dit-il, la taille belle, les yeux vifs, la couleur d'un noir fort brillant, et l'air extrêmement lascif. Cette passion, qu'elles déguisent peu, pour le commerce des blancs, trouble souvent la tranquillité des mariages.

Les travaux pénibles du ménage sont le partage des femmes. Non seulement elles préparent les aliments et les liqueurs, mais elles sont chargées de la culture des grains et du tabac, de broyer le millet, de filer et de sécher le coton, de fabriquer des étoffes, de fournir la maison d'eau et de bois, de prendre soin des bestiaux, enfin de tout ce qui appartient à l'autre sexe dans des régions mieux policées. Tandis que les hommes passent le temps dans une conversation oisive, ce sont leurs femmes qui veillent à les garantir des mouches, et qui leur servent la pipe et le tabac.

Entre les nègres mahométans, il y a des degrés de parenté qui ôtent la liberté de se marier. Un homme ne peut épouser deux sœurs. Le damel, qui avait violé cette loi, reçut en secret la censure et les reproches des marabouts

La facilité des femmes à se délivrer de leur fruit dans l'accouchement paraîtrait incroyable, si elle n'était attestée par tous les voyageurs. Elles ne jettent pas un cri; elles ne poussent pas même un soupir. Après le travail, elles se lavent long-temps; l'enfant est lavé avec le même soin. On l'enveloppe dans une pagne, sans aucun lange qui le serre, dans l'opinion que cette contrainte n'est propre qu'à le rendre tortu ou difforme. Dès le douzième ou le quinzième jour de sa naissance, la mère commence à le porter sur son dos, et ne le quitte jamais, de quelque travail qu'elle soit occupée. On voit ordinairement sortir les femmes le jour même ou le lendemain de leur délivrance. Chaque jour au matin, l'enfant est lavé dans l'eau froide et frotté d'huile de palmier. Jusqu'au temps où la mère commence à le porter sur le dos, on le laisse ramper nu sur la terre, sans autre attention que celle de le nourrir.

Quelques auteurs attribuent leurs nez plats et la forme de leur ventre à cette manière de les porter, qui les expose à heurter le nez contre le dos de leur mère, lorsqu'elle se lève ou qu'elle se baisse, et qui leur fait avancer le ventre pour reculer la tête. Moore reconnaît qu'ils ne naissent point avec le nez plat et les grosses lèvres. Au contraire, il assure qu'à l'exception de la couleur, leurs idées de beauté sont les mêmes qu'en France, c'est-à-dire qu'ils aiment de grands yeux, une petite bouche, de belles lèvres et un nez bien proportionné. On voit des négresses aussi bien faites et d'une taille aussi fine que les plus belles femmes de l'Europe. Elles ont la peau extrêmement douce, et communément plus d'esprit que les hommes.

Leur tendresse est excessive pour leurs enfants. Elles ne leur épargnent aucun soin jusqu'à ce qu'ils soient en état de marcher seuls. Alors, sans relâcher rien de leur attention pour les nourrir et les élever, elles paraissent s'embarrasser peu de leur instruction. Ils se fortifient en croissant, et leur constitution devient si vigoureuse, qu'ils ne connaissent guère d'autre maladie que la petite vérole. Mais comme ils sont élevés dans une oisiveté continuelle, ils deviennent si paresseux, que, s'ils n'étaient pas pressés par la nécessité, ils ne prendraient pas la peine de cultiver leurs terres. Aussi leur travail ne surpasse-t-il guère leurs besoins. Si le pays n'était extrêmement fertile, ils seraient exposés tous les ans à la famine et forcés de se vendre à ceux qui leur offriraient des aliments. Ils ont de l'aversion pour toutes sortes d'exercices, excepté la danse, dont ils ne se lassent jamais.

Les jeunes filles affectent beaucoup de modestie et de réserve, surtout lorsqu'elles sont en compagnie. Mais prenez-les à part, vous les trouvez fort obligeantes et disposées à ne rien refuser, pour quelques grains de corail, ou pour un mouchoir de soie. Celles qui se croient de race portugaise, et qui prétendent aussi à la qualité de chrétiennes, sont plus réservées que les Mandingues, quoiqu'elles ne se fassent pas scrupule de vivre, sans la cérémonie du mariage, avec un blanc qui est capable de les entretenir. Une femme, après avoir mis au monde un enfant, demeure privée pendant trois ans du commerce de son mari, du moins si son fruit vit aussi long-temps. Elle le sèvre alors, et reprend ses droits au lit conjugal. L'opinion commune est que le lait des femmes s'altère par le commerce des hommes, et que les enfants en contractent de grandes maladies. Cependant Jobson doute que de vingt femmes il y en ait une qui soit capable d'une si longue privation. Il en a vu soupçonner un grand nombre de manquer à la fidélité de leur état, par la seule raison que l'enfant qu'elles allaitaient ne jouissait pas d'une bonne santé.

Aussitôt qu'un nègre a rendu le dernier soupir, sa famille donne avis de sa mort au voisinage, par des cris aigus et des lamentations qui attirent beaucoup de monde autour de sa cabane : les cris des assistants se joignent à ceux de la famille. Mais pour les funérailles chaque canton a ses propres usages.

En général, ils y apportent tous beaucoup de formalités et de cérémonies. Un marabout lave le corps, et le couvre des meilleurs habits qu'il ait portés pendant sa vie. Les parents et les voisins viennent faire successivement leurs lamentations, et proposer au mort plusieurs questions ridicules. L'un lui demande s'il n'était pas content de vivre avec eux, et quel tort on lui a jamais fait, s'il n'était pas assez riche, s'il n'avait pas d'assez belles femmes, etc. Ne recevant point de réponse, ils se retirent l'un après l'autre, après la même cérémonie. D'un autre côté, les guiriots chantent les louanges du mort.

L'usage général est de faire un folgar pour toute l'assemblée. On tue quelques veaux ; on vend des esclaves pour acheter de l'eau-de-vie. Après la fête, on ôte le toit de la cabane où le mort doit être enterré (c'est celle qui lui servait de demeure), et les cris et les plaintes recommencent. Quatre personnes soutenant une pièce d'étoffe carrée qui cache le corps à la vue des assistants, le marabout lui prononce quelques mots dans l'oreille ; après quoi il est couvert de terre, et l'on replace le toit ou le dôme de la maison, auquel on attache un morceau d'étoffe de la couleur que les parents aiment le plus. Nous avons déjà vu que le folgar était le bal des nègres. Ainsi, ces peuples pleurent leurs morts en donnant le bal et en buvant l'eau-de-vie. C'est qu'ils aiment l'eau-de-vie et la danse, et que chez les peuples barbares vous verrez toujours les usages conformes aux penchants.

A la mort d'un roi ou d'un grand, on fixe un temps pour les cris : c'est ordinairement un mois ou quinze jours après le décès. Ces cris ne sont pas plus une preuve de la douleur des peuples que les oraisons funèbres parmi nous ne sont une preuve du mérite des rois.

Tous les habitants de cette partie de l'Afrique sont passionnés pour la musique et la danse. Ils ont inventé plusieurs sortes d'instruments qui répondent à ceux de l'Europe, mais qui sont fort éloignés de la même perfection. Ils ont des trompettes, des tambours, des flûtes et des flageolets.

Leurs tambours sont des troncs d'arbres creusés, et couverts du côté de l'ouverture d'une peau de chèvre ou de brebis assez bien tendue. Quelquefois ils ne se servent que de leurs doigts pour battre; mais plus souvent ils emploient deux bâtons à tête ronde et de grosseur inégale, d'un bois fort dur et fort pesant, tel que le courbaril ou l'ébène. La longueur et le diamètre des tambours sont aussi différents, pour mettre de la variété dans les tons. On en voit de cinq pieds de long, et de vingt ou trente pouces de diamètre; mais en général le son en est mort, et moins propre à réjouir les oreilles ou à réveiller le courage, qu'à causer de la tristesse et de la langueur. Cependant c'est le seul instrument favori, et comme l'âme de toutes les fêtes.

Dans la plupart des villes, les nègres ont un grand instrument qui a quelque ressemblance avec leur tambour, et qu'ils nomment *tong-tong*. On ne le fait entendre qu'à l'approche de l'ennemi, ou dans les occasions extraordinaires, pour répandre l'alarme dans les habitations voisines. Le bruit du tong-tong se communique jusqu'à six ou sept milles.

Les flûtes et les flageolets des nègres ne sont que des roseaux percés; ils s'en servent comme les sauvages de l'Amérique, c'est-à-dire fort mal, et toujours sur les mêmes tons : ils n'en tireraient pas d'autres de nos flûtes d'Europe.

Mais leur principal instrument est celui qu'ils nomment *balafo,* que Jobson nomme *ballard.* Il est élevé d'un pied au dessus de la terre et creux par dessous. Du côté supérieur, il a sept petites clefs de bois rangées comme celles d'un orgue, auxquelles sont attachées autant de cordes et de fils d'archal de la grosseur d'un tuyau de plume et de la longueur d'un pied, qui fait toute la largeur de l'instrument. A l'autre extrémité sont deux gourdes suspendues comme deux bouteilles, qui reçoivent et redoublent le son. Le musicien est assis par terre vis-à-vis le milieu du balafo, et frappe les clefs avec deux bâtons d'un pied de longueur, au bout desquels est attachée une balle ronde, couverte d'étoffe, pour empêcher que le son n'ait trop d'éclat. Au long des bras, il a quelques anneaux de fer, d'où pendent quantité d'autres anneaux qui en soutiennent de plus petits, et d'autres pièces du même métal. Le mouvement que cette chaîne reçoit de l'exercice du bras produit une espèce de son musical, qui se joint à celui de l'instrument, et qui forme un retentissement commun dans les gourdes. Le bruit en doit être fort grand, puisque Jobson l'entendait quelquefois d'un bon mille d'Angleterre.

Le balafo, suivant cette description, doit être le même instrument que Le Maire fait consister dans une rangée de cordes de différentes grandeurs, tendues, dit-il, comme celles de l'épinette. Il jugea qu'entre des mains capables de le toucher, il serait fort harmonieux. Moore raconte qu'ayant été reçu à Nakkaouay, sur la Gambie, au son d'un balafo, il lui trouva dans l'éloignement beaucoup de ressemblance avec l'orgue; mais la description qu'il en donne paraît un peu différente. Il était composé, dit-il, d'environ vingt tuyaux d'un bois fort dur et fort poli, dont la longueur et la grosseur allaient en diminuant. Ils étaient joints ensemble avec de petites courroies d'un cuir fort mince, cordonnées autour de plusieurs petites verges de bois. Sous les tuyaux étaient attachées douze ou quinze calebasses de grosseur inégale, qui produisaient le même effet que le ventre d'un clavecin. Les nègres, ajoute Moore, frappent sur cet instrument avec deux baguettes couvertes d'une peau fort mince de l'arbre qui se nomme siboa, ou d'un cuir léger pour adoucir le son.

Ceux qui font profession de jouer du balafo sont des nègres d'un caractère singulier, et qui paraissent également faits pour la poésie et pour la musique. On les comparerait volontiers aux anciens bardes des Iles Britanniques. Tous les voyageurs français qui ont décrit le pays des Iolofs et des Foulas les ont nommés guiriots. Jobson leur donne le nom de djeddis, qu'il rend en anglais par *fiddlers* ou ménétriers. Peut-être celui de guiriot est-il en usage parmi les Iolofs, et celui de djeddis parmi les Mandingues.

Barbot dit que, dans la langue des nègres du Sénégal, guiriot signifie bouffon, et que le caractère de ceux qui sont distingués par ce nom répond assez à cette idée. Les rois et les seigneurs du pays en ont toujours près d'eux un certain nombre, pour leur propre amusement et pour celui des étrangers qui paraissent à leur cour. Jobson observe que tous les princes et les nègres de quelque distinction sur la Gambie ne rendaient jamais de visite aux Anglais sans être suivis de leurs djeddis ou de leur musique. Il les compare aux joueurs de harpe gallois. Leur usage est de s'asseoir à terre, comme eux, un peu éloignés des auditeurs. Ils accompagnent leurs instruments de diverses chansons, dont le sujet ordinaire est l'antiquité, la noblesse et les exploits de leur prince. Ils en composent aussi sur les événements, et l'espoir des moindres présents leur faisait faire souvent des impromptus à l'honneur des Anglais.

Les guiriots ont seuls le glorieux privilége de porter l'*olamba*, tambour royal, d'une grandeur extraordinaire dans toutes ses dimensions, et marchent à la guerre, devant le roi, avec cet instrument, comme autrefois Tyrtée devant les Spartiates. Dans tous les temps, on a employé la louange à exciter la valeur.

Les nègres sont si sensibles aux louanges des guiriots, qu'ils les paient fort libéralement ; Barbot leur a vu pousser la reconnaissance jusqu'à se dépouiller de leurs habits pour les donner à ces flatteurs. Mais un guiriot qui n'obtiendrait rien de ceux qu'il a loués ne manquerait pas de changer ses louanges en satires, et d'aller publier dans les villages tout ce qu'il peut inventer d'ignominieux pour ceux qui ont trompé ses espérances ; ce qui passe pour le dernier affront parmi les nègres. On regarde comme un honneur extraordinaire d'être loué par le guiriot du roi. C'est le poëte lauréat du pays. On ne croit pas le récompenser trop en lui donnant deux ou trois veaux, et quelquefois la moitié de ce qu'on possède. Il paraît que chez les nègres on doit ambitionner beaucoup l'état de guiriot.

Les chansons et les discours ordinaires des guiriots consistent à répéter cent fois : Il est grand homme, il est grand seigneur, il est riche, il est puissant, il est généreux ; il a prodigué le *sangara*, nom qu'ils donnent à l'eau-de-vie, et d'autres lieux communs de la même nature, avec des grimaces et des cris insupportables. Entre plusieurs expressions de cette sorte qu'un musicien nègre adressait à quelques Français, il leur dit qu'ils étaient les esclaves de la tête du roi, et ce compliment fut regardé dans le pays comme un trait merveilleux. Quand la vanité est grossière, le goût n'est pas fort délicat, et ces guiriots, sans être bien fins, ont pu s'apercevoir que, pour la plupart des hommes, il valait mieux répéter la louange que la varier.

Les guiriots acquièrent ainsi des richesses qui les distinguent beaucoup du commun des nègres. Leurs femmes sont souvent mieux parées en verroteries de toutes sortes que les reines et les princesses ; mais la plupart poussent à l'excès le déréglement des mœurs. Ce qu'il y a de plus étonnant, c'est qu'avec tant de passion pour la musique et tant de libéralité à la payer, les nègres méprisent les guiriots jusqu'à leur refuser les honneurs communs de la sépulture. Au lieu de les enterrer, ils mettent leurs corps dans le trou de quelque arbre creux, où ils ne sont pas long-temps à pourrir. Ils donnent pour raison de cette conduite que les guiriots vivent dans un commerce familier avec le diable, que les nègres nomment Horey. Il est assez singulier que l'on retrouve chez les barbares du Sénégal la même inconséquence qui porte quelques nations de l'Europe à flétrir les talents du théâtre, qui font le charme des sociétés cultivées, et à croire quelque chose de diabolique à ceux qui ont l'art d'amuser les autres. Au reste, il paraît que tous les peuples de cette partie de l'Afrique sont dans les mêmes principes sur la profession des guiriots, car ils se croiraient déshonorés d'avoir touché quelque instrument.

La danse n'est pas moins chère aux nègres que la musique. Dans quelque lieu que le balafo se fasse entendre, on est sûr de rencontrer un grand concours du peuple, qui s'assemble pour danser nuit et jour, jusqu'à ce que le musicien soit épuisé de fatigue. Les femmes ne se lassent point de cet exercice. Elles ont les pieds légers et les genoux fort souples; elles penchent la tête d'un air gracieux; leurs mouvements sont vifs et leurs attitudes agréables. Elles dansent ordinairement seules, et les assistants leur applaudissent ordinairement en battant des mains par intervalles, comme pour soutenir la mesure. Les hommes dansent l'épée à la main, en la secouant et la faisant briller en l'air, avec d'autres galanteries dans le goût de leur nation

Mais, sans le secours du balafo, les femmes, qui ont l'humeur généralement vive et gaie, prennent plaisir à danser le soir, surtout aux changements de lune. Elles dansent en rond en battant des mains, et chantent tout ce qui leur vient dans l'esprit sans sortir de leur première place, à l'exception de celles qui sont au milieu du cercle. Les plus jeunes, qui se saisissent ordinairement de cette place, tiennent, en dansant, une main sur la tête et l'autre sur le côté, et jettent le corps en avant en battant du pied contre terre. Leurs postures sont fort lascives, surtout lorsqu'un jeune homme danse avec elles. Dans ces bals fréquents, une calebasse ou un chaudron leur sert d'instrument de musique, car elles aiment beaucoup le bruit.

La lutte est un autre de leurs exercices. Les combattants s'approchent et s'efforcent de se renverser l'un l'autre avec des gestes et des postures fort ridicules. Dans ces occasions, il y en a toujours un qui fait l'office de guiriot, et qui bat un tambour ou un chaudron pour animer les athlètes, tandis que les autres applaudissent à l'adresse et au courage.

Les exercices utiles des nègres sont la pêche et la chasse. La plupart de ceux qui habitent les bords des rivières font leur unique occupation de la pêche, et forment leurs enfants à la même profession. Ils ont des pirogues ou de petites barques composées d'un tronc d'arbre qu'ils ont l'art de creuser, et dont les plus grandes contiennent dix ou douze hommes. Leur longueur est ordinairement de trente pieds, sur deux pieds et demi de largeur. Elles vont à rames et à voiles. Il n'est pas rare qu'un coup de vent les renverse; mais les nègres sont si bons nageurs, qu'ils s'en alarment peu. Ils redressent aussitôt leur pirogue avec leurs épaules, sans paraître plus embarrassés que s'il n'était rien arrivé. Une flèche n'est pas plus prompte que ces petites barques; il n'y a pas de chaloupe de l'Europe qui puisse aller aussi vite.

Lorsque les nègres vont à la pêche, ils sont ordinairement deux dans une pirogue, et ne craignent pas de s'écarter jusqu'à six milles en mer. Ils n'emploient guère que la ligne; mais, pour le gros poisson, ils se servent d'un dard de fer au bout d'un bâton de la longueur d'une demi-pique, et, le tenant attaché avec une corde, ils n'ont pas de peine à le retirer après l'avoir lancé.

Ils font sécher le petit poisson entier, et mettent le grand en pièces; mais, comme ils ne le salent jamais, il se corrompt ordinairement avant d'être sec. C'est alors qu'ils le trouvent meilleur et plus délicat. Les pêcheurs vendent ce poisson dans l'intérieur des terres, et pourraient en tirer un profit considérable, s'ils avaient moins de paresse à le transporter; mais, les habitants et les pêcheurs redoutant également le travail, il demeure quelquefois sur le rivage jusqu'à ce qu'il soit entièrement corrompu.

Le nombre des pêcheurs est fort grand à Rufisque, et dans d'autres lieux sur les côtes voisines du Sénégal. Ils se mettent ordinairement trois dans une almadie ou une pirogue avec deux petits mâts, qui ont chacun deux voiles, et si le temps n'est pas orageux, ils se hasardent quelquefois quatre ou cinq lieues en mer. L'heure de leur départ est toujours le matin, avec le vent de terre. S'ils ont fini leur pêche, ils reviennent à midi avec le vent de mer. Lorsque le vent leur manque, ils se servent d'une sorte de pelle pointue, avec laquelle ils rament si vite, que la meilleure pinasse aurait peine à les suivre.

Avec la ligne, ils ont des filets de leur propre invention, composés, comme leurs lignes, d'un fil de coton. D'autres pêchent pendant la nuit, en tenant d'une main une longue pièce d'un bois combustible qui leur donne assez de clarté, et de l'autre un dard, dont ils ne manquent guère le poisson, lorsqu'il s'approche de la lumière. S'ils en trouvent de fort gros, ils les attachent avec une ligne à l'arrière de leur pirogue, et les amènent ainsi jusqu'au rivage.

Les nègres de la Gambie, du Sénégal et du cap Vert, sont excellents tireurs, quoique la plupart n'aient pas d'autres armes que leurs dards et leurs flèches, qui leur servent à tuer des cerfs, des lièvres, des pintades, des perdrix et d'autres sortes d'animaux. Ceux qui habitent plus loin dans les terres ont beaucoup moins d'habileté pour cet exercice, et n'y prennent pas tant de plaisir. Un facteur français de l'île Saint-Louis au Sénégal eut un jour la curiosité d'aller avec eux à la chasse de l'éléphant. Ils en trouvèrent un, qui fut percé de plus de deux cents coups de balles ou de flèches. Il ne laissa pas de s'échapper; mais le jour suivant il fut trouvé mort à cent pas du même lieu où il avait été tiré. Les nègres du Sénégal se joignent pour la chasse au nombre de soixante, armés chacun de six petites flèches et d'une grande.

Lorsqu'ils ont découvert la trace d'un éléphant, ils s'arrêtent pour l'attendre, et le bruit qu'il fait en brisant les branches ne tarde pas à le trahir. Alors il se mettent à le suivre, en lui décochant continuellement des flèches, jusqu'à ce que la perte de son sang leur fasse juger qu'il est fort affaibli. Ils s'en aperçoivent aussi à la faiblesse de ses efforts contre les obstacles qu'il trouve à sa fuite. Quelquefois l'animal s'échappe malgré toutes ses blessures; mais c'est ordinairement pour mourir quelques jours après dans le lieu où ses forces l'abandonnent. C'est à ces accidents qu'il faut attribuer la rencontre qu'on fait souvent dans les forêts de plusieurs dents d'éléphant. La chair est dévorée par d'autres bêtes, les os tombent en pourriture, et les dents sont les dernières parties qui résistent. Cependant comme elles ne peuvent être long-temps exposées aux injures de l'air sans s'altérer beaucoup, elles perdent quelque chose de leur prix.

Après l'idée qu'on a dû prendre de l'indolence naturelle des nègres, on ne s'attendra pas à leur trouver beaucoup d'ardeur et d'habileté pour les arts. Ils n'ont pas d'autres ouvriers que ceux qui sont absolument nécessaires au soutien de la vie, tels que des forgerons, des tisserands, des potiers de terre. Le métier de forgeron, qu'ils appellent *ferraro*, est le principal, parce qu'il est le plus indispensable. Ils ont chez eux des mines de fer, mais elles sont éloignées des côtes; de sorte que ceux qui habitent près de la mer achètent généralement ce métal des Européens.

Les forgerons n'ont pas d'ateliers qui méritent le nom de boutiques ni de forges; ils portent avec eux leurs ustensiles, et se mettent sous le premier arbre pour y travailler. Ils n'ont pas d'autre instrument qu'une petite enclume, une peau de bouc qui leur sert de soufflet, quelques marteaux, une paire de tenailles et deux ou trois limes. Leur indolence paraît jusqu'au milieu du travail, car ils sont assis, ils fument, ils s'entretiennent avec le premier venu. Comme leur enclume n'a que le pied en terre ou dans le sable, sans aucun soutien pour la fixer, quelques coups la renversent, et le temps se perd à la redresser. Ordinairement ils sont trois au travail d'une même forge. L'unique occupation de l'un est de souffler continuellement. Leurs soufflets sont composés d'une peau de bouc coupée en deux, ou de deux peaux jointes ensemble, avec un passage à l'extrémité pour le tuyau. Ils n'emploient le plus souvent que du bois, faute de charbon. Le nègre dont l'emploi est de souffler se tient assis derrière les soufflets, et les presse alternativement des coudes et des genoux. Les deux autres sont assis de leur côté avec l'enclume au milieu d'eux, et frappent aussi négligemment sur le métal que s'ils appréhendaient de le blesser. Ils ne laissent pas de forger d'assez jolis ouvrages en or et en argent. Ils font des couteaux, des haches, des crocs, des pelles, des scies, des poignées de sabres, de petites plaques pour l'ornement de leurs fourreaux et de leurs étuis, et quantité d'autres petits ouvrages de fer, auxquels ils donnent une aussi bonne trempe que les Européens. Ainsi, l'on ne saurait douter qu'ils ne pussent acquérir plus d'habileté, s'ils avaient moins de paresse avec un peu plus d'instruction. Ils forgent encore l'espèce de pelle ou de bêche avec laquelle ils cultivent la terre. Le fer de l'Europe leur sert à fabriquer de courtes épées et les têtes de leurs zagaies et de leurs dards; ils en forment aussi la pointe barbelue de leurs flèches empoisonnées. L'ouvrage est assez propre dans la plupart de ces armes. Mais la plus grande utilité qu'ils tirent du fer est pour l'agriculture; ils en composent une sorte de pelle, avec laquelle ils grattent la terre plutôt qu'ils ne l'ouvrent. Jobson employa un de ces forgerons nègres pour briser une barre de fer en plusieurs parties de longueur convenable pour le commerce. Le nègre apporta toute sa boutique sur la rive: elle consistait dans une paire de soufflets, et une petite enclume, qu'il enfonça dans la terre sous un arbre fort touffu. Il fit un trou pour y placer ses soufflets, en faisant passer les tuyaux dans un autre trou voisin, qui était destiné à contenir le charbon. Un petit nègre ne cessait pas de souffler. Le fer fut coupé suivant les ordres de Jobson; mais il avertit qu'il ne faut pas perdre le forgeron de vue, si l'on ne veut pas qu'il dérobe une partie de la matière.

Après le forgeron, leur principal artisan est le *sépatero*, qui fait les grisgris, c'est-à-dire de petites boîtes ou de petits étuis où les nègres renferment certains caractères écrits sur du papier par les marabouts. Ces étuis sont de cuir et de différentes formes, et passeraient dans tous les pays du monde pour un ouvrage curieux. Les mêmes ouvriers font des selles et des brides. Celles-ci, suivant le même auteur, sont aussi bien taillées que les brides d'Angleterre: d'où l'on doit conclure qu'ils ont l'art de préparer le cuir; mais ils ne l'exercent que sur les peaux de boucs et de daims, qu'ils savent teindre aussi de différentes couleurs. Ils n'ont jamais pu parvenir à préparer les grandes peaux. Les plus ingénieux et les plus entendus s'imaginent, en maniant le drap d'Angleterre, qu'il est composé de leur cuir, mais qu'on se garde soigneusement de le travailler en leur présence, de peur qu'ils n'apprennent les secrets de l'Europe. Ils disent la même chose du papier et de quantité d'autres marchandises, qu'ils croient faites de leurs dents d'éléphant. Moore assure qu'outre les selles, les brides et les étuis pour les grisgris, ils font des fourreaux d'épée, des sandales, des boucliers, des carquois, avec beaucoup de propreté; que leurs selles sont couvertes de beau maroquin rouge relevé de plaques d'argent, qu'elles ont des étriers fort courts et qu'elles sont sans croupière.

Le troisième métier, suivant Jobson, consiste à préparer la terre pour faire les murs des édifices, et des vases de différentes sortes à l'usage de la cuisine,

Pour tous les autres besoins, ils emploient des calebasses, excepté néanmoins pour leurs pipes, qui sont aussi de terre et d'une forme assez agréable. Ils y apportent d'autant plus de soin, que c'est un instrument d'usage continuel, sans lequel on ne voit guère paraître aucun nègre de l'un ou de l'autre sexe. La partie de terre, qui est la tête, peut contenir une demi-once de tabac. La longueur du col est de deux doigts; on y insère un roseau, qui a quelquefois plus d'une aune de long, et qui est le canal de la fumée.

Jobson ne donne que ces trois métiers aux nègres; mais Labat y joint les tisserands et les regarde comme les premiers artisans du pays. Il met dans cette profession les femmes et les filles, qui filent le coton, qui le travaillent avec beaucoup d'adresse, qui le teignent en bleu ou en noir, ou qui lui laissent sa blancheur naturelle. Leur art se borne à ces trois couleurs. Elles ne peuvent donner à leurs pièces plus de cinq ou six pouces de largeur. La longueur est depuis deux aunes jusqu'à quatre; mais elles savent les coudre ensemble pour les rendre aussi longues et larges qu'on le désire.

Moore ne s'accorde pas ici tout à fait avec Labat. Les Iolofs, suivant ce voyageur anglais, font les plus belles étoffes du pays. Leurs pièces sont généralement longues de vingt-sept aunes, et n'ont jamais plus de neuf pouces de largeur. Ils les coupent de la longueur qui convient à leurs besoins, et, pour les élargir, ils savent les coudre ensemble avec beaucoup de propreté. Les femmes n'emploient que la main pour nettoyer le coton qui sort de sa cosse. Elles le filent avec le rouet et la quenouille. Leur manière de le travailler est si simple, qu'elles ne connaissent pas d'autre instrument que la navette. Elles font des garnitures entières, c'est-à-dire tout ce qui est nécessaire à l'habillement d'un homme ou d'une femme, par exemple une pièce d'environ trois aunes de long sur une aune et demie de largeur pour couvrir les épaules et le corps, et une autre pièce à peu près de la même grandeur, qui sert depuis la ceinture jusqu'en bas. Ainsi, deux pièces forment tout l'habillement d'un nègre, et peuvent servir également aux hommes et aux femmes, parce que la différence ne consiste que dans la manière de les porter. Moore vit deux de ces pièces si bien travaillées et d'une si belle teinture qu'elles furent évaluées trente livres sterling. Les couleurs sont le bleu et le jaune: pour la première, les Iolofs emploient l'indigo, et pour l'autre différentes écorces d'arbres. Moore ne leur a jamais vu de couleur rouge.

A l'égard des objets usuels qui n'entrent pas dans le commerce, Jobson dit que les nègres les font tous par leurs propres mains. Les nattes sont l'ouvrage des femmes. Elles sont entre eux d'un usage général : c'est sur leurs nattes que les nègres passent la moitié de leur vie, qu'ils boivent, qu'ils mangent, qu'ils se reposent et qu'ils dorment. Au marché de Mansegar,

Jobson remarque qu'au lieu d'argent, dont les nègres sont mal pourvus, c'étaient des nattes qui passaient pour la monnaie courante : ainsi, pour s'informer du prix d'une chose, on demandait combien elle valait de nattes. Le Maire raconte que les nègres tiennent des marchés, mais que les objets qu'ils y étalent sont de très petite valeur, et qu'ils viennent quelquefois de six à sept lieues pour apporter un peu de coton, quelques légumes, tels que des pois et de la vesce, des plats de bois et des nattes. Un jour il vit une femme qui était venue de six lieues avec une seule barre de fer d'un demi-pied de long.

La plupart de leurs villes sont rondes dans leur forme, et leurs maisons sont composées d'une sorte de terre rougeâtre qui se durcit beaucoup par l'usage. Le pays est rempli de cette terre, qui ferait d'excellentes briques, si elle était bien travaillée. On voit des cabanes entièrement bâties de roseaux, comme toutes les autres en sont couvertes. Ils leur donnent généralement la forme ronde, parce qu'ils la croient plus capable de résister aux orages et aux pluies. Les villes ou villages sont environnés d'une ou deux haies de roseaux, de la hauteur de six pieds, pour servir de rempart contre les bêtes féroces, ce qui n'empêche pas que les habitants ne soient quelquefois obligés d'allumer des feux et de battre leurs tambours en poussant de grands cris pour chasser des ennemis si dangereux ; réponse péremptoire à ceux qui prétendent que les bêtes n'attaquent point l'homme.

Les Mandingues ont l'usage de bâtir leurs maisons l'une contre l'autre, ce qui devient l'occasion d'une infinité d'incendies. Si vous leur demandez pourquoi ils n'y mettent pas plus de distance, ils répondent que c'était la méthode de leurs ancêtres, qui étaient plus sages qu'eux. Il n'y a point de réponse plus commune en fait d'administration que cette réponse des Mandingues.

Les huttes des nègres se nomment *kombets*. Un kombet est distribué en plusieurs parties, dont l'une sert de cuisine, l'autre de salle à manger, une autre de chambre de lit, avec des ouvertures pour la communication. Les maisons des seigneurs, suivant Le Maire, ont quelquefois quarante ou cinquante de ces pavillons. Celle des rois n'en a pas moins de cent, mais couverts de paille comme les plus pauvres. Le commun des nègres en a deux ou trois. L'enclos des personnes de qualité est une palissade ou d'épines ou de roseaux, soutenue de distance en distance par des piliers. Leurs kombets communiquent de l'un à l'autre par des routes qui s'entrelacent en forme de labyrinthe. Dans l'intérieur de l'enclos il se trouve ordinairement de fort beaux arbres, mais sans ordre et dispersés comme au hasard, à moins que la maison, comme celle de plusieurs princes, n'ait été bâtie exprès dans le voisinage de quelque petit bois, dont une partie se trouve renfermée dans l'enclos.

Le palais du damel, ou du roi de Cayor, se distingue par sa magnificence. Avant la première porte de l'enclos, on trouve une grande et belle place pour exercer ses chevaux, quoiqu'il n'en ait pas plus de dix ou douze. Au long de l'enclos, les seigneurs ont des huttes, qui composent comme l'avant-garde de celle du roi. Une longue allée de baobas conduit de la première place au palais. Des deux côtés de cette avenue, sont les logements des officiers et des principaux domestiques du roi, entourés chacun d'une palissade, ce qui forme beaucoup de détours avant qu'on arrive à son appartement; mais le respect seul empêche les sujets d'en approcher. Toutes ses femmes ont aussi des kombets particuliers, où elles ont cinq ou six esclaves pour les servir. Il voit celle chez qui son caprice le porte, sans autre règle que celle de ses désirs. Les autres n'en témoignent jamais de jalousie. Cependant il y en a toujours une qui est traitée en favorite, et lorsqu'il en est fatigué, il l'envoie dans quelque village, en lui assignant les fonds nécessaires pour son entretien. Sa place est aussitôt occupée. De trente femmes que ce prince entretient, il en avait envoyé successivement la moitié dans ces demeures étrangères.

Rien n'est si pauvre que l'ameublement des nègres. C'est un coffre pour renfermer leurs habits, une natte élevée sur quelques pieux pour leur servir de lit, une ou deux jattes qui contiennent de l'eau, quelques calebasses, deux ou trois mortiers de bois pour broyer le maïs et le riz, un panier pour l'y renfermer, et quelques plats de bois pour servir le couscous aux heures du repas. Les nègres de distinction ne sont jamais sans une estrade ou une sorte de banc élevé de deux ou trois pieds, et couvert de belles nattes, sur lesquelles ils sont assis pendant le jour. Les palais des rois et des princes sont un peu mieux meublés, parce qu'il y en a peu qui n'emploient à cet usage une partie des marchandises qu'ils achètent des Européens.

Jobson rapporte que l'agriculture est l'office de tous les nègres, sans exception de rang et de condition ; les rois et les chefs des villes en sont seuls exempts. Ils se mettent l'un à la suite de l'autre pour former les sillons; de sorte que, chacun levant à peu près la même quantité de terre, le travail n'est pénible pour personne. Ces sillons sont faits avec autant d'ordre et de propreté qu'en Europe. Ils y jettent la semence et les remplissent aussitôt de la même terre; leur industrie ne s'étend pas plus loin. Cependant ils donnent plus de soins au riz, qu'ils sèment d'abord dans de petites pièces de terres basses et marécageuses, et qu'ils prennent la peine de transplanter : aussi croît-il en abondance.

Ils observent des saisons pour semer leurs grains, surtout pour planter le tabac, dont chaque famille cultive sa provision autour de ses cabanes. Ils n'apportent pas moins de soin à la culture du coton, et la plupart des villages en ont des champs entiers.

Comme ils n'ont pas de pluie depuis le mois de septembre jusqu'à la fin de mai, la terre est si dure dans cet intervalle, qu'ils ne peuvent la cultiver. Les pluies commencent vers la fin de mai, et continuent dans le mois de juin avec une grande violence, un tonnerre et des éclairs épouvantables, et la terre ne pouvant manquer d'être assez amollie, c'est la saison du labourage. Le plus mauvais temps, c'est-à-dire l'extrême violence des eaux, se fait ordinairement sentir depuis le milieu de juin jusqu'à la fin de septembre : c'est alors que les rivières s'élèvent de trente pieds perpendiculaires ; mais, jusqu'à la fin d'octobre, les pluies et les eaux diminuent par degrés comme elles ont commencé.

Pour semer le millet, les nègres mettent un genou à terre, font de petits trous comme on en fait en Europe pour planter des pois, y jettent trois ou quatre grains, et bouchent chaque trou de la même terre. D'autres ouvrent des sillons en ligne droite, y jettent leur millet et les couvrent de même ; mais la première de ces deux méthodes est plus commune, parce que plus le grain est enfoncé dans la terre, plus il est en sûreté contre les oiseaux, dont le nombre est incroyable.

Le temps où les nègres sèment est pour eux une saison de fêtes, pendant laquelle il se traitent les uns les autres. Leurs terres sont si fertiles, que la moisson du millet se fait dès le mois de septembre, et c'est encore l'occasion d'une infinité de réjouissances.

Les rois étant maîtres absolus de toutes les terres, chaque famille est obligée de s'adresser à eux ou à leurs alcades pour se faire assigner la portion dont elle doit tirer sa subsistance. Les nègres sont si paresseux, qu'ils ne cultivent point assez de terre pour leur usage, et que, leur moisson ne suffisant pas à leurs besoins, ils vivent d'une racine noire qu'ils font sécher jusqu'à ce qu'elle ait perdu son goût naturel, et des pistaches de terre. Si leur moisson manque, ils ne peuvent éviter la plus affreuse famine, et les Européens en ont vu souvent des exemples.

Ils se laissèrent séduire une fois par les promesses d'un de leurs marabouts, de la tribu des Arabes, qui, sous le voile de la religion, s'était rendu maître d'un grand pays entre les états du siratik et les Sérères. Cet imposteur trouva le moyen de leur persuader qu'il était inspiré du Ciel pour les venger de la tyrannie de leurs princes. Il leur promit des forces miraculeuses pour les soutenir dans leur révolte, et, ce qui fit sur eux encore plus d'impression, il leur garantit que leurs terres produiraient chaque année une moisson abondante, sans qu'ils prissent la peine de les cultiver. La paresse des nègres ne résista point à des offres si flatteuses. Ils se rangèrent sous les étendards du marabout, et les sujets du damel, qui furent les plus ardents, parvinrent à détrôner leur souverain. Ils attendirent pendant deux ans les miraculeuses moissons du marabout; mais la famine devint si terrible, que, faute d'aliments, ils furent contraints de se manger les uns les autres, ou de se livrer volontairement à l'esclavage pour éviter la mort. Une si triste expérience leur ayant fait ouvrir les yeux sur leur folie, ils chassèrent l'usurpateur, et remirent le damel en possession de sa couronne.

Nous avons déjà parlé de leurs armes; ils y ont moins de confiance qu'à leurs grisgris, avec lesquels, malgré l'expérience journalière, ils s'obstinent à se croire invulnérables et supérieurs à leurs ennemis. Les Européens sont les seuls qu'ils désespèrent de vaincre, parce qu'ils ont éprouvé qu'aucun grisgris n'est à l'épreuve des armes à feu, auxquelles ils donnent le nom imitatif de *pouffs*.

Les nègres qui habitent sur les rives du Sénégal sont mahométans, convertis par les Maures. Ceux du royaume de Mandinga, dont le zèle est plus ardent, sont depuis long-temps les missionnaires de cette religion. Tous les autres nègres, du moins ceux avec qui les Européens ont des relations de commerce, depuis la Gambie jusqu'en Guinée, sont idolâtres, à l'exception des Sérères et de quelques autres, qui n'ont aucune apparence de religion.

On en voit beaucoup qui ne veulent pas souffrir qu'on tue les lézards autour de leurs maisons. Ils sont persuadés que ce sont les âmes de leur père, de leur mère et de leurs proches parents, qui viennent faire le folgar, c'est-à-dire se réjouir avec eux. On voit que l'opinion de la métempsycose leur est familière.

Le mahométisme établi par les nègres est imparfait, autant par l'ignorance de ceux qui l'enseignent que par le libertinage des prosélytes. Il consiste dans la croyance de l'unité de Dieu, et dans deux ou trois pratiques cérémoniales, telles que le ramadan ou le carême, le bayram ou pâques, et la circoncision.

Jobson observe que les habitants naturels de la Gambie adorent un seul Dieu, sous le nom d'Allah; qu'ils n'ont point de peintures ni d'images à la ressemblance de la Divinité; qu'ils reconnaissent la mission de Mahomet, sans qu'ils invoquent jamais son nom; qu'ils comptent les années par les pluies, et qu'ils ont des noms particuliers pour chaque jour de la semaine; qu'ils donnent le nom de sabbat au vendredi, mais qu'ils l'observent si peu régulièrement, que leur commerce et leurs occupations ordinaires n'en reçoivent pas d'interruption.

Ils ont quelques traditions confuses de la personne de Jésus-Christ. Ils parlent de lui comme d'un prophète qui s'est rendu célèbre par un grand nombre de miracles; mais ce qu'ils racontent de sa sainteté et de sa puissance est un tissu de fables sans vraisemblance et sans ordre. Ils lui donnent le nom d'Issa ; ils nomment sa mère Maria. La sainteté, la bonté, la justice, sont des qualités qu'ils lui attribuent dans le plus haut degré; mais il leur paraît impossible qu'il soit le fils de Dieu, parce que Dieu, disent-ils, ne peut être vu par les hommes. La doctrine de l'incarnation leur paraît scandaleuse; elle suppose, dans leurs idées, que Dieu soit capable d'une liaison charnelle avec les femmes. Une prophétie qui subsiste depuis long-temps dans leur nation leur annonçait qu'ils seraient subjugués par un peuple blanc.

Les nègres croient aussi à la prédestination, et ils mettent toutes leurs infortunes sur le compte de la Providence. Qu'un nègre en assassine un autre, ils croient que c'est Dieu qui est l'auteur du meurtre. Cependant ils se saisissent du meurtrier et le vendent pour l'esclavage.

A l'égard de leur dévotion et de la forme de leur culte, Le Maire observe que le commun du peuple n'a pas de pratiques réglées qui puissent porter le nom de culte religieux ; mais les personnes de distinction affectent plus de zèle, et ne sont jamais sans un marabout, qui a beaucoup d'ascendant sur leur esprit et leur conduite.

On sait que les mahométans d'Asie font le salam ou la prière cinq fois le jour et la nuit. Le vendredi, qui est le jour de leur sabbat, ils la font sept fois ; mais ceux des nègres qui sont bons mahométans se contentent de prier trois fois le jour, c'est-à-dire le matin, à midi et le soir. Chaque village a son marabout ou prêtre, qui les rassemble pour ce devoir. Le lieu de leurs assemblées est un champ qui leur sert de mosquée. Là, après les ablutions ordonnées par l'Alcoran, ils se rangent en plusieurs lignes derrière le prêtre, dont ils imitent les mouvements et les gestes. Ils ont le visage tourné vers l'orient; mais lorsqu'ils sont fatigués de leur posture, ils s'accroupissent à la manière des femmes, en tournant le visage vers l'ouest.

Le marabout étend les bras, répète plusieurs mots d'une voix si lente et si haute, que toute l'assemblée peut les répéter après lui; il se met à genoux, baise la terre, recommence trois fois cette cérémonie, et tout ce qu'il fait est imité par les assistants. Ensuite il se met à genoux pour la quatrième fois, et fait quelque temps sa prière en silence. Il se relève, et, traçant du doigt, autour de lui, un cercle dans lequel il imprime plusieurs caractères, il les baise respectueusement; après quoi, la tête appuyée sur les deux mains, et les yeux fixés contre terre, il passe quelques moments dans une profonde méditation. Enfin, il prend du sable et de la poussière, se la jette sur la tête et sur le visage, et commence à prier d'une voix haute, en touchant la terre du doigt et le levant au front. Pendant toutes ces formalités, il répète plusieurs fois ces mots, *Salam-aleck*, c'est-à-dire Je vous salue. Il se lève, toute l'assemblée suit son exemple, et chacun se retire. La modestie, le respect et l'attention qu'ils apportent à cet exercice causent une juste admiration à nos voyageurs. La prière dure une grande demi-heure, et se renouvelle trois fois le jour. Il n'y a point d'affaire ni de compagnie qui leur en fasse oublier le temps. S'ils ne peuvent assister à l'assemblée, ils se retirent à l'écart pour observer les mêmes pratiques, et lorsqu'ils manquent d'eau pour leur ablution, ils emploient de la terre. Brue, qui fut plusieurs fois témoin de leurs cérémonies, eut la curiosité de demander aux marabouts quel était le sens de leurs postures et de leurs prières. Ils lui répondirent qu'ils adoraient Dieu en se prosternant devant lui; que cette humiliation était un aveu de leur néant aux yeux du premier Être, et qu'ils le priaient de pardonner leurs fautes et de leur accorder les commodités dont ils avaient besoin, telles qu'une femme, des enfants, une moisson abondante, la victoire sur leurs ennemis, une bonne pêche, la santé, et l'exemption de toutes sortes de dangers.

Aussitôt qu'ils voient paraître la première lune de l'équinoxe d'automne, ils la saluent en crachant dans leurs mains et en les étendant vers le ciel; ensuite ils les tournent plusieurs fois autour de leur tête, et répètent à deux ou trois reprises la même cérémonie. En général, les mahométans rendent beaucoup de respect à la nouvelle lune, la saluent aussitôt qu'ils la voient paraître, ouvrent leur bourse, et demandent au Ciel que leurs richesses puissent augmenter avec les quartiers de la lune.

Le ramadan ou le carême des mahométans nègres est observé avec beaucoup de rigueur. Ils ne mangent et ne boivent qu'après le coucher du soleil. Les dévots n'avaleraient pas même leur salive, et se couvrent la bouche d'un morceau d'étoffe, de peur qu'il n'y entre une mouche. Malgré la passion qu'ils ont pour le tabac, ils ne touchent point à leur pipe. Mais lorsque la nuit arrive, ils se dédommagent de l'abstinence du jour. Les grands et les riches passent ensuite toute la journée à dormir.

Lorsque le mois du ramadan approche de sa fin, ils proclament le Tabasket, c'est-à-dire la plus grande fête des mahométans nègres, comme des Turcs et des Persans, qui lui donnent le nom de Bayram. Brue, qui en avait été témoin, nous a laissé la description de cette fête, qui est proprement leur carnaval.

Un peu avant le coucher du soleil, on vit paraître six marabouts, ou prêtres mahométans, revêtus de tuniques blanches qui ressemblent à nos surplis; elles leur descendent jusqu'au milieu des jambes, et le bas est bordé de laine rouge. Ils marchaient en rang, avec une longue zagaie à la main, précédés de cinq grands bœufs, qui étaient couverts d'un beau drap de coton et couronnés de feuilles, chacun conduit par deux nègres, comme on conduit dans les rues de Paris ce qu'on appelle le bœuf gras. Les fêtes populaires ont partout des rapports, d'un bout du monde à l'autre. Les chefs des cinq villages dont la ville de Boucar est composée suivaient les prêtres sur une seule ligne, parés de leurs plus riches habits, armés de zagaies, de sabres, de poignards et de boucliers. Ils étaient suivis eux-mêmes de tous les habitants, leurs sujets, cinq sur chaque rang. Lorsque la procession fut arrivée au bord de la rivière, les bœufs furent attachés à des poteaux, et le plus ancien marabout cria trois fois à haute voix : *Salam-aleck!* qui est l'exhortation à la prière; ensuite, mettant bas sa zagaie, il étendit le bras vers l'est. Les autres prêtres suivirent son exemple et commencèrent la prière de concert. Ils se levèrent et reprirent leurs armes. Alors l'ancien marabout donna ordre aux nègres d'amener les bœufs et de les renverser par terre, ce qui fut exécuté à l'instant. Ils les attachèrent à terre par les cornes, et, leur tournant la tête à l'est, ils leur coupèrent la gorge avec beaucoup de précaution, pour empêcher que ces animaux ne les regardassent tandis que leur sang coulait, parce que c'est pour eux un fort mauvais présage. Ils prennent soin, pour se garantir de leurs regards, de leur jeter du sable dans les yeux. Aussitôt que le sacrifice est achevé, et les victimes écorchées, ils les coupent en pièces, et chaque village emporte celles de son bœuf. Après cette cérémonie, le folgar commence; le folgar fait place au festin, et les réjouissances durent trois jours.

La circoncision est une pratique rigoureusement observée parmi les mahométans nègres. Elle se fait aux mâles vers l'âge de quatorze ou quinze ans, pour leur donner le temps de se fortifier contre l'opération, et d'être bien instruits dans la profession de leur foi. On attend aussi pour cette sanglante cérémonie qu'il y ait un grand nombre de jeunes gens rassemblés, ou que le fils de quelque roi et d'autres grands aient atteint l'âge de la circoncision. Alors on avertit que tous les sujets du même roi, ses alliés et ses voisins, peuvent amener leurs enfants, car l'éclat de la fête répond au nombre des acteurs, et les chefs d'une nation souhaitent toujours que l'assemblée soit nombreuse, parce que, dans ces occasions, les jeunes gens forment des liaisons et des amitiés qui durent autant que leur vie.

Quoiqu'il n'y ait pas de temps réglé pour la cérémonie, on observe de ne jamais choisir la saison des grandes chaleurs, ni celle des pluies, ni le ramadan, qui ne sont pas des temps propres à la joie. On a soin aussi de prendre le décours de la lune, dans l'idée que l'opération est alors moins douloureuse, et la plaie plus facile à guérir.

Brue nous donne une description exacte de la cérémonie ; il y avait assisté dans l'île de Jean Barre, près de Fort-Saint-Louis, et les plus petits détails n'avaient point échappé à ses observations.

Le lieu de la scène était un champ fort agréable, environné de beaux arbres, à trois cents pas du village de Jean Barre, riche nègre, qui servait d'interprète à la Compagnie française, et dont le fils était le principal des jeunes gens qui devaient être circoncis. On choisit toujours un endroit éloigné des habitations, à cause des femmes, qui sont absolument exclues de l'assemblée. Lorsque Brue se fut assis avec les gens de sa suite sur un banc qui avait été préparé pour lui, la procession commença dans l'ordre suivant : les guiriots ou musiciens faisaient l'avant-garde, en battant une marche lente et grave, sans y joindre leur chant ; ils étaient suivis de tous les marabouts des villages voisins, qui marchaient deux à deux, en robes de coton blanc, et leur zagaie à la main. Après les marabouts, on vit venir, à quelque distance, tous les jeunes gens qui devaient être circoncis ; ils étaient vêtus de longues pagnes de coton, croisées par devant, mais sans haut-de-chausses ; ils marchaient sur une seule ligne, c'est-à-dire l'un après l'autre, accompagnés chacun de deux parents ou de deux amis, pour servir de témoins à leur profession de foi, ou pour les encourager à souffrir courageusement l'opération. Yamsek, nègre de distinction, qui devait être l'exécuteur, suivait immédiatement, avec Jean Barre, chef de la fête. Cette marche était fermée par un corps de deux mille nègres bien armés. Au milieu du champ, fort près du lieu où les Français étaient assis, on avait placé une planche sur une petite élévation. Les prêtres et les chefs des villages se rangèrent sur deux lignes, de chaque côté de la planche, et tous les candidats, avec leurs parrains, demeurèrent au centre, dans le même ordre que celui de leur marche. Le reste des nègres formait un cercle autour des prêtres et des victimes.

Aussitôt que l'ordre et le silence furent bien établis, le principal marabout fit le salam ou la prière ; tous les assistants répétaient ses paroles d'une voix claire et intelligible, avec autant de respect que d'attention. Après cet exercice, Guiopo, fils de Jean Barre, fut annoncé par ses deux parrains, qui le firent monter sur la planche, en le soutenant des deux côtés. Yamsek fit heureusement l'opération. Guiopo descendit immédiatement après, suivi de ses deux parrains, et branlant sa zagaie d'un air riant. Il se retira derrière les marabouts, pour laisser saigner sa plaie, pendant que les autres jeunes gens allèrent se présenter successivement à l'exécuteur.

Lorsque la blessure a jeté assez de sang, on la lave plusieurs fois le jour avec de l'eau fraîche, jusqu'à ce qu'elle se ferme d'elle-même, ce qui ne demande ordinairement que dix ou douz jours. Pendant l'opération, le candidat doit tenir le pouce droit élevé, et prononcer la formule de foi mahométane. Les plus fermes la prononcent d'une voix haute; ils affectent même de la gaîté après la cérémonie; mais il est aisé de juger à leur marche qu'ils souffrent une vive douleur. La plupart ne peuvent se retirer sans être soutenus par les parrains.

Quoique la circoncision ne soit pas ordonnée pour les femmes, les docteurs mandingues les admettent à la participation de ce privilége; ce sont leurs propres femmes qui font l'office de prêtresses. Mais cet usage n'est pas universel parmi les nègres.

Moore explique la cérémonie de la circoncision en fort peu de mots; mais il ajoute une circonstance singulière, et qui peut donner une idée de la politique du sacerdoce nègre. Un peu avant la saison des pluies, dit-il, on circoncit un grand nombre de jeunes gens de l'âge de douze ou de quatorze ans. Après l'opération, ils portent un habit différent de l'usage ordinaire, et chaque royaume a le sien. Depuis la circoncision jusqu'au temps des pluies, les jeunes circoncis ont la liberté de commettre toutes sortes d'excès sans être soumis au châtiment de la justice. Lorsque les pluies commencent, ils sont obligés de rentrer dans l'ordre et de reprendre l'habit commun de leur nation. Cette licence accordée aux circoncis semble faite pour perpétuer l'usage de la circoncision et en balancer le désagrément.

Les Mandingues croient que la cause des éclipses de la lune est l'interposition d'une panthère qui met sa patte entre la lune et la terre. Dans ces occasions, ils ne cessent pas de chanter et de danser en l'honneur de leur prophète Mahomet; mais il ne paraît pas que leurs mouvements soient l'effet de la crainte.

En général, ils sont extrêmement livrés à la superstition. Lorsqu'ils ont un voyage à faire, ils égorgent un poulet, et les observations qu'ils font sur les entrailles leur servent de règle pour avancer ou différer leur départ. Ils n'ont pas moins d'égard pour certains jours de la semaine qu'ils regardent comme malheureux; rien ne serait capable de les leur faire choisir pour une entreprise d'importance. Voilà les superstitions des fameux Romains qui se retrouvent chez les hordes noires. Ces poulets sacrés, qui nous font rire chez les nègres, ces présages, ces jours malheureux, sont pourtant fort imposants dans vingt endroits de l'histoire romaine, grâce au génie des Tite-Live et des Salluste, tant l'éloquence produit d'illusion! tant le nom de Rome et l'antiquité commandent à notre imagination! Car, dans le fait, l'appétit des poulets, qui décidait, chez les Romains, du jour d'une bataille, est tout aussi ridicule que la patte de la panthère qui éclipse la lune.

Moore raconte que, pendant tout le temps qu'il passa dans leur pays, ils étaient persuadés que les sorciers avaient répandu des influences malignes dans l'air et dans les eaux, qu'il ne mourait personne qui ne fût tué par ces ennemis publics, à l'exception d'un misérable qu'il vit enterrer, et que tous les nègres croyaient être tué par Dieu même, pour avoir violé son serment ou son vœu. L'usage des vœux est fort commun dans toutes ces nations. On leur voit porter autour du bras des manilles de fer, pour marque de leur engagement et pour s'en rappeler la mémoire. Celui qu'ils accusaient de parjure avait fait vœu de ne jamais vendre un esclave dont on lui avait fait présent, et portait une manille dans la crainte de l'oublier; mais ses besoins et ceux de sa famille l'ayant emporté sur son serment, sa mort, qui arriva quelques jours après, fut regardée par tous les nègres comme un effet signalé de la vengeance du Ciel.

Entre une infinité d'autres superstitions, la plus commune et la plus remarquable est celle des grisgris, dont nous avons déjà parlé. Chaque grisgris a sa vertu particulière, l'un contre le péril de se noyer, l'autre contre la blessure des zagaies ou la morsure des serpents; il y en a qui doivent rendre invulnérable, aider les plongeurs et les nageurs, procurer une pêche abondante; d'autres éloignent l'occasion de tomber dans l'esclavage, procurent de belles femmes et beaucoup d'enfants. Enfin les marabouts inventent des grisgris en faveur de tous les désirs et contre toutes les craintes. On sait d'ailleurs que, sur l'article des superstitions, il n'y a guère de peuple sur la terre qui ait droit de se moquer des nègres.

Moore remarque qu'en allant à la guerre, le plus pauvre nègre achète un grisgris des marabouts, pour se garantir de toutes sortes de blessures. Si le charme manque de pouvoir, les marabouts en rejettent la faute sur la mauvaise conduite des nègres, que Mahomet n'a pas jugés dignes de sa protection. Les prophètes des croisades se justifiaient de la même manière, ce qui est un moyen sûr de n'avoir jamais tort : les marabouts se ressemblent en tout temps et en tous lieux. Moore assure qu'ils s'enrichissent tous en peu de temps. Le Maire dit que les marabouts ruinent les nègres, en leur faisant payer jusqu'à trois esclaves et quatre ou cinq veaux pour un grisgris, suivant les qualités qu'ils lui attribuent.

Les grisgris de la tête se portent en couronne; ceux du cou se portent en forme de colliers. Les épaules et les bras n'en sont pas moins garnis; de sorte que cette religieuse parure devient un véritable fardeau. Les rois en sont plus chargés qu'aucun de leurs sujets; Moore prétend que le poids en monte souvent jusqu'à trente livres.

Au reste, ces grisgris pourraient en un sens rendre invulnérable, s'il est vrai, comme le disent les voyageurs, que leur multitude et leur grandeur forment une cuirasse que la zagaie aurait peine à pénétrer. Les grands en ont la tête et le corps tellement couverts, qu'étant presque incapables de se remuer, ils ne peuvent monter à cheval qu'avec le secours d'autrui. Le grisgris du dos et celui de l'estomac sont de la grandeur d'un livre in-4°, et d'un pouce d'épaisseur. Une main de papier est moins épaisse, et l'on assure qu'il n'y a point d'épée qui pût les percer.

Le Moumbo-Dioumbo est une idole mystérieuse des nègres, inventée par les maris pour contenir leurs femmes dans la soumission. Elles ont tant de simplicité et d'ignorance, qu'elles prennent cette machine pour un homme farouche; c'est ainsi que parmi nous on fait peur aux enfants en leur parlant du loup-garou. Elle est revêtue d'une longue robe d'écorce d'arbre, avec une toque de paille sur la tête. Sa hauteur est de huit ou neuf pieds. Peu de nègres ont l'art de lui faire pousser les sons qui lui sont propres; on ne les entend jamais que pendant la nuit, et l'obscurité aide beaucoup à l'imposture. Lorsque les hommes ont quelque différend avec les femmes, on s'adresse au Moumbo-Dioumbo, qui décide ordinairement la difficulté en faveur des maris.

Le nègre qui agit sous la figure monstrueuse du Moumbo-Dioumbo jouit d'une autorité absolue, et s'attire tant de respect, que personne ne paraît couvert en sa présence. Lorsque les femmes le voient ou l'entendent, elles prennent la fuite et se cachent soigneusement; mais si les maris ont quelque liaison avec l'acteur, il fait porter ses ordres aux femmes, et les force de reparaître. Alors il leur commande de s'asseoir, et les fait chanter ou danser, suivant son caprice. Si quelques unes refusent d'obéir, il les envoie chercher par d'autres nègres qui exécutent ses lois, et leur désobéissance est punie par le fouet. Ceux qui sont initiés dans le mystère du Moumbo-Dioumbo s'engagent par un serment solennel à ne le jamais révéler aux femmes, ni même aux autres nègres qui ne sont pas de la société. On n'y peut être reçu avant l'âge de seize ans. Le peuple jure par cette idole, et n'a pas de serment plus respecté.

Vers l'an 1727, le roi de Diagra, ayant une femme curieuse, eut la faiblesse de lui révéler le secret du Moumbo-Dioumbo. Elle n'eut rien de plus pressé que d'en informer toutes ses compagnes. Le bruit alla jusqu'aux oreilles de quelques seigneurs nègres, qui n'étaient pas bien disposés pour le roi. Ils s'assemblèrent pour délibérer sur une affaire de cette importance, et, ne doutant pas que leurs femmes ne devinssent fort difficiles à gouverner, si la crainte du Moumbo-Dioumbo ne les arrêtait plus, ils prirent une résolution très hardie, qui ne fut pas exécutée avec moins d'audace. Ils se rendirent à la ville royale avec l'idole; là, prenant l'air d'autorité i est propre à la religion dans tous les pays du monde, ils firent avertir le roi de venir parler à l'idole. Ce faible prince n'ayant osé refuser d'obéir, Moumbo-Dioumbo lui reprocha son crime, et lui donna ordre de faire paraître sa femme. A peine eut-elle paru, que, par la sentence du Moumbo-Dioumbo, ils furent poignardés tous deux. Le Moumbo-Dioumbo est une terrible leçon, si l'on sait l'entendre.

Il y a peu de villes considérables qui n'aient une figure du Moumbo-Dioumbo. Pendant le jour, elle demeure sur un poteau, dans quelque lieu voisin de la ville, jusqu'à la nuit, qui est le temps de ses opérations.

Il nous reste à parler des marabouts ou des prêtres nègres. Ils s'attachent sur plusieurs points à la loi du Lévitique, dont ils ont quelque connaissance. Ils ont des villes et des terres particulières à leur tribu, où ils n'admettent pas d'autres nègres que leurs esclaves. Leurs mariages ne se font qu'entre les hommes et les femmes de leur race, et tous leurs enfants sont élevés pour la prêtrise. Labat les représente comme de scrupuleux observateurs de tous les préceptes de l'Alcoran : ils s'abstiennent de vin et de liqueurs spiritueuses ; ils observent le ramadan avec beaucoup d'exactitude. Ils ont plus de douceur et de politesse que le commun des nègres. Ils aiment le commerce, et se plaisent à voyager dans cette vue. Leur honnêteté et leur bonne foi sont généralement reconnues dans les affaires. La charité est une vertu qu'ils ne violent jamais entre eux, et jamais ils ne souffrent qu'un homme de leur tribu soit vendu pour l'esclavage, s'il n'a mérité ce châtiment par quelque grand crime. Voilà du moins ce que les historiens que nous suivons ici appellent charité. On peut observer que, si les marabouts ne la pratiquent qu'envers leurs confrères, ils n'en ont pas souvent l'occasion, puisque le commerce des grisgris, tel qu'on l'a représenté, doit les rendre les plus riches de tous les nègres.

Entre plusieurs bonnes qualités des marabouts, Jobson loue beaucoup leur tempérance. A cette seule marque, dit-il, on les distingue aisément des autres nègres. Ils se réduisent à l'eau pure, sans excepter les cas de maladie et de nécessité. Dans le voyage que l'auteur fit sur la Gambie, un marabout qu'il avait pris avec lui, ayant voulu prêter la main aux gens de l'équipage pour traverser une basse, fut entraîné par un courant qui mit sa vie dans un grand danger. Il disparut deux fois dans l'eau, et les Anglais ne l'ayant remis à bord qu'avec beaucoup de peine, il y demeura quelque temps sans connaissance. Dans cet état, ceux qui le secouraient ayant porté à sa bouche un flacon d'eau-de-vie, il ferma constamment les lèvres à la seule odeur de cette liqueur, et lorsqu'il eut rappelé ses sens, il demanda, avec un mélange de colère et d'inquiétude, s'il avait eu le malheur d'en avaler. On lui répondit qu'il s'y était opposé avec trop d'obstination. « J'aimerais mieux être mort, dit-il à Jobson, que d'en avoir avalé une seule goutte. »

Cet excès de scrupule s'étend jusqu'à leurs enfants : non seulement ils ne leur permettent pas de toucher au vin ni aux liqueurs fortes, mais ils ne souffrent pas même qu'on leur présente du raisin, du sucre, ni aucune confiture.

Le même auteur ajoute que le respect des rois et des grands pour les marabouts ne le cède guère à celui du peuple. Si les personnes de la plus haute distinction rencontrent un marabout en chemin, elles forment un cercle autour de lui, et se mettent à genoux pour faire la prière et recevoir sa bénédiction. Le même usage se pratique dans la chambre du roi lorsqu'il y entre un marabout. Labat dit que les nègres en général, mais surtout ceux du Sénégal, ont tant de respect pour leurs prêtres, qu'ils croient que ceux qui les offensent meurent dans l'espace de trois jours. Il est probable que les marabouts ne combattent pas cette opinion.

Les marabouts apprennent à lire et à écrire à leurs enfants, dans un livre composé d'une petite planche de bois fort unie, où la leçon est écrite avec une sorte d'encre noire et un roseau taillé comme une plume. Leurs caractères ressemblent à ceux de la langue arabe; Jobson, n'étant pas capable de les lire, en apporta plusieurs exemples en Angleterre. Cependant il observe que leur religion et leurs lois sont écrites dans une langue particulière, et fort différente de la langue vulgaire; que les laïques nègres, de quelque rang qu'ils soient, ne savent ni lire ni écrire, et qu'ils n'ont, par conséquent, ni caractères ni livres. Le grand livre de la loi est un manuscrit, dont les marabouts s'exercent à faire des copies pour leur propre usage. Les rois mahométans en obtiennent à grand prix, et se font un honneur de les porter, malgré la pesanteur du fardeau. Jobson a vu plusieurs marabouts qui en étaient chargés aussi dans leurs voyages.

Quand les élèves ont lu l'Alcoran, ils passent eux-mêmes pour autant de docteurs. Ils apprennent ensuite à écrire en arabe, car la langue du pays n'a pas de caractères. Les marabouts ne sont pas seulement prêtres, ils sont marchands, et font la plus grande partie du commerce du pays.

Ceux de Sétiko firent leurs efforts pour ôter au capitaine Jobson la pensée de remonter plus loin sur la Gambie; ils lui représentèrent les difficultés et les dangers de ce voyage avec d'autant plus d'exagération, que, dans la vue de s'assurer tous les avantages de ce commerce, ils s'étaient procuré avec beaucoup de peine et de dépense une grande quantité d'ânes pour le transport de leurs marchandises. Leur méthode, en voyageant, est de suivre leurs ânes à pied, et de marcher du même pas que ces animaux. Ils partent à la pointe du jour, qui, dans ces climats, ne précède guère le lever du soleil. Leur marche dure trois heures, après lesquelles ils se reposent pendant la chaleur du jour. Ils recommencent à marcher deux heures avant la nuit, et la crainte des bêtes féroces ne leur permet pas de se hasarder dans l'obscurité, excepté pendant les clairs de lune, qui leur paraissent un temps fort commode pour les voyageurs. Ils s'arrêtent deux ou trois jours près des grandes villes, et, déchargeant leurs marchandises, qu'ils étalent sous quelques arbres, ils font une espèce de foire pour la ville voisine. Dans ces occasions, ils n'ont pas d'autre logement que leurs paquets, entre lesquels ils passent la nuit sur des nattes

Détails sur le royaume de Juida et ses habitants.

La côte des Esclaves comprend plusieurs petits royaumes, qui tous font le commerce des esclaves. Nous ne nous arrêterons que sur celui de Juida : c'est le centre de ce commerce, et le pays le plus fréquenté et le mieux connu des Européens sous cette latitude.

Tous les Européens qui ont fait le voyage de Juida conviennent que c'est une des plus délicieuses contrées de l'univers. Les arbres y sont d'une grandeur et d'une beauté admirables, sans être masqués, comme dans les autres parties de la Guinée, par des buissons et de mauvaises plantes. La verdure des campagnes, qui ne sont divisées que par des bosquets ou par des sentiers fort agréables, et la multitude des villages qui se présentent dans un si bel espace, forment la plus charmante perspective qu'on puisse imaginer. Il n'y a ni montagnes ni collines qui arrêtent la vue; tout le pays s'élève doucement jusqu'à trente ou quarante milles de la côte, comme un large et magnifique amphithéâtre, d'où les yeux se promènent jusqu'à la mer. Plus on avance, plus on le trouve peuplé. C'est la véritable image des Champs-Élysées; du moins les voyageurs osent donner ce nom à cette belle contrée, sans réfléchir qu'un pays où l'on trafique sans cesse de la liberté des hommes rappelle plutôt l'idée de l'enfer que celle de l'Élysée.

A ceux qui viennent de la mer cette contrée présente un spectacle charmant c'est un mélange de petits bois et de grands arbres; ce sont des groupes de bananiers, de figuiers, d'orangers, etc., au travers desquels on découvre les toits d'un nombre infini de villages, dont les maisons, couvertes de paille et couronnées de cannes, forment un très beau paysage.

Les nègres de Juida, bien différents de la plupart des peuples de Guinée, n'abandonnent que les terres absolument stériles ; tout est cultivé, semé, planté, jusqu'aux enclos de leurs villages et de leurs maisons. Leur activité va si loin, que le jour de leur moisson ils recommencent à semer, sans laisser à la terre un moment de repos. Aussi leur terroir est-il si fertile, qu'il produit deux ou trois fois l'année. Les pois succèdent au riz, le millet vient après les pois, le maïs après le millet, les patates et les ignames après le maïs. Les bords des fossés, des haies et des enclos, sont plantés de melons et de légumes : il ne reste pas un pouce de terre en friche. Leurs grands chemins ne sont que des sentiers. La méthode commune pour cultiver la terre est de l'ouvrir en sillons : la rosée qui se rassemble au fond de ces ouvertures et l'ardeur du soleil qui en échauffe les côtés hâtent beaucoup plus les progrès de leurs plantes et de leurs semences que dans un terroir plat.

Avec si peu d'étendue, le royaume de Juida est divisé en vingt-six provinces ou gouvernements, qui tirent leurs noms des principales villes. Ces petits états sont distribués entre les principaux seigneurs du pays, et deviennent héréditaires dans leurs familles. Le roi, qui n'est que leur chef, gouverne particulièrement la province de Sabi ou Xavier, c'est-à-dire celle qui passe pour la première du royaume, comme la ville du même nom en est la capitale.

Tout le pays est si rempli de villages et si peuplé, qu'il ne paraît composer qu'une seule ville divisée en autant de quartiers, et partagée seulement par des terres cultivées, qu'on prendrait pour des jardins.

Aussitôt que les nègres voient entrer dans la rade un vaisseau de l'Europe, ils méprisent tous les dangers pour apporter à bord du poisson ; l'expérience les rend sûrs d'être bien payés, et d'obtenir quelques verres d'eau-de-vie par-dessus. C'est par leurs pirogues que les capitaines de chaque nation écrivent aux directeurs généraux pour leur donner avis de leur arrivée. Après avoir réglé les signaux de mer et de terre, et fait dresser des tentes sur le rivage, le capitaine se met dans sa chaloupe pour s'avancer à cent pas de la barre, c'est-à-dire jusqu'au lieu où commence la grande agitation des vagues ; il y trouve une pirogue qui l'attend. Les personnes sensées se dépouillent de leurs habits jusqu'à la chemise, parce que le moindre de tous les maux qu'on peut craindre est d'être bien mouillé de la troisième vague ; toute l'adresse des rameurs ne peut garantir la pirogue d'être couverte d'eau, et l'on est inondé depuis la tête jusqu'aux pieds. Les nègres sautent dehors, et, secondés par ceux qui les attendent au rivage, ils mettent la pirogue et tous les passagers sur le sable.

Après avoir débarqué les marchandises, on les place sous des tentes que les capitaines font dresser sur le rivage. Au sommet de ces tentes, on élève des pavillons qui servent à donner les signaux réglés entre les marchands qui sont à terre et les barques qui demeurent à l'ancre au delà de la barre, car, malgré le peu de distance, il n'en est pas moins impossible de se faire entendre en criant, et même avec le porte-voix : le bruit des vagues qui se brisent incessamment contre la rade l'emporte sur celui du tonnerre.

Il se tient tous les quatre jours un grand marché à Sabi ou Xavier, dans différents endroits de cette ville. Il s'en tient un autre dans la province d'Aploga, où la foule est si grande, qu'on n'y voit pas ordinairement moins de cinq ou six mille marchands.

Ces marchés sont réglés avec tant d'ordre et de sagesse, qu'il ne s'y passe jamais rien contre les lois. Chaque espèce de marchands et de marchandises a sa place assignée. Il est permis à ceux qui achètent de marchander aussi long-temps qu'il leur plaît, mais sans tumulte et sans fraude. Le roi nomme un juge, assisté de quatre officiers bien armés, qui a non seulement le droit d'inspection sur toutes sortes de commerce, mais celui d'écouter les plaintes et de les terminer par une courte décision, en vendant pour l'esclavage ceux qui sont convaincus de vol, ou d'avoir troublé le repos public. Outre ce magistrat, un grand du royaume, nommé *konagongla*, est chargé du soin de la monnaie ou des bedjis. Cet officier examine les cordons, et s'il y trouve une coquille de moins, il les confisque au profit du roi.

Les marchés sont environnés de petites baraques qui sont occupées par des cuisiniers ou des traiteurs, pour la commodité du public. Il ne manque rien dans tous ces marchés. On y vend des esclaves de tous les âges et des deux sexes, des bœufs et des vaches, des moutons, des chèvres, des chiens, de la volaille, et des oiseaux de toute espèce; des singes et d'autres animaux; des draps de l'Europe, des toiles, de la laine et du coton, des calicots ou toiles des Indes, des étoffes de soie, des épices, des merceries, de la porcelaine de la Chine, de l'or en poudre et en lingots, du fer en barre et en œuvre; enfin toutes sortes de marchandises d'Europe, d'Asie et d'Afrique, à des prix fort raisonnables. Cette abondance est d'autant plus surprenante, qu'une partie de tous ces biens est achetée de la seconde ou de la troisième main par des marchands qui les vont revendre à trois ou quatre cents lieues du pays.

Les principales marchandises du royaume de Juida sont les étoffes de la fabrique des femmes, les nattes, les paniers, les cruches pour le peytou, les calebasses de toutes sortes de grandeurs, les plats et les tasses de bois, les pagnes rouges et bleues, la malaguette, le sel, l'huile de palmier, le kanki et d'autres denrées.

Le commerce des esclaves est exercé par les hommes et celui de toutes les autres marchandises par les femmes. Nos plus fins marchands pourraient recevoir des leçons de ces habiles négresses, soit dans l'art du débit, soit dans celui des comptes; aussi les hommes se reposent-ils entièrement sur leur conduite.

La monnaie courante dans tous les marchés est de la poudre d'or ou des bedjis. Comme on ne connaît pas l'usage du crédit, les marchands n'ont pas l'embarras des livres de compte.

Les Européens, les seigneurs de Juida et les nègres riches se font porter dans des hamacs sur les épaules de leurs esclaves. C'est du Brésil que viennent les plus beaux hamacs. Ils sont de coton : les uns sont d'un tissu continu, comme le drap; les autres à jour, comme nos filets pour la pêche. Leur longueur ordinaire est de sept pieds, sur dix, douze et quatorze de largeur. Aux deux extrémités il y a cinquante ou soixante nœuds d'un tissu de soie ou de coton, que les nègres appellent rubans, chacun de la longueur de trois pieds. Tous les rubans de chaque bout s'unissent pour composer une chaîne, au travers de laquelle on passe une corde, qu'on attache des deux côtés au bout d'une perche de bambou longue de quinze ou seize pieds; de sorte que le hamac suspendu prend la forme d'un demi-cercle. Deux esclaves portent les deux extrémités de la perche sur leur tête. La personne qui se fait porter s'assied ou se couche de toute sa longueur dans le hamac; mais elle ne se met pas en ligne directe, parce que, dans cette situation, elle aurait le corps plié et les pieds aussi hauts que la tête : sa position est diagonale, c'est-à dire qu'ayant la tête et les pieds d'un coin à l'autre, elle est aussi commodément que dans un lit. Les personnes de distinction se servent d'un oreiller qui leur soutient la tête.

Les hamacs qu'on apporte du Brésil sont de différentes couleurs et fort bien travaillés, avec des soupentes et des franges de la même étoffe, qui tombent des deux côtés, et leur donnent fort bonne grâce. On s'y sert ordinairement d'un parasol qu'on tient à la main. Si l'on voyage pendant la nuit, on passe sur la perche une toile cirée pour se garantir de la rosée, qui est dangereuse dans ce pays. Il n'y a point de litière où l'on dorme si commodément que dans cette voiture.

Lorsque les directeurs sortent du comptoir pour la promenade ou pour quelque voyage, ils sont toujours escortés d'un capitaine nègre, ou d'un seigneur qui protége leur nation, et qui suit immédiatement dans son hamac. A la tête du convoi, un nègre porte l'enseigne de la nation. Il est suivi d'une garde de cent ou deux cents nègres, avec leurs tambours et leurs trompettes. Ceux qui ont des fusils tirent continuellement; les tambours battent, les trompettes sonnent, et la marche n'est qu'une danse continuelle.

Le climat ne laisse point aux Européens le choix d'une autre voiture : ils ne pourraient faire un mille à pied dans l'espace d'un jour sans être affaiblis dangereusement par l'excès de la chaleur; au lieu qu'ils sont fort soulagés dans un hamac par la toile qui les couvre, et par le mouvement de l'air, que leurs porteurs agitent continuellement.

Les habitants naturels de cette contrée sont généralement de haute taille, bien faits et robustes. Leur couleur n'est pas d'un noir de jais si luisant que sur la côte d'Or, et l'est encore moins que sur le Sénégal et sur la Gambie. Ils sont beaucoup plus industrieux et plus capables de travail, sans être moins ignorants.

Avec peu de lumières, ils sont pourtant très civilisés et très polis; Bosman les met fort au dessus de tous les autres nègres, autant pour les mauvaises que pour les bonnes qualités.

Les devoirs mutuels de la civilité sont si bien établis entre eux, et leur respect va si loin pour leurs supérieurs, que, dans les visites qu'ils leur rendent, ou dans une simple rencontre, l'inférieur se jette à genoux, baise trois fois la terre, en frappant des mains, souhaite le bonjour à celui qu'il se croit obligé d'honorer, et le félicite sur sa santé ou sur d'autres avantages dont il le voit jouir. D'un autre côté, le supérieur, sans changer de posture, fait une réponse obligeante, bat doucement les mains, et souhaite aussi le bonjour. L'inférieur ne cesse pas de demeurer assis à terre ou prosterné, jusqu'à ce que l'autre le quitte ou lui témoigne que c'est assez. Si c'est l'inférieur que ses affaires obligent de partir le premier, il en demande la permission et se retire en rampant : car on regarderait comme un crime dans la nation de paraître debout ou de s'asseoir sur un banc devant ses supérieurs. Les enfants ne sont pas moins respectueux pour leur père, et les femmes pour leur mari : ils ne leur présentent et ne reçoivent rien d'eux sans se mettre à genoux, et sans employer les deux mains, ce qui passe encore pour une plus grande marque de soumission. S'ils leur parlent, c'est en se couvrant la bouche de la main, dans la crainte de les incommoder par leur haleine.

Deux personnes d'égale condition qui se rencontrent commencent par se mettre à genoux et frappent des mains, après quoi elles se saluent, en faisant des vœux pour leur bonheur et leur santé mutuels. Qu'une personne de distinction éternue, toutes les personnes présentes tombent à genoux, baisent la terre, frappent des mains et lui souhaitent toutes sortes de prospérités. Un nègre qui reçoit quelque présent de son supérieur frappe des mains, baise la terre et fait un remercîment fort affectueux. Enfin les distinctions de rang et les gradations de respect sont aussi bien observées entre les nègres de Juida que dans aucun autre endroit du monde; ils sont en cela bien différents de ceux de la côte d'Or, qui vivent ensemble comme des brutes, sans aucune idée de bienséance et de politesse.

Les mêmes cérémonies se répètent scrupuleusement chaque fois qu'on se rencontre, fût-ce vingt fois le jour, et la négligence dans ces usages est punie par une amende. Toute la nation, dit Desmarchais, marque une complaisance et une considération singulières pour les Français. Le dernier roi de Juida portait si loin ce sentiment, qu'un de ses principaux officiers ayant insulté un Français et levé la canne pour le frapper, il lui fit couper la tête sur-le-champ, sans se laisser fléchir par les ardentes sollicitations du directeur français en faveur du coupable.

Les Chinois même ne portent pas plus loin les formalités du cérémonial, et ne les observent pas avec plus de rigueur. Un nègre de Juida qui se propose de rendre visite à son supérieur envoie d'abord chez lui pour lui faire demander sa permission et l'heure qui lui convient; après avoir reçu sa réponse, il sort accompagné de tous ses domestiques et de ses instruments musicaux, si sa condition lui permet d'en avoir. Ce cortége marche devant lui lentement et en fort bon état; il ferme la marche, porté par deux esclaves sur son hamac. Lorsqu'il est arrivé à quelques pas du terme, il descend et s'avance à la première porte, où il trouve des domestiques de la maison. Alors il fait cesser la musique, et se prosterne à terre avec tout son train; les domestiques qui sont venus pour le recevoir se mettent dans la même posture; on dispute long-temps à qui se levera le premier; il entre enfin dans la première cour, il y laisse le gros de ses gens, et n'en prend qu'un petit nombre à sa suite.

Les domestiques de la maison l'ayant introduit dans la salle d'audience, il y trouve le maître assis, qui ne fait pas le moindre mouvement pour quitter sa position; il se met à genoux devant lui, baise la terre, frappe des mains, et souhaite à son seigneur une longue vie avec toutes sortes de prospérités. Il répète trois fois cette cérémonie, après quoi l'autre, sans se remuer, lui dit de s'asseoir, et le fait placer vis-à-vis de lui sur une natte ou sur une chaise, suivant la manière dont il est assis lui-même. Il commence alors la conversation. Lorsqu'elle a duré son temps, il fait signe à ses gens d'apporter des liqueurs et les présente à son hôte: c'est le signal de la retraite. L'étranger recommence alors ses génuflexions avec les mêmes compliments, et se retire. Les domestiques de la maison le conduisent jusqu'à la porte, et le pressent de remonter dans son hamac; mais il s'en défend, et de part et d'autre on se prosterne comme à l'arrivée. Il monte ensuite dans le hamac; les instruments recommencent à jouer, et le convoi se remet en marche dans le même ordre qu'il est venu. Il paraît, par ce détail, que la politesse des inférieurs est très soumise, et celle des supérieurs très humiliante. Quoi qu'en disent les voyageurs, ce n'est pas là un chef-d'œuvre de l'urbanité; celle de l'Europe est infiniment mieux entendue, puisqu'elle consiste à établir, autant qu'il est possible, les apparences de l'égalité.

Mais si les habitants de Juida surpassent tous les autres nègres en industrie comme en politesse, ils l'emportent beaucoup aussi par le goût et la subtilité qu'ils ont pour le vol. A l'arrivée de Bosman dans ce comptoir, le roi lui déclara que ses sujets ne ressemblaient point à ceux d'Ardra et des autres pays voisins, qui étaient capables, au moindre mécontentement, d'empoisonner les Européens. « C'est, lui dit le prince, ce que vous ne devez jamais craindre ici; mais je vous avertis de prendre garde à vos marchandises, car mon peuple est fort enclin au vol, et ne vous laissera que ce qu'il ne pourra prendre. » Bosman, charmé de cette franchise, résolut d'être si attentif, qu'on ne pût le tromper aisément; mais il éprouva bientôt que l'adresse des habitants surpassait toutes ses précautions. Il ajoute qu'à l'exception de deux ou trois des principaux seigneurs du pays, toute la nation de Juida n'est qu'une troupe de voleurs, d'une expérience si consommée dans leur profession, que, de l'aveu des Français, ils entendent mieux cet art que les plus habiles filous de Paris.

Les nègres de Juida sont généralement mieux vêtus que ceux de la côte d'Or; mais ils n'ont pas d'ornements d'or et d'argent: leur pays ne produit aucun de ces précieux métaux, et les habitants n'en connaissent pas même le prix.

Le blé des nègres de Juida est le millet. Ils ont l'art de le moudre entre deux pierres, qu'ils appellent pierres de kanki, à peu près comme les peintres broient leurs couleurs; de la farine, pétrie avec un peu d'eau, ils composent des morceaux de pâte, qu'ils font bouillir dans un pot de terre, ou cuire au feu sur un fer ou une pierre. Cette espèce de pain, qu'ils appellent *kanki*, se mange avec un peu d'huile de palmier. Une calebasse de *peytou*, et quelques ignames ou quelques patates, qu'ils y joignent, sont la nourriture ordinaire du plus grand nombre.

Usages. Superstitions. Serpent fétiche. Prêtres et prêtresses. Élection des prêtresses.

La plupart des usages de Juida ont beaucoup de ressemblance avec ceux de la côte d'Or, à l'exception de ce qui regarde le culte religieux.

Les hommes ont communément un plus grand nombre de femmes que sur la côte d'Or. Sans être extrêmement fécondes, elles sont fort éloignées d'être stériles, et non seulement les hommes sont ardents et robustes, mais ils emploient divers ingrédients pour exciter la nature. Bosman a vu des nègres qui se glorifiaient d'avoir plus de deux cents enfants. Ayant demandé un jour au capitaine Agoci, qui servait depuis plusieurs années d'interprète aux Hollandais, si sa famille était nombreuse, parce qu'il était toujours suivi de quantité d'enfants, le nègre répondit avec un soupir qu'il n'en avait que soixante-dix, et qu'il lui en était mort le même nombre. Le roi, qui était témoin de cette conversation, assura Bosman qu'un de ses vice-rois avait repoussé un puissant ennemi sans autres auxiliaires que ses fils et ses petits-fils, avec tous ses esclaves, et que cette famille était composée de deux mille hommes, au nombre desquels il ne comptait ni les filles ni plusieurs enfants morts. Cela rappelle les guerres de famille entre les patriarches. Il ne faut pas s'étonner que le pays soit si peuplé, et qu'il en sorte annuellement un si grand nombre d'esclaves.

D'ailleurs, les richesses consistent dans la multitude des enfants; mais les pères en disposent à leur gré, et, ne réservant quelquefois que l'aîné des mâles, ils vendent tout le reste pour l'esclavage. Un royaume de si peu d'étendue fournit tous les mois un millier d'esclaves au marché.

La circoncision des enfants est une pratique établie dans cette contrée, sans que les habitants en puissent apporter d'autre raison que l'usage de leurs pères, dont ils en ont reçu l'exemple; on soumet même quelques filles à cette cérémonie sanglante.

A la mort d'un père, l'aîné des fils hérite non seulement de tous ses biens et de ses bestiaux, mais même de ses femmes, avec lesquelles il commence aussitôt à vivre en qualité de mari. Sa mère seule est exceptée; elle devient maîtresse d'elle-même, dans un logement séparé, avec un fonds réglé pour sa subsistance. Cet usage n'est pas moins établi pour le peuple que pour le roi et les seigneurs.

L'application extraordinaire que les nègres de Juida apportent au commerce et à l'agriculture ne leur ôte pas le goût du plaisir et de l'amusement. Leur principale passion dans ce genre est pour le jeu; Bosman rapporte qu'ils y risquent volontiers tout ce qu'ils possèdent, et qu'après avoir perdu leur argent et leurs marchandises, ils sont capables de jouer leurs femmes, leurs enfants, et de finir par se jouer eux-mêmes.

Desmarchais observe en effet qu'avec autant de passion pour le jeu que les Chinois, ils se dispensent de les imiter sur un seul point : c'est qu'au lieu de se pendre après avoir tout perdu, ils jouent leur propre corps, et sont vendus par celui que la fortune favorise. Ce désordre avait engagé un de leurs rois à défendre tous les jeux de hasard sous peine de l'esclavage.

Ils appréhendent tellement la mort, qu'ils ne peuvent en entendre parler, dans la crainte de hâter son arrivée en prononçant son nom ; c'est un crime capital de la nommer devant le roi et les grands. Bosman, dans son premier voyage, se disposant à partir, demanda au roi, qui lui devait environ cent livres sterling (2400 fr.), de qui il recevrait cette somme à son retour, en cas de mort. Tous les assistants parurent extrêmement surpris à cette question ; mais le roi, qui entendait un peu la langue portugaise, considérant que Bosman ignorait les usages du pays, lui répondit avec un sourire : « Soyez là-dessus sans inquiétude ; vous ne me trouverez pas mort, car je vivrai toujours. » Bosman s'aperçut fort bien qu'il avait commis une imprudence. Lorsqu'il fût retourné au comptoir, son interprète lui apprit qu'il était défendu, sous peine de la vie, de parler de mort en présence du roi, et, bien plus, de parler de la sienne. Cependant étant devenu plus familier avec ce prince, dans son second et dans son troisième voyage, il prit la liberté de railler souvent les seigneurs de la cour sur la crainte qu'ils avaient de la mort ; il parvint à les faire rire de leur propre faiblesse, et le roi même prenait plaisir à l'entendre ; mais les nègres n'en étaient pas moins réservés, et n'osaient ouvrir la bouche sur le même sujet.

Ils sont persuadés qu'il existe un être dont l'univers est l'ouvrage, et qui mérite par conséquent d'être préféré aux fétiches, qui sont eux-mêmes ses créatures ; mais ils ne le prient point, et ne lui offrent point de sacrifices. Ce grand Dieu, disent-ils, est trop élevé au dessus d'eux pour s'occuper de leur situation ; il a confié le gouvernement du monde aux fétiches, qui sont des puissances subordonnées auxquelles les nègres doivent s'adresser.

Les nègres les plus sensés de Juida, du moins entre les grands, ont une idée confuse de l'existence d'un seul Dieu, qu'ils placent dans le ciel ; ils lui attribuent le soin de punir le mal et de récompenser le bien ; ils croient que le tonnerre vient de lui ; ils reconnaissent que les blancs, qui lui adressent leur culte, sont beaucoup plus heureux que les nègres, dont le partage est de servir le diable, méchante et pernicieuse puissance qu'ils n'ont pas la hardiesse d'abandonner, parce qu'ils redoutent la fureur de la populace.

Les habitants de Juida ont quelques notions de l'enfer, du diable, et de l'apparition des esprits ; ils admettent l'enfer dans un lieu souterrain où les méchants sont punis par le feu.

Les fétiches de Juida peuvent être divisés en deux classes, celle des grands et celle des petits. La première classe est celle des fétiches publics : le serpent, les arbres, la mer et l'Agoye.

L'Agoye est une hideuse figure de terre noire qui ressemble plus à un crapaud qu'à un homme. C'est la divinité qui préside aux conseils ; l'usage est de la consulter avant de former une entreprise. Ceux qui ont besoin de ses inspirations s'adressent d'abord au sacrificateur, et lui expliquent le sujet qui les amène; ensuite ils offrent leur présent à l'Agoye, sans oublier de payer le droit du prêtre. Celui-ci fait quantité de grimaces, que le suppliant regarde avec beaucoup de respect; il jette des balles au hasard d'un plat dans l'autre, jusqu'à ce que le nombre se trouve impair dans chaque plat; il répète plusieurs fois cette opération, et si le nombre continue d'être impair, il déclare que l'entreprise est heureuse. La prévention des nègres est si forte, que, si leurs espérances sont trompées, comme il arrive souvent, ils en rejettent la faute sur eux-mêmes, sans accuser jamais l'Agoye.

Il y a une multitude innombrable de grands fétiches, entre lesquels se partagent les adorations, chaque particulier choisissant ceux qui lui inspirent le plus de confiance. Les plus communs sont de terre grasse, parce qu'il est aisé de faire prendre toutes sortes de formes à cette terre.

Desmarchais donne une description fort exacte de l'espèce de serpent qui fait le principal objet de la religion de Juida, et qu'on nomme serpent fétiche. Cette espèce a la tête grosse et ronde, les yeux bleus et fort ouverts, la langue courte et pointue comme un dard, le mouvement d'une grande lenteur, excepté lorsqu'elle attaque un serpent venimeux; elle a la queue petite et pointue, la peau fort belle; le fond de sa couleur est un blanc sale, avec un mélange agréable de raies et de taches jaunes, bleues et brunes. Ces serpents sont d'une douceur surprenante : on peut marcher sur eux sans crainte, ils se retirent sans aucune marque de colère.

Ils sont si privés, qu'ils se laissent prendre et manier. Leur unique antipathie est contre les serpents venimeux, dont la morsure est dangereuse; ils les attaquent dans quelque lieu qu'ils les rencontrent, et semblent prendre plaisir à délivrer les hommes de leur poison. Les blancs même ne font pas difficulté de manier ces innocentes créatures, et badinent avec elles sans le moindre danger. Il ne faut pas craindre de les confondre avec les autres. L'espèce de serpents venimeux est noire, longue de deux brasses, et d'un pouce et demi de diamètre; ils ont la tête plate et deux dents crochues; ils rampent toujours la tête levée et la gueule ouverte, attaquant tout ce qui se présente. Le serpent sacré a moins de longueur, il n'a point ordinairement plus de sept pieds et demi; mais il est aussi gros que la cuisse d'un homme. Les nègres assurent que le premier père de cette race est encore vivant, et qu'il est d'une prodigieuse grosseur.

Bosman prétend avoir observé que ces serpents ne peuvent mordre ni piquer; il traite de chimère l'opinion des nègres, qui regardent leur morsure comme un préservatif contre celle des autres serpents; il assure, au contraire, qu'ils ne peuvent se défendre eux-mêmes du poison des autres, et que dans les combats qu'ils leur livrent souvent, quoique beaucoup plus gros et plus vigoureux, ils seraient rarement vainqueurs, si ces rencontres n'arrivaient ordinairement près des villes et des villages, où le secours de leurs adorateurs les fait triompher de leur ennemi. Une des principales raisons qui les a fait choisir aux nègres pour l'objet de leur culte est la bonté de leur naturel. C'est un crime capital de leur nuire ou de les outrager volontairement; mais s'il arrive par hasard qu'on marche dessus, ils se retirent, comme nous l'avons dit, avec plus de frayeur que de colère, ou s'ils mordent, la blessure est toujours sans danger.

Ce serpent vient d'Ardra dans son origine, et voici ce que l'on rapporte sur l'introduction de son culte. L'armée de Juida étant près de livrer bataille à celle d'Ardra, il sortit de celle-ci un gros serpent qui se retira dans l'autre. Non seulement sa forme n'avait rien d'effrayant, mais il parut si doux et si privé, que tout le monde fut porté à le caresser. Le grand sacrificateur le prit dans ses bras et le leva pour le faire voir à toute l'armée. La vue de ce prodige fit tomber tous les nègres à genoux; ils adorèrent leur nouvelle divinité, et fondant sur leurs ennemis avec un redoublement de courage, ils remportèrent une victoire complète. Toute la nation ne manqua point d'attribuer un succès si mémorable à la vertu du serpent : il fut rapporté avec toutes sortes d'honneurs; on lui bâtit un temple, on assigna un fonds pour sa subsistance, et bientôt ce nouveau fétiche prit l'ascendant sur toutes les anciennes divinités; son culte ne fit ensuite qu'augmenter à proportion des faveurs dont on se crut redevable à sa protection. Les trois anciens fétiches avaient leur département séparé : on s'adressait à la mer pour obtenir une heureuse pêche, aux arbres pour la santé, et à l'Agoye pour les conseils; mais le serpent préside au commerce, à la guerre, à l'agriculture, aux maladies, à la stérilité, etc. Le premier édifice qu'on avait bâti pour le recevoir parut bientôt trop petit. On prit le parti de lui élever une nouveau temple, avec de grandes cours et des appartements spacieux; on établit un grand-pontife et des prêtres pour le servir. Tous les ans on choisit quelques belles filles qui lui sont consacrées.

Ce qu'il y a de plus remarquable, c'est que les nègres de Juida sont persuadés que le serpent qu'ils adorent aujourd'hui est le même qui fut apporté par leurs ancêtres, et qui leur fit gagner une glorieuse victoire. La postérité de ce noble animal est devenue fort nombreuse, et n'a pas dégénéré des bonnes qualités de son premier père. Quoiqu'elle soit moins honorée que le chef, il n'y a pas de nègre qui ne se croie fort heureux de rencontrer des serpents de cette espèce, et qui ne les loge ou ne les nourrisse avec joie. Ils les régalent avec du lait. Si c'est une femelle, et qu'ils s'aperçoivent qu'elle soit pleine, ils lui construisent un nid pour mettre ses petits au monde, et prennent soin de les élever jusqu'à ce qu'ils soient en état de chercher leur nourriture. Comme ils sont incapables de nuire, personne n'est porté à les insulter; mais s'il arrivait à quelqu'un, nègre ou blanc, d'en tuer ou d'en blesser un, toute la nation serait prompte à se soulever. Le coupable, s'il était nègre, serait assommé ou brûlé sur-le-champ, et tous ses biens confisqués; si c'était un blanc, et qu'il eût le bonheur de se dérober à la furie du peuple, il en coûterait une bonne somme à sa nation pour lui procurer la liberté de reparaître.

Cette superstition fut cause d'un accident fort tragique, qui est confirmé par les témoignages réunis de Bosman et de Barbot. Lorsque les Anglais commencèrent à s'établir dans le royaume de Juida, un capitaine de leur nation ayant débarqué des marchandises sur le rivage, ses gens trouvèrent, pendant la nuit, un serpent fétiche, qu'ils tuèrent et qu'ils jetèrent devant leur porte sans se défier des conséquences. Le lendemain, quelques nègres qui reconnurent le sacrilége, et qui apprirent quels en étaient les auteurs par la confession même des Anglais, ne tardèrent point à répandre cette funeste nouvelle dans la nation. Tous les habitants du canton se rassemblèrent; ils fondirent sur le comptoir naissant, massacrèrent les Anglais jusqu'au dernier, et détruisirent par le feu l'édifice et les marchandises.

Cette barbarie éloigna pendant quelque temps les Anglais de la côte. Dans l'intervalle, les nègres prirent l'habitude de montrer aux Européens qui arrivaient dans leur pays quelques uns de leurs serpents fétiches, en les suppliant de les respecter, parce qu'ils étaient sacrés. Une précaution si nécessaire a garanti les étrangers de toutes sortes d'accidents; mais un blanc qui tuerait aujourd'hui quelque serpent fétiche n'aurait pas d'autre ressource que de s'adresser promptement au roi, et de lui protester qu'il l'a fait sans dessein; son crime paraîtrait expié par le repentir, et par une amende qu'on l'obligerait de payer aux prêtres. Encore Bosman ne lui conseille-t-il pas de s'exposer dans ces circonstances aux yeux de la populace, qui devient capable de toutes sortes d'outrages lorsqu'elle est excitée par les prêtres.

Vers le même temps, un nègre d'Akambo, qui se trouvait dans le pays de Juida, prit un serpent sur un bâton, parce qu'il n'osait y toucher de la main, et le porta dans sa cabane sans lui avoir causé le moindre mal. Il fut aperçu par deux nègres du pays, qui poussèrent aussitôt des cris affreux et capables de soulever tout le canton. On vit accourir un grand nombre d'habitants armés de massues, d'épées et de zagaies, qui auraient massacré sur-le-champ le malheureux Akambo, si le roi, informé de son innocence, n'eût envoyé quelques seigneurs pour l'arracher à cette troupe de furieux.

Quoique ces serpents ne soient pas capables de nuire, ils ne laissent pas d'être fort incommodes par l'excès de la familiarité à laquelle ils s'accoutument. Dans les grandes chaleurs, ils entrent quelquefois cinq ou six ensemble jusqu'au fond des maisons, et même dans les lits. S'ils trouvent dans un lit qui n'est pas bien remué quelque place où ils puissent se nicher, ils y demeurent cinq ou six jours entiers, et souvent ils y font leurs petits. A la vérité, l'embarras n'est pas grand pour s'en défaire. On appelle un nègre, qui prend doucement ces fétiches, et qui les met à la porte; mais s'ils se trouvent placés sur quelque solive, ou dans quelque lieu élevé des maisons, quoiqu'elles ne soient que d'un seul étage, il n'est pas aisé d'engager le nègre à les en chasser; on est obligé fort souvent de les y laisser tranquilles, jusqu'à ce qu'ils en sortent d'eux-mêmes.

Un serpent se plaça un jour au dessus de la table où Bosman avait coutume de prendre ses repas, et quoiqu'il fût à la portée de la main, il ne se trouva personne qui eût la hardiesse d'y toucher. Plusieurs jours après Bosman eut à dîner quelques seigneurs du pays; on parla de serpents; il leva les yeux sur celui qui était au dessus de sa tête, et le faisant remarquer à ses hôtes, il leur dit que ce pauvre fétiche, n'ayant pas mangé depuis douze ou quinze jours, était menacé de mourir de faim, s'il ne changeait de demeure. Ils répondirent qu'ils le croyaient plus sensé, et qu'il ne fallait pas douter qu'en secret il ne trouvât le moyen de s'approcher des plats. La raillerie ne fut pas poussée plus loin; mais le jour suivant, Bosman se plaignit au roi, devant les mêmes seigneurs, qu'un de ses fétiches eût pris la hardiesse de manger depuis quinze jours à sa table sans être invité; il ajouta que, si cet effronté parasite ne payait pas quelque chose pour sa pension et son logement, les Hollandais seraient forcés de le congédier. Le roi, qui aimait cette espèce de badinage, le pria de laisser le fétiche tranquille, et promit de contribuer à sa subsistance. Dès le soir il envoya un bœuf gras à Bosman.

Les animaux qui tueraient ou blesseraient un serpent fétiche ne seraient pas plus à couvert du châtiment que les hommes. En 1697, un porc qui avait été tourmenté par un serpent se jeta dessus et le dévora. Nicolas Pell, facteur hollandais, qui fut témoin de cette scène, ne put être assez prompt pour l'empêcher. Les prêtres portèrent leur plainte au roi, et personne n'osant prendre la défense des porcs, ils obtinrent de ce prince une sentence qui condamnait à mort tous les porcs du royaume. Des milliers de nègres, armés d'épées et de massues, commencèrent aussitôt cette sanglante exécution. En vain les maîtres représentèrent l'innocence de leurs troupeaux, toute la race eût été détruite, si le roi, qui n'avait pas l'humeur sanguinaire, n'eût arrêté le massacre par un contre-ordre. Le motif qu'il donna aux prêtres pour justifier son indulgence fut qu'il y avait assez de sang innocent répandu, et que le fétiche devait être satisfait d'un si beau sacrifice. Bosman, dans un second voyage, vit un autre carnage de porcs à la même occasion. Aussitôt que le maïs commence à verdir, et qu'il est de la hauteur d'un pied, il est ordonné de tenir les porcs renfermés, sous peine de confiscation. C'est dans cette saison que les serpents mettent bas leurs petits, et le lieu qu'ils choisissent est ordinairement quelque champ de verdure. Les gardes et les domestiques du roi parcourent alors tout le pays; ils font main basse sur les porcs avec d'autant plus de rigueur, que tout ce qu'ils tuent leur appartient. Les serpents noirs détruisent encore plus de fétiches que les porcs, sans quoi ces ridicules divinités multiplieraient tant, que tout le royaume en serait couvert.

Dans toutes les parties du royaume, il y a des loges ou des temples pour l'habitation et l'entretien des serpents; mais la principale loge, ou le temple cathédral, est située à deux milles de la ville royale de Sabi ou de Xavier, sous un grand et bel arbre. C'est dans ce sanctuaire que le chef et le plus gros des serpents fait sa résidence. Il doit être fort vieux, suivant le récit des nègres, qui le regardent comme le premier père de tous les autres. On assure qu'il est de la grosseur d'un homme et d'une longueur incroyable.

Les plus grandes fêtes qu'on célèbre en l'honneur du serpent sont deux processions solennelles qui suivent immédiatement le couronnement du roi. C'est la mère de ce prince qui préside à la première, et, trois mois après, il conduit lui-même la seconde. Chaque année il s'en fait une autre, qui a le grand-maître de la maison du roi pour guide. Mais la vue du serpent est une faveur que les prêtres n'accordent pas même au roi. Il ne lui est pas permis d'entrer dans l'édifice; il rend ses adorations par la bouche du grand-prêtre, qui lui rapporte les réponses de la divinité. Ensuite la procession retourne à Sabi dans le même ordre.

Tous les ans, depuis le temps où l'on sème le maïs jusqu'à ce qu'il soit élevé de la hauteur d'un homme, le roi et les prêtres profitent successivement de la superstition publique. Le peuple, dont la crédulité n'a pas de bornes, s'imagine que, dans cet intervalle, le serpent se fait une occupation tous les soirs et pendant la nuit de rechercher toutes les jolies filles pour lesquelles il conçoit de l'inclination, et qu'il leur inspire une sorte de fureur qui demande de grands soins pour être guérie. Alors les parents sont obligés de mener ces filles dans un édifice qu'on bâtit près du temple, où elles doivent passer plusieurs mois pour attendre leur rétablissement. Lorsque le temps des remèdes est expiré, et que les filles se croient guéries d'un mal dont elles n'ont pas ressenti la moindre atteinte, elles obtiennent la liberté de sortir; mais ce n'est qu'après avoir payé les frais prétendus du logement et des autres soins. L'une portant l'autre, cette dépense monte à la valeur de cinq livres sterling (120 fr.), et comme le nombre des prisonnières est toujours fort grand, la somme totale doit être considérable. Chaque village a son édifice particulier pour cet usage, et les plus peuplés en ont deux ou trois. Il faut convenir que les prêtres nègres ne sont pas maladroits: ils se font amener les filles et se font encore payer de leurs plaisirs. Nous avons déjà dit qu'en Guinée il fallait être guiriot; mais il semble qu'il vaut encore mieux être prêtre.

Un nègre assez sensé dont Bosman gagna la confiance et l'amitié lui découvrit naturellement le fond du mystère. Les prêtres ont l'adresse d'engager les filles, par des présents ou des menaces, à pousser des cris affreux dans les rues, pour feindre ensuite que le serpent les a touchées, et qu'il leur a commandé de se rendre à l'édifice. Avant qu'on ait pu venir au secours, elles prétendent que le serpent a disparu, et, continuant de donner les mêmes marques de fureur, elles mettent leurs parents dans la nécessité d'obéir à l'ordre du fétiche. Lorsqu'elles sortent du lieu de leur retraite, elles sont menacées d'être brûlées vives, si elles révèlent le secret. La plupart s'en trouvent assez bien pour n'avoir aucun intérêt à le découvrir, et celles même qui auraient eu quelque sujet de mécontentement sont persuadées que les prêtres sont assez puissants pour exécuter leurs menaces.

Le même nègre apprit à Bosman ce qui lui était arrivé avec une de ses propres femmes. Elle était jolie, et, s'étant laissé séduire par un prêtre, elle s'était mise à crier pendant la nuit, à faire la furieuse et à briser tout ce qui se présentait autour d'elle; mais le nègre, qui n'ignorait pas la cause de sa maladie, la prit par la main comme s'il eût été résolu de la mener au temple du serpent, et la conduisit au contraire à des marchands brandebourgeois qui faisaient alors leur cargaison d'esclaves sur la côte. Lorsqu'elle s'aperçut qu'il était sérieusement disposé à la vendre, sa folie l'abandonna au même instant. Elle se jeta aux pieds de son mari, elle lui demanda pardon avec beaucoup de larmes, et lui ayant promis solennellement de ne jamais retomber dans la même faute, elle obtint grâce pour la première. Le nègre convenait que cette démarche avait été fort hardie, et que, si les prêtres en avaient eu le moindre soupçon, elle lui aurait peut-être coûté la vie.

Le ministère de la religion est partagé entre les deux sexes. Les prêtres et les prêtresses sont si respectés, que ce seul titre les met à couvert du dernier supplice pour toutes sortes de crimes. Cependant un de leurs rois ne fit pas difficulté de violer cet usage, du consentement de tous les grands. Un prêtre s'étant engagé dans une conspiration contre l'état et contre la personne du roi, ce prince le fit punir de mort avec plusieurs autres coupables.

Les fétichères, ou les prêtres, ont un chef qui les gouverne, et qui n'est pas moins considéré que le roi. Son pouvoir balance même assez souvent l'autorité royale, parce que, dans l'opinion qu'il converse familièrement avec le grand fétiche, tous les habitants le croient capable de leur causer beaucoup de mal ou de bien. Il profite habilement de cette prévention pour humilier le roi, et pour forcer également le maître et les sujets de fournir à tous ses besoins.

Le grand-prêtre ou le grand-sacrificateur est le seul qui puisse entrer dans l'appartement secret du serpent, et le roi même ne voit cette idole redoutée qu'une fois dans le cours de son règne, lorsqu'il lui présente les offrandes, trois mois après son couronnement. Le grand-sacerdoce est héréditaire dans une même famille, dont le chef joint cette dignité suprême à celle de grand du royaume et de gouverneur de province. Tous les autres prêtres sont dépendants de lui et soumis à ses ordres; leur tribu est fort nombreuse.

Les femmes qui sont élevées à l'ordre de *bétas* ou de prêtresses affectent beaucoup de fierté, quoiqu'elles soient nées souvent d'une concubine esclave; elles se qualifient particulièrement du titre d'enfants de Dieu. Tandis que toutes les autres femmes rendent à leurs maris des hommages serviles, les bétas exercent un empire absolu sur les leurs et sur leurs biens; elles sont en droit d'exiger qu'ils les servent et qu'ils leur parlent à genoux. Aussi les plus sensés d'entre les nègres n'épousent-ils guère de prêtresses, et consentent-ils encore moins que leurs femmes soient élevées à cette dignité. Cependant, s'il arrive qu'elles soient choisies sans leur participation, la loi leur défend de s'y opposer, sous peine d'une rigoureuse censure, et de passer pour gens irreligieux qui veulent troubler l'ordre du culte public.

Desmarchais rapporte les formalités qui s'observent dans l'élection des prêtresses. On choisit chaque année un certain nombre de jeunes vierges, qui sont séparées des autres femmes et consacrées au serpent. Les vieilles prêtresses sont chargées de ce soin. Elles prennent le temps où le maïs commence à verdir, et, sortant de leurs maisons, qui sont à peu de distance de la ville, armées de grosses massues, elles entrent dans les rues, en plusieurs bandes de trente ou quarante; elles y courent comme des furieuses, depuis huit heures du soir jusqu'à minuit, en criant : *Nigo bodiname!* c'est-à-dire, dans leur langue, arrêtez, prenez. Toutes les jeunes filles de l'âge de huit ans jusqu'à douze qu'elles peuvent arrêter dans cet intervalle leur appartiennent de droit, et, pourvu qu'elles n'entrent point dans les cours ou dans les maisons, il n'est permis à personne de leur résister; elles seraient soutenues par les prêtres, qui achèveraient de tuer impitoyablement ceux qu'elles n'auraient pas déjà tués de leurs massues.

Les jeunes filles sont traitées d'abord avec beaucoup de douceur dans leur cloître, on leur fait apprendre les danses et les chants sacrés qui servent au culte du serpent; mais la dernière partie de ce noviciat est très sanglante. Elle consiste à leur imprimer dans toutes les parties du corps, avec des pointes de fer, des figures de fleurs, d'animaux, et surtout de serpents. Comme cette opération ne se fait pas sans de vives douleurs et sans une grande effusion de sang, elle est suivie fort souvent de fièvres dangereuses. Les cris touchent peu ces impitoyables vieilles, et personne n'osant approcher de leurs maisons, elles sont sûres de n'être pas troublées dans cette barbare cérémonie. La peau devient fort belle après la guérison de tant de blessures, on la prendrait pour un satin noir à fleurs. Mais la principale beauté de ce tatouage, aux yeux des nègres, est de marquer une consécration perpétuelle au service du serpent.

Les jeunes filles rentrent ensuite dans leurs familles, avec la liberté de retourner quelquefois au lieu de leur consécration, pour y répéter les instructions qu'elles ont reçues. Lorsqu'elles deviennent nubiles, c'est-à-dire vers l'âge de quatorze ou quinze ans, on célèbre la cérémonie de leurs noces avec le serpent. Les parents, fiers d'une si belle alliance, leur donnent les plus belles pagnes et la plus riche parure qu'ils puissent se procurer dans leur condition. Elles sont menées au temple. Dès la nuit suivante, on les fait descendre dans un caveau bien voûté, où l'on dit qu'elles trouvent deux ou trois serpents qui les épousent par commission. Pendant que le mystère s'accomplit, leurs compagnes et les autres prêtresses dansent et chantent au son des instruments, mais trop loin du caveau pour entendre ce qui s'y passe. Une heure après, elles sont rappelées sous le nom de femmes du grand serpent, qu'elles continuent de porter toute leur vie.

Gouvernement. Lois. Le roi ; ses femmes. Funérailles du roi.

C'est entre les mains du roi et des grands que réside l'autorité suprême, avec l'administration civile et militaire; mais, dans les cas de crime, le roi fait assembler son conseil, qui est composé de plusieurs personnes choisies; leur expose le fait et recueille les opinions. Si la pluralité des suffrages s'accorde avec ses idées, la sentence est exécutée sur-le-champ; sinon il se réserve le droit de juger, en vertu de son pouvoir souverain.

Il y a peu de crimes capitaux dans le royaume de Juida; le meurtre et l'adultère avec les femmes du roi sont les seuls qui soient distingués par ce nom. Quoique les nègres craignent beaucoup la mort, ils s'y exposent quelquefois par l'une ou l'autre de ces deux voies.

Le roi fit arrêter un jour, dans son palais, un jeune homme qui s'y était enfermé en habit de femme, et qui avait obtenu les faveurs de plusieurs princesses. La crainte d'être découvert lui avait fait prendre la résolution de passer dans quelque autre pays; mais un reste d'inclination l'ayant retenu deux jours près d'une femme, il fut surpris avec elle. Il n'y eut point de supplice assez cruel pour lui arracher le nom de ses autres maîtresses. Il fut condamné au feu; mais lorsqu'il fut au lieu de l'exécution, il ne put s'empêcher de rire en voyant plusieurs femmes, qui avaient eu de la faiblesse pour lui, fort empressées à porter du bois pour son bûcher. Il déclara publiquement quelles étaient là dessus ses idées, mais sans faire connaître les coupables par leurs noms. La fermeté et la grandeur d'âme de ce jeune homme, incapable de trahir ce qu'il avait aimé, méritaient un meilleur sort; mais ses maîtresses ne méritaient guère un amant si généreux.

La rigueur de la loi sur cet article rend les femmes extrêmement circonspectes dans leurs intrigues, surtout celles du roi. Elles se croient obligées de s'aider mutuellement pour toutes sortes de services; mais l'attention des hommes est si exacte sur leur conduite, qu'elles échappent rarement à la punition. La sentence de mort suit immédiatement le crime, et les circonstances de l'exécution sont terribles. Les officiers du roi font creuser deux fosses, longues de six ou sept pieds, sur quatre de largeur et cinq de profondeur; elles sont si près l'une de l'autre, que les deux criminels peuvent se voir et se parler. Au milieu de l'une, on plante un pieu auquel on attache la femme, les bras derrière le dos; elle est liée aussi par les genoux et par les pieds. Au fond de l'autre fosse, les femmes du roi font un amas de petits fagots. On plante aux deux bouts deux petites fourches de bois. L'amant est lié contre une broche de fer, et serré si fortement, qu'il ne se peut remuer. On place la broche sur les deux fourches de bois, qui servent comme de chenets; alors on met le feu aux fagots : ils sont disposés de manière que l'extrémité de la flamme touche au corps et rôtit le coupable par un feu lent. Ce supplice serait d'une horrible cruauté, si l'on ne prenait soin de lui tourner la tête vers le fond de la fosse; de sorte qu'il est le plus souvent étouffé par la fumée avant qu'il ait pu ressentir l'ardeur du feu. Lorsqu'il ne donne plus aucun signe de vie, on délie le corps, on le jette dans la fosse, et sur-le-champ elle est remplie de terre.

Aussitôt que l'homme est mort, les femmes sortent du palais au nombre de cinquante ou soixante, aussi richement vêtues qu'aux plus grands jours de fêtes. Elles sont escortées par les gardes du roi, au son des tambours et des flûtes; chacune porte sur la tête un grand pot rempli d'eau bouillante, qu'elles vont jeter, l'une après l'autre, sur la tête de leur malheureuse compagne. Comme il est impossible qu'elle ne meure pas dans le cours de ce supplice, on délie aussitôt le corps, on arrache le pieu, et l'on jette l'un et l'autre dans la fosse, qui est remplie de pierres et de terre.

Le roi se sert quelquefois de ses femmes pour l'exécution des arrêts qu'il prononce. Il en détache trois ou quatre cents, avec ordre de piller la maison du criminel, et de la détruire jusqu'aux fondements. Comme il est défendu de les toucher sous peine de mort, elles remplissent tranquillement leur commission. Un nègre fut informé qu'on le chargeait de certains crimes, et que les ordres étaient déjà donnés pour le pillage et la ruine de sa maison. Son malheur était si pressant, qu'il ne lui restait pas même le temps de se justifier; mais, se rendant témoignage de son innocence, loin de prendre la fuite, il résolut d'attendre chez lui les femmes du roi. Elles parurent bientôt, et, surprises de le voir, elles le pressèrent de se retirer, pour leur laisser la liberté d'exécuter leurs ordres. Au lieu d'obéir, il avait placé autour de lui deux milliers de poudre, et leur déclarant qu'il n'avait rien à se reprocher, il jura que, si elles s'approchaient, il allait se faire sauter avec tout ce qui était autour de lui. Cette menace leur causa tant d'effroi, qu'elles se hâtèrent de retourner au palais pour rendre compte au roi du mauvais succès de leur entreprise. Les amis du nègre l'avaient servi dans l'intervalle, et les preuves de son innocence parurent si claires, qu'elles firent révoquer la sentence. Les rois ont établi la même méthode pour humilier quelquefois les grands : lorsqu'ils sont choqués de leur orgueil, ils envoient deux ou trois mille femmes pour ravager les terres de ceux qui manquent de soumission pour leurs ordres, ou qui rejettent des propositions raisonnables. Le respect va si loin pour les femmes, que, personne n'osant les toucher, dans la crainte de se rendre coupable d'un nouveau crime, le rebelle aime mieux prêter l'oreille à des propositions d'accommodement que de se voir dévorer par une légion de furies, ou de violer une loi fondamentale de l'état.

La plupart des autres crimes sont punis par une amende pécuniaire au profit du roi.

La loi du talion est fort en usage; le meurtre est puni par la mort du meurtrier, et la mutilation par la perte du même membre. A force de sollicitations, on obtient quelquefois du roi le changement du dernier supplice en un bannissement.

Le royaume est héréditaire, et passe toujours à l'aîné des fils, à moins que, par des raisons essentielles d'état, les grands ne se croient obligés de choisir un de ses frères.

Une autre loi, qui n'est pas moins inviolable, c'est qu'aussitôt que le successeur est né, les grands le transportent dans la province de Zinghé, sur la frontière du royaume, à l'ouest, pour y être élevé comme un simple particulier, sans aucune connaissance de son rang et des droits de sa naissance, et sans recevoir les instructions qui conviennent au gouvernement. Personne n'a la liberté de le visiter ni de recevoir ses visites. Ceux qui sont chargés de sa conduite n'ignorent pas qu'il est fils de roi; mais ils sont obligés, sous peine de mort, de ne lui en rien apprendre, et de le traiter comme un de leurs enfants. Le roi qui occupait le trône du temps de Desmarchais gardait les pourceaux du nègre qu'il prenait pour son père, lorsque les grands vinrent le reconnaître pour leur souverain après la mort de son prédécesseur. Il ne faut pas chercher les motifs de cette éducation dans des considérations morales qui sont fort loin des nègres. Comme ce jeune prince se trouve appelé au gouvernement d'un royaume dont il ignore les intérêts et les maximes, il est obligé de prendre l'avis des grands dans toutes sortes d'occasions, et de se remettre sur eux du soin de l'administration : ainsi, le pouvoir se perpétue d'autant plus sûrement entre leurs mains, que leurs dignités et leurs titres sont héréditaires, et que c'est toujours l'aîné des enfants mâles qui succède au rang et à la fortune de son père. Il est vrai qu'il n'est pas trop convenable que le fils et l'héritier d'un roi garde les pourceaux; mais l'éducation que les princes reçoivent dans leur palais est ordinairement plus mauvaise que celle qu'ils auraient partout ailleurs, et ils ne peuvent y remédier que par l'éducation de l'expérience, qui, malheureusement, est un peu tardive.

On ne sait jamais dans quelle partie du palais le roi passe la nuit. Bosman, ayant demandé un jour à son principal officier où était la chambre à coucher du roi, n'obtint pour réponse qu'une question : « Où croyez-vous que Dieu dorme? Il est aussi facile, ajouta-t-il, de savoir où le roi dort. » C'est apparemment pour augmenter le respect du peuple qu'on le laisse dans cette ignorance, ou pour éloigner du roi d'autres sortes de périls, par l'incertitude où l'on serait de le trouver, si l'on en voulait à sa vie.

La couleur rouge est réservée si particulièrement pour la cour, qu'en fil et en laine, comme en soie et en coton, il n'y a que le roi, ses femmes et ses domestiques qui aient le droit de la porter; les femmes du palais ont toujours, par dessus leur pagne, une écharpe de cette couleur, large de dix doigts, et longue de dix aunes, qui est liée devant elles, et dont elles laissent pendre les deux bouts.

Tous les officiers de la maison du roi joignent le titre de capitaine au nom de leur emploi. Ainsi le grand-maître d'hôtel se nomme capitaine de la table; le pourvoyeur, capitaine des vivres; l'échanson, capitaine du vin, etc. Personne ne voit manger le roi; il est même défendu, sous peine de mort, de le regarder lorsqu'il boit. Un officier donne le signal avec deux baguettes de fer, et tous les assistants sont obligés de se prosterner le visage contre terre. Celui qui présente la coupe doit avoir le dos tourné vers le roi, et le servir dans cette posture. On prétend que cet usage est institué pour mettre sa vie à couvert de toutes sortes de charmes et de sortiléges. Un jeune enfant que le roi aimait beaucoup, et qui s'était endormi près de lui, eut le malheur de s'éveiller au bruit des deux baguettes, et de lever les yeux sur la coupe au moment que le roi la touchait de ses lèvres. Le grand-prêtre, qui s'en aperçut, fit tuer aussitôt l'enfant et jeter quelques gouttes de son sang sur les habits du roi, pour expier le crime et prévenir de redoutables conséquences. Le roi est toujours servi à genoux. On rend les mêmes respects aux plats qui vont à sa table et qui en sortent, c'est-à-dire qu'à l'approche de l'officier qui les conduit, tout le monde se prosterne et baisse le visage jusqu'à terre. C'est un si grand crime d'avoir jeté les yeux sur les aliments du roi, que le coupable est puni de mort, et toute sa famille condamnée à l'esclavage. Il faut supposer néanmoins, ajoute fort sensément d'Elbée, que les cuisiniers et les officiers qui portent les vivres sont exempts de cette loi.

Quoique les femmes du roi soient en fort grand nombre, il n'y en a qu'une qui soit honorée du titre de reine, c'est celle qui devient mère du premier enfant mâle. Les autres sont moins ses compagnes que ses esclaves; l'autorité qu'elle a sur elles est si étendue, qu'elle les vend quelquefois pour l'esclavage, sans consulter même le roi, qui ferme les yeux sur cette violence.

Le roi passe sa vie avec ses femmes. Il en a toujours six de la première classe, richement vêtues et couvertes de joyaux, qui se tiennent à genoux près de lui; dans cette posture, elles s'efforcent de l'amuser par leur entretien. Elles l'habillent, elles le servent à table, avec une vive émulation pour lui plaire. S'il s'en trouve une qui excite ses désirs, il la touche doucement; il frappe des mains, et ce signal avertit les autres qu'elles doivent se retirer. Elles attendent qu'il les rappelle, ou qu'il en demande six autres. Ainsi, la scène change continuellement, au moindre signe de sa volonté. Ses femmes sont distinguées en trois classes. La première classe est composée des plus belles et des plus jeunes, et le nombre n'en est pas borné. Celle qui devient mère du premier fils passe pour la reine, c'est-à-dire pour la principale femme du palais, et sert de chef à toutes les autres. Elle commande dans toute l'étendue de la maison royale, sans autre supérieure que la reine-mère, dont l'autorité dépend du plus ou du moins d'ascendant qu'elle a su conserver sur le roi son fils. Cette reine-mère a son appartement séparé, avec un revenu fixe pour son entretien. Lorsqu'elle s'attire un peu de considération, les présents lui viennent en abondance; mais elle est condamnée pour toute sa vie au veuvage.

La seconde classe comprend celles qui ont eu des enfants du roi, ou que leur âge et leurs maladies ne rendent plus propres à son amusement.

La troisième est composée de celles qui servent les autres ; elles ne laissent pas d'être comptées au nombre des femmes du roi, et d'être obligées, sous peine de mort, non seulement à ne lier aucun commerce avec d'autres hommes, mais à ne jamais sortir du palais sans sa permission.

Si le roi sort du palais avec ses femmes, elles sont obligées d'avertir, par un cri, les hommes qu'elles aperçoivent sur la route : un nègre, qui sent aussitôt le péril, tombe à genoux, se prosterne contre terre, et laisse passer cette dangereuse troupe, sans avoir la hardiesse de lever les yeux.

Philips observa souvent qu'à l'approche des femmes du roi tous les nègres abandonnaient le chemin. S'ils voyaient un Anglais s'avancer du même côté, ils l'avertissaient, par divers signes, de retourner, ou de se retirer à l'écart. Les Anglais croyaient satisfaire au devoir en s'arrêtant ; ils avaient le plaisir de voir toutes ces femmes qui les saluaient à leur passage, qui baissaient la tête, qui baisaient les mains, et qui faisaient entendre de grands éclats de rire, avec d'autres marques de contentement et d'admiration.

Malgré tous les respects que le peuple rend aux femmes du roi, ce prince les traite lui-même avec peu de considération ; il les emploie, comme autant d'esclaves, à toutes sortes de services ; il les vend aux marchands de l'Europe sans autre règle que son caprice, et si l'on en croit Desmarchais, le palais royal est moins un sérail qu'une de ces loges que les Français du pays appellent captiveries. Il assure que, si le roi n'a point d'esclaves dans ses prisons, il ne balance point à prendre une partie de ses femmes, auxquelles il fait donner aussitôt la marque de la Compagnie, qui les arrête et qui les fait partir sans regret pour l'Amérique. Philips confirme ce témoignage. En 1693, dit-il, faute d'esclaves ordinaires pour en fournir aux vaisseaux, le roi vendit trois ou quatre cents de ses propres femmes, et parut fort satisfait d'avoir rendu la cargaison complète. On ne saurait douter de la vérité de ce récit ; cependant les Hollandais n'ont jamais obtenu de ces cargaisons de reines, et Bosman, qui était sur la côte vers le même temps, raconte seulement qu'à la moindre occasion de dégoût, le roi vend quelquefois dix-huit ou vingt de ses femmes ; il ajoute que ce retranchement n'en diminue pas le nombre, parce que trois de ses principaux capitaines ont pour unique office de remplir continuellement les vides. Lorsqu'ils découvrent une jeune et belle fille, leur devoir est de la présenter au roi. Chaque famille se croit honorée de contribuer aux plaisirs de son maître. Une fille que son mauvais sort condamne à cet emploi obtient deux ou trois fois l'honneur d'être caressée par ce prince ; après quoi elle est ordinairement négligée pendant tout le reste de sa vie : aussi la plupart des femmes sont-elles fort éloignées de regarder le titre de femme du roi comme une grande fortune ; il s'en trouve même qui préfèrent une prompte mort aux misères de cette condition. Bosman rapporte qu'un des trois capitaines ayant jeté les yeux sur une jeune fille, et se disposant à se saisir d'elle pour la conduire au roi, l'horreur qu'elle conçut pour leur dessein lui fit prendre la fuite : ils la poursuivirent ; mais lorsqu'elle désespéra de pouvoir leur échapper, elle tourna vers un puits qui se présenta dans sa course, et s'y étant jetée volontairement, elle y fut noyée avant qu'on pût la secourir.

Dès que la mort du monarque est publiée, c'est un signal de liberté qui met tout le peuple en droit de se conduire au gré de ses caprices ; les lois, l'ordre et le gouvernement paraissent suspendus ; ceux qui ont des haines et d'autres passions à satisfaire prennent ce temps pour commettre toutes sortes d'excès : aussi les habitants sensés se renferment-ils dans leurs maisons, parce qu'ils ne peuvent en sortir sans s'exposer au risque d'être volés ou maltraités ; il n'y a que les grands et les Européens qui puissent paraître sans danger, encore ne doivent-ils leur sûreté qu'à leur cortége, qui est assez bien armé pour les garantir des insultes de la populace ; les femmes ne peuvent faire un pas sans avoir quelque outrage à redouter. Enfin le désordre et le tumulte sont extrêmes ; heureusement qu'ils ne durent pas plus de quatre ou cinq jours après la publication de la mort du roi. Les grands emploient ce temps à chercher le prince qui doit lui succéder. Ils l'amènent au palais ; une décharge de l'artillerie avertit le peuple qu'on lui a donné un nouveau roi : au même instant tout rentre dans l'ordre, le commerce renaît, les marchés sont rouverts, et chacun retourne à ses occupations ordinaires.

Aussitôt que le nouveau roi s'est mis en possession du palais, il donne des ordres pour les funérailles de son père. Cette cérémonie est annoncée par trois décharges de cinq pièces de canon, l'une à la pointe du jour, l'autre à midi, et la troisième au coucher du soleil. La dernière est suivie d'une infinité de cris lugubres, surtout dans le palais et parmi les femmes. Le grand sacrificateur, qui a la direction de cette pompe funèbre, fait creuser une fosse de quinze pieds carrés et cinq pieds de profondeur. Au centre, on fait, en forme de caveau, une ouverture de huit pieds carrés, au milieu de laquelle on place le corps du roi avec beaucoup de cérémonies. Alors le grand sacrificateur choisit huit des principales femmes, qui sont vêtues de riches habits et chargées de toutes sortes de provisions, pour accompagner le mort dans l'autre monde. On les conduit à la fosse, où elle sont enterrées vives, c'est-à-dire étouffées presque aussitôt par la grande quantité de terre qu'on jette dans le caveau.

Après les femmes, on amène les hommes qui sont destinés au même sort. Le nombre n'en est pas fixé, il dépend de la volonté du nouveau roi et du grand sacrificateur ; mais, comme tout le monde ignore sur qui leur choix doit tomber, les domestiques du roi mort se tiennent à l'écart dans ces circonstances, et ne reparaissent qu'après la cérémonie. De tous les officiers du palais, il n'y en a qu'un dont le sort soit réglé par sa condition, et qui ne peut éviter de suivre son maître au tombeau : c'est celui qui porte le titre de favori. L'état de cet homme est fort étrange. Il n'est revêtu d'aucun office à la cour ; il n'a pas même la liberté d'y entrer, si ce n'est pour demander quelque faveur : il s'adresse alors au grand sacrificateur, qui en informe le roi, et toutes ses demandes lui sont accordées. Il a d'ailleurs quantité de droits qui lui attirent beaucoup de distinction. Dans les marchés il prend tout ce qui convient à son usage, et les Européens sont seuls exempts de cette tyrannie. Son habit est une robe à grandes manches, avec un capuchon qui ressemble à celui des Bénédictins ; il porte une canne à la main. Il est exempt de toutes sortes de taxes et de travaux. Cette liberté absolue, jointe aux témoignages de respect qu'il reçoit de tous les nègres, rendrait sa vie fort heureuse, si elle ne dépendait pas de celle d'autrui ; mais elle doit être empoisonnée continuellement par l'idée du sort qui le menace. A peine le roi est-il mort qu'on le garde soigneusement à vue, et sa tête est la première qui tombe. aussitôt que les femmes ont disparu dans le tombeau.

BRUCE.

VOYAGE EN ABYSSINIE.

Arrivée à Gondar. Description de cette ville. Entrée triomphale du roi. Audience que Bruce obtient de ce monarque.

Le principal objet du voyage de Bruce en Afrique était la découverte des sources du Nil, et cette entreprise, qu'il mena à bonne fin et contre laquelle étaient venus échouer jusque alors tous les efforts des voyageurs et des conquérants, a immortalisé son nom. La relation de ses longues courses offre aujourd'hui peu d'intérêt ; nous en extrairons seulement les détails qu'il nous a laissés sur l'Abyssinie, et nous le prendrons au moment de son arrrivée à Gondar, la capitale de ce royaume.

En arrivant sur les bords de l'Angrab, dit-il, nous fûmes extrêmement étonnés que personne ne fût venu au devant de nous de la part de Pétros, frère du bon Janni; mais nous apprîmes ensuite que ce Grec, effrayé des menaces que les prêtres abyssiniens faisaient entendre sur ce qu'un Franc (nom qu'on donne en Afrique à tous les Européens) osait venir à Gondar, était soudain parti pour Ibaba, afin de savoir du ras Michaël ce qu'il y avait à faire pour nous. Ce départ me fit beaucoup de peine. Je ne savais à qui m'adresser; les lettres que j'avais pour le roi et le ras Michaël ne m'étaient en ce moment d'aucune utilité, puisque l'un et l'autre n'étaient pas à Gondar, et malheureusement Petros et les autres Grecs pour qui j'en avais aussi se trouvaient également absents.

Plusieurs mahométans vinrent joindre la caravane; ils étaient instruits d'avance de ma venue, et je ne balançai pas à leur faire part de l'embarras où je me trouvais. Janni m'avait donné des lettres pour le négadé-ras Mahomet, chef des Maures de Gondar, et le principal négociant d'Abyssinie ; mais il se trouvait absent, comme le reste de ceux à qui j'étais recommandé. Cependant un de ses frères, homme d'esprit, loyal et très prévenant, me dit que je ne devais pas me décourager, qu'il fallait continuer à porter l'habit mahométan que j'avais gardé jusque alors; qu'on avait préparé une maison pour

Mahomet-Gibberti et pour les gens de sa suite, et qu'il m'en allait mettre en possession, parce que j'y serais à l'abri des insultes des prêtres, jusqu'à ce que Petros et le ras fussent de retour. J'embrassai ce parti avec beaucoup d'ardeur, parce que je ne voulais rien avoir à démêler avec des prêtres fanatiques, avant d'avoir obtenu la protection du gouvernement et des gens en état de me défendre. Ainsi, après avoir examiné les mesures qu'il convenait de prendre sur cela, je m'abandonnai entièrement à la conduite de mon nouvel ami Hagi-Saleh.

Nous marchâmes quelque temps le long de l'Angrab, ayant la montagne où est bâti Gondar à notre droite, et bientôt nous arrivâmes dans l'endroit où un ruisseau nommé le Kahha se jette dans la rivière, et où l'on trouve cette partie de la capitale qu'on appelle la Ville-Maure. Le voisinage des eaux courantes est toujours choisi par les mahométans à cause de leurs fréquentes ablutions. La Ville-Maure contient environ trois mille maisons, dont plusieurs sont spacieuses et commodes; celle où l'on me logea était extrêmement propre. On ne manqua pas de me pourvoir de farine, de miel et de toutes les autres provisions nécessaires aux chrétiens comme aux mahométans; de sorte que j'eus tout lieu d'être satisfait. Quant à la viande, quoiqu'il y en eût en abondance, je ne pus en toucher un seul morceau, parce qu'elle avait été tuée par les mahométans, et que, si j'en avais mangé, on aurait regardé cela comme une renonciation au christianisme.

Gondar, capitale de l'Abyssinie, est bâti sur une montagne très haute, dont le sommet est assez plat. Cette ville contient environ dix mille familles en temps de paix. La plupart des maisons sont d'argile, avec un toit de chaume en forme de cône, ainsi qu'il est d'usage partout où tombent les pluies du tropique. A l'occident de la ville, on distingue le palais du roi, qui était jadis bien plus imposant qu'il n'est aujourd'hui : c'était un grand bâtiment carré à quatre étages, et flanqué de quatre tours carrées, d'où la vue s'étendait du côté du midi sur toute la campagne, jusqu'au lac Tzana; mais cet édifice, brûlé à différentes reprises, n'offre presque plus qu'un monceau de ruines. On n'habite que dans les deux premiers étages, où est une salle d'audience de plus de cent vingt pieds de long.

Divers monarques ont fait bâtir des appartements autour du palais, tous en argile, et à la mode du pays; ce qui forme un contraste singulier avec le principal édifice, qui fut bâti sous le règne de Facilidas par des ouvriers venus des Indes, et par quelques Abyssiniens qui avaient mieux aimé profiter des talents des jésuites pour l'architecture, que d'embrasser leur religion.

Le palais et toutes les maisons qui sont tout autour se trouvent renfermes par un mur de pierres de trente pieds de hauteur, dans lequel il y a des ouvertures à la partie supérieure. L'intervalle de ce mur aux maisons est recouvert d'un parapet : on peut, en faisant le tour, voir tout ce qui se passe au dehors. Il paraît n'y avoir jamais eu d'embrasures pour du canon. Les quatre côtés de ce mur ont plus d'un mille et demi de longueur.

Le domestique que le bon Janni m'avait donné à Adowa pour m'accompagner avait une lettre de son maître pour Ayto-Aylo, le patron de tous les Grecs et même des catholiques qui s'étaient hasardés à entrer en Abyssinie, et qui avaient toujours été forcés à en sortir bientôt après. Quoiqu'il parût avoir une grande vénération pour les prêtres, Ayto-Aylo détestait en secret ceux de son pays; il disait que; s'il y avait un moyen sûr de se rendre à Jérusalem, il renoncerait à ses grands biens et au rang qu'il avait en Abyssinie, et qu'avec le peu d'argent qu'il pourrait ramasser il irait passer le reste de ses jours parmi les moines du couvent du Saint-Sépulcre, au nombre desquels il se comptait déjà. Ce n'était peut-être qu'un effet de son ardente imagination; mais comme il se persuadait qu'il exécuterait un jour le projet d'aller vivre à Jérusalem, comme il avait droit de l'espérer, ou bien à Rome, pour laquelle il avait encore plus d'inclination, il s'était toujours montré le défenseur des Européens de toutes les communions qui avaient eu le malheur d'être jetés dans son pays.

Le 15 février il était déjà sept heures du soir, quand Hagi-Saleh fut très effrayé d'entendre à sa porte un grand nombre d'hommes armés; mais sa surprise fut encore bien plus grande quand il vit Ayto-Aylo, qui n'avait jamais mis le pied dans la Ville-Maure, descendre de sa mule et se découvrir la tête et les épaules, comme s'il s'était approché d'une personne de la première distinction. Je m'amusais à lire en ce moment le prophète Enoch, que Janni m'avait procuré à Adowa, et les dictionnaires de Wemmer et de Ludolf étaient ouverts devant moi. Yasine, assis à mon côté, me racontait les nouvelles qu'il avait apprises, et il connaissait fort bien Ayto-Aylo, qui l'avait chargé de ses commissions auprès de ses facteurs en Arabie. Ayto-Aylo s'avança, et soudain il y eut entre nous un combat de civilités : je me levai et voulus rester debout jusqu'à ce qu'il se fût couvert, et lui ne voulut point s'asseoir que je ne fusse assis. Après cela Aylo eut la curiosité de me demander quels livres je lisais, et il fut bien étonné de voir que l'un de ces livres était abyssinien, et que les autres me procuraient des secours européens pour l'entendre. Il savait parfaitement le tigréen et l'amharic; il savait même un peu l'arabe, c'est-à-dire qu'il le comprenait, car il ne pouvait ni le lire ni l'écrire, et il le parlait même fort mal, étant embarrassé pour trouver les mots.

Le commencement de notre conversation fut en arabe et un peu gêne : nous avions cependant un grand nombre d'interprètes dans toutes les langues.

La première contrainte étant écartée, nous commençâmes à parler géez, langue qui, depuis l'élévation de Michaël à la dignité de ras, était devenue la plus usitée à Gondar. Aylo, fort étonné de m'entendre parler très aisément cette langue, dit : « Les Grecs sont de pauvres gens : Petros ne s'explique pas aussi bien en géez que cet homme. » Ensuite, s'adressant à Saleh et au reste de la compagnie, il répéta plusieurs fois : « Allons, il réussira, s'il peut être écouté ; il n'y a rien à craindre pour lui, il fera son chemin. »

Aylo m'apprit que Welled-Hawaryat, fils de Michaël, était arrivé du camp avec la fièvre, et qu'on craignait qu'il n'eût la petite vérole ; et il ajouta que, comme Janni leur avait mandé que j'avais sauvé la vie à beaucoup de jeunes gens d'Adowa en traitant cette maladie d'une manière nouvelle, l'iteghé désirait que j'allasse le lendemain matin voir le malade, et qu'ainsi il me conduirait au palais de Koscam, et me présenterait à cette reine. Je lui dis que j'étais prêt à suivre ses conseils, et que l'absence des Grecs, l'absence de Mâhomet-Gibberti, et surtout les craintes de Petros, m'inquiétaient beaucoup. Alors il me répondit en souriant qui ni Petros ni lui n'avaient envie de nuire ; mais que malheureusement ils étaient l'un et l'autre de grands poltrons, qui croyaient toujours les choses plus mauvaises qu'elles n'étaient réellement ; que Petros avait été effrayé d'une conversation qu'il avait eue à Koscam avec l'abba Salama, dans laquelle ce prélat lui avait témoigné en parlant de moi combien il était fâché qu'on permît à un Franc de venir à Gondar. « Mais, ajouta Ayto-Aylo, nous verrons d'ici à un ou deux jours ce qu'il faudra faire. Le ras Michaël et l'abba Salama ne sont point amis, et si vous pouvez guérir Welled-Hawaryat, fils de Michaël, je vous réponds de lui ; un seul mot du ras suffirait pour fermer la bouche de cent abbas Salama. » Il est inutile que je rapporte la suite de notre entretien, qui roula sur des sujets indifférents. Ayto-Aylo but beaucoup d'eau avec de la capillaire, et je demeurai avec lui jusque après minuit.

L'abba Salama, dont j'aurai souvent occasion de parler, était revêtu de l'emploi d'acab-saat, ou gardien du feu. C'est la troisième dignité de l'église et la première place ecclésiastique de la cour ; elle donne un grand revenu et beaucoup de crédit. Quoique Salama eût fait vœu de pauvreté et de chasteté, il était fort riche et menait une vie scandaleuse ; on lui comptait alors à Gondar plus de soixante-dix maîtresses. Sa manière de séduire les femmes était non moins étrange que le nombre de celles qu'il avait séduites : il n'employait pour cela ni les dons, ni les assiduités, ni la flatterie, moyens ordinaires des amants ; mais quand il avait jeté les yeux sur une femme, il la forçait de lui accorder ses faveurs sous peine d'excommunication. Plein d'éloquence et de hardiesse, il était au nombre des favoris de l'iteghé, dans les conseils de laquelle il avait été admis avec Lubo et Brulhé, aussi avait-il été un des principaux auteurs de la mort du kasmati Eshté, et il osait se vanter de ce meurtre jusque dans le palais de la reine, sœur de l'infortuné kasmati. Salama était de petite taille; il avait un teint clair et des manières assez agréables. Il n'aimait point le vin, mais il était gourmand à l'excès, et il portait même le goût de la bonne chère à un point inconnu avant lui en Abyssinie; enfin il s'était déclaré le mortel ennemi de tous les Européens, qu'il désignait sous le nom de Francs. Aussi les Grecs, se réunissant contre lui, et profitant des moments favorables, lui avaient souvent fait courir risque de voir renverser sa fortune.

Le lendemain matin, m'étant habillé en Maure, et ayant pris Hagi-Saleh et Yasine avec moi, je me rendis vers les dix heures chez Ayto-Aylo. Il avait devant lui plusieurs assiettes remplies de pain, de beurre fondu et de miel: nous en mangeâmes une, lui et moi, et il fit donner le reste aux Maures et aux autres personnes qui étaient là. Ayto-Aylo avait alors auprès de lui un des prêtres du palais de Koscam, avec lequel nous partîmes tous ensemble, dès que nous eûmes fini de déjeuner. Je montai Mirza, mon cheval favori, et le reste de la troupe était sur des mules. Aylo, petit, mais bien fait, avait été un des meilleurs cavaliers d'Abyssinie avant l'accident qui lui était arrivé au Sennaar. Il savait bien ce qu'il fallait pour faire un bon écuyer, et il était curieux de voir à cheval un homme de haute taille; mais il ignorait absolument l'avantage des harnais arabes, et la manière de se servir de la bride, des étriers et des éperons, pour rendre docile un cheval vigoureux et emporté. Aussi je lui causai un extrême plaisir lorsque nous arrivâmes dans la plaine d'Aylo-Meydan, et que je lui montrai les différents pas de mon cheval. Il ne put s'empêcher de jeter des cris de frayeur quand il vit Mirza se dresser sur ses jambes de derrière, et faire le saut de mouton en avant ou de côté.

Nous traversâmes le ruisseau de Saint-Raphaël, qui sépare de la ville de Gondar un faubourg où est la maison de l'Abuna, et ayant alors devant nous le palais de Koscam, nous ôtâmes nos turbans, et nous marchâmes la tête nue, et d'un pas beaucoup plus lent. Aylo, conseiller et ami de l'iteghé, était tout puissant auprès d'elle: ainsi nous étions sûrs d'être reçus au palais sans difficulté. Nous mîmes pied à terre, et on nous conduisit dans une salle basse. Aylo nous quitta, et se rendit soudain auprès de la reine pour s'informer de Welled-Hawaryat. Leur entretien dura au moins deux heures; après quoi Aylo revint, et nous dit que Welled-Hawaryat se trouvait beaucoup mieux, grâce à une médecine que lui avait donnée un saint du Waldubba, médecine dont la vertu consistait en quelques caractères écrits avec de l'encre ordinaire sur une assiette d'étain, et qui étaient détrempés et emportés par la liqueur donnée au malade. Cependant on convenait que Welled-Hawaryat avait la petite vérole, et tout le bien que lui avait fait sa médecine était de lui avoir donné assez d'appétit pour lui faire manger beaucoup de viande de bœuf crue, au lieu qu'avant de la prendre il ne voulait rien manger, et ne demandait qu'à boire. Aylo me dit qu'il resterait à Koscam jusqu'au soir ; il me pria de venir alors le trouver dans sa maison, et si Petros était de retour, de le mener avec moi.

Petros était déjà arrivé, et je le trouvai en entrant dans la maison d'Hagi-Saleh. Quoiqu'il témoignât combien il était satisfait de me voir, on lisait malgré lui sur son visage qu'il n'avait pas eu tout le succès qu'il souhaitait auprès du ras Michaël, ou que quelque chose l'avait effrayé de nouveau. En effet, quand il s'était rendu à la tente du ras, il avait aperçu la peau de l'infortuné Woosheka, son ancien ami, qu'on faisait sécher sur un arbre, et qui était balancée par les vents. Saisi d'horreur à cet aspect, le pauvre Petros avait eu des mouvements convulsifs qui lui avaient ôté l'usage de ses sens, et l'avaient tout à la fois fait pleurer et rire d'une manière affreuse.

Il y avait trois jours qu'il était parti d'Ibaba ; comme c'était en allant vers la tente de Michaël qu'il aperçut la peau de Woosheka, il lui fut impossible de parler de moi au ras ; la crainte l'empêcha de prononcer mon nom devant lui. Mais en le quittant, il se rendit auprès du négadé-ras Mahomet, qui le conduisit chez Kefla Yasous. Ces deux officiers, sachant alors quelle était la cause de sa frayeur, le quittèrent, et allèrent ensemble informer le ras de mon arrivée, de la crainte que m'inspirait la conduite de l'abba Salama, et du parti que j'avais pris de me loger chez Hagi-Saleh, dans la Ville-Maure. Le ras leur répondit : « L'abba Salama est un âne, et ceux qui le craignent sont encore pires. Ne commandé-je donc dans Gondar que lorsque j'y suis ? Mon chien doit être plus respecté que l'abba Salama. » Puis, après un moment de silence, Michaël continua : « Que le Yagoubé demeure dans la Ville-Maure, où il est ; Saleh ne permettra point que les prêtres l'y troublent. » Le négadé-ras Mahomet se mit à rire, et répondit : « Oh ! pour cela nous en répondons. »

Ce discours fut rendu à Petros, qui, sans voir le ras Michaël, s'en revint aussitôt poursuivi par l'image sanglante de son ami Woosheka.

Quand j'arrivai à Koscam pour soigner les malades de la famille royale, mon premier avis fut qu'Ozoro-Esther et ses deux fils, dont elle avait eu l'un de Mariam-Barea et l'autre du ras Michaël, devaient s'éloigner du palais, et aller loger dans une maison appartenant autrefois au basha Eusebius, oncl d'Ozoro-Esther, afin que les personnes de la famille de l'iteghé qui n'avaient point encore été attaquées de la maladie s'y dérobassent. Cependant, comme l'aîné de ses enfants commençait à se plaindre, l'iteghé ne voulut point permettre qu'il sortît du palais, et il fut résolu que tout le monde y resterait.

Je mis tous les domestiques à l'ouvrage; il ne manquait pas d'appartements. Je fis ouvrir toutes les portes et les fenêtres, laver le parquet avec de l'eau et du vinaigre, et fumiger partout avec une grande quantité d'encens et de myrrhe, ainsi que me l'avait indiqué à Alep mon vertueux et savant ami le docteur Russel.

D'après un usage fatal, communément pratiqué en Abyssinie et dans presque tout l'Orient, on prive les malades de l'avantage de respirer le moindre air; de plus, en Abyssinie, on les fait boire très chaud, on allume du feu dans leur chambre, on les charge de couvertures, on ferme toutes les portes au point d'intercepter même le jour, et d'être obligé d'avoir constamment des chandelles allumées, qui augmentent beaucoup la chaleur.

La jeune Ayabdar, seule fille qui restât à Ozoro-Altash, et le fils de Mariam-Barea tombèrent malades au même instant, et furent bientôt heureusement rétablis, quoique l'un et l'autre restassent très marqués de la petite vérole. Une fille du kasmati Boro et de la fille du kasmati Eshté mourut; la mère de cet enfant lui survécut, mais elle fut long-temps au bord de la tombe.

Je ne dois pas oublier de dire qu'au bout de trois jours que je fus auprès des malades, un cavalier arriva du camp avec une lettre de Michaël à Hagi-Saleh, par laquelle il lui donnait ordre de me conduire à Koscam, et une autre lettre pour moi, écrite en arabe par le négadé-ras Mahomet, de la part de Michaël, lettre polie, mais contenant le commandement positif de me rendre immédiatement au palais de l'iteghé, et de n'en pas bouger jusqu'à nouvel ordre, sous quelque prétexte que ce pût être.

Quand nos malades furent convalescents, on les transporta dans une grande maison du kasmati Eshté, hors de l'enceinte de Koscam; on lava et fumigea bien tous leurs appartements dans le palais, et ensuite on les y ramena. L'on me fit alors présent de la jolie maison qui avait appartenu au basha Eusebius, et qui était voisine du palais.

Le 8 ou le 9 mars j'allai au devant du ras, et je le rencontrai à Azazo. Il était couvert d'une grosse toile de coton assez malpropre qu'il s'était jetée négligemment autour du corps, et il portait une espèce de serviette roulée autour de la tête. Il était vieux, maigre, et avait les yeux malades et l'air très fatigué; il montait une mule excellente, qui allait avec vitesse et qui ne le fatiguait nullement. Comme je vis qu'il allait s'arrêter dans un endroit marqué par quatre lances en croix plantées sur une éminence, et ayant une toile par dessus qui formait une espèce de tente, je ne lui parlai point jusqu'à ce qu'il mît pied à terre. Je n'étais accompagné que de Petros, du prêtre grec et de quelques domestiques.

Nous mîmes pied à terre au même instant que le ras, mais à quelque distance de lui, et avec une certaine inquiétude ; puis nous chargeâmes le prêtre grec, qui était aimé de lui, d'aller lui apprendre qui j'étais, et lui dire que je venais pour le voir. Aussitôt les soldats ouvrirent leurs rangs : je m'avançai vers Michaël, et je pris sa main, que je baisai. Il me contempla d'un œil fixe pendant une demi-minute, et il me répéta en tigréen le salut ordinaire : « Comment vous portez-vous ? J'espère que vous vous portez bien. » Ensuite il me montra du doigt la place où je devais m'asseoir. Mille bouches s'ouvrirent alors pour lui porter mille plaintes différentes : il donna une foule d'ordres. Je fus presque étouffé ; mais Michaël ne fit pas la moindre attention à moi, ni ne me demanda des nouvelles de sa famille. Quelques minutes après, le roi arriva et passa à notre gauche. Le ras se leva, ôta la serviette qu'il avait autour de la tête, et se fit soutenir sur la porte de sa tente jusqu'à ce que le monarque se fût éloigné ; ensuite il vint reprendre sa place.

Le lendemain, qui était le 10 de mars, l'armée entra en triomphe dans la ville ; le ras était à cheval, à la tête des troupes du Tigré. Il avait la tête découverte et un manteau de velours noir garni d'une frange d'argent sur les épaules. Un enfant marchait à sa droite, et portait une baguette d'environ cinq pieds et demi de long, assez semblable aux bâtons des grands officiers de la cour d'Angleterre. Immédiatement après le ras, venaient tous les guerriers qui avaient tué quelque ennemi ou enlevé des dépouilles, et ils avaient à leurs fusils et à leurs lances autant de morceaux d'écarlate qu'ils avaient tué d'hommes.

Une chose singulière que je remarquai dans cette entrée triomphale, c'était la coiffure des gouverneurs de provinces. Ils avaient sur le front un large bandeau, qui allait se nouer derrière la tête, et au milieu duquel s'élevait un cœur d'argent doré, d'environ quatre pouces de long, et qui avait précisément la forme de nos éteignoirs de flambeau. Cet ornement s'appelle dans leur langue *kirn*, c'est-à-dire la corne, et on ne le porte que dans les grandes cérémonies qui suivent les victoires.

Après les officiers dont je viens de faire mention, paraissait le roi, le front ceint d'un bandeau de mousseline d'environ trois pouces de large, qui était noué par derrière avec un double nœud, et dont les bouts tombaient d'environ deux pieds sur les épaules. Autour de ce prince on voyait les grands officiers de l'état, et toute la jeune noblesse qui n'avait point encore de commandement, et à sa suite venaient les troupes de sa maison.

Plus loin marchait le kanitz-kitzera, c'est-à-dire le bourreau de l'armée, accompagné de tous ses aides. Ensuite on voyait, au milieu des équipages du roi et du ras, un homme portant au bout d'un grand bâton la peau empaillée du malheureux Woosheka. Après cela, cette peau fut pendue aux branches d'un arbre qui est devant le palais du roi, et qui sert à ces sortes d'exécutions.

A l'arrivée du roi et du ras tous les grands s'empressèrent d'aller leur rendre leurs hommages. Ayto-Aylo fut un des plus assidus auprès d'eux, et Ozoro-Esther alla demeurer à Gondar; mais, d'après mes conseils, elle laissa ses enfants dans le palais de Koscam.

Nous étions déjà au 13 mars que je n'avais encore entendu parler ni d'Ozoro-Esther, ni du ras, quoique j'eusse été me loger à Gondar, dans une maison voisine de celle de Petros. J'allais une fois par jour voir les enfants à Koscam, et j'étais toujours accueilli de la manière la plus amicale par l'iteghé, qui avait eu soin de donner des ordres pour que j'eusse à dîner toutes les fois que je me présenterais chez elle, sans cérémonie, et comme un officier de sa maison.

Mais, d'ailleurs, je n'ai jamais été en apparence plus négligé qu'en ce temps-là par tout le monde, excepté par les Maures : ils se montraient excessivement reconnaissants des soins que j'avais pris de leurs enfants malades, et ils auraient bien voulu que je revinsse habiter leur quartier.

Le 14 mars je montai à cheval avec Ayto-Heikel, chambellan de la reine, pour me rendre à Koscam, où les jeunes malades étaient hors de danger, mais encore faibles. Pendant ce temps-là, le ras me fit dire d'aller lui parler, et de charger un homme du présent que je destinais au roi, pour qu'il allât m'attendre au palais, où je me rendrais en sortant de chez lui. On répondit chez moi que j'étais allé à Koscam pour voir, comme à mon ordinaire, les enfants convalescents, circonstance qui, quoiqu'elle contrariât un peu le ras, ne me nuisit point auprès de lui. L'audience que je devais obtenir de Michaël était fixée à cinq heures; on me le fit dire à Koscam. J'arrivai un peu avant, et je rencontrai à la porte du ras mon ami Ayto-Aylo, qui me dit en me serrant la main : « Ne refusez rien; vous ferez comme vous voudrez par la suite. »

J'entrai, et je trouvai le vieillard assis sur un sopha. Ses cheveux blancs étaient frisés et formaient plusieurs boucles; il paraissait pensif, mais assez content; il avait le visage décharné et les yeux très vifs, mais un peu malades. Je jugeai qu'il devait avoir au moins six pieds de haut, quoiqu'on ne pût pas trop en être sûr, puisqu'il était estropié de manière à ne pouvoir guère se tenir debout. Ses manières étaient libres et dégagées; et enfin je lui trouvai une parfaite ressemblance, tant pour les traits du visage que pour le reste de sa personne, avec mon digne et savant ami M. de Buffon. Il aurait fallu être bien mauvais physionomiste pour ne pas lire dans ses yeux tout ce qu'il était; chacun de ses regards exprimait un sentiment. Il semblait n'avoir pas d'autre langage, et dans le fait, il parlait fort peu. Je voulus, suivant l'usage, me prosterner devant lui et baiser la terre, mais il parut ne pas s'en soucier; il me tendit la main, prit la mienne et me releva.

Je m'assis avec Aylo, trois ou quatre umbares (juges suprêmes), Petros et Ayto-Heikel, chambellan de la reine. Un azage de la maison du roi vint dire quelques mots à l'oreille de Michaël, ce qui m'empêcha de parler comme je m'y étais préparé et d'offrir le présent qu'un homme tenait derrière moi. Le ràs prit la parole le premier, et me dit : « Yagoubé, car je crois que c'est votre nom, écoutez ce que j'ai à vous dire, et souvenez-vous bien de ce que je vous recommande. On m'a dit que vous étiez un homme dont la principale occupation était d'errer dans la campagne et dans les endroits les plus solitaires pour y chercher des arbres et des plantes, et passer la nuit seul à observer les astres des cieux. Les autres pays ne ressemblent point à celui-ci, qui n'a pourtant jamais été aussi dangereux qu'il est à présent. Les malheureux habitants de ces contrées sont ennemis naturels de tous les étrangers: s'ils vous voient seul chez vous, leur première pensée portera sur les moyens de se défaire de vous, et quoique cela ne leur soit d'aucun avantage, ils voudront toujours vous assassiner, pour le seul plaisir de faire du mal. — Le diable est bien enraciné dans leur cœur! » dit une voix qui se fit entendre dans un coin de la chambre, et que je pris pour celle d'un prêtre. « Ainsi, poursuivit le ras, d'après une longue conversation avec votre ami Aylo, dont je sais que vous voulez heureusement suivre les conseils, comme nous devrions tous faire, j'ai songé à vous mettre dans la situation où vous pourrez le mieux suivre vos inclinations, sans être inquiété par les moines au sujet de la religion, et sans craindre qu'on cherche à vous tuer pour vous enlever votre argent. »

— « Que sont les moines? dit la même voix qui avait déjà parlé au coin de la chambre. Les moines ne se mêleront jamais des affaires d'un homme tel que celui-là. — Le roi, continua Michaël, sans faire attention à celui qui l'interrompait, le roi vous a nommé baalomaal et commandant de la cavalerie Koccob (la cavalerie noire), place que j'avais eu intention de donner à Francis, l'un de mes vieux guerriers; mais Francis est pauvre, et nous le pourvoirons mieux, car cet emploi est très honorable, mais peu lucratif. — Ras, répondit Francis, qui se tenait un peu en arrière, il sera en de plus dignes mains que les miennes et celles de l'Arménien, ou même d'aucun autre homme qui l'ait possédé depuis le règne d'Hatzé-Menas; je vous répète ce que j'ai dit aujourd'hui au roi. — Fort bien! Francis, s'écria le ras; il sied à un brave guerrier comme vous de dire la vérité, quand même il parle contre lui. Pour vous, Yagoubé, allez trouver le roi pour lui rendre grâce de l'emploi qu'il vous accorde; prosternez-vous devant lui, car je vois que vous êtes déjà instruit de cette cérémonie; Aylo et Heikel vous accompagneront. Le roi me témoigna hier au soir sa surprise de ce qu'il ne vous avait pas encore vu : Tecla-Mariam, secrétaire du monarque, qui est venu ici aujourd'hui avec votre brevet, est également étonné de ce que vous ne vous êtes pas encore présenté. »

L'homme qui avait élevé la voix dans le coin de la chambre, et que j'avais cru un prêtre, était ce même Tecla-Mariam, l'un des scribes. Lorsqu'ils ne sont point en présence du roi, les scribes, ainsi que les prêtres, ont le droit de couvrir leur tête, et c'était là la cause de ma méprise.

J'offris au ras un présent, qu'à peine il regarda, parce que beaucoup de gens attirés par la curiosité ou par des affaires se pressaient à la porte pour entrer; je distinguai dans la foule l'abba Salama. Tous ceux qui étaient venus avec moi étaient déjà sortis, et moi seul j'avais de la peine à passer, parce que les gens qui entraient me barraient presque le chemin, quand le ras, s'apercevant que je demeurais derrière, cria : « Qu'on ferme la porte! » Puis il me dit à voix basse : « Avez-vous quelque chose de particulier à me dire? — Je vois que vous êtes en affaire, ras, lui répondis-je; mais je parlerai à Ozoro-Esther. » Soudain il reprit avec vivacité : « Vous avez raison, Yagoubé, il faut plus d'un moment pour arranger cette affaire avec vous. Le fils d'Esther vivra-t-il? — La vie de l'homme, repris-je, est entre les mains de Dieu; mais j'espère que le plus grand danger du fils d'Ozoro est passé. » Aussitôt Michaël appela un de ses officiers et lui dit : « Conduisez Yagoubé auprès d'Ozoro-Esther. »

En sortant de chez Ozoro-Esther je me rendis aussi chez le roi, où je trouvai Aylo et Heikel à la porte de la salle d'audience. Tecla-Mariam s'avança jusqu'au pied du trône; je le suivis, et me prosternai devant le jeune monarque. « Je vous amène, dit Tecla-Mariam au roi, un de vos serviteurs, qui vient d'un pays si éloigné, que, si vous le laissez jamais s'en retourner, nous ne pourrons ni le suivre, ni savoir où il faudra l'aller chercher. » Ces paroles furent prononcées d'un ton facétieux par un vieux serviteur accoutumé à la familiarité de son maître; mais le roi ne répondit rien, du moins autant que j'en pus juger, car sa bouche était couverte; il ne changea même point de contenance.

Cinq jeunes hommes se tenaient debout de chaque côté du trône, deux à droite et trois à gauche; l'un de ces jeunes gens, qui était fils de Tecla-Mariam, et qui devint par la suite mon intime ami, s'avança de la gauche, où il était le premier, et, me prenant par la main, me plaça au dessus de lui. S'apercevant ensuite que je n'avais point de coutelas à la ceinture, il tira le sien et me le donna. Lorsque je fus ainsi placé, je baisai de nouveau la terre.

Le trône du roi était dans une espèce d'alcôve. Tous ceux qui se trouvaient hors de la vue du monarque s'assirent. On commença à m'adresser les questions d'usage sur Jérusalem et le reste de la Terre-Sainte; on me demanda où était mon pays, ce qu'il m'était impossible de faire comprendre, car les Abyssiniens ne connaissent pas d'autre contrée que la leur. On me demanda pourquoi je venais de si loin; si la lune et les étoiles du lieu de ma naissance, mais surtout la lune, étaient les mêmes que les leurs, et une foule d'autres choses tout aussi vagues, tout aussi absurdes que celles-là.

Je voulus plusieurs fois prendre mon présent des mains de l'homme qui le portait pour l'offrir au monarque et me retirer, mais le roi s'y opposa toujours par un signe, et enfin j'étais si fatigué de me tenir debout, que je m'appuyai contre le mur. Aylo tombait de sommeil, et Heikel et les Grecs maudissaient du fond du cœur leur jeune maître de ce qu'il les empêchait d'aller manger l'excellent souper qu'Anthulé, son trésorier, nous avait fait préparer. Le roi savait fort bien tout cela, ainsi que nous l'apprîmes par la suite; mais il avait résolu d'essayer notre patience. A la fin, Ayto-Aylo se glissa furtivement dehors et alla se coucher; le reste des spectateurs en fit autant; il n'y eut que ceux qui m'avaient accompagné qui ne purent pas s'en aller, et qui étaient près de mourir de soif et de lassitude. Les personnes qui n'étaient pas vues du monarque prirent alors le parti de charger Tecla-Mariam d'aller dire tout bas au roi que j'étais malade. Tecla-Mariam y alla, mais le monarque parut n'y pas faire attention : il était dix heures du soir et il ne songeait pas à s'aller mettre au lit.

Tant qu'il y eut dans la salle d'audience des spectateurs étrangers à la cérémonie, le roi parla par l'organe d'un officier appelé *kal-hatzé*, c'est-à-dire la voix ou la parole du roi; mais quand nous ne restâmes que neuf ou dix, y compris les domestiques de sa chambre, il découvrit sa bouche et tout son visage, et il parla lui-même. Ses questions portèrent d'abord sur Jérusalem, ensuite sur les chevaux, sur l'art de se servir des armes à feu, sur les Indes et sur l'étendue que je pouvais contempler dans les cieux avec mes télescopes; et toutes les fois que je ne répondais pas exactement à ses questions, il me les répétait d'une manière encore plus circonstanciée. J'étais vraîment désespéré, j'avais peine à répondre un seul mot; je déplorais intérieurement le malheur que j'avais eu d'être nommé à un emploi qui m'attachait à la cour, et je faisais des vœux bien sincères pour que ce fût le dernier.

Cependant tous les Grecs qui m'avaient accompagné, ne pouvant plus y tenir, s'avancèrent au coin de l'alcôve, et parurent devant le trône. Le roi sembla étonné de les voir là, et leur dit qu'il croyait qu'ils s'étaient retirés depuis long-temps. Ils répondirent que non, que leur intention était de ne s'en aller qu'avec moi; mais le monarque leur répliqua que ce n'était pas possible, parce qu'un des devoirs de ma charge était de garder la porte de sa chambre à coucher cette nuit-là.

Je crois que, quand j'entendis ces paroles, je l'aurais presque tué. Alors Ayto-Heikel, reprenant courage, s'avança vers lui, sous prétexte qu'il lui portait un message de la part de l'iteghé, et lui parla à l'oreille, pour lui dire sans doute que le ras le désapprouvait. Le jeune prince se mit alors à rire, en disant qu'il croyait que nous avions déjà soupé, et il nous congédia.

Désolés de la longue audience du roi, et pleins de cette sorte de colère qu'excitent ordinairement l'impatience et la faim, nous allâmes tous ensemble souper chez Anthulé, qui nous avait invités. Nous menâmes avec nous trois de mes nouveaux confrères, trois baalomaals, parmi lesquels il y en avait un qui, quoiqu'il en eût rempli la place dans la cérémonie, n'en avait point le titre : il se nommait Guebra-Mascal; il était fils d'une sœur du ras, et commandait un tiers des soldats du Tigré qui avaient des armes à feu, c'est-à-dire environ deux mille hommes. Guebra-Mascal avait la réputation d'être le meilleur officier en ce genre. Agé d'une trentaine d'années, carré, mais assez bien fait, ayant des manières peu agréables, le nez aplati, la bouche grande, le teint fort basané et le visage couvert de marques de petite vérole, il était rempli de présomption, et il avait une si haute opinion de ses connaissances sur l'usage des armes à feu, qu'il ne se faisait pas scrupule de dire que le ras Michaël lui devait toutes ses victoires C'était effectivement parce qu'il passait pour un excellent officier qu'on le souffrait à Gondar, car il était soupçonné d'avoir eu des liaisons en Tigré avec une des femmes du ras son oncle, et d'avoir même eu un enfant d'elle; aussi le ras avait répudié cette femme sans vouloir reconnaître l'enfant.

Guebra-Mascal soupa ce soir-là avec nous, et de là vint une des affaires les plus sérieuses que j'aie jamais eues. Guebra-Mascal ne cessa de vanter, suivant sa coutume, son adresse pour le fusil et tout ce qu'il avait fait avec cette arme admirable. Petros lui dit en plaisantant : « Vous avez naturellement le génie des armes à feu, mais vous n'avez pas encore eu occasion d'apprendre à les manier. Maintenant que Yacoubé est ici, il vous montrera des choses qui mériteront qu'on en parle. » On avait beaucoup bu, et je crus entendre que Guebra-Mascal répondait à mon sujet quelques paroles dédaigneuses. « Guebra-Mascal, lui dis-je aussitôt, je crois que je dois juger, d'après vos discours, que vous ne vous connaissez ni en fusils ni en hommes. Chacun de mes fusils, dans les mains de mon domestique, tuerait le double de ce que les vôtres pourraient tuer. Pour celui dont je me sers moi-même, il ne vaudrait pas la peine que j'y misse une balle pour m'essayer avec vous; chargé seulement avec un bout de chandelle de suif, il ferait plus d'effet que le meilleur des vôtres avec une balle de fer, malgré toute l'adresse et toute l'expérience que vous prétendez avoir. »

Guebra-Mascal me répondit que j'étais un Franc et un menteur. Je me levai soudain, et il me lança un coup de pied. Furieux que j'étais, je me précipitai sur lui, et le saisissant à la gorge, je l'étendis sur le parquet. Les Abyssiniens ne savent ni lutter, ni combattre à coups de poing. Guebra-Mascal ne fut pas plus tôt à terre qu'il tira son coutelas, et voulut m'en porter un coup au visage; mais comme son bras n'était pas entièrement libre, tout ce qu'il put faire fut de me blesser légèrement sur le haut de la tête, de sorte qu'aussitôt le sang m'inonda le visage. Je ne l'avais pas encore frappé; mais dès que je sentis couler mon sang, je lui arrachai son coutelas, et ma première intention fut de le tuer. Heureusement que la Providence m'inspira mieux! Au lieu de me servir de la lame du coutelas, je frappai avec le manche la face de mon adversaire, et je le meurtris si violemment que les cicatrices de ces blessures furent depuis aisées à distinguer parmi celles de la petite vérole.

Une aventure si imprévue, si fâcheuse, eut bientôt détruit les effets du vin. Il s'éleva sur cela mille opinions différentes. L'heure était trop indue pour réveiller personne dans le palais du roi, ni dans la maison du ras; malgré cela, il y avait des gens de notre troupe qui disaient qu'il fallait nous envoyer immédiatement au roi, parce que nous étions dans l'enceinte de son palais, où quiconque lève la main doit être puni de mort. Ayto-Heikel me conseilla, quoiqu'il fût très tard, de me rendre soudain à Koscam. Pétros disait que je devais aller chez Ayto-Aylo, et les deux baalomaals voulaient me retenir dans le palais. Anthulé, dans la maison de qui j'étais, et qui se sentait vivement offensé de ce qu'on lui avait ainsi manqué, me pria de demeurer chez lui, parce que j'étais sérieusement blessé, et que, comme tous ceux qui étaient là voyaient mon sang, ils en rendraient compte le lendemain au roi, et arrangeraient plus facilement l'affaire. Mais tous ces avis, qui semblaient assez sages aux autres, me parurent dangereux à moi seul, parce qu'ils pouvaient faire penser que je me croyais coupable, tandis que j'étais au contraire bien persuadé de ne pas l'être.

Je me décidai donc à aller coucher dans ma propre maison; en conséquence je me lavai le visage et la tête avec de l'eau et du vinaigre, et je trouvai que ma blessure ne saignait déjà plus; ensuite je m'enveloppai dans mon manteau. Je me rendis chez moi sans accident, et je me mis au lit. Mais Ayto-Heikel et Petros n'étaient pas tranquilles, et quoiqu'il fût plus de minuit, ils allèrent réveiller Ayto-Aylo pour lui apprendre mon aventure. Aussi à peine était-il jour, que cet ami fut dans ma chambre. Guebra-Mascal s'était enfui chez Keffa-Yasous, l'un de ses parents; mais peu après l'arrivée d'Aylo, on vint nous apprendre qu'il avait été arrêté et mis aux fers dans la maison du ras.

Tous ces jeunes Abyssiniens semblaient avoir mon affaire à cœur plus que je ne le souhaitais, parce que je craignais que cela n'excitât quelque nouvelle querelle. Je n'ai de ma vie jamais été aussi triste, aussi accablé; je ne me représentais nuit et jour qu'un avenir sinistre; je fus vingt fois prêt à reprendre le chemin du Tigré, et ce qui me fortifiait surtout dans cette idée, c'est la perte que je venais de faire d'un jeune homme que j'avais eu auprès de moi depuis mon voyage en Barbarie, et qui m'avait aidé dans mes plans d'architecture que j'y avais levés pour le roi d'Angleterre. Ce jeune homme continuait en Abyssinie à perfectionner ses dessins, quand les suites d'une dyssenterie dont il avait été attaqué dans l'Arabie Heureuse le firent mourir à Gondar.

Le ras, Ozoro-Esther, Ozoro-Altash, régalèrent tout le monde, et chaque jour on tuait en abondance des bœufs, des veaux, des moutons, des chevreaux. La ville entière avait l'air d'un marché perpétuel; on voyait dans toutes les rues les gens du bas peuple chargés de viandes crues, et le vin et les autres espèces de boissons ruisselaient de tous côtés. Le ras m'obligeait de dîner tous les jours avec lui, et il était sûr alors de me donner un violent mal de tête, à force de me faire boire de l'hydromel, liqueur que je n'ai jamais pu m'accoutumer à trouver bonne.

L'après-dîner nous nous rendions chez les dames de la cour, où il ne régnait pas moins de désordre que chez le ras. Toutes les femmes mariées mangeaient, buvaient et paraissaient la pipe à la bouche comme les hommes. Il est impossible, sans passer les bornes de la décence, de donner une juste idée de ces bacchanales.

Comme je puis dire que j'ai été bien établi dans ce pays-là, et que j'ai eu occasion d'en connaître l'état, les mœurs et le gouvernement, je vais présenter les détails qui m'ont paru les plus dignes d'attention.

Usages d'Abyssinie qui ressemblent à ceux qu'on trouve établis en Perse, etc. Description d'un banquet sanglant

La couronne d'Abyssinie est et a toujours été héréditaire dans une famille particulière qui descend, dit-on, en droite ligne de Salomon et de la reine de Saba, *négesta azab*, c'est-à-dire reine du Midi. Cependant cette couronne est élective dans cette même famille, et il n'y a ni loi ni coutume qui oblige de la décerner de préférence au fils aîné du roi.

La primogéniture n'est donc point un droit; l'usage lui a même été contraire. Quand un roi meurt, si ses fils sont assez avancés en âge pour être en état de régner, et qu'ils n'aient point été relégués sur la montagne, l'aîné ou le cadet, aidé par les amis de son père, s'empare ordinairement du trône; mais si les héritiers sont sur la montagne, le premier ministre choisit seul le roi, qui passe alors pour avoir été appelé par la nation; et comme les désirs et les intérêts de ce ministre sont de maintenir sa puissance le plus long-temps possible, il ne manque jamais de décerner la couronne à un enfant sous lequel il peut gouverner l'empire à son gré, et dont il prolonge ordinairement la minorité durant sa vie entière.

Le roi est, à son couronnement, oint d'huile d'olive qu'on lui verse sur le sommet de la tête, et pour la faire pénétrer dans ses longs cheveux, il se frotte avec ses deux mains assez indécemment, et à peu près de la même manière que ses soldats se frottent la tête avec du beurre.

La couronne d'Abyssinie ressemble à une mitre d'évêque: c'est une espèce de casque qui couvre le front, les joues et le cou; elle est doublée de taffetas bleu, et le dessus est d'or et d'argent travaillé à filigrane, d'une manière supérieure.

Au haut de la couronne il y a une boule de verre rouge, dans laquelle sont plusieurs clochettes de différentes couleurs.

Autrefois on ne voyait jamais le visage du roi, ni aucune partie de son corps, à l'exception du pied, qu'il laissait paraître de temps en temps. Il s'assied dans une espèce d'alcôve ou de balcon, dont le devant est garni de jalousies et de rideaux, et en outre il couvre son visage toutes les fois qu'il donne des audiences publiques ou qu'il rend la justice. Lorsqu'il craint quelque trahison, son balcon est totalement fermé, et il parle par un trou qui est à côté, à un officier qu'on appelle le *kal-hatzé*, la voix ou la parole du roi, et qui va porter les discours du monarque aux juges assis autour de la table du conseil.

Le roi va régulièrement tous les jours à l'église : ses gardes prennent alors possession de toutes les avenues et des portes où il doit passer, et comme il est à pied, personne n'a droit de l'accompagner que deux de ses chambellans, sur lesquels il s'appuie. Il baise le seuil et les côtés de la porte de l'église, ainsi que les marches de l'autel, après quoi il s'en retourne soudain dans son palais, soit qu'on célèbre quelque service dans l'église, soit qu'on n'en célèbre pas. Il monte les degrés de la salle d'audience sur une mule, et ne met pied à terre que sur un tapis de Perse qui est devant le trône, et sur lequel j'ai vu quelquefois cette mule commettre de grandes incongruités.

Tous les matins avant le jour un officier appelé le *serach-massery* s'arme d'un long fouet, qu'il fait claquer devant la porte du palais, en faisant plus de bruit que ne pourraient en faire vingt postillons français. Il chasse, par ce moyen, les hyènes et les autres bêtes féroces qui infestent la ville pendant la nuit, et en même temps il donne le signal du lever du roi. Le monarque se place à jeun sur son trône pour rendre la justice, jusqu'à huit heures, et à huit heures il va déjeuner.

Le roi choisit lui-même six nobles, auxquels on donne le titre de *baalomaal*, ou chambellans, et dont quatre se tiennent toujours auprès de sa personne; un septième, qui est le chef de ces six-là, s'appelle l'*azeleffa-el-camisha*, c'est-à-dire serviteur de la tunique : c'est lui qui est maître de la garde-robe, et premier officier de la chambre. Ces sept officiers, les esclaves noirs et quelques autres personnes, servent le monarque dans l'intérieur du palais, et vivent avec lui dans une familiarité à laquelle ne peuvent jamais parvenir le reste de ses sujets.

Quand le roi assemble son conseil pour délibérer sur des objets importants, il se tient dans une espèce de loge fermée, au bout de la table du conseil; les personnes qui y assistent sont rangées autour de la table, suivant leur rang, et donnent leur voix, en commençant toujours par le plus jeune, ou du moins le dernier officier. Les premiers qui parlent sont les shalakas, ou colonels des troupes de la maison du roi; ensuite vient le grand-échanson, puis le badjerund, c'est-à-dire le garde de cet appartement du palais appelé *la maison du lion*, puis le garde de l'appartement où se font les banquets royaux. Après ceux-là vient le *lika-magwass*, c'est-à-dire l'officier qui a coutume de précéder le roi pour écarter la foule.

A la guerre le lika-magwass porte l'épée et le bouclier du roi, et rôde toujours autour de lui, à une certaine distance. Il tient au moins un bouclier d'argent et une épée dont la pointe est du même métal, pour les princes qui, craignant de s'exposer, ne veulent pas se servir d'armes plus redoutables. Mais, de mon temps, il n'en était pas ainsi : le roi portait lui-même son bouclier noir, sans ornement, et de bonne peau de buffle, ainsi qu'une épée d'excellent acier ; ses armes d'argent ne paraissaient qu'à la fin de la campagne, et alors elles étaient dans les mains du lika-magwass. Jadis les rois d'Abyssinie étaient respectés de l'ennemi, au milieu des guerres les plus sanglantes, lors même qu'ils combattaient contre leurs sujets révoltés.

Les attributs de la royauté sont un cheval blanc, dont la tête est parée de clochettes d'argent, un bouclier d'argent, et un bandeau d'étoffe de soie blanche, ou bien plus souvent de mousseline, qui lui couvre le front, se noue par un double nœud derrière la tête, et dont les bouts flottent sur les épaules.

Après le lika-magwass, le palambaras donne sa voix dans le conseil, puis le fit-auraris, puis le gera-kasmati, et le kanya-kasmati, dont les titres dérivent de l'ordre qu'ils observent dans les campements, l'un étant toujours à gauche, et l'autre à droite de la tente du roi : car *kanya* et *gera* veulent dire la droite et la gauche. Ensuite vient le dakakin billetina-gueta, ou le second chambellan ; puis le secrétaire des commandements ; puis les azages, ou généraux de la droite et de la gauche ; puis le rak-massery ; puis le basha ; puis le kasmati du Damot, celui du Samen, celui de l'Amhara, et, le dernier de tous, celui du Tigré, devant lequel une coupe d'or est posée sur un carreau. Le kasmati du Tigré porte le titre de nebrit, comme étant gouverneur d'Axum et gardien du livre de la loi, qu'on suppose y être encore conservé.

Après le gouverneur du Tigré parle l'acab-saat, c'est-à-dire le gardien du feu ou le premier ecclésiastique de la maison du roi. On a prétendu que l'acab-saat devait se tenir auprès du roi pendant les repas, et qu'il était le maître de faire retirer le manger et le boire de devant le monarque, si ce prince paraissait disposé à s'y livrer avec trop d'excès. J'ignore si tel est en effet son droit, mais je sais bien que je ne le lui ai jamais vu exercer, et autant que j'ai pu en être instruit, il ne s'en servait pas davantage sous les prédécesseurs du monarque qui régnait de mon temps en Abyssinie. D'ailleurs jamais le roi ne mange en public, et il n'est servi que par ses esclaves ; mais si un de ses sujets avait le droit d'assister à ses repas et de le contrôler, comme je crois qu'il ne l'a point, il y a apparence que ce ne serait pas là le moment que le prince choisirait pour s'abandonner à des excès.

L'acab-saat est immédiatement suivi par le grand-maître de la maison du roi, et enfin par le betwudet ou ras. Quand ils ont tous opiné, le monarque, toujours dans son balcon, dit ce qu'il juge à propos, et se fait entendre au conseil par l'organe du kal-hatzé.

On trouve en Abyssinie divers usages que quelques auteurs ont crus longtemps particuliers aux anciens peuples chez lesquels on les a d'abord remarqués, et que des écrivains moins savants ont jugés originaires de l'Abyssinie même. Je commencerai par faire mention de ceux qui ont rapport au roi et à la cour.

Les rois de Perse, ainsi que les rois d'Abyssinie, ne pouvaient être élus que dans une seule famille, et cette famille était celle des Arsacides, après l'extinction de laquelle on choisit celle de Darius. Le titre du roi d'Abyssinie est celui de roi des rois, et le prophète Daniel nous apprend que Nabuchadnezzar portait le même titre. La primogéniture n'est point un droit en Abyssinie, les cadets de la famille royale ont le même droit à être élus que les aînés, et il en était de même en Perse.

Les Perses accordaient une sorte de préférence aux enfants légitimes de leurs rois sur les bâtards ; mais il y a pourtant des exemples qui prouvent que ces derniers l'emportaient quelquefois sur les autres : Darius, quoique fils naturel de Xercès, fut préféré par le peuple à son frère Isogias, qui était légitime. On a vu souvent la même chose chez les Abyssiniens : plusieurs de leurs rois ont été des enfants d'adultère, et d'autres de simples fils naturels que des partis ont portés sur le trône, toujours sous prétexte qu'ils y étaient appelés par le cri du peuple.

Quoique les rois des Perses eussent divers palais où ils résidaient en différents temps de l'année, Pasagarda, capitale de leurs premiers souverains, était regardée comme le seul endroit où devait se faire leur couronnement : en Abyssinie l'antique cité d'Axum a le même privilége.

Une autre cérémonie très remarquable, et commune à ces deux anciens peuples, est celle de l'adoration, qui de nos jours est encore rigoureusement observée en Abyssinie toutes les fois qu'on paraît en présence du monarque. Il ne suffit pas de fléchir le genou, il faut qu'on se prosterne : on commence par se laisser tomber sur ses genoux, puis sur ses mains ; après quoi on incline sa tête et son corps jusqu'à ce que le front touche à terre, et si on a une réponse à attendre, on reste dans cette posture jusqu'à ce que le roi ordonne de se relever.

Quoique le refus de se soumettre à cette cérémonie eût été regardé chez les Perses et chez les Abyssiniens comme une espèce de rébellion et d'insulte faite au monarque, si ce refus était venu de ses sujets, il paraît pourtant qu'en Abyssinie il a été quelquefois permis aux étrangers de se dispenser de l'adoration. Je me souviens d'avoir vu un mahométan, envoyé deux fois par le shérif de la Mecque en Abyssinie, ne vouloir rendre hommage au roi qu'en croisant ses bras sur sa poitrine, et en inclinant un peu sa tête, et on jugea à la cour de Gondar que ce n'était nullement manquer au roi d'Abyssinie, puisque l'envoyé ne se présentait pas autrement devant son légitime souverain.

J'ai déjà eu occasion de dire en passant que le roi d'Abyssinie n'est point visible quand il tient conseil. Voici de quelle manière la chose se passe. Autrefois il était dans une chambre particulière qui communiquait à la salle au conseil par deux grandes fenêtres à volets pliants, élevées de trois pieds au dessus du parquet. Ces fenêtres ou portes étaient garnies de barreaux comme une cage, et couvertes d'un rideau de taffetas très clair; de sorte qu'en fermant les autres ouvertures de cet appartement, le monarque était dans l'obscurité, et voyait aisément toutes les personnes qui étaient dans la chambre voisine, sans pouvoir être vu lui-même.

Justin nous dit que les rois des Perses se cachaient pour donner une plus haute idée de leur majesté, et que sous Déjocès, roi des Mèdes, on publia une loi qui défendait de porter les yeux sur la personne du monarque. Il en était presque de même en Abyssinie; mais les guerres continuelles qui ont désolé cet empire depuis que les mahométans se sont emparés du royaume d'Adel ont fait négliger cette coutume, qui n'est presque plus usitée que dans les grandes cérémonies, et quand le roi assemble son conseil. Nous voyons dans l'histoire que souvent l'armée et la nation entière n'ont dû leur salut qu'à la valeur de leurs monarques et à la manière dont ils s'exposaient dans les combats, ce qui eût été sans doute bien différent, si ces princes avaient observé l'ancien usage de demeurer invisibles; cependant quand ce prince monte à cheval, ou qu'il donne quelque audience dans son palais, il a la tête et le front entièrement couverts, et il tient une de ses mains sur sa bouche, de sorte qu'on ne lui voit que les yeux; ses pieds sont aussi presque toujours cachés.

Nous voyons dans Apulée que cette coutume était pareillement établie chez les Perses, et qu'elle donna aux mages occasion de placer sur le trône de Cambyse Oropaste son frère, au lieu de Smerdis, qui aurait dû lui succéder. Le visage du roi étant couvert, on ne put d'abord pas s'apercevoir de la supercherie.

Il y a un usage bien singulier en Abyssinie, c'est qu'il faut que les portes et les fenêtres du roi soient incessamment assaillies de gens qui pleurent, s. lamentent et demandent justice à grands cris, dans tous les différents idiomes de l'empire, pour être admis en présence du monarque, et faire cesser les torts prétendus dont ils se plaignent. Dans un pays aussi mal gouverné et exposé constamment à tous les malheurs de la guerre, on peut bien imaginer qu'il ne manque pas de gens qui ont de justes raisons de se plaindre; mais si par hasard il ne s'en trouve pas assez, comme par exemple dans le fort de la saison des pluies, où l'on a peine à approcher de la capitale et à se tenir dehors, il y a une bande de misérables qu'on paie pour crier et se lamenter, comme s'ils avaient été véritablement opprimés. Cet usage est, dit-on, établi pour l'honneur de la majesté royale, et pour que le prince ne soit pas solitairement abandonné dans son palais à une tranquillité oiseuse. Pour moi, j'avoue que de toutes leurs coutumes c'est celle qui me paraissait la plus absurde et la plus insupportable. Aussi, quand le roi, qui connaissait ma façon de penser à cet égard, n'avait point de monde chez lui, il s'amusait à mes dépens d'une manière plus bizarre que royale.

Durant la saison des pluies, je me renfermais quelquefois dans mon appartement pour travailler plus à mon aise, et alors j'entendais tout à coup quatre ou cinq personnes qui se mettaient à gémir, à crier, à implorer ma protection, comme si elles eussent été, les unes accablées de la plus amère douleur, les autres prêtes à souffrir la mort, d'autres même au moment d'expirer, et cet horrible concert était si bien exécuté, qu'il semblait que leurs larmes, leurs sanglots, leurs plaintes ne pussent être que l'effet d'une douleur réelle. Alors j'ordonnais aux sentinelles qui étaient à ma porte de faire entrer quelqu'un de ces malheureux, que je croyais venir de loin, pour m'informer du sujet de son affliction ; mais il se trouvait presque toujours que c'était un de mes gens ou quelque autre domestique connu, et lorsque par hasard c'était un étranger, et que je lui demandais ce qui l'affligeait si fort, il me répondait froidement que ce n'était rien, qu'il avait dormi dans l'écurie, et qu'à son réveil, apprenant des soldats que j'étais retiré chez moi, il était venu avec ses compagnons crier, se plaindre sous mes fenêtres, afin de me faire honneur aux yeux du peuple, et empêcher que je ne m'abandonnasse à l'ennui et à la mélancolie, étant trop tranquille chez moi ; qu'ainsi il espérait que je voudrais bien lui faire donner à boire pour qu'il pût continuer à crier avec un peu plus de courage. En entendant parler ainsi, je ne pouvais m'empêcher d'éprouver de violents accès de colère ; et l'on ne manquait pas d'en rendre compte au roi, qui en riait de tout son cœur. Quelquefois même ce prince se tenait caché pendant ces scènes aux environs de chez moi, pour pouvoir être lui-même témoin de ma mauvaise humeur.

Que ces plaintes soient véritables ou feintes, elles ont toujours pour refrain : *Rete O Jan hoi*, ce qui, répété très rapidement, ressemble à *prete Janni* (prêtre Jean), titre qu'on a donné en Europe au roi d'Abyssinie, et dont on ne connaissait pas l'étymologie. Ces mots signifient dans la langue du pays : Rends-moi justice, ô mon roi !

Hérodote nous raconte que chez les Perses le peuple accourait en foule devant les portes du palais pour crier et se lamenter ; Intaphernes vint ainsi faire entendre ses plaintes à la porte du roi.

J'ai parlé du conseil qu'on tient en Abyssinie dans les temps de trouble, conseil où le roi, toujours invisible, est présent, donne son avis par l'organe d'un officier appelé le *kal-hatzé* : aussitôt que cet officier prononce les paroles du roi, tout le conseil se lève pour l'écouter, et si le roi y assistait ouvertement, tout le monde serait obligé de se tenir debout durant toute la séance.

Dans ces conseils le roi se range tantôt du côté de la majorité, tantôt du côté opposé; mais quand la majorité est contre lui, il punit souvent ceux qui la composent en les envoyant en prison à l'issue du conseil. Quoiqu'il soit dit que les avis seront adoptés à la pluralité des voix, il n'en est pas moins vrai que le roi a le droit de donner toujours la prépondérance au parti dont il se range, et je pense que c'est une des usurpations de l'autorité souveraine contraire à la constitution primitive. Il en était de même chez les Perses.

Je vais à présent comparer les ornements et la manière de se parer des deux rois. Le monarque abyssinien porte les cheveux longs, et les anciens rois des Perses les portaient ainsi, suivant le témoignage de Suétone et d'Aurélius Victor.

Le diadème, attribut de la royauté chez les Perses comme chez les Abyssiniens, avait exactement la même forme, et était porté de la même manière. Le roi d'Abyssinie le porte quand il est en marche, non seulement comme une marque distinctive de son rang, mais parce qu'il en est bien moins incommodé, surtout dans les pays chauds, qu'il ne le serait d'un ornement plus pesant. Ce bandeau est posé sur le front et noué par derrière, de manière que le sommet de la tête reste à découvert. Les Abyssiniens ne pourraient mettre quelque chose sur leur tête, et surtout quelque chose de blanc, sans faire un sanglant outrage au monarque; il n'y a que les prêtres qui ont droit de porter de grands turbans de mousseline, et les mahométans, qui portent des bonnets et des turbans blancs par dessus.

Le trône des rois d'Abyssinie était autrefois d'or ; ce trône formait un carré long, assez semblable à nos sophas; on le recouvrait de tapis de Perse, de Damas, et d'étoffes brochées en or ; il y avait des marches sur le devant; enfin il est encore assez richement orné, quoique les guerres aient fait diminuer l'ancienne magnificence. Il y avait un autre trône portatif, qui était un tabouret d'or, à peu près pareil aux chaises curules que nous voyons représentées sur les médailles des Romains. Dans la guerre du Begemder, ce trône fut remplacé par un trône de la même forme, incrusté en or et supérieurement travaillé. Xercès, assistant à un combat naval, était, dit-on, assis sur un tabouret d'or.

En Abyssinie c'est un crime de haute trahison que de s'asseoir sur le siége du roi, et quiconque le ferait serait soudain mis en pièces, à moins qu'on ne fût bien sûr qu'il était fou.

Par une loi fondamentale de l'état, tous les enfants de la famille royale qui ont quelque difformité ou quelque défaut de corps ne peuvent monter sur le trône d'Abyssinie; aussi, dès que quelqu'un des princes s'échappe de la montagne de Wechné, et est repris, on le fait ordinairement mutiler, pour qu'il soit désormais regardé comme incapable de régner. Les Perses avaient la même loi; Procope dit que Zamès, fils de Cabadès, fut exclu du trône parce qu'il était borgne, la loi perse ne permettant pas que ceux qui avaient la moindre imperfection corporelle pussent régner.

Les rois d'Abyssinie se font rarement voir à leurs sujets. Justin observe que les Perses cachaient la personne de leurs rois, afin d'augmenter le respect dû à leur majesté. Une loi de Déjocès, roi des Mèdes, loi que j'ai déjà citée, défendait de voir le monarque. Cet usage remontait même au temps de Sémiramis, puisque Ninias, son fils, vieillit dans le palais sans avoir été ni connu ni vu au dehors.

Cet usage absurde a été la source d'une infinité d'abus. Chez les Perses il y avait deux officiers appelés l'œil du roi et l'oreille du roi, et qui étaient chargés du dangereux emploi de voir et d'entendre pour leur monarque. J'ai déjà dit qu'en Abyssinie il y a un officier qui s'appelle la voix du roi, et, le roi n'étant point vu, cet officier parle toujours à la troisième personne. Tout ce qui émane du souverain commence par ces mots : « Écoutez ce que le roi vous dit », et ce qui suit ce préambule a toujours force de loi.

De grandes, de solennelles parties de chasse ont toujours eu lieu chez les rois des Perses et des Abyssiniens, et alors il fut long-temps regardé comme un crime pour un sujet de frapper le gibier avant que le roi lui eût déjà lancé son dard; mais Artaxercès-Longuemain abolit cette absurde coutume dans ses états, et Yasous le Grand en fit de même en Abyssinie au commencement du dernier siècle.

Les rois d'Abyssinie sont au dessus de toutes les lois; ils jouissent d'un autorité sans bornes en matière ecclésiastique comme en matière civile, toutes les terres de leur royaume, et la personne même de leurs sujets, leur appartiennent, parce que tout Abyssinien naît esclave du prince, et s'il jouit ensuite de quelque rang dans la société, ce n'est jamais que par un don du monarque, et non à cause de ses parents, qui sont comptés pour rien. On sait que les Perses avaient de pareils usages.

On fait en Abyssinie différentes sortes de pain, parce qu'il y a différentes espèces de teff et de tocusso, dont la qualité varie encore beaucoup dans chaque espèce. Le roi d'Abyssinie mange du pain de froment, non pas de toutes sortes de froment, mais seulement de celui qu'on recueille dans la province de Dembea, et qu'on appelle spécialement la nourriture du roi. Il en était de même chez les Perses : Hérodote dit que le roi mangeait du pain de froment, et Strabon nous apprend que ce pain était d'une espèce particulière de froment.

Il y a en Abyssinie, ainsi que je l'ai déjà dit, un officier appelé le *serach-massery,* dont l'emploi est de veiller toute la nuit à la porte du roi, et de faire claquer un grand fouet, le matin à la pointe du jour, pour chasser les bêtes féroces qui sont entrées dans la ville pendant les ténèbres ; ces coups de fouet servent en même temps de signal pour annoncer le lever du roi, qui se place alors sur son trône pour rendre la justice. Ainsi en Perse un officier entrait dans la chambre du roi, et lui disait : « Réveille-toi, ô roi ! et occupe-toi des affaires dont Orosmades t'a chargé de prendre soin. »

Le roi d'Abyssinie ne marche jamais quand il est hors de son palais ; il ne pose pas même le pied à terre, et s'il veut descendre de cheval, un de ses domestiques vient lui présenter un escabeau qu'il tient tout prêt pour cela. Il se rend à cheval de son appartement dans la salle d'audience, et il descend auprès de son trône ou du siége placé dans l'alcôve de sa tente. Athénée raconte que chez les Perses le roi ne posait pas non plus les pieds à terre hors de son palais.

Le monarque abyssinien juge souvent lui-même les crimes capitaux, et son jugement est toujours regardé comme favorable.

Jamais le roi ne condamne un homme à mourir la première fois qu'il est coupable, à moins que cet homme n'ait commis un parricide ou un sacrilége. En général la vie et le mérite du prisonnier sont mis en balance avec la faute qu'il a commise : de sorte que, s'il a été plus utile à l'état par sa conduite passée qu'il ne lui a nui par le mal qu'il vient de faire, il peut être sûr d'être absous dès que le roi le juge seul.

Dans toutes leurs expéditions les rois des Perses se faisaient suivre par des juges. Nous trouvons dans l'historien que je viens de citer que, lorsque Cambyse était en Égypte, les juges qui l'accompagnaient condamnèrent à mort dix des principaux Égyptiens par chacun des Perses qui avaient été tués par les habitants de Memphis. De même, six juges accompagnent toujours le roi d'Abyssinie lorsqu'il entre en campagne, et tous les rebelles qu'on prend les armes à la main sont jugés sur-le-champ.

Dans les deux royaumes que je compare ici, les personnes distinguées par la faveur du monarque, ou illustrées par quelques actions éclatantes, ont toujours été décorées de chaînes d'or, d'épées et de bracelets. En Abyssinie ce sont les récompenses des services rendus à la guerre ; cependant Poncet reçut une chaîne de Yasous le Grand. La veille de la bataille de Serbraxos, le ras Michaël fit présent à Ayto-Engedan d'une bride et d'une selle garnies de plaques d'argent, et le lendemain de cette bataille je fus honoré moi-même d'une chaîne d'or que le roi me donna après ma réconciliation avec Guebra-Mascal.

Un étranger de distinction, et recommandé comme je l'étais, ne demandant pas de l'argent et n'attendant pas précisément des secours journaliers pour sa subsistance, est ordinairement pourvu de quelques villages qui lui fournissent les choses dont il peut manquer, sans qu'il s'adresse chaque fois au roi ou à ses ministres. On donna à Amha-Yasous, prince de Shoa, plusieurs villages pour l'entretien de sa maison : celui d'Emfras lui fournissait les viandes, un village du Karoota le vin, un village du Dembea le froment, un village du Begemder la toile de coton dont il habillait ses domestiques ; ainsi du reste.

Lorsque je fus admis au nombre des officiers du roi, j'eus les différents villages appartenant aux postes que j'occupais, parmi lesquels il y avait un petit village composé d'environ dix-huit maisons et appelé Geesh, où naissent les sources du Nil. Je le demandai expressément, et le roi me l'accorda au lieu d'un autre village plus considérable que j'aurais pu avoir pour me fournir de miel ; il me fut ensuite confirmé par le rebelle Waragna-Fasil, qui, à la vérité, ne voulait pas que mes revenus m'enrichissent, car il ne me permit d'en retirer que deux jarres de miel seulement, encore ce miel avait-il tellement le goût amer des lupins, qu'il ne put m'être d'aucun usage.

Dans cet empire, dès qu'un prisonnier est condamné pour un crime capital, on ne le ramène pas en prison, parce qu'on regarderait ce délai trop cruel ; mais on le conduit immédiatement au lieu du supplice, et son arrêt est exécuté. On en a déjà vu plusieurs exemples dans les annales d'Abyssinie. Lorsque le roi revint du Tigré et rentra dans Gondar, il condamna lui-même à mort l'acab-saat abba Salama, qui soudain fut pendu à un arbre avec ses habits de prêtre, devant la porte du palais. Le même jour, Chremation, frère de l'usurpateur Socinios ; Guebra-Danghel, gendre du ras Michaël, et plusieurs autres rebelles, subirent le même sort. Tel était pareillement l'usage des Perses.

Le principal supplice en Abyssinie est la croix. Un supplice plus terrible encore, c'est celui d'être écorché vif. Cet usage barbare subsiste encore en Abyssinie, et nous en avons la preuve par l'histoire du brave Woosheka, fait prisonnier pendant la campagne de 1769. La mort cruelle de cet infortuné fut un sacrifice fait à la vengeance de la belle Ozoro-Esther, qui, toute sensible et douce qu'elle était, ne put jamais pardonner à celui qu'elle regardait comme l'instrument de la perte de son époux.

Les Abyssiniens font aussi mourir les criminels en les lapidant. Ce supplice est assez ordinairement réservé aux étrangers, qu'ils appellent Francs, et surtout lorsqu'on les croit coupables en matière de religion. Les prêtres catholiques qu'on découvrit en Abyssinie, il n'y a que peu d'années, furent lapidés, et leurs corps sont encore dans les rues de Gondar, ensevelis sous les monceaux de pierres qui servirent à leur donner la mort. On voit trois de ces gros monceaux de pierres près de l'église d'Abbo.

Parmi les châtiments capitaux qu'on inflige en Abyssinie, nous pouvons compter celui d'arracher les yeux, usage barbare que j'ai vu souvent pratiquer dans le peu de séjour que j'ai fait dans ces contrées. C'est ordinairement la punition des rebelles. Après la sanglante bataille de Fagitta, douze chefs gallas, que le ras Michaël avait fait prisonniers, eurent les yeux arrachés, et furent ensuite poussés dans la campagne pour qu'ils y mourussent de faim, ou qu'ils y fussent dévorés par les lions et les hyènes. Plusieurs autres prisonniers de distinction, plusieurs nobles du Tigré, subirent le même sort; et ce qu'il y a d'étrange, c'est qu'aucun d'eux ne mourut dans l'instant ni à la suite du supplice, qui s'opère pourtant toujours avec des pinces de fer et de la manière la plus cruelle.

Le corps des personnes qu'on fait mourir en Abyssinie pour crime de haute trahison, de meurtre ou de violence, est communément exposé sur les places publiques et dans les grands chemins, et fort rarement enterré. Les rues de Gondar sont pavées des membres et des carcasses de ces malheureux, qui y attirent tant d'animaux féroces pendant la nuit, qu'il est très dangereux de sortir. Cette horrible coutume d'abandonner les cadavres des criminels est en pleine vigueur à Gondar. Les chiens s'emparent souvent de quelques membres, qu'ils charrient aussitôt dans les cours et dans les appartements pour pouvoir les dévorer avec plus de sécurité, ce qui ne manquait pas de me révolter; mais ils y revenaient si souvent, que j'étais enfin obligé de leur laisser le champ libre.

Quoique les Abyssiniens aient eu de tout temps beaucoup de rapports avec l'Égypte, ils ne paraissent pas avoir jamais fait usage du papier; mais, à l'imitation des Perses, ils se sont toujours servis et ils se servent encore pour écrire de peaux d'animaux.

Les Abyssiniens ne mangent ni ne boivent jamais avec les étrangers, quoiqu'ils n'aient maintenant aucune raison de s'en abstenir. La loi qui le leur défendait jadis est abolie, mais ils restent soumis à leur ancien préjugé. Ils brisent, ou du moins ils purifient avec soin leurs vases, lorsque quelque étranger s'en est servi pour manger ou pour boire, et cette coutume, qu'ils ont imitée des Égyptiens, ils la conservent, quoique le motif religieux qui y a donné naissance ne subsiste plus en Égypte.

Quelques historiens prétendent qu'autrefois toutes, les femmes égyptiennes jouissaient de la liberté d'avoir commerce avec tous les hommes, ce qui n'était pas ordinaire chez les autres nations orientales. Nous pouvons croire que cette coutume des Égyptiens leur venait de l'Abyssinie, car en Abyssinie les femmes vivent comme si elles étaient communes à tout le monde, et leurs plaisirs n'ont d'autres bornes que leur volonté. Cependant elles prétendent avoir pour principe, quand elles se marient, de n'appartenir qu'à un seul homme; mais elles ne s'en contraignent pas davantage, et ce devoir est, comme la plupart des autres, un objet de plaisanterie. Hérodote nous dit que de son temps il en était de même en Égypte.

Les Égyptiens comptaient pour rien l'état et le rang de la mère; l'enfant suivait la condition de son père, libre ou esclave. La même chose a encore lieu en Abyssinie. Le fils du roi et d'une négresse esclave, achetée ou prise à la guerre, n'a pas moins droit à la couronne que vingt autres enfants du même monarque, nés des mères les plus nobles de l'empire.

Jadis en Égypte les hommes ne se mêlaient ni de vendre ni d'acheter. Il en est encore de même en Abyssinie. C'est une espèce d'infamie pour un homme d'aller acheter quelque chose au marché. Il ne peut non plus, ni charrier de l'eau, ni pétrir du pain; mais il lave ses vêtements et ceux des femmes, sans que celles-ci puissent l'aider. Les hommes abyssiniens charrient toujours sur leur tête les fardeaux qu'ils ont à porter, et les femmes les charrient sur leurs épaules, différence qui avait également lieu en Égypte.

Il est certain que l'usage d'employer les femmes à vendre et à acheter doit avoir cessé dès que la jalousie a commencé et que l'on a voulu renfermer ce sexe : aussi y a-t-il long-temps qu'il n'a plus lieu en Égypte; mais, par la raison contraire, il subsiste en Abyssinie.

C'était un sacrilége en Égypte de manger un veau, et la raison en était bien naturelle : les Égyptiens adoraient la vache. Aujourd'hui même, en Abyssinie, personne ne mange du veau, quoiqu'on n'y fasse aucune difficulté de manger des bœufs et des vaches. Le principe égyptien est détruit, mais le préjugé reste.

Les Abyssiniens ne mangent ni des oiseaux sauvages, ni des oiseaux marins, ni même des oies, qui étaient regardées en Égypte comme un mets très délicat. La raison de cette différence vient de ce que, lors de leur conversion au judaïsme, ils furent obligés de renoncer à celles de leurs coutumes qui se trouvaient contraires aux lois de Moïse.

C'est ici que je veux remarquer une coutume contre nature qui est généralement pratiquée en Abyssinie, et qui, dans les premiers siècles, semble avoir été commune à tous les peuples du monde. Je ne croyais pas que les personnes qui avaient les plus légères notions historiques pussent ignorer combien cette coutume avait eu d'empire dans l'Orient ; cependant j'ai vu qu'elle était assez peu connue ; mais ce qui m'a surpris bien davantage, et qui est bien moins pardonnable, c'est qu'on ignore jusqu'aux premières lois par lesquelles Dieu l'a défendue.

Je rencontrai dans une de mes courses trois voyageurs qui avaient l'air de trois soldats et qui faisaient marcher devant eux une vache : ils firent halte au bord d'un ruisseau, et l'un d'eux coupa quelques tranches de viande sur le bas de la croupe de cette pauvre vache, après quoi ils la firent marcher comme auparavant. Quand je fus de retour en Angleterre, et que je racontai ce fait, on jeta les hauts cris, et des gens à qui les mœurs et les coutumes de l'Abyssinie étaient parfaitement étrangères soutinrent que la chose était impossible. Les jésuites qui ont séjourné plus de cent ans avant moi parmi les Abyssiniens racontent presque à chaque page de leur relation que ce peuple mange de la chair crue, et cependant mes contradicteurs n'en savaient rien. Poncet en a aussi parlé, mais le voyage de Poncet n'est pas lu. Enfin, si quelqu'un des auteurs qui ont écrit sur l'Éthiopie n'en a pas fait mention, c'est qu'il a cru que la chose était trop connue pour mériter qu'on la répétât encore.

Dans la capitale, où chacun est en tout temps à l'abri de toutes surprises, ou dans la campagne, dans les villages, quand les pluies constantes inondent tellement les vallées qu'il est impossible de les traverser même à cheval, et que personne n'ose se hasarder à quitter son habitation de peur d'être emporté par des torrents soudains et passagers qui tombent du haut des montagnes au moment où la pluie redouble ; enfin, quand on peut dire qu'on est en sûreté chez soi, et que l'épée et le bouclier sont suspendus dans le repos, les principaux habitants des villages, comme les citoyens des villes et les gens qui fréquentent la cour, se réunissent entre amis, tant hommes que femmes, pour dîner ensemble.

On place dans une grande salle une longue table entourée de bancs, sur lesquels les convives s'asseyent. L'usage des tables et des bancs a été introduit en Abyssinie par les Portugais. Autrefois on ne se servait dans les maisons que de cuirs de bœufs qu'on étendait à terre, et sur lesquels on se couchait à demi, comme on le fait encore à l'armée et dans la campagne. On conduit à la porte de la salle à manger une vache ou un taureau, suivant que la compagnie est nombreuse, et quand on a bien lié les pieds de l'animal, on lui fend la peau qui lui pend sous la gorge et que nous appelons le fanon, mais on la fend de manière à n'arriver qu'à la partie grasse qui compose ce fanon, et à se contenter de percer quelques petites veines d'où l'on fait couler à terre cinq ou six gouttes de sang seulement. On fait en sorte de tenir l'animal en vie jusqu'à ce qu'on ait achevé de le dévorer. Quand ils croient avoir satisfait à la loi de Moïse, en répandant à terre quelques gouttes du sang de l'animal, deux ou trois de la troupe se mettent à leur sanglant ouvrage. Ils commencent par lui lever la peau de chaque côté du dos ; ensuite, enfonçant leurs doigts entre cuir et chair, ils l'écorchent jusqu'à la moitié des côtes et sur la croupe, coupant toujours la peau dans les endroits où ils seraient gênés pour la lever ; puis ils dépècent la viande sans toucher aux os, et les mugissements plaintifs du pauvre animal sont le signal auquel on se met à table.

Au lieu d'assiettes on sert devant chaque convive des gâteaux ronds de l'épaisseur d'environ un demi-travers de doigt. C'est une espèce de pain sans levain, d'un goût un peu aigre, mais agréable et facile à digérer. On le fait avec du teff ; il est de différentes couleurs, tantôt bis, tantôt très blanc. Il y a communément deux ou trois de ces gâteaux vis-à-vis de chaque convive, avec quatre ou cinq pains bis ordinaires, dont les maîtres se servent seulement pour s'essuyer les doigts en dînant, et que les esclaves mangent ensuite.

Dès que les convives sont assis, trois ou quatre domestiques s'avancent, portant chacun dans leurs mains un grand morceau de chair crue et saignante, qu'ils posent sur les gâteaux de teff, qui servent à la fois de plats et de nappe. Tous les hommes tiennent à la main le même coutelas dont ils font usage à la guerre, et les femmes ont de mauvais petits couteaux, à peu près pareils a ces couteaux de deux sous qu'on fabrique à Birmingham.

La compagnie est toujours placée de manière qu'un homme se trouve assis entre deux femmes. Les hommes coupent alors un morceau de viande, chacun de la grandeur des pièces de *beef-steak* anglaises, et l'on distingue encore facilement dans ces morceaux de viande le mouvement des fibres et des esprits vitaux. Les Abyssiniens d'une classe au dessus du commun ne touchent jamais eux-mêmes à leur manger : les femmes prennent la viande, la coupent d'abord par aiguillettes de la grosseur du petit doigt, et ensuite en petits morceaux carrés, qu'elles couvrent de sel fossile et de poivre noir, de la même espèce que le poivre de Cayenne, et qu'elles enveloppent dans un morceau de pain de teff.

Les hommes, ayant alors remis leurs coutelas dans leurs fourreaux, appuient leurs mains sur les genoux de chacune de leurs voisines, se tiennent le corps penché, la tête avancée, et la bouche ouverte comme des idiots, se tournant sans cesse du côté des mains qui leur présentent le morceau, et qui les empâtent si bien qu'ils courent grand risque d'être étouffés. C'est là une marque de grandeur; celui qui avale les plus gros morceaux et qui fait le plus de bruit en les mâchant est regardé comme le mieux élevé et celui qui sait le mieux vivre. Aussi y a-t-il parmi eux un proverbe qui dit · « Les mendiants et les voleurs n'avalent que de petits morceaux sans faire du bruit. »

Dès qu'un homme a expédié le morceau présenté par une de ses voisines, ce qui est ordinairement fort prompt, il se tourne vers l'autre, et va ainsi alternativement jusqu'à ce qu'il ait pris sa réfection. Il ne boit jamais qu'après avoir achevé de manger, et, avant de boire, il roule deux ou trois petits morceaux de viande pareils à ceux qu'on lui a servis, et il les présente des deux mains à ses deux voisines, qui ouvrent la bouche toutes deux à la fois; par ce moyen il leur marque sa reconnaissance. Il commence à boire dans une grande et belle corne, pendant que les femmes continuent de manger; et quand elles ont fini, tout le monde boit à la ronde, en chantant « Vive la joie et la jeunesse! » On se livre à une gaîté bruyante et à des jeux qui finissent rarement sans querelle.

Cependant la malheureuse victime qu'on a déchirée et dévorée en partie saigne toujours, mais saigne peu, à la porte de ce barbare festin, parce que, tant qu'on peut enlever de viande sans toucher aux os, on ne coupe point les cuisses ni aucune des parties où sont les artères. Mais enfin on en vient là, et bientôt après que l'animal a perdu tout son sang, il devient si coriace, que les cannibales sont obligés de lui arracher le reste de sa chair avec les dents, et de la dévorer comme de vrais chiens.

Ceux qui ont dîné à table sont alors très animés; l'amour leur fait sentir tous ses feux, et tout se permet avec une excessive liberté. Point de pudeur, point de délais, point d'asyle secret et mystérieux pour satisfaire leurs désirs. L'autel de Bacchus devient celui où Vénus reçoit leurs sacrifices. Un couple d'amants descend de son banc pour se placer plus commodément. Aussitôt les deux hommes qui sont le plus près d'eux élèvent leurs manteaux, et les cachent aux autres convives; mais si l'on doit en croire le bruit qu'ils font, ils regardent comme une aussi grande honte de garder le silence en faisant l'amour qu'en mangeant. Quand ils ont repris leur place à table, tous les convives boivent à la santé du couple heureux, et son exemple est imité de chaque côté suivant qu'on se trouve placé. Tout cela se passe sans causer le moindre scandale, sans même qu'on se permette des paroles licencieuses ni des plaisanteries.

Les femmes qui assistent à ces festins sont pour la plupart distinguées par leur naissance et par leur caractère, et elles et leurs amants se donnent réciproquement le titre de *woodage,* qui répond précisément à ce qu'on appelle en Italie un *sigisbé*. Je ne sais pas si je me trompe, mais il me semble que ce mot de *sigisbé*, ou l'usage qui l'a fait créer, est hébreu. Dans la langue hébraïque *schus chis beüm* signifie compagnon de l'épouse; la seule différence, c'est qu'en Europe les assiduités des sigisbés durent toujours, et que chez les Juifs elles cessaient quelques jours après la noce. L'aversion qu'ont nos dames pour le judaïsme les a sans doute engagées à prolonger cette pratique juive pour mieux la dénaturer.

Les anciens Égyptiens se purgeaient régulièrement trois fois par mois, et cette coutume s'est conservée parmi les Abyssiniens. Un arbre leur fournit le purgatif dont ils se servent.

Quoique les jésuites aient beaucoup parlé des mariages et de la polygamie des Abyssiniens, il n'en est pas moins certain qu'en Abyssinie on n'y connaît point ce que nous entendons par le mariage; mais, quand on se convient mutuellement, on se lie sans aucune cérémonie; on se quitte, on se reprend autant de fois qu'on veut, et même après qu'une femme qui a fait divorce avec son premier mari a eu des enfants d'un autre. Je me souviens d'avoir vu à Koscam, chez l'iteghé, une femme de la première qualité, et il y avait dans le même cercle sept hommes qui tous avaient été ses maris, et dont aucun n'était alors l'époux en titre.

Quand deux époux se séparent, ils partagent leurs enfants : le fils aîné revient à la mère, et la fille aînée au père. S'il n'y a qu'une seule fille, et que tous les autres enfants soient garçons, cette fille lui revient également. De même, si dans le nombre des enfants il n'y a qu'un seul garçon, ce garçon va de droit à la mère. Quand le nombre des enfants est inégal, après qu'on a choisi les deux aînés, les autres sont tirés au sort. Depuis le roi jusqu'au dernier de ses sujets, il n'y a point de distinction entre les enfants légitimes et les bâtards, car, si l'on supposait un premier mariage valide, tous les enfants qui proviendraient des autres seraient adultérins.

Voici toutes les cérémonies que suit le roi quand il choisit une femme. Il envoie chez elle un azage, et cet officier lui déclare que le roi désire qu'elle vienne habiter à l'instant dans son palais. Aussitôt elle se pare avec le plus de magnificence qu'il lui est possible, et elle obéit aux ordres du monarque, qui non seulement lui donne un appartement dans son palais, mais encore une maison dans l'endroit qu'elle préfère. Quand ce prince déclare une de ses femmes iteghé, cela ressemble un peu plus à un mariage, car, soit qu'il se trouve alors dans sa capitale, ou dans son camp, il ordonne à l'un des juges de prononcer en sa présence que lui, le roi, a choisi sa servante, qu'on nomme par son nom, pour reine, et alors on la couronne, mais sans l'oindre.

La couronne étant élective dans une seule famille, et la polygamie perraise, les héritiers se sont considérablement multipliés, et les disputes ont été si fréquentes, qu'il a fallu chercher un moyen de remédier à l'anarchie et à l'effusion du sang royal, qui sans cela seraient devenues inévitables. Ce moyen est doux et humain. On confine tous les princes de la race de Salomon sur une montagne très élevée, où le climat est salubre. On leur enseigne à lire et à écrire, mais leur éducation se borne à cela. L'état paie les frais de leur entretien, et en conséquence il leur est alloué sept cent cinquante pièces d'étoffes et trois mille onces d'or.

Cependant ces princes sont quelquefois sévèrement traités, et dans les temps de troubles on les met à mort sur le moindre soupçon. Tandis que j'étais en Abyssinie, leur revenu était si cruellement détourné par l'avare et dur ras Michaël, que quelques uns périrent, dit-on, de faim et de soif. Le roi lui-même, autant que je pus m'en apercevoir, ne montra jamais qu'il eût pour eux cette compassion qu'on aurait dû attendre d'un prince qui avait partagé leurs maux; peut-être cachait-il ses sentiments par crainte de son vieux et despotique ministre.

Quoi qu'il en soit, nous ne pouvons nous empêcher de trouver heureuse la situation de ces princes, si nous la comparons à celle des princes de Nubie, leurs voisins. Ceux-ci ne sont point emprisonnés sur une montagne; mais à la mort du roi leur père, on les égorge tous, par l'ordre de celui qui monte sur le trône, et leurs enfants, s'ils en ont, sont exterminés comme eux. Le même usage a lieu dans tous les états nègres qui sont au midi du Sennaar, tels que ceux de Darfour, de Selé et de Bargima.

Les écrivains qui ont jusqu'à présent parlé des forces militaires de l'Abyssinie les ont beaucoup exagérées. Les armées les plus nombreuses qui sont entrées en campagne, à ce que m'ont dit les plus anciens officiers, étaient celles qui combattirent à la bataille de Serbraxos, et je crois que, quand ces armées campèrent au bord du lac Tzana, les troupes du roi avec celles des rebelles ne montaient guère qu'à environ cinquante mille hommes. Dans l'espace de quinze jours une grande partie déserta, et quand le roi sortit de Gon dar, il ne restait pas plus de trente mille combattants.

Les étendards des Abyssiniens sont de grands bâtons passés dans une espece de tube surmonté d'une boule trouée, d'où pend une étroite banderole d'étoffe de soie, taillée en queue d'hirondelle, et flottant au gré du vent L'on vit pour la première fois dans la guerre du Begemder des drapeaux semblables à des pavillons de navire flotter en l'honneur du roi Théodore; ils étaient rouges, d'environ huit pieds de long et trois pieds de large; mais ils ne parurent que pendant deux jours, et ils eurent trop peu de succès pour faire espérer qu'ils deviendraient à la mode.

L'infanterie a des étendards peints de deux couleurs différentes, et par bandes qui se croisent en jaune et en blanc, ou en rouge et en vert; mais les étendards de la cavalerie portent un lion, rouge, vert ou blanc. La seule cavalerie noire est distinguée par un drapeau rouge où est peint un lion jaune, au dessus duquel il y a une étoile blanche.

La maison du roi est composée d'environ huit mille hommes d'infanterie, dont deux mille sont armés de fusils, et remplacent les archers. L'arc est mis de côté depuis cent ans, et il n'y a plus que les Shangallas-Waitos et quelques autres petites nations de barbares qui s'en servent.

Les deux mille fusiliers dont je viens de parler sont divisés en quatre corps, dont chacun est commandé par un *shalaka*, titre qui répond à celui de colonel. Il y a d'abord un officier par chaque vingtaine d'hommes, et un officier par chaque cinquantaine, de sorte que cinquante hommes sont commandés par trois officiers, cent par six, et cinq cents par trente, qui obéissent au shalaka. Ces corps s'appellent *bet*, mot qui signifie maison ou appartement Chacun porte le nom d'un des appartements du roi : par exemple, il y a un appartement qui s'appelle *anbaza-bet*, ou l'appartement du lion, et la troupe du même nom en est spécialement chargée et y monte la garde ; un autre appartement s'appelle *jan-bet*, c'est-à-dire la maison de l'éléphant, et a également un corps qui porte son nom; un troisième s'appelle *werk-sacala*, c'est-à-dire la maison de l'or, et sert à distinguer un troisième corps; ainsi du reste. Quant à la cavalerie, il est inutile que j'en dise rien ici, puisque j'en ai déjà parlé.

Il y a quatre corps que le roi commande en personne, et qui ne doivent former entre eux que le nombre de seize cents hommes. Ils sont composés d'étrangers, du moins quant aux officiers, et ils gardent le monarque quand il est en campagne. Dans les temps où le roi s'écarte un peu des règles ordinaires, ces corps ont quelquefois jusqu'à quatre ou cinq mille hommes, qui oppriment le pays, parce que leurs priviléges sont très étendus; mais quand le prince est faible, on les tient incomplets, parce qu'ils inspirent de la crainte et de la jalousie. C'est du moins ce qui avait lieu de mon temps.

Quand le roi veut entrer en campagne, il fait faire trois proclamations. La première est conçue en ces termes : « Achetez vos mules, tenez vos provisions prêtes, car après tel jour ceux qui me chercheront ici ne m'y trouveront pas. » La seconde a lieu une semaine ensuite, si les affaires l'exigent; voici ce qu'elle porte : « Abattez le *kantuffa* dans les quatre parties du monde, car je ne sais pas où je vais. » Ce kantuffa est un arbuste terrible qui embarrasse beaucoup dans leur marche le roi et la cavalerie, dont la longue chevelure et les habillements flottants s'accrochent à ses épines. La dernière proclamation dit : « Je suis campé sur les bords de l'Angrab ou du Kahha. Quiconque ne viendra pas m'y joindre sera puni pour sept ans. » Je fus incertain de ce que signifiait ce terme de sept ans ; mais ensuite je me rappelai que les Juifs avaient tous les sept ans un jubilé, où les outrages, les dettes, les torts de toute espèce étaient oubliés.

Les pluies cessent ordinairement le 8 septembre, et les maladies font beaucoup de ravage jusque vers le 20 octobre, où la pluie recommence et tombe continuellement, mais modérément, pour s'arrêter le 8 de novembre, jour de la fête de saint Michel. Toutes les épidémies disparaissent avec les dernières pluies, et c'est l'époque où les armées entrent en campagne.

Religion. Circoncision. Excision, etc.

Il n'y a pas de pays au monde où l'on ait bâti autant d'églises qu'en Abyssinie. Quoique le terrain soit excessivement montueux, et qu'on ne puisse conséquemment y jouir que d'une vue très bornée, il est rare qu'on n'y voie pas cinq ou six églises à la fois ; mais si l'on se trouve par hasard dans quelque endroit élevé d'où la vue puisse s'étendre, on en découvre cinq fois autant. Chaque homme puissant qui laisse de quoi bâtir une église après sa mort, ou qui en a bâti une de son vivant, croit par ce moyen expier tout le mal qu'il a pu faire. Le roi en bâtit toujours un grand nombre. Dès qu'on remporte une victoire on élève soudain une église au milieu du champ infecté par les cadavres des vaincus.

Les Abyssiniens ont grand soin de placer les églises auprès des eaux courantes, car ils observent rigoureusement les lois mosaïques pour tout ce qui a rapport aux ablutions et aux purifications. Ils choisissent aussi, autant qu'ils le peuvent, le sommet des montagnes dont la forme est la mieux arrondie, la plus élégante, et où croît cette espèce de cèdre magnifique que nous appelons cèdre de Virginie, et qui dans la langue éthiopienne se nomme *arz*. Il est certain qu'il n'y a rien qui rende l'Abyssinie plus agréable à la vue et plus pittoresque que ces églises et ces bois de cèdres qui les environnent.

Parmi les bois de cèdres croissent de distance en distance ces autres beaux arbres que les Abyssiniens appellent *cussos*, qui s'élèvent à une très grande hauteur et qui offrent toujours un coup d'œil ravissant.

Toutes les églises sont rondes et couvertes d'un toit de chaume en forme conique ; tout autour un grand nombre de cèdres, qu'on a étêtés à environ huit pieds des murailles de l'église, et sur lesquels le toit vient s'appuyer, forment une colonnade circulaire où l'on peut se promener et se mettre à l'abri, soit lorsqu'il pleut, soit dans les moments de la grande chaleur. L'intérieur de l'église est, conformément à la loi de Moïse, divisé en plusieurs compartiments : il y a d'abord une balustrade en rond, en dedans de laquelle on s'assied pour prier; puis dans la balustrade un carré fermé par un rideau, et au milieu de ce carré il y en a encore un autre, qui répond au saint des saints : ce dernier est si étroit, qu'il n'y a que les prêtres qui s'y placent. Toutes les fois qu'on entre dans l'église il faut être nu-pieds.

L'intérieur de l'église est toujours tapissé de tableaux en parchemin et attachés avec des clous, ce qui ressemble assez à ce que nous voyons en Angleterre dans les les cabarets de campagne. Ce genre de tableaux a été de tout temps connu des scribes, et n'approche pas, à beaucoup près, de nos plus mauvaises enseignes. Quelquefois les Abyssiniens font venir du Caire, pour leurs églises, des portraits de saints et d'autres peintures en parchemin qui ne valent pas mieux que celles qu'ils font chez eux : tout cela est pendu tout autour et forme une espèce de frise; on y voit saint George foulant aux pieds son dragon, et saint Démétrius combattant un lion. Les saints de l'Ancien-Testament marchent de pair avec ceux du Nouveau; les saints peuvent même n'être connus pour tels ni dans le Nouveau, ni dans l'Ancien. Il y a un saint Ponce-Pilate et sa femme, un saint Balaam et son ânesse, un saint Samson armé d'une mâchoire d'âne; ainsi du reste. Mais la chose qui me surprit le plus ce fut de voir sur la mitre d'un prêtre qui administrait les sacrements à Adowa une miniature carrée représentant Pharaon, monté sur un cheval, s'enfonçant dans la mer Rouge, et environné de fusils et de pistolets qui flottaient sur les eaux.

On ne voit jamais de figures sculptées dans les églises abyssiniennes, ce serait regardé comme une idolâtrie; on est même si scrupuleux à cet égard, qu'une croix qui a été faite pour mettre au dessus de la boule du *sendick* ou de l'étendard royal n'est pas portée, parce qu'elle donne un peu d'ombre. Quant aux peintures, il n'y a point de doute que les Abyssiniens n'en aient connu l'usage dès les premières années de leur conversion au christianisme.

Les Abyssiniens considèrent l'abuna comme le patriarche de leur église, car ils connaissent fort peu le patriarche d'Alexandrie. Comme l'abuna entend rarement la langue abyssinienne, il ne prend aucune part au gouvernement; il ne va même chez le roi que dans les jours de cérémonie. Sa plus grande occupation est l'ordination des ecclésiastiques. Beaucoup d'hommes et d'enfants se présentent tous à la fois devant lui, et se tiennent debout à une certaine distance, n'osant s'en approcher, par humilité. Il leur demande qui ils sont, et ils lui répondent qu'ils désirent d'être diacres; alors il fait quelques signes avec une petite croix de fer qu'il tient à la main, puis il souffle deux ou trois fois sur eux en disant : « Soyez diacres. »

C'est de la même manière que l'abuna fait des moines. Quand il passe à cheval, une troupe de gens s'assemblent à environ cinq cents pas de lui, et entonnent un cantique mélancolique. Il demande qui sont ces gens portant barbe. Ils répondent qu'ils désirent devenir moines. Il fait quelques signes avec sa croix de fer, souffle sur eux, et leur dit d'être moines.

Les moines abyssiniens ne vivent point dans des couvents, comme en Europe, mais dans de petites maisons particulières qu'ils bâtissent autour de leurs églises, et chacun d'eux cultive le petit champ qui lui est assigné pour vivre. Les prêtres jouissent d'une pension sans avoir besoin de travailler. Le roi nomme un intendant laïque pour percevoir tous les revenus des églises, et c'est sur ce revenu qu'on paie aux prêtres leur pension. Jamais l'abuna, ni aucun autre ecclésiastique, ne se mêle de l'administration des biens des églises.

J'ai déjà dit que les Agaazis, les prédécesseurs du peuple qui des montagnes d'Habab est venu s'établir dans le Tigré, étaient des pasteurs errants sur les bords de la mer Rouge, qu'ils parlaient le géez, qu'ils étaient le seul peuple d'Abyssinie qui connût l'usage des lettres, et qu'ils pratiquaient tous, hommes et femmes, la circoncision. Ce qui a rapport à la circoncision des hommes est connu de toutes les personnes les moins versées dans l'histoire juive; mais la circoncision des femmes est, autant que je puis le savoir, une pratique des gentils, pratique bien plus généralement répandue que la première dans cette partie de l'Afrique, limitrophe de l'Égypte et de l'Arabie. Je l'appellerai l'excision, pour tâcher d'exprimer par un mot décent une opération singulière, et, suivant nos mœurs, fort peu décente.

L'excision est en usage chez les Falashas comme chez les Agaazis, aussi bien que la circoncision des hommes. Mais ces deux nations diffèrent sur la manière de les pratiquer.

Les Abyssiniens se servent pour circoncire d'un couteau très bien aiguisé. Ils ne déchirent rien avec les ongles, et ils ne répètent aucune parole, ni ils ne font aucune cérémonie religieuse durant l'opération, pour laquelle il n'y a point d'âge déterminé, et qui est faite ordinairement par une femme.

Quant aux Falashas, tantôt ils emploient un morceau de pierre ou un caillou bien tranchant, tantôt un couteau, un rasoir ou les ongles de leurs petits doigts, qu'ils laissent croître assez pour cela. Pendant le moment de l'opération le prêtre chante ces paroles : « Gloire soit à toi, ô mon Dieu ! qui as ordonné la circoncision ! » L'époque de la circoncision des Falashas est fixée au huitième jour de la naissance, et ils la regardent comme un rite religieux, dont l'institution remonte à Abraham, à qui Dieu la recommanda.

Mais les Abyssiniens pensent différemment ; ils ne croient pas qu'il y ait rien de pieux dans la circoncision, et quand on leur demande pourquoi ils l'observent, leur réponse est que Jésus-Christ et les apôtres étaient circoncis, mais qu'ils n'ont dit nulle part que ce fût nécessaire pour être sauvé. D'un autre côté, quand ils parlent de la répugnance invincible qu'ils ont pour manger ou boire avec des étrangers, ils disent que c'est parce que ces étrangers sont incirconcis; mais avec les Égyptiens et les Cophtes, qui sont également étrangers, ils ne font pas la même difficulté.

La manière indécente et barbare dont Samson prouva sa victoire est imitée par les habitants du Tigré, qui se sont toujours circoncis, parce que les nations répandues autour d'eux ne l'ont jamais été. Ils ne se contentent pas même d'enlever le prépuce à l'ennemi qu'ils ont vaincu, ils lui coupent la verge et toutes les parties de la génération, et ils viennent présenter à leurs généraux ces barbares trophées.

Dès que les Abyssiniennes perdent un parent ou un amant, elles se font sur chaque tempe une incision de la grandeur d'une pièce de quinze sous, avec l'ongle de leur petit doigt, qu'elles laissent croître exprès pour cela; de sorte qu'en Abyssinie on voit presque toujours sur le visage des femmes quelque cicatrice, et dans la saison où l'armée est en campagne, elles ont bien rarement le temps de laisser cicatriser leurs tempes.

Les Abyssiniens, ainsi que les anciens Égyptiens qui furent leur première colonie, ont continué, dans la computation du temps, à se servir de l'année solaire.

On ignore d'où dérivent les noms de leurs mois, mais il est certain qu'ils n'ont de signification dans aucune des langues qu'on parle en Abyssinie.

Les Abyssiniens font remonter leur calcul à la création du monde; mais ils ne s'accordent pas tout à fait sur cette époque ni avec les Grecs, ni avec aucune des nations orientales, qui comptent cinq mille cinq cent huit ans depuis la création jusqu'à la naissance du Christ. Ils adoptent bien les cinq mille cinq cents ans, mais ils rejettent les huit années de fraction.

Les Abyssiniens ont encore une autre manière de diviser le temps, qui leur est particulière : ils lisent chaque année dans leurs églises les quatre évangélistes, en commençant par saint Mathieu, passant à saint Marc, ensuite à saint Luc, et finissant par saint Jean; puis quand ils parlent d'un événement, ils disent qu'il arriva dans les jours de Mathieu, ou de Jean, c'est-à-dire dans le temps de l'année où l'évangile de Mathieu ou de Jean était lu dans les églises.

Ils divisent aussi le jour d'une manière bien arbitraire, mais surtout bien irrégulière. Le crépuscule est si court à Gondar qu'on a à peine le temps de s'en apercevoir, et en Shoa, où la cour a résidé long-temps, il est encore plus rapide. Dès que le disque du soleil disparaît de l'horizon, il est absolument nuit, et toutes les étoiles font étinceler leurs feux. Les Abyssiniens choisissent le moment après ce crépuscule pour le commencement de leurs journées : ils l'appellent *naggé,* jusqu'au moment du crépuscule du matin. Ils se servent du mot *meset* pour exprimer l'instant même où le soleil commence à disparaître jusqu'à celui du lever des étoiles. Ils appellent le milieu du jour *kater,* mot très ancien, qui signifie le faîte ou le plus haut point d'une arche; et quand ils parlent de choses arrivées dans quelque autre moment de la journée, ils indiquent du doigt l'endroit où le soleil était alors.

LEVAILLANT.

VOYAGE DANS LE MIDI DE L'AFRIQUE.

La ville du Cap et ses habitants. Productions. Vents, pluies. Chasse périlleuse. Ile des Marmottes. Chasse au tigre. Montagnes de la Table et du Lion.

Parmi les explorateurs de l'Afrique Levaillant doit occuper un des premiers rangs. Naturaliste distingué, il fut encore judicieux observateur, et la relation de ses voyages fourmille de détails à la fois instructifs et amusants. Jeune encore il manifesta un violent amour pour l'étude de l'histoire naturelle, et tous ses efforts tendirent à satisfaire cette passion, qui devait l'immortaliser. Quand après bien des traverses il lui fut enfin permis de se livrer à ses goûts favoris, il ne crut pouvoir choisir un théâtre plus favorable pour ses opérations que le sud de l'Afrique, ces contrées si riches en productions naturelles. Il s'embarqua donc le 19 décembre 1780, et après trois mois dix jours de traversée il mouilla dans la baie de la Table.

J'étais impatient, dit-il, de connaître ce pays nouveau, où je me voyais transporté comme en songe. Tout se présentait à mes regards sous un aspect imposant, et déjà je mesurais de l'œil les déserts immenses où j'allais m'enfoncer.

La ville du Cap est située sur le penchant des montagnes de la Table et du Lion. Elle forme un amphithéâtre qui s'allonge jusque sur les bords de la mer. Les rues, quoique larges, ne sont point commodes, parce qu'elles sont mal pavées. Les maisons, presque toutes d'une bâtisse uniforme, sont belles et spacieuses; on les couvre de roseaux pour prévenir les accidents que pourraient occasionner des couvertures plus lourdes, lorsque les gros vents se font sentir. L'intérieur de ces maisons n'annonce point un luxe frivole; les meubles sont d'un goût simple et noble; jamais on n'y voit de tapisseries, quelques peintures et des glaces en font le principal ornement.

L'entrée de la ville par la place du Château offre un superbe coup d'œil. C'est là que sont assemblés en partie les plus beaux édifices; on y découvre d'un côté le jardin de la Compagnie dans toute sa longueur, de l'autre les fontaines dont les eaux descendent de la Table par une crevasse qu'on aperçoit de la ville et de toute la rade. Ces eaux sont excellentes et fournissent avec abondance à la consommation des habitants, ainsi qu'à l'approvisionnement des navires qui sont en relâche.

En général, les hommes me parurent bien faits et les femmes charmantes. J'étais surpris de voir celles-ci se parer avec la recherche la plus minutieuse de l'élégance de nos dames françaises; mais elles n'ont ni leur ton ni leurs grâces. Comme ce sont toujours les esclaves qui donnent le sein aux enfants du maître, la grande familiarité qui règne entre eux influe beaucoup sur les mœurs et l'éducation. Celle des hommes est plus négligée encore, si l'on excepte les enfants des riches, qu'on envoie en Europe pour les faire instruire, car on ne voit au Cap d'autres instituteurs que des maîtres d'écriture.

Les femmes touchent presque toutes du clavecin, c'est leur unique talent. Elles aiment à chanter, et sont folles de la danse; aussi est-il rare qu'il n'y ait pas plusieurs bals par semaine. Les officiers des navires en relâche qui sont en rade leur procurent souvent ce plaisir. A mon arrivée, le gouverneur s'était mis dans l'usage de donner tous les mois un bal public, et les personnes distinguées de la ville suivaient son exemple.

J'étais étonné qu'il n'y eût ni café ni auberge dans une colonie où il arrive tant d'étrangers; mais il est vrai qu'on trouve à peu près à se loger chez tous les particuliers. Le prix ordinaire pour la chambre et la table est une piastre par jour, ce qui est assez cher quand on songe à la valeur modique des denrées du pays.

Quoi que puissent dire les enthousiastes du Cap, il me semble que nos fruits y ont bien dégénéré. Le raisin seul m'y parut délicieux; les cerises sont rares et mauvaises; les poires et les pommes ne valent pas mieux, et ne se conservent point. En revanche, les citrons et les oranges sont excellents, les figues délicates et saines; mais la petite banane, autrement le pisan, est de mauvais goût. Ne faut-il pas s'étonner que dans un aussi beau pays, sous un ciel aussi pur, si l'on excepte quelques baies assez fades, il ne se trouve aucun fruit indigène? L'asperge et l'artichaut ne croissent point au Cap, mais tous les autres légumes d'Europe y semblent naturalisés : on en jouirait toute l'année, si le vent du sud-est, qui règne pendant trois mois, ne desséchait la terre au point de la rendre incapable de toute espèce de culture; il souffle avec tant de furie, que pour préserver les plantes on est obligé de faire à tous les carreaux du jardin un entourage de forte charmille. La même chose se pratique à l'égard des jeunes arbres, qui, malgré ces précautions, ne poussent jamais de branches du côté du vent, et se courbent toujours du côté opposé, ce qui leur donne une triste figure; en général, il est très difficile de les élever.

Le vent dont je viens de parler s'annonce au Cap par un petit nuage blanc qui s'attache d'abord à la cime de la montagne de la Table, du côté de celle du Diable. L'air commence alors à devenir plus frais. Peu à peu le nuage augmente et se développe; il grossit au point que tout le sommet de la Table en est couvert : on dit alors communément que la montagne a mis sa perruque. Cependant le nuage se précipite avec violence et pèse sur la ville : on croirait qu'un déluge va l'inonder et l'ensevelir; mais à mesure qu'il gagne le pied de la montagne, il se dissipe, il s'évapore, il semble même qu'il se réduise à rien. Le ciel continue d'être calme et serein sans interruption; il n'y a que la montagne qui se ressente de ce court moment de deuil, qui lui dérobe la présence du soleil.

La durée ordinaire de cette espèce d'orage est de trois jours consécutifs; quelquefois il continue sans relâche beaucoup plus long-temps. Souvent aussi il cesse tout d'un coup : l'atmosphère alors devient brûlante, et, pendant les trois mois qu'il règne, s'il lui arrive de cesser plusieurs fois de cette manière, c'est un pronostic assuré de beaucoup de maladies.

La saison des pluies commence ordinairement vers la fin d'avril. Elles sont plus abondantes et plus fréquentes à la ville que partout ailleurs dans les environs; en voici la raison naturelle : le vent du nord fait au Cap ce que fait en France celui du sud-ouest, il voiture les nuages, qui, passant sur la ville, vont s'arrêter et se briser contre la Table, le Diable et le Lion. Les pluies sont alors continuelles au Cap, tandis qu'à deux lieues à la ronde on jouit du plus beau ciel et du temps le plus sec. Quelquefois elles tombent sur toute la partie qui se trouve entre la baie de la Table et la baie Falso, à l'est de cette chaîne de monts énormes qui s'étendent jusqu'à l'extrémité de la pointe d'Afrique, tandis que le côté ouest est pur et sans nuages. C'est une faible image de ce qui arrive aux côtes de Coromandel et du Malabar, excepté qu'ici ce spectacle est plus merveilleux, parce qu'il est plus sensible et plus rapproché. En effet, de deux amis partant ensemble de la ville pour aller à la baie Falso, celui qui prend sa route à l'est de la montagne emporte son parapluie, celui qui va par l'ouest emporte son parasol. Ils arrivent au rendez-vous, l'un haletant et trempé de sueur, l'autre mouillé et glacé par la pluie.

Après un séjour de deux mois au Cap, je partis pour la baie de Saldanha. Quelques jours après mon arrivée, le commandant du poste me proposa de chasser avec lui. Le lendemain nous nous mîmes effectivement en route. Nous voyions beaucoup de gibier, et nous ne pûmes jamais parvenir à en joindre

dre une seule pièce. Vers le déclin au jour, le hasard nous ayant séparés, comme si le sort eût voulu me familiariser tout d'un coup avec les dangers que j'étais venu chercher de si loin, je reçus une leçon à laquelle je ne m'attendais guère, et je fis pour la première fois une épreuve un peu rude, qui fera frissonner plus d'un brave citadin. Les coups de fusil que je tirais çà et là éveillèrent une petite gazelle; mon chien se mit à la poursuivre, et, s'arrêtant à un très gros buisson, il commença ses aboiements, tournant sans cesse autour du buisson. J'imaginai que la gazelle s'y était retirée; j'accourus dans l'espérance de la tuer : ma présence et ma voix excitaient merveilleusement mon chien. J'attendais à chaque instant que la gazelle parût; mais, lassé de ne rien voir sortir, j'entrai moi-même dans l'épaisseur du buisson, frappant de côtés et d'autres avec mon fusil pour écarter les branches qui me coupaient le passage. Je n'exprimerai jamais comme je l'ai senti la stupeur et l'effroi qui me glacèrent lorsque, parvenu jusqu'au centre du fourré, je me vis face à face d'une énorme et furieuse panthère. Son geste, dès qu'elle m'aperçut, ses prunelles ardentes et fixées sur moi, son cou tendu, sa gueule à demi béante et le sourd hurlement qu'elle laissait échapper, semblaient trop annoncer ma destruction ; je me crus dévoré. La tranquillité courageuse de mon chien me sauva. Il tint l'animal en arrêt et le fit balancer entre sa fureur et sa crainte. Je reculai doucement jusqu'au bord du buisson; mon admirable chien imitait tous mes mouvements, serrant de près son maître, et résolu sans doute de périr avec lui. Je regagnai la plaine et repris au plus vite le chemin du poste, regardant de temps en temps derrière moi. Cependant j'entendais dans l'éloignement des coups de fusil tirés par intervalle; je jugeai bien qu'ils étaient de mon compagnon, qui me cherchait.

Il faisait nuit : je ne fus pas curieux de l'aller joindre, et le laissai tirer à son plaisir. Il arriva enfin, mais fort tard. Sa surprise, en me voyant sain et sauf et bien entier, fut égale à sa joie. Il m'avoua qu'il avait jugé, par la façon dont mon chien aboyait, que j'étais aux prises avec une hyène ou quelque tigre, et que, ne m'entendant point répondre à ses coups de fusil, il m'avait cru déchiré par morceaux. Cette aventure, lorsque je la lui eus racontée en détail, finit par nous faire beaucoup rire. Ce qu'il m'apprit à son tour sur ce que j'aurais dû tenter dans cette rencontre me fit regretter de n'avoir point tiré l'animal. Au reste, si nouveau dans la patrie des bêtes féroces, celle-là était la première que j'eusse ainsi contemplée, et j'ignorais complétement comment il fallait s'y prendre avec les panthères. C'est ainsi que j'amusais mes loisirs et me préparais insensiblement à de plus grands dangers !

Nous nous rendions fort souvent à l'île Schaapen, pour y tuer des lapins.

Dans une de ces promenades, qui jusque là ne nous avaient procuré que de l'agrément, nous nous vîmes à deux doigts de la mort. Il s'éleva tout à coup, à côté de notre chaloupe, un cachalot qui nous fit une peur effroyable : il était si près, que, dans la crainte qu'en retombant il ne nous fît chavirer et ne nous engloutît à jamais sous son énorme poids, nos matelots sautèrent à l'eau ; mais celui qui était au gouvernail revira si lestement que nous évitâmes le monstre. Cet animal s'était élancé au moins de douze pieds hors de l'eau ; il nous arrosa tous en replongeant, et notre chaloupe reçut une si violente commotion, qu'elle faillit d'être submergée. Il est certain que, sans la présence d'esprit de notre pilote, aucun de nous n'échappait à la mort.

Le cachalot porte ordinairement soixante à quatre-vingts pieds de long, quelquefois davantage. Souvent il se dresse perpendiculairement au dessus de la mer, jusqu'à moitié de sa longueur, et lorsque cette lourde masse retombe, le bruit d'un coup de canon et le bruit de sa chute n'ont point de différence.

On découvre encore à l'entrée de la baie de Saldanha une petite île appelée *Dassen-Eyland* (île des Marmottes). J'ignore si, dans les temps antérieurs, on y voyait de ces animaux, mais je n'y en ai point trouvé. Une tradition commune à tous les voyageurs m'avait appris qu'un navire danois, contrarié par les vents, ne pouvant entrer dans la rade du Cap, était venu se mettre à l'abri dans cette baie, et qu'après quelque séjour, le capitaine y étant mort, son équipage l'avait enterré dans la petite île, et lui avait élevé un tombeau.

Toutes les fois que pour me rendre au Schaapen-Eyland je passais à la hauteur de cette île, un bruit sourd, qui avait quelque chose d'effrayant, venait frapper mon oreille. J'en parlai à mon capitaine. Il me répondit que, pour peu que cela me fît plaisir et m'intéressât, nous y ferions une descente ; qu'il serait curieux lui-même de voir le tombeau danois. Dès le matin il donna ses ordres ; nous partîmes.

A mesure que nous approchions, ce bruit sourd piquait notre curiosité, d'autant plus que la mer, se brisant avec violence contre les rochers qui formaient le rempart de cette île, ajoutait encore au bourdonnement, dont nous ne devinions pas la cause.

Arrivés enfin, je ne dirai pas que nous mîmes pied à terre, car nous fûmes obligés de le mettre à l'eau, tant la barre s'allongeait avec violence. Nous étions à tous moments couverts de son écume. Nous escaladâmes la roche avec beaucoup de peine et de danger, et parvînmes à son esplanade. Jamais spectacle semblable ne s'est offert ailleurs aux yeux d'un mortel ! Il s'éleva tout à coup de toute la surface de l'île une nuée impénétrable qui formait à quarante pieds sur nos têtes un dais immense, ou plutôt un ciel d'oiseaux de toutes espèces et de toutes couleurs. Les cormorans, les mouettes, les hirondelles de mer, les pélicans, tout le peuple ailé qui borde cette partie de l'Afrique, était, je crois, rassemblé là. Tous ces croassements mêlés ensemble et modifiés suivant leurs différentes espèces formaient une musique horrible; j'étais à tous moments forcé de m'envelopper la tête pour en diminuer les déchirements et me donner un peu de relâche.

L'alarme fut d'autant plus générale parmi ces légions innombrables d'oiseaux, que nous avions principalement affaire aux femelles, puisque c'était le moment de la ponte. Elles avaient des nids, des œufs et des petits à défendre; c'étaient des harpies acharnées contre nous. Leurs cris nous assourdissaient; souvent elles s'abattaient à plein vol et nous rasaient le nez. Les coups de fusil redoublés ne les épouvantaient point; rien n'eût été capable d'écarter ce nuage; nous ne pouvions faire un pas sans écraser des œufs ou des petits, la terre en était jonchée.

Les cavernes et les crevasses des roches étaient habitées par des phocas et des mors, espèce de veaux et de lions marins. Nous tuâmes entre autres un de ces derniers, qui était monstrueux. Les plus petits abris servaient de retraite aux manchots, qui foisonnaient par dessus toutes les autres espèces. Nous emplîmes notre chaloupe de toutes les espèces d'animaux que nous avions sous la main. Les manchots ne furent pas oubliés. Nous en tirâmes beaucoup d'huile à brûler.

Nos matelots avaient aussi ramassé une prodigieuse quantité d'œufs, qui nous fournirent pour plusieurs jours un aliment que nous trouvions délicieux, et qui venaient interrompre fort à propos la monotonie de la nourriture sèche et trop uniforme du navire. Un soir que j'étais rentré de fort bonne heure, je trouvai à la maison un habitant que je ne connaissais point et qui m'attendait. Il se nommait Smith. Il était venu pour solliciter nos secours contre une panthère, qui, fixée depuis quelque temps dans son canton, enlevait régulièrement toutes les nuits quelque pièce de son bétail. Sa proposition me fit grand plaisir; je l'acceptai avec transports. Enchanté de faire en règle la chasse de cet animal, je comptais me venger sur lui de l'épouvante que m'avait causée son pareil dans la baie de Saldanha.

Jour pris pour le lendemain, nous déterminâmes quelques jeunes gens des environs à se joindre à nous. Je remarquai qu'ils ne s'y prêtaient point de trop bonne grâce. J'en fis honte aux plus récalcitrants, ce fut un coup d'aiguillon pour les autres. Nous réunîmes tous les chiens que nous pûmes trouver, et chacun s'arma de pied en cap. Toutes nos batteries ainsi dressées, comme s'il se fût agi d'une prise d'assaut, on se sépara. Je me mis sur mon lit pour y dormir quelques heures, et me disposer à la fatigue du lendemain. Je ne pus fermer l'œil, d'impatience et d'aise. Dès la pointe du jour, je gagnai la plaine avec mon escorte. Smith et quelques amis nous attendaient; nous nous trouvâmes environ dix-huit chasseurs. Nos chiens réunis formaient une meute de pareil nombre. Nous apprîmes que la panthère avait encore enlevé un mouton pendant la nuit.

Un des canons de mon fusil était chargé de très gros plomb, l'autre de chevrotines. J'avais en outre une carabine chargée à balles. Mon Hottentot la portait et me suivait. Le pays, assez bien découvert, n'offrait que quelques buissons isolés de côté et d'autre; il fallait visiter avec des précautions tous ceux qui se trouvaient sur notre passage.

Après plus d'une heure de recherches, nous tombâmes sur le mouton, dont la panthère n'avait dévoré que la moitié. Une fois sûrs de la piste, l'animal n'était pas loin, et ne pouvait nous échapper. En effet, quelques instants après, nos chiens, qui jusque là n'avaient fait que battre confusément la campagne, tout à coup se réunirent, et, pressés ensemble, s'élancèrent à deux cents pas de nous vers un énorme buisson, où ils se mirent à aboyer, à hurler de toutes leurs forces.

Je sautai de mon cheval, que je remis à mon Hottentot, et, courant du côté du buisson, je m'établis sur un petit monticule qui en était à cinquante pas; mais, jetant les yeux derrière moi, je vis qu'il n'y avait pas un seul de mes compagnons qui fît bonne contenance. Jean Slaber, un des fils de mon hôte, colosse de six pieds, vint se ranger près de moi; il ne voulait point, disait-il, m'abandonner, même au péril de sa vie. Au battement de son cœur, aux traits effarés de son visage, je jugeai que le pauvre garçon comptait peu sur lui-même; je sentais, pour en tirer parti, qu'il avait besoin d'un homme ferme qui le rassurât. En effet, quelle que fût sa terreur, je pense qu'il se croyait en plus grande sécurité près de moi qu'au milieu de ses poltrons de camarades, que nous voyions divaguer dans la plaine, et se tenir à une distance respectueuse.

Ils m'avaient tous averti que, dans le cas où je joindrais l'animal d'asez près pour en être entendu, je ne devais point crier *saa, saa;* que ce mot mettait le tigre en fureur, et qu'il s'élançait de préférence sur celui qui l'avait prononcé. Mais en rase campagne, bien à découvert, et ne pouvant être surpris par l'animal, je me mis à crier plus de mille fois : *Saa! saa! saa!* autant pour exciter les chiens que pour l'arracher de son fort. Ce fut en vain : l'animal et la meute, également effrayés l'un de l'autre, n'osaient ni pénétrer ni sortir; parmi les chiens cependant, je remarquai des mâtins pour qui j'aurais parié, si leur courage eût secondé leurs forces. Ma seule chienne, la plus petite de la troupe, se montrait toujours à la tête des autres. Elle seule s'avançait un peu dans le buisson; il est vrai que, reconnaissant ma voix, elle en était animée et plus acharnée que les autres.

L'affreux tigre poussait des hurlements terribles. A chaque instant je le croyais lancé. Les chiens, au moindre mouvement qu'il faisait sans doute, se jetaient avec précipitation en arrière, et détalaient à toutes jambes. Quelques coups de fusil tirés au hasard le déterminèrent enfin : il sortit brusquement. Cette apparition subite fut pour tout le monde un signal de décamper. Jean Slaber lui-même, qui, taillé comme un Hercule, aurait pu lutter avec l'animal et l'étouffer dans ses bras, perd tout à coup la tête; il cède à sa frayeur, s'enfuit vers les autres, et m'abandonne. Je reste seul avec mon Hottentot. Le tigre, pour gagner un autre buisson, passe à cinquante pas de nous, ayant tous les chiens à ses trousses. Nous le saluons de nos trois coups à son passage.

Le buisson dans lequel il se réfugiait était moins haut, moins grand et moins touffu que celui qu'il venait de quitter; des traces de sang me firent présumer que je l'avais touché, et l'acharnement redoublé des chiens m'en donna la preuve. Une partie de mon monde alors se rapprocha, mais le plus grand nombre avait tout à fait disparu.

L'animal fut encore harcelé pendant plus d'une heure; nous tirâmes au hasard dans le buisson plus de quarante coups de fusil : enfin lassé, impatienté même de ce manége qui ne finissait rien, je remontai à cheval et tournai avec précaution du côté opposé aux chiens. Je présumais qu'occupé à se défendre contre eux, il me serait aisé de le surprendre par derrière. Je ne m'étais pas trompé; je l'aperçus. Il était acculé, jouant des pattes pour tenir en respect ma petite chienne, qui venait aboyer jusqu'à la portée de sa griffe. Quand j'eus pris tout le temps nécessaire pour le bien ajuster, je lui lâchai ma carabine, que je laissai tomber pour me saisir promptement de mon fusil à deux coups, que je portais à l'arçon de ma selle. Cette précaution fut inutile : l'animal ne parut point, et, mon coup parti, je ne le vis même plus. Quoique sûr de l'avoir atteint, il y aurait eu de l'imprudence à pénétrer tout de suite dans ce fourré. Cependant on ne l'entendait point, je le soupçonnais ou mort ou dangereusement blessé. « Amis, criai-je alors à ceux de nos chasseurs qui s'étaient rapprochés, allons tous de front et sur une ligne serrée droit à lui; il faut bien, s'il vit encore, que tous nos coups lâchés ensemble le démontent, s'il se présente. Quel risque pouvons-nous courir? » Il n'y eut qu'une voix pour me répondre, mais elle fut négative; ma proposition ne fut goûtée de personne. Indigné, furieux : « Camarade, dis-je à mon Hottentot, non moins animé que son maître, l'animal doit être ou mort ou très malade; monte à cheval, approche-toi comme je l'ai fait, et tâche de découvrir dans quel état nous l'avons mis ; je vais garder l'entrée. Pour cette fois, s'il veut s'échapper, je l'assomme : nous pouvons l'achever sans le secours de ces lâches. » Il ne fut pas plus tôt entré, qu'il me cria qu'il apercevait le tigre étendu de son long sans aucun mouvement apparent, et qu'il le jugeait mort. Pour s'en assurer il lui tira un dernier coup de sa carabine. J'accourus ; tout mon corps frémissait d'aise et d'exaltation ; mon brave Hottentot partageait mes vifs transports. La joie doublait nos forces. Nous traînâmes l'animal en plein air ; il me semblait énorme. Je commençai par prendre en détail toutes ses dimensions. Je l'examinais et le retournais dans tous les sens ; je l'admirais avec orgueil : c'était là mon coup d'essai, et le tigre, par hasard, se trouva monstrueux. Il était mâle ; depuis l'extrémité de la queue jusqu'à la moustache il portait sept pieds deux pouces sur une circonférence de deux pieds dix pouces. Je lui reconnus tous les caractères de la panthère si bien décrits par Buffon ; mais dans toute la colonie on ne le nomme pas autrement que le tigre. Cet usage a prévalu, quoique dans toute cette partie de l'Afrique on ne rencontre aucun tigre proprement dit, et qu'il y ait une grande différence entre l'un et l'autre de ces animaux ; les Hottentots l'appellent *garou gama*, c'est-à-dire lion tacheté.

Quelques jours après, je pris congé de mes hôtes, et je revins au Cap.

Tandis qu'on travaillait à mes équipages, je visitai plus particulièrement la ville et les environs. Je me rendis plusieurs fois sur la montagne de la Table et sur celle du Lion. Quoique la première, vue de la baie, paraisse toucher à la ville, elle en est cependant éloignée de plus d'une lieue.

Le pied de cette montagne est encombré d'une grande quantité d'éclats de rocher qui paraissent en avoir fait partie et s'en être détachés ; la base est un granit pur, et, jusqu'à son sommet, elle paraît être alternativement composée de couches horizontales de granit et de terre. D'après les mesures données par l'abbé de la Caille, elle s'élève à trois mille six cents pieds au dessus du niveau de la mer. On n'y peut monter que par la crevasse d'où découlent les eaux qui remplissent les fontaines de la ville. Cette route est pénible, surtout vers le haut, où la crevasse se rétrécit beaucoup et devient presque perpendiculaire. Il faut gravir pendant plus de deux heures pour gagner le sommet. Il offre alors une plate-forme très étendue, hérissée d'énormes rochers confusément amoncelés, et parsemée de différents arbustes ; on dirait les ruines d'une ville immense. Le temps, les nuages et le vent semblent en avoir usé les parties les plus saillantes, ce qui donne au tout une figure baroque ; j'y ai vu des cailloux de quartz aussi roulés que ceux qui vulgairement sont appelés galets, et qu'on ramasse sur le rivage.

Quand le ciel est pur et serein, on distingue du sommet de la Table les montagnes du Piquet, éloignées de trente lieues. Malgré cette distance elles paraissaient encore la surpasser en hauteur.

Lorsque les personnes qui vont pour la première fois à la montagne sont engagées dans la crevasse, elles se croient assaillies par une pluie ordinaire, quoique le temps soit beau, et il pleut réellement pour elles. C'est l'effet des gouttes d'eau qui, suintant continuellement des rochers supérieurs, tombent sur ceux qui sont plus bas, se heurtent, se divisent en une pluie d'autant plus fine qu'elle approche plus du pied de la montagne. Cette pluie est toujours plus abondante le matin que le reste de la journée ; les fraîcheurs et les rosées de la nuit en expliquent aisément la cause.

On rencontre dans la crevasse, à un tiers ou environ de sa hauteur, une superbe nappe d'eau qui coule sur un rocher plat très étendu. On va de la ville se promener jusqu'à cette cascade ; la route n'en est pas si fort escarpée que les dames même ne puissent se donner la satisfaction d'aller y jouir d'un coup d'œil charmant et pittoresque, d'un point de vue délicieux qui commence à cet endroit.

C'est un usage assez remarquable que dans les pays les plus chauds les esclaves font du feu partout où ils travaillent. Cela leur sert à allumer leurs pipes, à faire réchauffer ou cuire leur nourriture. Ceux du Cap chargés d'aller couper du bois pour la maison de leurs maîtres vont quelquefois le chercher sur les revers de la Table. Le soir en quittant l'ouvrage, s'ils négligent d'éteindre ces feux, ils se communiquent insensiblement de proche en proche à toutes les herbes et racines sèches ; la trace gagne et s'étend de côté et d'autre, parvient à des enfoncements où le bois vert et le bois sec indistinctement s'allument et s'embrasent : ce sont alors autant de fournaises, de petits volcans, qui tiennent ensemble par les cordons de feu qui les ont unis. La flamme s'en échappe par tourbillons, et se nuance suivant que les différentes cavernes sont plus ou moins profondes. La nuit survient, et la ville et la rade et tous les environs jouissent d'un spectacle d'autant plus magnifique que, la cause en étant connue, on est exempt de ces terreurs profondes qu'imprimerait ailleurs un pareil phénomène ; car la hauteur et l'étendue de cet embrasement donnent à la montagne un aspect plus effrayant que les laves du Vésuve dans leur plus grande force. Je n'ai vu qu'une seule fois cette majestueuse illumination, et je puis dire qu'elle m'a jeté dans le ravissement et l'extase. Tout ce qu'on pourrait imaginer pour éclairer les navires à vingt lieues en mer n'approcherait jamais de ce phare allumé au hasard par une misérable broussaille qu'a laissé brûler un nègre étourdi.

Il est impossible d'arriver à la montagne du Diable par celle de la Table, quoiqu'elle n'en soit qu'une partie dont elle a été séparée par le sommet ou par des éboulements successifs, ou par des tremblements de terre; mais on arrive aisément à celle du Lion, qui, comme l'autre, est aussi une partie de la Table. Le sommet seul de la tête du Lion n'est praticable qu'au moyen d'une corde avec laquelle on se hisse avec peine. C'est de ce sommet qu'on signale les vaisseaux qui sont en pleine mer. Il y a toujours un serviteur de la Compagnie chargé de tirer un coup de canon pour chaque vaisseau qu'il aperçoit, et, par un signal convenu, la ville sait à l'instant si le navire vient de l'Inde ou de l'Europe.

J'allai visiter aussi le fameux territoire de Constance derrière la Table. Ce vignoble ne produit peut-être pas la dixième partie du vin qu'on débite sous son nom : il appartenait alors à M. Cloëte. Les uns disent que les premiers plants sont originaires de Bourgogne, les autres de Madère, d'autres encore de Perse; ce qu'il y a de certain, c'est que ce vin bu au Cap est délicieux, qu'il perd beaucoup par le transport, et qu'après cinq ans il ne vaut plus rien.

A côté de Constance est un autre vignoble appelé le Petit Constance. C'est seulement depuis sept ou huit ans qu'il marche de pair avec son voisin. Il est même arrivé qu'on en a quelquefois payé la récolte plus cher aux ventes de la Compagnie. Comme il n'est séparé de l'autre que par une simple haie, qu'il jouit d'ailleurs de la même exposition, il est probable qu'il n'y avait jadis entre ces deux vins de différence que dans la façon de les travailler.

Tout l'espace compris entre la baie Falso et celle de la Table est orné de maisons de plaisance et de belles habitations, où l'on se borne à la culture des légumes, des fruits, et surtout du vin.

On offre toujours un *sopi*, c'est-à-dire un verre d'arac ou de genièvre, ou mieux encore d'eau-de-vie de France, à tous ceux qui se présentent dans une maison : le genièvre est cependant la boisson du matin le plus en usage. Avant de se mettre à table, l'étiquette veut encore qu'on offre un sopi, ou du vin blanc, dans lequel on a infusé de l'absinthe ou de l'aloès pour exciter l'appétit des convives.

A table on boit indistinctement de la bière ou du vin. A la fin du dessert les dames se lèvent et se retirent dans une pièce voisine ou sur le perron : alors on apporte des pipes, du tabac et de nouvelles bouteilles pour les hommes, tandis qu'on envoie présenter aux dames du café, du vin du Rhin ou de la Moselle, avec du sucre et de l'eau de Seltz. On commence ensuite des parties de jeu, ce qui n'empêche pas les hommes de boire et de fumer; et s'il arrive un coup intéressant ou piquant, c'est toujours le signal ou le prétexte d'une rasade de plus.

Voyage a l'est du Cap et dans la Cafrerie.

Préparatifs et équipages. Kees, Rosette. Pays d'Auteniquois. Chute dans un piége, etc.

Les différents préparatifs de mon voyage touchaient à leur terme : j'en fis assembler toutes les provisions éparses, et elles étaient considérables. J'avais fait construire deux grands chariots à quatre roues, couverts d'une double toile à voiles. Cinq grandes caisses remplissaient exactement le fond de l'une de ces voitures, et pouvaient s'ouvrir sans déplacement ; elles étaient surmontées d'un large matelas, sur lequel je me proposais de coucher durant la marche, s'il arrivait que le défaut de temps ou toute autre circonstance ne me permît pas de camper. Ce matelas se roulait en arrière sur la dernière caisse, et c'est là que je plaçais ordinairement un cabinet ou caisse à tiroirs, destiné à recevoir des insectes, papillons, et tous autres objets un peu fragiles et qui demandaient plus de ménagement.

C'est ce premier chariot qui portait presque tout mon arsenal ; nous l'appelions le chariot-maître. Une des cinq caisses était remplie de grands flacons carrés, rangés en compartiment, et contenant chacun cinq à six livres de poudre : ce n'était que pour les besoins du moment ; le magasin général était composé de plusieurs petits barils. Pour les préserver du feu ou de l'humidité, je les avais fait rouler séparément dans des peaux de moutons fraîchement écorchés : cette enveloppe, une fois séchée, était absolument impénétrable. Tout calculé, je pouvais compter sur quatre à cinq cents livres de poudre, et au moins deux mille de plomb et d'étain, tant en saumon que façonné. J'avais seize fusils, dont l'un, destiné pour la grande bête, comme l'éléphant, le rhinocéros, l'hippopotame, portait un quart de livre. Je m'étais muni, outre cela, de plusieurs paires de pistolets à deux coups, d'un grand cimeterre et d'un poignard.

Le second chariot offrait le plus plaisant attirail qu'il fût possible de voir ; mais il ne m'était pas pour cela moins cher : c'était ma cuisine. Que de repas délicieux et paisibles, et que le souvenir de tous ces détails de ma vie domestique, si belle, si pleine de douces émotions, est encore cher à mon cœur ! Ma batterie de cuisine consistait en un gril, une poêle à frire, deux grandes marmites, une chaudière, quelques plats et assiettes de porcelaine, des cafetières, des tasses, etc. Je m'étais en outre muni, pour moi personnelıement, de linge de toute espèce, d'une bonne provision de sucre, de café, de thé, et de quelques livres de chocolat.

J'avais aussi trois tonneaux d'eau-de-vie, et une forte provision de tabac, dont je devais fournir les Hottentots qui faisaient le voyage avec moi. Je voiturais encore une bonne pacotille de verroterie, de quincaillerie, et autres curiosités, pour faire, suivant l'occasion, des échanges ou des présents. Joignez à tout cet attirail de ma caravane une grande tente, une canonnière, les instruments nécessaires pour raccommoder mes voitures et pour couler du plomb; un cric, des clous, du fer en barres et en morceaux, des épingles, du fil, des aiguilles, quelques eaux spiritueuses, etc., et vous aurez une idée parfaite de ce ménage ambulant. Je ne dois pas oublier mon nécessaire, il m'a trop souvent amusé. Rien n'est comparable à l'étonnement qu'il causait aux sauvages. Je m'en servais toujours devant eux, et leurs discours à ce sujet ont plus d'une fois prolongé ma toilette, et m'ont fait passer d'agréables instants.

Mon train était composé de trente bœufs, vingt pour les deux voitures, et les dix autres pour relayer; de trois chevaux de chasse, de neuf chiens, et de cinq Hottentots. J'augmentai considérablement par la suite le nombre de mes animaux et de mes hommes; le nombre de ces derniers allait quelquefois jusqu'à quarante, augmentant ou diminuant suivant la chaleur de ma cuisine : car on rencontre des parasites jusque dans les déserts de l'Afrique.

Lorsque mes équipages furent en ordre, je pris congé de mes amis du Cap, et, le 18 décembre 1781, je me mis en route, escortant à cheval mon convoi. Je me dirigeai vers la Hollande hottentote, suivant le plan que je m'étais tracé, et, au déclin du jour, je m'arrêtai au pied des hautes montagnes qui la bordent. C'est alors qu'entièrement livré à moi-même, n'attendant de secours et d'appui que de mon bras, je rentrai pour ainsi dire dans l'état primitif de l'homme, et respirai, pour la première fois de ma vie, l'air délicieux de la liberté.

Dans les premiers jours de sa marche, entièrement consacrés à l'histoire naturelle, Levaillant recruta quelques Hottentots, et acheta plusieurs bœufs, des chèvres, une vache pour se procurer du lait, et un coq dont il comptait e faire un réveil-matin naturel.

Cet animal, dit-il, qui couchait sans cesse ou sur ma tente, ou sur mon chariot, m'annonçait régulièrement le lever de l'aurore. Il s'apprivoisa bientôt, et il ne quittait jamais les environs de mon camp. Si le besoin de nourriture le faisait s'écarter un peu, l'approche de la nuit le ramenait toujours; quelquefois il était poursuivi par des espèces de fouines, je le voyais, moitié courant, moitié volant, battre en retraite de notre côté en criant de toute sa force : alors un de mes gens, ou mes chiens meme, ne manquaient pas de courir à son secours.

Mais un animal qui m'a rendu des services bien plus essentiels, dont l'instinct touchant et simple semblait prévenir mes désirs, et consolait vraiment mes ennuis, c'est un singe de l'espèce si connue au Cap sous le nom de bawian. Il était très familier, et s'attacha particulièrement à moi. J'en fis mon dégustateur : lorsque nous trouvions quelque fruit ou racine inconnu à mes Hottentots, nous n'y touchions jamais que mon cher Keès n'en eût goûté : s'il les rejetait, nous les jugions ou désagréables ou dangereux, et nous les abandonnions.

Je chérissais dans Keès une qualité plus précieuse encore. C'était mon surveillant. Soit de jour, soit de nuit, le moindre signe de danger le réveillait à l'instant; par ses cris et ses mouvements de frayeur, nous étions toujours avertis de l'approche de l'ennemi avant que mes chiens s'en doutassent.

Souvent je le menais à la chasse. Que de folies et que de joie au signal du départ ! Comme il venait caresser tendrement son ami ! Comme le plaisir brillait dans sa prunelle ardente et mobile ! Comme il devançait mes pas plein d'aise et d'impatience, allant et revenant sans cesse comme pour me faire hâter ! Nous partions : chemin faisant, il s'amusait à grimper sur les arbres pour chercher de la gomme, qu'il aimait beaucoup ; quelquefois il me découvrait du miel dans des trous de rochers ou dans des arbres creux. Mais quand il ne trouvait rien, et que la fatigue avait aiguisé son appétit, alors pour moi commençait une scène extrêmement comique. A défaut de gomme et de miel, il cherchait des racines, et les mangeait avec délices; mais par dessus toutes il préférait une espèce particulière que, malheureusement pour lui, j'avais trouvée exquise et très rafraîchissante, et que je voulais obstinément partager. Keès était rusé : lorsqu'il avait trouvé une de ces racines, si je n'étais pas à portée d'en prendre ma part, il se hâtait de la gruger, les yeux imperturbablement fixés sur moi. Il mesurait le temps qu'il avait pour la manger sur la distance que j'avais à franchir pour le joindre, et j'arrivais en effet trop tard. Quelquefois cependant, lorsque, trompé dans son calcul, il se voyait attein plus tôt qu'il ne s'y était attendu, il cherchait vite à me cacher les morceaux; mais, au moyen d'un soufflet bien appliqué, je l'obligeais à restituer le vol, et il fallait bien alors qu'il reçût la loi du plus fort. Keès n'avait ni fiel ni rancune, et je lui faisais aisément comprendre combien son égoïsme était odieux.

Une singularité que je n'ai jamais pu comprendre, c'est qu'après le serpent l'animal qu'il craignait le plus était son semblable, soit qu'il sentît que son état privé l'eût dépouillé d'une partie de ses facultés, et que la peur s'emparât de ses sens, soit qu'il fût jaloux et qu'il redoutât toute concurrence à mon amitié. Il entendait quelquefois ses pareils crier dans les montagnes; je ne sais pourquoi, avec toutes ses terreurs, il s'avisait de leur répondre. Ils approchaient à sa voix, et sitôt qu'il en apercevait un, il fuyait avec des cris horribles, et venait se fourrer entre nos jambes, implorant la protection de tout le monde et tremblant de tous ses membres. On avait beaucoup de peine à le calmer. Keès était sujet au larcin : c'est un défaut commun à presque tous les animaux domestiques; mais il se déguisait chez lui en un talent dont j'admirais moi-même les ressorts ingénieux. Il savait parfaitement dénouer les cordons d'un panier pour y prendre les provisions, et surtout le lait, qu'il aimait beaucoup.

Un jour, en arrivant à un campement où je me disposais à passer vingt-quatre heures, je m'aperçus, en faisant le dénombrement de mes chiens, qu'il m'en manquait un. C'était précisément une petite chienne de prédilection que je nommais Rosette. Son absence m'inquiéta; c'était pour moi une perte réelle qui diminuait ma meute à propos de rien, et me privait de ma favorite, qui de son côté m'affectionnait beaucoup. Je m'informai de mes gens si quelqu'un ne l'avait pas remarquée en route. Un seul m'assura lui avoir donné à manger, mais dès le matin. Après une heure ou deux de vaines recherches, j'éparpillai mon monde pour l'appeler de tous côtés; je fis tirer des coups de fusil pour la remettre en voie, s'ils arrivaient jusqu'à elle. Tout cela ne réussissant pas, je pris le parti de faire monter à cheval un de mes Hottentots, et lui donnai ordre de reprendre le chemin que nous venions de faire, et de tâcher, à quelque prix que ce fût, de me ramener ma favorite.

Quatre heures s'étaient écoulées, quand nous vîmes arriver mon émissaire à toute bride. Il portait devant lui, sur l'arçon de la selle, une chaise et un grand panier. Rosette courait en avant, elle sauta sur moi et m'accabla de caresses. Mon homme me dit qu'il l'avait trouvée à deux lieues environ de notre halte, assise sur la route à côté de la chaise et du panier, qui s'étaient détachés de l'équipage sans qu'on s'en fût aperçu. J'avais ouï conter sur la fidélité des chiens des traits non moins extraordinaires que celui-ci, mais je n'en avais pas été témoin. J'avoue que le récit de mon Hottentot me toucha jusqu'aux larmes; je caressai de nouveau cette pauvre bête, et cette marque d'attachement qu'elle venait de me donner me la rendit encore plus chère. Elle eût péri de faim sur la place, ou serait devenue, la nuit, la proie du premier animal féroce qui l'aurait rencontrée.

Le 27 janvier 1792, nous arrivâmes à la rivière de Goût ou des Roseaux. Il n'était pas possible de la traverser : elle avait la largeur de la Seine vis-à-vis le Jardin du roi à Paris. Il fallait que de grands orages eussent inondé le pays d'où elle découlait, car, dans cette saison, elle n'est ordinairement, comme les autres, qu'un ruisseau praticable. Ses bords sont garnis de grands arbres épineux, et l'on y trouve beaucoup de perdrix, et notamment la grande espèce que les habitants du Cap ont nommée faisan. Après trois jours de campement, ne voyant point diminuer cette rivière, et toujours impatient de pénétrer plus loin, je pris le parti de faire construire un large radeau. On abattit des arbres, et leurs écorces nous servirent à faire des cordages. Que de peine cette fatale opération nous causa! Il fallut décharger les voitures, les démonter et les embarquer pièce à pièce; toutes mes bêtes traversèrent à la nage; en plusieurs voyages, mes effets, mon monde et moi, tout gagna la rive opposée, sans le plus petit désordre et le moindre accident.

Les voitures remontées et bien chargées, nous continuâmes notre route, et après avoir traversé la rivière Klein-Brake, nous gravîmes une montagne difficile et fort escarpée. Nous fûmes bien dédommagés de nos fatigues par le spectacle qui vint frapper nos regards, lorsque nous eûmes entièrement gagné son sommet. Nous admirâmes le plus beau pays de l'univers. Nous découvrions dans le lointain la chaîne de montagnes, couverte de grands bois qui bornent la vue du côté de l'ouest; sous nos pas, nous plongions sur une vallée immense, relevée par des collines agréables qui varient à l'infini, et moutonnent jusqu'à la mer; des prairies émaillées et les plus beaux pâturages ajoutaient encore à ce site magnifique. Ce pays porte le nom d'Auteniquois, ce qui, dans l'idiome hottentot, signifie homme chargé de miel; en effet, on ne peut y faire un pas sans rencontrer mille essaims d'abeilles. Les fleurs naissent par myriades; les parfums mélangés qui s'en échappent et viennent délicieusement frapper l'odorat, leurs couleurs, leur variété, l'air pur et frais qu'on respire, tout vous arrête et suspend vos pas. La nature a fait de ces beaux lieux un séjour de féerie. Le calice de presque toutes les fleurs est chargé de sucs exquis, dont les mouches composent leur miel, qu'elles vont déposer partout dans des creux d'arbres et de rochers.

Ayant appris qu'il existait des touracos dans le pays, surtout dans une forêt voisine, et ne connaissant point cet oiseau, je me mis en quête. J'en découvris quelques uns. Cet oiseau, qui se perche toujours à l'extrémité des plus hautes branches, ne se trouvait jamais à la portée de mon fusil. Un après-dîner cependant j'en poursuivis un avec plus d'acharnement; sautillant de branche en branche et s'éloignant fort peu, il se moqua de moi pendant plus d'une heure, et me conduisit fort loin. Impatienté de son manége, et ne pouvant réussir à l'approcher, je lui lâchai mon coup hors de portée. J'eus la satisfaction de le voir tomber; ma joie fut inexprimable. Mais le plus fort n'était pas fait : il me fallait m'emparer de ma proie. J'avais bien remarqué l'endroit de sa chute; je courus à travers les broussailles et les épines pour le ramasser; mes jambes et mes mains étaient déchirées et tout en sang. Arrivé sur la place je ne vis rien. J'eus beau fureter tour à tour les environs, aller, revenir, battre vingt fois les mêmes endroits, examinant scrupuleusement les moindres trous, les plus petits enfoncements, mes peines furent inutiles : je ne trouvais point mon touraco. Toutes mes recherches, toutes mes réflexions me conduisirent à penser que je n'avais fait peut-être que lui casser une aile. ce qui ne l'avait pas empêché de s'éloigner de l'endroit de sa chute. Je m'éloignai donc aussi, et me mis à rôder de nouveau dans tous les environs pendant plus d'une demi-heure : point de touraco.

J'étais au désespoir, et les broussailles épaisses et les buissons d'épines qui m'ensanglantaient jusqu'au visage m'avaient réellement agité de transports difficiles à décrire. Pour assouvir ma colère, je sens qu'il ne m'eût fallu rien moins dans un pareil moment qu'un lion ou quelque tigre à poursuivre. Un chétif oiseau, qu'après tant de peines et de désirs je venais enfin d'abattre, échapper et disparaître ainsi à mes yeux! Je frappais la terre de mes pieds et de mon fusil. Tout à coup la terre s'enfonce; je disparais moi-même et tombe avec mes armes dans une fosse de douze pieds de profondeur. L'étonnement et la douleur de la chute prirent la place de mes emportements. Je me vis au fond d'un de ces piéges recouverts que les Hottentots tendent aux bêtes féroces et particulièrement aux éléphants. Revenu à moi, je songeai aux moyens de me tirer d'embarras, trop heureux de ne m'être point empalé sur le pieu très aigu qu'ils plantent au fond du trou, plus heureux encore de n'y avoir point trouvé compagnie; mais il pouvait à tous moments en arriver, surtout si j'étais contraint d'y passer la nuit, dont l'approche commençait à m'inspirer beaucoup de terreur, en contrariant et retardant la seule ressource que j'imaginais pour me sauver du puits fatal, sans secours étrangers : c'était d'ébouler la terre à l'un des côtés avec mon sabre et mes mains, et d'y faire des espèces de degrés; mais cette opération pouvait traîner en longueur.

Dans la cruelle perplexité où j'étais, je pris le parti plus sage de ramasser et de charger mon fusil. Je tirai coup sur coup; il était possible que je fusse entendu de mon camp, et je prêtais de temps en temps l'oreille avec une impatience et des palpitations mortelles. J'entendis enfin deux coups, qui me causèrent la joie la plus vive. Alors je continuai mon feu par intervalles, pour attirer à moi ceux qui m'avaient répondu. Ils arrivèrent tous armés jusqu'aux dents, pleins d'inquiétude et de trouble. Ils m'avaient cru poursuivi par quelque bête féroce; ils me virent au contraire dans la plus piteuse situation, et pris sottement comme un renard. L'alarme fut bientôt dissipée. On coupa sur-le-champ une longue perche, qu'on me descendit, et au moyen de laquelle je me hissai comme je pus et regagnai le bord. Ce petit accident, dont le Ciel ne m'eût pas sauvé comme le jeune Daniel, ne me fit pas oublier mon touraco. Avec mes chiens, qui avaient suivi la bande, je comptais bien le déterrer, en quelque lieu qu'il se fût caché. Je les conduisis sur la voie; ils le trouvèrent blotti sous une touffe de broussailles. Je mis la main dessus, et le plaisir de posséder enfin ce charmant animal me fit bientôt oublier ce qu'il m'avait coûté d'embarras et de dangers.

Vers la fin du mois, nous fûmes contrariés par les pluies; elles durèrent long-temps et presque sans relâche. Ces orages se succédaient avec rapidité; le tonnerre tomba plusieurs fois, près de nous, dans la forêt. L'eau nous gagnait insensiblement de toutes parts; pour comble de désagrément, dans une nuit, notre camp fut entièrement submergé. Nous quittâmes aussitôt le bois, pour aller nous établir plus haut en rase campagne. Je voyais, avec le plus amer chagrin, qu'il n'était pas possible de sortir de l'endroit où nous nous trouvions circonscrits. Ces petits ruisseaux, qui auparavant nous avaient paru si agréables et si riants, s'étaient changés en torrents furieux qui charriaient les sables, les arbres, les éclats de rochers; je sentais qu'à moins de s'exposer aux plus grands dangers il était impossible de les traverser. D'un autre côté, mes bœufs, harassés, transis, avaient déserté de mon camp; je ne savais par où et comment envoyer après eux pour les rattraper. Ma situation n'était assurément point amusante; je passais de tristes moments. Déjà mes pauvres Hottentots, fatigués et malades, commençaient à murmurer. Plus de vivres, plus de gibier; ce que nous en tuions suffisait à peine à notre subsistance, parce que, resserrés par le torrent, qui grossissait chaque jour davantage, nous n'avions pas même la ressource de nos voisins pour en obtenir quelque assistance. Quelle position et quel affligeant appareil! on eût dit qu'un déluge universel allait inonder l'Afrique.

Je renfermais au dedans une partie de mes alarmes. Je voyais mes tristes compagnons promener leurs regards inquiets, et m'attester, par leur silence, tout ce qu'ils éprouvaient de craintes pour eux-mêmes. Jamais spectacle ne vint s'offrir sous des couleurs plus sombres: en un moment, nos charmantes promenades ravagées, dévastées par les eaux; ces jardins délicieux et riants changés en un désert inhabitable et noir! Dans cette détresse, je rassemblai toutes mes forces, et conjurai mes amis de chercher au moins nos bœufs dispersés et perdus, et de se déterminer à traverser l'un des torrents, au risque de tout ce qui pourrait en arriver. Par la plus étrange bizarrerie du sort, l'événement fatal qui nous menaçait d'une perte prochaine causa une partie de notre salut. L'un de mes Hottentots, en cherchant un passage, aperçut, au milieu des eaux, un buffle qui s'était probablement noyé la veille, car il était encore assez frais. Il vint, avec des cris de joie, nous apporter cette heureuse nouvelle. Rien n'arrivait plus à propos. Nous tirâmes, non sans quelque péril, l'animal à bord : il fut dépecé sur la place ; on enleva les parties les plus saines ; mes chiens, qui jeûnaient depuis long-temps, trouvèrent dans celles que nous leur abandonnâmes de quoi se refaire et se ravitailler un peu ; nous les voyions revenir de la curée avec des ventres qu'ils avaient peine à porter. Un dernier trait ne saurait échapper à ma plume ; il peindra mieux encore l'état cruel où nous nous voyions réduits : nos chiens, qui n'étaient plus que des squelettes ambulants, épiaient nos démarches, et se traînaient sur nos pas, lorsque l'un de nous, pour obéir aux besoins de la nature, était forcé de s'éloigner ; je les ai vus se disputer avec acharnement cette nourriture révoltante.

Rien n'est durable, il est un terme au malheur comme à la félicité. La fin de mars amena du changement dans la saison ; les pluies devinrent moins fréquentes, les torrents baissèrent. Je fis partir quatre Hottentots pour aller à la découverte de mes bœufs ; au bout de deux ou trois jours, ils me les ramenèrent presque tous.

Après quelques jours de marche, nous arrivâmes près de la Swarte-Rivier, ou la rivière Noire ; elle était encore débordée par les pluies, et nous fûmes obligés de la passer sur des radeaux que nous construisîmes à l'instar de ceux que nous avions déjà précédemment faits. Des traces de buffles toutes fraîches nous firent séjourner à l'autre bord : j'eus enfin le plaisir d'en tuer un, et le Hottentot que j'avais mené avec moi en tua un autre. Ils furent aussitôt dépecés : je voulus qu'on les coupât par tranches fort minces, pour être plus aisément saupoudrés de sel, et exposés ensuite à l'air et au soleil. Les buissons les branches, les chariots, tout ce qui nous environnait fut chargé des débris sanglants de nos buffles ; mais tout à coup, au milieu de notre opération et sans nous y être attendus, nous nous vîmes assaillis par des volées de milans, de vautours, de toutes sortes d'oiseaux de proie, qui arrachaient les morceaux et les disputaient avec acharnement à mes gens ; emportant chacun une pièce assez forte, ils s'en allaient, à dix pas de nous, sur une branche, la dévorer à nos yeux. Les coups de fusil ne les épouvantaient guère ; ils revenaient sans cesse à la charge, de telle sorte que, m'apercevant que je brûlais ma poudre fort inutilement, nous prîmes le parti de les écarter et de les chasser avec de grandes gaules jusqu'à ce que notre viande fût séchée.

A mesure que je m'éloignais des colonies et m'avançais dans les terres, tout prenait à mes regards une teinte nouvelle : les campagnes étaient plus magnifiques, le sol me semblait plus fécond et plus riche, la nature plus majestueuse et plus fière ; la hauteur des monts offrait, de toutes parts, des sites et des points de vue charmants que je n'avais jamais rencontrés. Ce contraste avec les terres arides et brûlées du Cap me faisait croire que j'en étais à plus de mille lieues.

Jusqu'au 25 juin, je fis plusieurs campements dans différents endroits aux environs de la baie de Plettenberg.

Résolu de continuer mes excursions entre la chaîne de montagnes et la mer, j'allai reconnaître les lieux. Je cherchais et ne pouvais trouver nulle part un endroit par où mes chariots pussent passer librement : les forêts étaient d'une étendue et d'une épaisseur qui ne permettaient pas de s'y enfoncer. De leur côté mes Hottentots n'étaient pas plus heureux que moi dans leurs recherches; nous ne trouvions absolument aucune issue. Je me décidai donc à traverser la chaîne des montagnes; encore, pour s'y engager, fallait-il trouver le commencement d'un passage, et le moyen pour ces malheureux bœufs d'y tenir pied. J'eus beau courir, arpenter, divaguer sans cesse, toujours, de quelque côté que je me tournasse, des rochers à pic frappaient mes regards. Nous nous étions, sans le savoir, engagés dans une espèce de cul-de-sac dont on ne pouvait se tirer qu'en revenant sur ses pas. C'est le parti que nous fûmes obligés de prendre, et nous nous retrouvâmes au bois du Poort, d'où j'étais parti un mois auparavant.

Il faut souvent peu de chose pour rendre le calme à notre âme. Telle est l'heureuse instabilité de l'esprit humain! Cette terre que je revoyais avec le plus amer regret, et qui me semblait âpre et si triste, prit tout à coup une face nouvelle et riante. Je vis sous mes pas des traces d'une troupe d'éléphants qui devaient avoir passé le jour même; il n'en fallait pas davantage pour dissiper mes chagrins et me consoler du retard que j'éprouvais dans ma route. Nous plantâmes donc le piquet à cet endroit même.

Nous ne perdions pas un seul moment de vue la trace des animaux. Après quelques heures de fatigues et de marches pénibles au milieu des ronces, nous parvînmes à un endroit du bois fort découvert. Dans un espace assez étendu, il n'y avait que quelques arbrisseaux et du taillis. Nous nous arrêtons. Un de mes Hottentots, qui était monté sur un arbre pour observer, après avoir jeté les yeux de tous côtés, nous fait signe, en mettant un doigt sur sa bouche, de rester tranquilles. Il nous indique avec la main, qu'il ouvre et ferme plusieurs fois, le nombre d'éléphants qu'il aperçoit. Il descend. On tient conseil, et nous prenons le dessous du vent, pour approcher sans être découverts. Il me conduit si près à travers les broussailles, qu'il me met en présence d'un de ces énormes animaux. Nous nous touchions pour ainsi dire, je ne l'apercevais pas! non que la peur eût fasciné mes yeux : il fallait bien ici payer de sa personne et se préparer au danger. J'étais sur un petit tertre à dessus de l'éléphant même. Mon brave Hottentot avait beau me le montrer du doigt, et me répéter vingt fois, d'un ton d'impatience et pressé, Le voilà! je ne le voyais toujours point; je portais la vue beaucoup plus loin, ne pouvant imaginer que ce que j'avais à vingt pas au dessous de moi pût être autre chose qu'une portion de rocher, puisque cette masse était entièrement immobile. A la fin, cependant, un léger mouvement frappa mes regards; la tête et les défenses de l'animal, qu'effaçait son énorme corps, se tournèrent avec inquiétude vers moi. Sans plus perdre de temps et mon avantage en belles contemplations, je pose vite mon gros fusil sur son pivot, et lui lâche mon coup au milieu du front : il tombe mort. Le bruit en fit sur-le-champ détaler une trentaine, qui s'enfuirent à toutes jambes. Rien n'était plus amusant que de voir le mouvement de leurs grandes oreilles, qui battaient l'air en proportion de la vitesse qu'ils mettaient dans leur course. Ce n'était là que le prélude d'une scène plus animée.

Je prenais plaisir à les examiner, lorsqu'il en passa un à côté de nous, qui reçut un coup de fusil d'un de mes gens. Aux excréments teints de sang qu'il répandit, je jugeai qu'il était dangereusement blessé. Nous commençâmes à le poursuivre. Il se couchait, se redressait, retombait; mais, toujours à ses trousses, nous le faisions relever à coups de fusil. L'animal nous avait conduits dans de hautes broussailles parsemées çà et là de troncs d'arbres morts et renversés. Au quatorzième coup, il revint furieux contre le Hottentot qui l'avait tiré; un autre l'ajusta d'un quinzième, qui ne fit qu'augmenter la rage de l'éléphant, et, gagnant au pied sur les côtés, il nous pria de prendre garde à nous. Je n'étais qu'à vingt-cinq pas; je portais mon fusil, qui pesait trente livres, outre mes munitions : je ne pouvais être aussi dispos que mes gens, qui, ne s'étant pas laissé emporter aussi loin, avaient d'autant plus d'avance pour échapper à la trompe vengeresse et se tirer d'affaire. Je fuyais, mais l'éléphant gagnait à chaque instant sur moi. Plus mort que vif, abandonné de tous les miens (un seul accourait dans ce moment pour me défendre), il ne me restait que le parti de me coucher, et de me blottir contre un gros tronc d'arbre renversé. J'y étais à peine que l'animal arrive, franchit l'obstacle, et, tout effrayé lui-même du bruit de mes gens, qu'il entendait devant lui, il s'arrête pour écouter. De la place où je m'étais caché, j'aurais bien pu le tirer, mon fusil heureusement se trouvait chargé; mais la bête avait reçu inutilement tant d'atteintes, elle se présentait à moi si défavorablement, que, désespérant de l'abattre d'un seul coup, je restai immobile en attendant mon sort. Je l'observais cependant, résolu de lui vendre chèrement ma vie, si je le voyais revenir à moi. Mes gens, inquiets de leur maître, m'appelaient de tous côtés; je me gardais bien de répondre. Convaincus par mon silence qu'ils avaient perdu leur chef, ils redoublent leurs cris et reviennent en désespérés. L'éléphant, effrayé, rebrousse aussitôt, et saute une seconde fois le tronc d'arbre à six pas au dessous de moi sans m'avoir aperçu. C'est alors que, me remettant en pied à mon tour, échauffé d'impatience, et voulant donner à mes Hottentots quelque signe de vie, je lui envoie un coup de fusil dans la culotte. Il disparut entièrement à mes regards, laissant partout sur son passage des traces certaines du cruel état où nous l'avions mis.

Un de mes Hottentots, nommé Klaas, jeune homme d'une bravoure et d'une fidélité à toute épreuve, m'ayant vu tout à coup disparaître, accourait à mon secours, et me cherchait vainement. Je l'entendais à travers les broussailles m'appeler d'une voix étouffée; puis, s'adressant à ses camarades, qui le suivaient d'un peu loin, humiliés, confondus, leur reprocher leur lâcheté au milieu du péril. Il accompagnait ses discours de gémissements et de sanglots si touchants, que, dans le moment le plus critique, je sentis mes yeux se mouiller, et l'attendrissement succéder aux glaces de l'effroi. Mon coup de fusil fut un signal de joie : je me vis à l'instant entouré des miens, et pressé dans les bras de mon cher Klaas avec des étreintes si vives, qu'il ne pouvait se détacher de mon corps.

Cependant la nuit approchait; nous nous hâtâmes de rejoindre l'éléphant, que j'avais eu le bonheur de tuer d'un seul coup. Nous n'avions rien pu faire de plus à propos; notre présence écarta quelques vautours et plusieurs petits animaux carnassiers, qui n'avaient point perdu de temps, et qui déjà commençaient à l'entamer. Nous fîmes plusieurs feux. Les provisions nous manquaient : mes gens tirèrent pour eux plusieurs grillades de l'éléphant, on apprêta pour moi quelques tronçons de la trompe; j'en mangeais pour la première fois, mais je me promis bien que ce ne serait pas la dernière, car je ne trouvais rien de plus exquis.

Mes gens me présentèrent, à mon déjeuner, un pied d'éléphant. La cuisson l'avait prodigieusement enflé, j'avais peine à en reconnaître la forme; mais il avait si bonne mine, il exhalait une odeur si suave, que je m'empressai d'en goûter : c'était bien un manger de roi. Quoique j'eusse entendu vanter les pieds de l'ours, je ne concevais pas comment un animal aussi matériel que l'éléphant pouvait donner un mets si fin, si délicat.

Je m'étais montré un peu trop généreux dans la distribution du tabac à mes gens : ils en avaient plus qu'il n'en fallait pour s'enivrer, si je les avais laissés faire; mais je roulais dans ma tête un moyen de les empêcher. Je m'étais aperçu que la troisième charge des pipes tirait à sa fin. Je n'eus pas plus tôt pris mon thé à la crème, que je me fis apporter un petit coffret, que je plaçai sur mes genoux. Je l'ouvris : jamais charlatan n'y eût mis autant d'adresse et de mystère; j'en tirai ce noble et mélodieux instrument, inconnu peut-être à Paris, mais assez commun dans quelques provinces, et qu'on voit dans les mains de presque tous les écoliers et du peuple, en un mot une guimbarde. Je commençais à peine un air de Pont-Neuf, que je vis tout mon monde descendre silencieusement les pipes, et me considérer, bouche béante, le bras à demi tendu, les doigts écartés, dans l'attitude de ces gens qu'une bonne vieille vient d'ensorceler. Mais leur extase n'égalait point encore leur plaisir : toutes les oreilles dressées et les têtes immobiles, penchées de mon côté, ne perdaient pas le moindre son de l'instrument. Ils ne purent tenir à leur enthousiasme ; chacun insensiblement quitte sa place pour s'approcher et jouir de plus près : je crus voir le moment où tous ensemble allaient se prosterner devant le dieu qui opérait ces prodiges. Je riais en moi-même comme un fou, et faisais mes efforts pour ne pas éclater, ce qui eût bientôt dissipé le prestige.

Je fis servir un peu d'eau-de-vie en ce jour de gaîté, ou, pour mieux dire, de carnaval, et jusqu'aux bêtes domestiques, tout devait se ressentir de la folie commune et prendre part à nos orgies. Kees était dans ce moment à côté de moi : il aimait cette place; les soirs surtout il ne manquait pas de s'y rendre. Élevé comme enfant de famille, je l'avais passablement gâté ; je ne buvais ou ne mangeais rien que je ne partageasse toujours avec lui. S'il m'arrivait quelquefois de l'oublier, ennemi juré de mes distractions, il avait grand soin de m'arracher à mes rêveries par quelques coups de sa main ou le bruit de ses lèvres.

Il me vint dans l'idée de tromper son attente par une espièglerie, sans autre motif que de lui causer une surprise et de m'amuser. On venait de lui verser sa portion dans son assiette; tandis qu'il se met en posture, j'allume à ma chandelle une déchirure de papier, que je lui glisse subtilement sous le ventre : l'eau-de-vie s'enflamme, Kees pousse un cri aigu, et saute à dix pas de moi, jurant de tout son pouvoir. J'eus beau le rappeler et lui promettre mille caresses, ne prenant conseil que de son dépit et de sa colère, il disparut et alla se coucher. Déjà la nuit était avancée; je reçus les adieux et les remercîments de tout mon monde, et chacun s'endormit profondément.

Je dois observer qu'à dater de cette peur terrible de mon Kees j'ai vainement employé tous les moyens de faire oublier à cet animal ce qui s'était passé, et de le ramener à sa liqueur favorite; jamais il n'en a voulu boire, il l'avait prise au contraire en aversion.

Visite aux Gonaquois. Épisode de Narina. Mœurs des Gonaquois.

J'arrivai enfin sur les limites de la Cafrerie, et je fus assez heureux pour décider à m'y accompagner trois métis qui connaissaient parfaitement le pays et la langue des Cafres. L'un d'eux, nommé Hans, me donna, sur cette contrée, tous les renseignements que je pus désirer. Il m'apprit que le pays sur lequel je me trouvais actuellement était de la domination d'un puissant seigneur qui faisait sa résidence à trente lieues de nous, plus du côté du nord, et qu'il se nommait le roi Pharao. Il me conseillait de pénétrer jusqu'à lui, m'assurant que je n'avais rien à craindre, aucun risque à courir ; il me disait au contraire que ces pauvres peuples me verraient avec plaisir.

J'imaginai de faire une députation au roi Pharao, et sur la première ouverture que j'en fis à Hans, il accepta la commission sans balancer. Quoique cette conduite me parût d'un assez bon augure, j'étais bien résolu cependant de prendre mes sûretés. Ce jeune métis me promit d'engager deux ou trois de ses amis à faire le voyage avec lui. Je lui donnai deux de mes plus fidèles Hottentots, Adams et Slanger : ils devaient rendre compte à ce roi de tout ce que j'avais fait depuis onze mois que j'avais quitté le Cap. Afin qu'il fût en état de juger que la curiosité seule me conduisait dans ses états, je chargeai mes messagers de lui dire que, né dans un autre monde, étranger surtout dans les lieux où je me trouvais actuellement, je n'étais, en aucune façon, ni l'ami ni le complice des colons qui lui faisaient la guerre ; que je ne vivais pas même avec eux ; que je désapprouvais hautement leur conduite ; qu'en un mot il pouvait être assuré qu'aussi long-temps que je resterais dans son pays il n'aurait nul sujet de s'inquiéter de mes mouvements et de mes démarches. J'ajoutai que le gouvernement du Cap, à qui je rendais un compte fidèle de tout ce qui s'était passé sous mes yeux, s'empresserait de rétablir le calme dans son pays et la bonne harmonie entre lui et les colons.

Je me mis moi-même en route dans la matinée. Après trois heures de marche, nous trouvâmes les bords du Groot-Vis-Rivier, ou rivière du Poisson. La chaleur était excessive ; la terre, de tous côtés couverte de gros cailloux roulés, rendait le chemin fort pénible pour les bœufs.

En côtoyant la rivière, nous nous approchions de son bord autant qu'il nous était possible, et dans le plus grand silence. Nous marchâmes ainsi trois bonnes heures sans avoir rien découvert. Enfin nous reconnûmes le pas d'un hippopotame qui devait avoir passé là pendant la nuit. Nous suivîmes cette trace l'espace d'une heure et demie ; elle nous conduisit à l'endroit où l'animal s'était jeté à l'eau. A l'instant nous nous distribuâmes le long du bord, à quelque distance les uns des autres, pour prêter l'oreille. Il partit un coup de fusil de celui de mes gens qui était le plus éloigné : nous courûmes à lui. Il avait vu et tiré l'animal, mais il l'avait manqué. Heureusement nous n'attendîmes pas long-temps sans le voir reparaître et l'entendre respirer : toute sa tête était hors de l'eau, mais il avait gagné vers la rive opposée. La rivière était fort large : deux de mes gens se mirent à la nage et la traversèrent dans l'espoir de forcer l'animal à tenir au moins le milieu, s'ils ne pouvaient l'amener à notre portée.

Cette épreuve réussit complétement; mais l'hippopotame montrait tant de défiance, qu'à peine pour respirer sortait-il le bout du nez hors de l'eau. Changeant de place à tout instant, il ne se remontrait jamais dans l'endroit où nous l'attendions; il replongeait si souvent et si vite, qu'il ne donnait pas même le temps de l'ajuster. Déjà nous avions tiré une trentaine de coups sans qu'aucun l'eût atteint. Les deux Hottentots qui avaient passé la rivière n'avaient point de fusils; l'animal rusé, qui remarquait qu'on ne tirait point de leur côté, s'y tenait de préférence. Je fis partir Pit, celui de mes chasseurs qui en dernier lieu venait de remporter le prix au blanc; je lui commandai de passer la rivière hors de la vue de l'animal, de faire un détour pour rejoindre ses deux camarades, et surtout de ne point tirer sans être sûr de son coup. Il exécuta mes ordres avec beaucoup d'intelligence. L'animal, qui, de l'autre bord, se sentait hors de notre portée, n'avait point de défiance, et levait quelquefois sa tête presque entière hors de l'eau. Dans un de ces moments, Pit l'ajusta si bien, que l'hippopotame, en recevant le coup, replongea. Il était bien touché, j'en étais certain. Il reparut en effet bientôt, sortant la plus grande partie de son corps, et se débattant convulsivement : c'est alors que je lui envoyai une balle dans la poitrine. Il s'enfonça de nouveau, et ne reparut plus que vingt-sept minutes après : il était mort et dérivait au courant. Nos nageurs allèrent à lui et le poussèrent de notre côté jusqu'au bord du rivage.

Je ne peindrai point la joie commune, lorsque nous vîmes enfin ce monstrueux animal en notre possession. Mais mon monde et moi avions nos motifs qui ne se ressemblaient guère : la gourmandise le présentait aux yeux de mes gens comme un friand morceau dont ils allaient se gorger, tandis que la curiosité l'offrait à mon esprit comme un objet intéressant d'histoire naturelle, que je ne connaissais encore que par les livres et les gravures.

Le 18 nous passâmes une partie de la nuit à faire le coup de fusil, pour écarter les lions et la troupe vorace des hyènes. Je ne m'endormis que fort tard; à mon réveil, quelle fut ma surprise de me voir entouré au milieu de mon camp d'une vingtaine de sauvages Gonaquois! Cette visite et ses suites méritent de plus amples détails. Dans ce simple récit, le lecteur puisera plus de vérités sur l'état positif d'un sauvage d'Afrique, que dans tous les discours des philosophes.

Le chef s'approcha pour me faire son compliment; les femmes, dans toute leur parure, marchaient derrière lui : elles étaient luisantes et fraîchement boughouées, c'est-à-dire qu'après s'être frottées avec de la graisse, elles s'étaient saupoudrées d'une poussière rouge qu'elles font avec une racine nommée dans le pays *boughou*, et qui porte une odeur assez agréable. Elles avaient toutes le visage peint de différentes manières. Chacune d'elles me fit un petit présent : l'une me donna des œufs d'autruche, une autre un jeune agneau; d'autres m'offrirent une abondante provision de lait dans des paniers qui me paraissaient être d'osier. Ce dernier cadeau m'étonna : « Du lait dans des paniers ! me disais-je; voilà une invention qui annonce bien de l'industrie ! »

Ces jolis paniers se fabriquent avec des roseaux si déliés, et d'une texture si serrée, qu'ils peuvent servir même à porter de l'eau ; ils m'ont été pour cet usage d'une grande ressource dans la suite. Le chef des Gonaquois m'apprit qu'ils étaient l'ouvrage des Cafres, avec lesquels ils les échangent contre d'autres objets.

Ce chef se nommait Haabas. Il me fit présent d'une poignée de plumes d'autruche du choix le plus rare. Pour lui montrer le cas que je faisais de son présent, je détachai sur-le-champ le panache de la même espèce que je portais à mon chapeau, et je mis le sien à la place. Je remarquai dans les traits du bon vieillard toute la satisfaction qu'il en ressentait; il me témoigna par ses gestes et ses paroles combien il était enchanté de mon action.

Mon tour vint de prouver à ce chef ma reconnaissance. Je commençai par lui faire donner quelques livres de tabac. J'allais me procurer à peu de frais une scène délicieuse, et faire plus d'un heureux. D'un simple signe Haabas fit approcher tout son monde; dans un clin d'œil ils formèrent un cercle et s'accroupirent comme des singes. Tout le tabac fut distribué, et je remarquai avec beaucoup de plaisir que la portion que s'était réservée Haabas égalait tout au plus celle des autres. Je me sentis touché de cette bonhomie et de l'esprit d'équité que je voyais briller en lui d'une façon si naïve et si simple. J'ajoutai au présent que je venais de lui faire, pour lui personnellement, un couteau, un briquet, une boîte d'amadou et un collier de très gros grains de verroterie. Je donnai aux femmes des colliers et du fil de cuivre pour des bracelets. Au milieu de ces offrandes réciproques, et des sentiments affectueux qu'elles nous inspiraient mutuellement, je remarquai une jeune fille de seize ans. Confondue dans la foule, elle montrait moins d'empressement à partager les joyaux que je distribuais à ses compagnes que de curiosité pour ma personne. Elle m'examinait avec une attention si marquée, que je m'approchai d'elle pour lui donner tout le temps de me considérer à son aise. Je lui trouvai la figure charmante ; elle avait les plus fraîches et les plus belles dents du monde ; sa taille élégante et svelte et les formes amoureuses de son corps auraient servi le pinceau d'Albane : c'était la plus jeune des Grâces sous la figure d'une Hottentote.

Les impressions de la beauté sont universelles, c'est une souveraine dont l'empire est partout. Je sentis, à la prodigalité de mes présents, que je pliais un peu sous sa puissance. Ma jeune sauvage se fut bientôt accoutumée à moi. Je venais de lui donner une ceinture, des bracelets, un collier de petits grains blancs, qui la paraient à ravir ; je détachai de mon cou un mouchoir rouge, dont elle s'enveloppa la tête. Dans cet accoutrement elle était ce qu'en langage précieux on dirait délicieuse. Je me faisais un plaisir de la parer moi-même. Quand sa toilette fut achevée, elle me demanda quelques bijoux pour sa sœur, qui était restée à la horde. Elle montra du doigt sa mère, et m'apprit qu'elle n'avait plus de père. Je la fatiguais de questions, tant je trouvais de charme dans ses réponses. Rien n'égalait le plaisir que j'avais à la voir, si ce n'était celui que je prenais à l'entendre. Je lui demandai de rester avec moi, et lui fis toutes sortes de promesses. Mais quand je lui parlai surtout de l'emmener dans mon pays, où toutes les femmes sont des reines, et commandent à des hordes puissantes d'esclaves, loin de se laisser tenter, elle rejeta bien loin mes propositions, et se livra sans façon à quelques mouvements d'impatience et d'humeur. Un monarque n'eût pas vaincu sa résistance, et le chagrin que lui causait la seule idée d'abandonner sa famille et sa horde. Je finis par la prier de m'amener du moins sa sœur, qui aurait lieu d'être satisfaite à son tour. Elle me le promit. Dans ce moment ses yeux se fixèrent sur une chaise placée non loin de moi ; elle me montra un couteau que j'y avais laissé par hasard. Je m'empressai de le lui offrir ; elle le remit sur-le-champ à sa mère.

Elle était sans cesse occupée de ses atours, nouveaux pour elle ; elle touchait ses bras, ses pieds, son collier, sa ceinture, passait vingt fois la main sur sa tête pour y toucher et reconnaître son mouchoir, qui lui plaisait beaucoup. J'ouvris mon nécessaire, et j'en tirai le miroir, que je mis devant elle : elle s'y regarda très attentivement et même avec complaisance ; elle montrait assez par ses gestes et ses attitudes variées combien elle était satisfaite, je ne dis pas de sa figure, mais de ses ajustements, qui lui faisaient une impression toujours plus vive. Lors de sa toilette du matin et du départ de la horde pour me venir voir, elle s'était frotté les joues avec de la graisse et de la suie. Je les lui fis laver et bien essuyer ; mais je ne pus jamais lui persuader que les secours de son art nuisaient à la nature, qui l'avait créée très jolie. Quelque adresse que je misse dans mes raisonnements, quel que fût l'effet de sa complaisance à rendre à ses joues fraîches ce tendre velouté de la jeunesse, si fugitif et si léger, elle tenait à son vilain noir graisseux avec autant d'entêtement qu'en nos climats on tient au rouge, à toutes ces pâtes non moins dégoûtantes, si elles ne sont pas plus funestes.

Ma belle élève me pria de lui laisser mon miroir, et j'y consentis. Elle profitait à merveille de la faveur qu'elle s'était doucement acquise, pour me demander tout ce qui lui faisait plaisir. Je me laissais toujours entraîner ; cependant je fus contraint de lui refuser plusieurs effets, autant par le besoin indispensable que j'en avais, que dans la crainte qu'elle n'en fît un usage dangereux pour elle-même. Mes boucles de jarretières l'avaient aussi tentée, le brillant des cailloux du Rhin parlait à ses yeux. J'aurais été charmé de lui en faire hommage. Combien ne désirais-je pas en ce moment les plus misérables attaches de fer pour remplacer ce meuble d'un luxe d'ailleurs fort inutile ! Malheureusement c'était la seule paire que je possédasse. Je lui fis comprendre que ces boucles m'étaient absolument nécessaires ; de ce moment il n'en fut plus question. Elle avait le bon esprit de n'être affectée d'aucun de mes refus ; il suffisait que j'eusse une fois dit non pour qu'elle changeât d'objet.

Je trouvais son nom difficile à prononcer, désagréable à l'oreille, et très insignifiant pour mon esprit ; je la débaptisai, et la nommai Narina, qui signifie fleur en langage hottentot. Je la priai de conserver ce beau nom, qui lui convenait à mille égards ; elle me promit de le porter tant qu'elle vivrait, comme un souvenir de mon passage dans son pays et comme un témoignage de son amour, car ce sentiment déjà ne lui était plus étranger, et dans son langage naïf et touchant elle me faisait assez connaître tout ce qu'a d'impérieux la première impression de la nature, et qu'au fond des déserts de l'Afrique il ne fallait pas même oser pour être heureux.

J'avais fait tuer un mouton et cuire une bonne quantité de notre hippopotame pour régaler nos hôtes. Ils se livrèrent à tous les accès de la gaîté ; tout le monde dansa. Mes Hottentots, en hommes polis et galants, régalèrent de leur musique les sauvages ; les virtuoses firent entendre le goura, le jnoumjnoum, le rabouquin. L'heureuse guimbarde ne fut point oubliée. Cet instrument nouveau produisit sur les assistants la plus vive sensation. Narina, comme toutes les jolies femmes qui ne doutent de rien, voulut l'essayer ; mais, comme toutes les jolies femmes, bientôt impatientée de la leçon, elle est loin d'elle l'instrument, qu'elle trouva détestable.

Toute cette journée se passa en fêtes, en folies. Mes gens distribuèrent leur ration d'eau-de-vie, indépendamment de celle que je leur avais fait particulièrement donner. Je vis avec plaisir que Narina n'en pouvait boire; cette sobriété redoubla l'intérêt qu'elle m'avait inspiré. Je déteste cette liqueur, et m'étonne comment nos femmes bravent ainsi par gentillesse le plus dégoûtant des poisons.

Je songeai à faire ramasser de bonne heure le bois nécessaire pour nos feux. Cette opération ne fut pas longue; les Gonaquois se mirent de la partie, et firent une ample provision pour eux-mêmes, car je leur avais permis de rester jusqu'au lendemain, et leur avais assigné, pour passer la nuit, une place éloignée de mon camp.

Le soir, lorsque ces feux furent allumés, je régalai mon monde avec du thé et du café. Narina prenait goût au thé, mais la couleur du café lui donnait de l'aversion pour cette liqueur. Je mis la main sur ses yeux, et lui fis avaler une demi-tasse : elle la trouva bonne, mais elle retournait de préférence au thé; elle y revenait même fort souvent. C'était de sa part une finesse dont je feignais de ne m'être pas aperçu, et qui m'amusait beaucoup. Je suis persuadé que cette boisson ne flattait pas infiniment son goût; mais elle se dépêchait de l'avaler pour arriver, dans le fond de la tasse, au morceau de sucre candi qu'elle m'avait vu y jeter.

Après ce goûter frugal, et les scènes piquantes qu'il me procurait, on se remit à la danse, et vers minuit le besoin du repos fit cesser les plaisirs.

Depuis quelque temps je couchais dans mon chariot pour éviter l'humidité des nuits; je fis au chef des Gonaquois la politesse de le garder dans mon camp, et j'arrangeai moi-même ce bon vieillard dans ma canonnière.

Le lecteur s'attend bien sans doute à voir ma favorite exceptée de la loi qui renvoyait toute la horde dans l'enceinte que je lui avais prescrite, et il ne croira point à ma continence. Narina se tenait près de moi et ne songeait guère à quitter son ami... Je lui montrai sa mère et ses compagnes qui s'éloignaient de nous, et... je recus les adieux de Narina.

Je détachai deux de mes gens, armés, pour passer la nuit auprès de ces Gonaquois et les défendre contre l'approche des animaux carnassiers. Lorsque tout le monde se fut retiré, j'ordonnai qu'on ne laissât plus entrer ni sortir personne.

A mon réveil, j'allai visiter le camp de mes Gonaquois. L'aurore commençait à peine à briller. Roulés en pelotons sous leurs kros (manteaux de peaux), ils étaient tous plongés dans le plus profond sommeil. Narina était avec sa mère sur une natte que je leur avais fait donner pour les garantir de l'humidité. Les sept autres femmes, entassées les unes près des autres, formaient un groupe plaisant : on ne voyait ni pieds ni tête; tout était caché sous la couverture. Je leur souhaitai le bonjour par un coup de fusil lâché à leurs oreilles : je vis aussitôt toutes ces têtes effrayées sortir de dessous leurs kros et m'offrir le plus comique des tableaux. Cependant quelques uns des dormeurs ne se réveillèrent point, ce qui ne doit pas surprendre, car le sommeil pour les Hottentots est voisin de la léthargie.

Je les laissai reprendre à leur aise l'usage de leurs sens, et j'allai côtoyer la rivière pour tirer quelques oiseaux avant que la chaleur se fît sentir.

Après avoir déposé ma chasse dans ma tente, je retournai au camp de mes hôtes. Je n'y trouvai que les hommes, toutes les femmes avaient disparu. On m'apprit qu'elles venaient de partir pour se baigner. Curieux de voir cette cérémonie, je gagnai la rivière. Je ne perdis pas beaucoup de temps à les chercher : leurs voix et leurs éclats de rire m'eurent bientôt mis sur la piste. Je me glissai doucement entre les arbres et les broussailles, et j'arrivai tout près du bord sans être aperçu : elles nageaient toutes, folâtrant au milieu des eaux, et plongeant avec une adresse merveilleuse.

Lorsque j'eus examiné mes baigneuses à loisir, un coup de fusil que je tirai en me présentant à elles fit cesser leurs jeux. Toutes en même temps s'enfoncèrent dans l'eau, et ne montraient plus que le bout du nez. Je m'étais assis sur leurs habillements entassés; je prenais plaisir à les persifler, et leur faisais voir l'un après l'autre leurs petits tabliers, en les invitant à venir les chercher. La mère de Narina riait aux éclats de l'embarras de ses compagnes, ainsi prises au dépourvu. Elle était sortie de l'eau plus tôt que les autres, et se reposait sous un arbre en les attendant. Elles me supplièrent long-temps de m'éloigner; ce fut en vain. Il ne leur restait qu'un parti, qu'elles saisirent avec une adresse dont je fus étonné. Elles connaissaient tout l'ascendant qu'avait sur moi la belle Narina : la mère lui lança son tablier et son kros; elle s'habilla dans l'eau, et vint bientôt à moi, de l'air le plus tendre et le plus ingénu, me conjurer de me retirer quelques moments à l'écart pour donner le temps à ces femmes de reprendre leurs vêtements. Je feignis d'y mettre un peu de résistance; mais, me prenant par la main, Narina réussit à m'entraîner avec elle jusqu'à ce qu'étant hors de vue elle cria à ses compagnes qu'elles pouvaient sortir de l'eau et s'habiller.

Cependant nous cheminions vers ma tente, de plus en plus familiarisés, Narina folâtrant aussi librement avec moi qu'elle l'eût fait avec son frère, ses parents, ses compagnes; elle me plaisantait à sa manière, me tourmentait d'une façon très piquante, tantôt luttant de force avec moi pour se débarrasser de mes bras, tantôt franchissant, pour me fuir, les taillis, les ravines, les plus larges fossés. Jeune et vigoureux alors, rompu aux travaux les plus pénibles, et menant une vie plus dure mille fois que ces sauvages même, j'eusse défié nos Hercules d'Europe; mais, soit que l'habitude et un reste de galanterie me fissent une loi de n'employer envers la jeune Narina que la moitié de mes forces, soit qu'en effet elle eût plus d'adresse et les mouvements plus souples, elle m'aurait contraint à lui demander grâce, et je pliais sous ses efforts; surtout lorsque, échappée à mes agaceries et mettant entre nous un peu d'intervalle, elle me défiait à la course et venait à s'élancer, avec quelle vitesse elle parcourait les chemins, et par cent détours revenait se cacher à la lisière du bois et me surprenait au passage!

Différents oiseaux que je voyais voltiger dans la forêt me forçaient à tous moments d'y rentrer. C'était le seul moyen qui me restât d'apaiser les fougues de ma jeune sauvage. Rien n'égalait le plaisir qu'elle éprouvait à me voir tirer des coups de fusil; je ne les lui épargnais pas, et, dans cette seule course, j'abattis une vingtaine d'oiseaux. Je n'avais point emmené de chien; Narina en faisait aisément l'office, saisissant admirablement bien les pièces qui n'étaient que blessées. Cependant je commençais à perdre de vue mon camp, et je m'étais laissé entraîner un peu loin. Tous ces jeux et les espiégleries de ma jeune compagne parvinrent enfin à m'égarer, et ne cessèrent que lorsqu'elle m'eut donné tout naturellement une bonne leçon et la meilleure réponse au tour si plaisant que je venais de lui jouer, il n'y avait qu'un moment, au bord de la rivière Groot-Vis. Nous venions de rejoindre son cours, qui me reconduisait infailliblement à mon camp. Un héron que je venais de tirer s'était abattu sur les bords de la rivière; entraîné par le courant, il gagnait le milieu et allait m'échapper. J'en eusse été d'autant plus désolé, qu'un de ses pareils, que j'avais eu beaucoup de peine à me procurer, avait été un jour, par la négligence d'un de mes gens, cruellement endommagé dans ma tente. Déjà j'étais à mi-corps dans la rivière; mais, embarrassé dans les herbes qui croissent sur les bords, et n'ayant pas encore oublié l'accident du Queur-Boom, je répugnais à me laisser entraîner plus avant. Narina, qui s'aperçut de mon embarras, et me voyait m'y prendre assez gauchement pour courir après mon oiseau, s'étonna que je craignisse si fort de me mettre au large. En un clin d'œil elle s'élance à la nage. Je rejoins la terre, que je venais de quitter. La cruelle, tenant mon oiseau à la main, m'appelle et m'invite à le venir chercher. Après cent débats et les plus vives instances, loin de le rendre à mes désirs, elle gagne comme un trait l'autre bord, et de là me nargue à son aise et se rit de ma poltronnerie. J'ai dit quelque part que je ne sais pas nager; s'il fut des circonstances où je dusse m'en plaindre, sans contredit il ne pouvait s'en rencontrer de plus mortifiante et qui dût m'exciter davantage à réparer cette négligence inexcusable de l'éducation.

Lorsque je vis que je ne pouvais rien obtenir de ma belle étourdie, je pris le parti de m'asseoir sur les bords de la rivière et de l'attendre patiemment. Elle fut bientôt lasse elle-même, et revint, non sans quelques plongeons, rejoindre le bord où j'étais. Rien ne l'effrayait de ma part : pendant sa traversée, je l'avais plusieurs fois couchée en joue ; elle n'en était que plus folle et plus entêtée à me refuser mon héron. Nous reprîmes enfin tous les deux plus paisiblement notre route jusqu'à ma tente.

Haabas se disposait à partir ; je le fis dîner avec tout son monde, et lui donnai en particulier une petite provision de tabac, ce qui lui fit grand plaisir. Narina me promit de m'apporter du lait et de m'amener sa sœur.

Dans les trente-six heures que je venais de passer avec ces Gonaquois, j'avais eu le temps de faire des observations qui me devenaient utiles, particulièrement sur leur parler. J'avais remarqué qu'ils clapent la langue comme les autres Hottentots ; avec un idiome semblable, ils avaient cependant des finales que ni mes gens ni moi ne comprenions pas toujours.

Ils différaient des miens par la teinte de leur peau plus foncée, par leur nez moins camus, leur taille plus haute, mieux prononcée, en un mot par un air et des formes plus nobles.

Lorsqu'ils abordent quelqu'un, ils présentent la main en disant : *Tabé* (je vous salue) ; ce mot et cette cérémonie, qui sont en usage chez les Cafres, n'ont point lieu chez les Hottentots proprement dits.

Cette affinité d'usages, de mœurs, et même de conformation, le voisinage de la grande Cafrerie et les éclaircissements que j'ai reçus par la suite, m'ont convaincu que ces hordes de Gonaquois, qui tiennent également du Cafre et du Hottentot, ne peuvent être que le produit de ces deux nations, qui se seront antérieurement croisées.

L'habillement des hommes Gonaquois, avec plus d'arrangement ou de symétrie, a la même forme que celui des Hottentots ; mais comme ceux-là sont d'une stature plus élevée, ce n'est point avec des peaux de mouton, mais de veau, qu'ils se font des manteaux : ils les nomment également kros. Plusieurs d'entre eux portent à leur cou un morceau d'ivoire ou bien un os de mouton très blanc ; et cette opposition des deux couleurs fait un bon effet et leur sied à merveille.

Lorsque les chaleurs sont excessives, les hommes se dépouillent de tout vêtement incommode, et ne conservent que ce qu'ils appellent leurs jakals. C'est un morceau de peau de l'animal ainsi nommé, dont ils couvrent les parties naturelles, et qui tient à la ceinture ; ce voile, négligemment placé, n'est qu'un vain meuble qui sert assez mal leur pudeur.

Les femmes, plus coquettes que les hommes, se parent aussi bien davantage. Elles portent le kros comme eux ; le tablier qui cache leur sexe est plus ample que celui des Hottentotes, il est aussi très artistement travaillé. Dans les chaleurs elles ne conservent que ce tablier avec une peau qui descend par derrière depuis la ceinture jusqu'aux mollets.

Les jeunes filles au dessous de neuf ans vont absolument nues ; arrivées à cet âge, elles portent uniquement le petit tablier.

Il était nuit lorsque le Hottentot que j'avais envoyé avec Haabas arriva de sa horde ; il était accompagné de deux nouveaux Gonaquois, qui m'amenaient un bœuf gras, que leur chef me priait d'accepter. Narina, en me faisant souvenir de mes promesses, m'envoyait une corbeille de lait de chèvre ; elle savait que je l'aimais beaucoup.

Ce n'était plus ici ces Hottentots abâtardis et misérables qui languissent au sein des colonies, habitants méprisables et méprisés qui ne connaissent de leur antique origine que le vain nom, et ne jouissent qu'aux dépens de leur liberté d'un peu de paix qu'ils achètent bien cher par les travaux excessifs des habitations, et le despotisme de leurs chefs, toujours vendus au gouvernement! Je pouvais enfin admirer un peuple libre et brave, n'estimant rien que son indépendance, ne cédant point à des impulsions étrangères à la nature, et faites pour blesser leur caractère franc, vraiment philanthropique et magnanime.

Tout étant prêt pour le départ et la visite que je désirais faire, je dépêchai deux de mes chasseurs avec leurs fusils pour prévenir la horde de mon arrivée, et bientôt moi-même, après avoir déjeuné, je mis mon poignard à ma boutonnière, une paire de pistolets à ma ceinture, une autre à l'arçon de ma selle avec mon fusil à deux coups, et je montai à cheval. Klaas en fit autant; il portait ma carabine, et me suivait, conduisant quatre de mes chiens. Il était suivi à son tour de quatre chasseurs, qui escortaient un autre de mes gens, chargé de porter une cassette qui contenait deux mouchoirs rouges, des anneaux de cuivre, des couteaux, briquets et quelques autres présents que je voulais faire à la horde. Amiroo marchait à notre tête, pour nous guider.

Nous côtoyâmes d'abord la rivière en remontant pendant près d'une heure; après quoi, nous la faisant quitter, Amiroo nous conduisit, entre deux montagnes, dans une gorge étroite dont la longueur et les sinuosités n'avaient guère moins de deux lieues. Au bout de ce défilé, revenus à cinq ou six pas de la rivière, le pays s'ouvrit devant nous ; et de là, me montrant du doigt une petite éminence sur laquelle j'apercevais un kraal, notre guide m'avertit que c'était celui de Haabas ; nous n'en étions qu'à dix portées de fusil. Le chemin avait été plus long que je ne l'avais compté : nous avions employé trois grandes heures à cette marche.

Lorsque je ne me vis plus qu'à deux cents pas de la horde, je lâchai mes deux coups, et j'en fis faire autant à mes quatre chasseurs. Les deux autres, que j'avais envoyés en avant, répondirent à notre salut par leur décharge, et ce fut pour toute la horde le signal d'un cri de joie général. Je n'entremêlerai point de réflexions une scène aussi touchante; le lecteur sensible partage les douces émotions de mon âme, et préfère un récit tout véridique et tout simple. Je voyais tout le monde sortir des huttes et se rassembler en pelotons; mais à mesure que j'approchais, les femmes, les filles et les enfants disparaissaient, et chacun rentrait chez soi. Les hommes, restés seuls, ayant leur chef à leur tête, vinrent à ma rencontre. Mettant alors pied à terre, *Tabé, tabé*, Haabas (je vous salue, Haabas), dis-je au bon vieillard en prenant sa main, que je pressai dans la mienne. Il répondit à mon salut avec l'effusion d'un cœur reconnaissant et touché de cette marque d'honneur dont il était le principal objet. J'essuyai le même cérémonial de la part de tous les hommes, excepté que, supprimant par respect le signe de la main, ils le remplacèrent par celui de la tête de bas en haut, et qu'en prononçant *tabé* ils accompagnaient ce mot d'un clapement plus sensible.

J'avais quitté mon cheval à l'ombre d'un gros arbre sous lequel on était venu me complimenter; je n'y restai que quelques minutes pour me rafraîchir. Je me faisais une fête de contempler cette horde intéressante, et je m'y rendis escorté de toute la troupe. A mesure que je passais devant une des huttes, qui, comme celles des Hottentots, n'ont qu'une ouverture fort basse, la maîtresse du logis, qui s'était d'abord montrée pour me voir venir de loin, se retirait aussitôt, de telle sorte qu'obligé de me baisser à tout moment pour examiner l'intérieur, c'était pour moi un spectacle très curieux que ces visages bruns immobiles et collés pour ainsi dire à la muraille, dans le plus profond de la hutte, n'offrant partout que des portraits à la silhouette.

Cependant elles s'apprivoisèrent peu à peu, et je me vis à la fin entouré. On me présenta du lait de tous les côtés. Narina n'était point encore du nombre des curieuses. Je demandai de ses nouvelles; on courut pour la chercher. Elle arrivait portant une corbeille de lait de chèvre tout chaud, qu'elle vint m'offrir avec empressement. J'en bus de préférence, autant à cause des grâces naturelles qu'elle mit dans ce présent, que de la propreté qu'elle avait eu l'attention de donner à son vase, et que n'avaient point à beaucoup près les autres.

Du reste, toutes ces femmes, dans leur plus grande parure, graissées et boughouées à frais, le visage peint de cent manières différentes, montraient assez tout le bruit qu'avait fait dans la horde la nouvelle de mon arrivée, et la considération singulière qu'elles avaient pour l'étranger. Narina s'était parée des présents que je lui avais faits; mais ce ne fut pas sans une extrême surprise que je m'aperçus qu'elle n'avait point suivi l'étiquette comme ses camarades, et qu'elle avait supprimé les onctions. Elle savait à quel point me déplaisait ce raffinement de coquetterie, et quoi qu'eût dû lui coûter cette privation, elle se l'était imposée pour me plaire. Elle me présenta sa sœur, qui me parut jolie; mais je ne lui trouvai point l'air agaçant de Narina, et ne sentis rien pour elle.

Arrivé chez Haabas, il me montra sa femme : elle n'avait rien qui la distinguât des autres, et je vis là, comme on le voit souvent ailleurs, que madame la commandante était richement vieille et laide. Cela n'empêcha point qu'en courtisan délié je lui présentasse un mouchoir rouge, qu'elle reçut sans façons, et dont elle ceignit sur-le-champ sa tête. J'ajoutai à cette offre un couteau et un briquet; mais, comme j'avais envie de connaître son goût, et que j'étais bien aise de voir une femme sauvage dans l'embarras du choix pour ses ajustements, je lui montrai toute ma pacotille de verroterie, la priant de choisir elle-même ce qui lui plairait davantage. Je ne jouis pas de la satisfaction que je m'étais promise : elle se jeta sans balancer sur des colliers blancs et des rouges, les autres couleurs, disait-elle, trop analogues à sa peau, ne faisant nul effet et n'étant pas de son goût. J'ai toujours remarqué qu'en général les sauvages ne font pas grand cas du noir et du bleu. Je lui donnai encore du gros fil de laiton pour deux paires de bracelets : cet article me parut être celui qu'elle estimait davantage.

Je fis ensuite la distribution du reste de la verroterie que j'avais apportée, et j'avoue de bonne foi que je manœuvrai de façon que les jeunes et les plus jolies furent les mieux partagées.

La femme de Haabas me présenta du lait pour me rafraîchir. On avait fait tuer un mouton pour moi et mes gens.

Le dîner fini, il ne me resta que le temps nécessaire pour me rendre chez moi avant la nuit. Ainsi, prenant congé de mes bons voisins après une kyrielle de tabés, je remontai à cheval. Presque toute la horde me suivait; mais, de plus en plus pressé par le temps, je piquai des deux, et en moins d'une heure Klaas et moi nous fûmes rendus au gîte. Le reste de mon monde arriva beaucoup plus tard. Une vingtaine de Gonaquois, tant hommes que femmes, que la curiosité attachait à leurs pas, les accompagnaient. Dans tout autre temps cette visite aurait pu me déplaire, mais pour le moment j'avais beaucoup de provisions, et vingt bouches de plus ne me dérangeaient en aucune façon.

On s'attend sans doute à retrouver encore au nombre des arrivants la belle Narina ; mais ce qu'on ne devine point à coup sûr, et qui surprendra, c'est qu'elle garda si bien l'incognito, que ce ne fut que le lendemain seulement que j'appris par elle-même qu'elle était arrivée de la veille. La nuit fut entièrement consacrée à la danse et aux chants ; mais ne voulant priver personne d'une partie de plaisir que l'occasion seule avait formée, je ne me permis pas de les interrompre.

Je n'avais pu dormir de toute la nuit. Je me levai à la pointe du jour : quel fut mon étonnement quand j'aperçus Narina ! Elle paraissait plus embarrassée, plus honteuse que de coutume ; ce fut alors seulement, comme je l'ai dit, qu'elle m'avoua qu'elle était arrivée dès la veille, avec tous les autres. Je lui fis des reproches de s'être ainsi cachée de moi ; je la pressai de m'en dire la raison. Malgré mes vives instances, je ne pus obtenir une réponse positive ; son silence là-dessus alla jusqu'à l'obstination. Enfin, comme si elle eût craint d'avoir trop élevé ses espérances, elle devint plus timide à mesure qu'elle devinait les soupçons que je semblais former sur son compte. Cette réserve ingénue me la fit aimer davantage. Le café était prêt, je partageai mon déjeuner avec elle.

Les danses et la joie continuèrent encore toute cette journée, et la curiosité amena en détail la horde entière.

Le kraal de Haabas, à quatre cents pas environ de la rivière Groote-Vis, était situé sur le penchant d'une colline qui s'étendait par une pente insensible jusqu'au pied d'une chaîne de montagnes couvertes d'une forêt de très grands arbres. Un petit ruisseau le traversait par le milieu, et allait se perdre à la rivière. Toutes les huttes, au nombre à peu près de quarante, bâties sur un espace de six cents pieds carrés, formaient plusieurs demi-cercles. Elles étaient liées l'une à l'autre par de petits parcs particuliers. C'est là que chaque famille enferme pendant le jour les veaux et les agneaux, qu'ils ne laissent jamais suivre leurs mères, et qui ne tètent que le matin et le soir, temps auquel les femmes traient les vaches et les chèvres. Il y avait, outre cela, trois grands parcs bien entourés, destinés à contenir, pendant la nuit seulement, le troupeau général de la horde.

Les huttes, semblables pour la forme à celles des Hottentots des colonies, portent tout au plus de huit à neuf pieds de diamètre, sur cinq à six pieds de hauteur. Elles sont couvertes de peaux de bœufs ou de moutons, mais plus ordinairement de nattes. Elles n'ont qu'une seule ouverture, fort étroite et fort basse. C'est au milieu de ce four que la famille entretien son feu. La fumée épaisse qui remplit ces tanières, et qui n'a d'autre issue que la porte, jointe à la fétidité qu'elles conservent toujours, étoufferait l'Européen qui aurait le courage d'y rester deux minutes. L'habitude rend tout cela supportable à ces sauvages. A la vérité ils n'y demeurent point pendant le jour, mais à l'approche de la nuit chacun gagne sa demeure, étend sa natte, la couvre d'une peau de mouton, et s'y dorlote aussi bien que le sensuel Européen le fait sur le duvet. Quand les nuits sont trop fraîches, on se sert pour couverture d'une peau pareille à celle sur laquelle on couche; le Gonaquois en a toujours de rechange. Dès que le jour est venu, tous ces lits sont roulés et placés dans un coin de la hutte; si le temps est pur, on les expose à l'air et au soleil. On bat l'un après l'autre tous ces meubles, pour en faire tomber, non pas les punaises, comme en Europe, mais les insectes et une autre vermine non moins incommode à laquelle la chaleur excessive du climat rend fort sujets ces sauvages, et dont ils ne sont pas maîtres avec tous leurs soins d'arrêter la foison. Lorsqu'ils n'ont pas pour l'instant d'occupation plus pressée, ils font une recherche plus exacte et plus scrupuleuse de cette vermine; un coup de dent les délivre l'un après l'autre de ces petits animaux malfaisants. Cette méthode est plus facile et plus prompte.

J'ai avancé plus haut que les Gonaquoises mettent dans leur parure un air de coquetterie inconnu aux Hottentotes des colonies. Cependant leurs habillements ne diffèrent pas par la forme, si ce n'est que les premières les portent plus amples, et que le tablier de la pudeur, qu'elles nomment *nenyp-kros*, est plus large et descend presque jusqu'aux genoux. Mais c'est dans les ornements, je pourrais dire dans les broderies prodiguées à ces habillements, que consistent la richesse et la magnificence dont elles se piquent. C'est dans l'arrangement surtout de ce tablier que brillent l'art et le goût de chacune d'elles. Rien n'est négligé. Plus leurs vêtements en général sont chargés de grains de rassades, plus ils sont estimés. Elles en ornent même les bonnets qu'elles portent : ils sont, autant qu'il est possible, en peau de zèbre, parce que la peau blanche de ce quadrupède, tranchée par des bandes brunes ou noires, donne du relief à leur physionomie, et, comme elles le disent très bien, ajoute plus de piquant à leurs charmes. Elles sont outre cela plus ou moins somptueuses, en proportion des verroteries qu'elles possèdent et dont elles surchargent leur corps. Bracelets, ceintures, colliers, elles ne s'épargnent rien lorsqu'elles veulent paraître. Elles font des tissus dont elles se garnissent les jambes en guise de brodequins. Celles qui ne peuvent atteindre à ce degré de magnificence se bornent, surtout pour les jambes, à les orner du même jonc dont elles fabriquent leurs nattes ou de peaux de bœuf coupées et arrondies à coups de maillet. C'est cet usage qui a donné lieu à plusieurs voyageurs de copier l'un de l'autre que ces peuples s'enveloppent les bras et les jambes avec des intestins fraîchement arrachés du corps des animaux, et qu'ils dévorent ces garnitures à mesure qu'elles tombent en putréfaction; erreur grossière, et qui mérite d'être ensevelie avec les livres qui l'ont produite. Il est peut-être arrivé qu'un Hottentot excédé par la faim aura saisi cette ressource, le seul moyen de sauver ses jours, et dévoré ses courroies et ses sandales ; mais de ce que les horreurs d'un siége ont contraint les hommes civilisés à se disputer les plus vils aliments, faut-il conclure que les hommes civilisés se nourrissent ordinairement de pourritures et de lambeaux ?

Dans l'origine, les anneaux de cuir et les roseaux dont les Hottentots entouraient leurs jambes n'étaient qu'un préservatif indispensable contre la piqûre des ronces, des épines, et la morsure des serpents, qui abondent dans ces contrées de l'Afrique ; mais le luxe transforme en abus les inventions les plus utiles. A ces peaux et à ces anneaux qui les servaient si bien, les femmes ont substitué la verroterie, dont la fragilité les préserve si mal. C'est ainsi que chez les sauvages, comme chez les nations les plus éclairées, se dégradent et se corrompent à la longue les institutions les plus sages et les mieux combinées. Le luxe des Hottentotes, tout mal entendu qu'il paraisse, annonce assez que la vanité appartient et s'étend à tous les climats, et qu'en dépit même de la nature, partout la femme est toujours femme.

L'habitude de voir des Hottentotes ne m'a jamais familiarisé avec l'usage où elles sont de se peindre la figure de mille façons différentes ; je le trouve hideux et repoussant. Je ne sais quels charmes elles prétendent recevoir de ce barbouillage, non seulement ridicule, mais fétide.

Les deux couleurs dont elles font surtout très grand cas sont le rouge et le noir. La première est composée avec une terre ocreuse qui se trouve dans plusieurs endroits ; elles la mêlent et la délayent avec de la graisse. Cette terre ressemble beaucoup à la brique ou au tuileau mis en poudre. Le noir n'est autre chose que de la suie ou du charbon de bois tendre. Quelques femmes se contentent, à la vérité, de peindre seulement la proéminence des joues ; mais la plupart se barbouillent la figure par compartiments symétriquement variés, et cette partie de la toilette demande beaucoup de temps.

Ces deux couleurs chéries des Hottentots sont toujours parfumées avec de la poudre de boughou. L'odorat d'un Européen n'en est pas agréablement frappé ; peut-être que celui d'un Hottentot ne trouverait pas moins insupportables nos odeurs, nos essences, et tous nos sachets. Mais du moins le boughou a sur notre rouge et nos pâtes l'avantage de n'être point pernicieux pour la peau ; il n'attaque ni ne délabre les poitrines, et la Hottentote, qui ne connaît ni l'ambre, ni le musc, ni le benjoin, ne connaît pas non plus les vapeurs, les spasmes et la migraine.

Les hommes ne se peignent jamais le visage ; mais souvent je les ai vus se servir de la préparation des deux couleurs mélangées pour peindre leur lèvre supérieure jusqu'aux narines, et jouir de l'avantage de respirer incessamment l'odeur. Les jeunes filles accordent quelquefois à leurs amants la faveur de leur en appliquer sous le nez, et, sur ce point, elles ont un genre de coquetterie fort touchant pour le cœur d'un novice Hottentot.

Qu'on se garde bien d'inférer de ce que j'ai dit des Hottentotes qu'elles soient tellement adonnées à leur toilette qu'elles négligent les occupations utiles et journalières auxquelles la nature et leurs usages les appellent; je n'ai entendu parler que de certains jours de fêtes, qui reviennent assez rarement. Séparées de l'Europe par l'immensité des mers, et des colonies hollandaises p les déserts, des montagnes et des rochers impraticables, trop de communication d'un peuple à l'autre ne les a point encore conduites à ces excès de notre dépravation ; loin de cela, dès qu'elles jouissent du bonheur d'être mères, la nature leur parle un autre langage : elles prennent plus qu'en aucun pays l'esprit de leur état, et se livrent sans réserve aux soins impérieux qu'il exige.

Aussitôt qu'il est né, l'enfant ne quitte point le dos de sa mère. Elle y fixe ce cher fardeau avec un tablier qui le presse contre elle; un autre, attaché avec des courroies sous le derrière de l'enfant, le soutient et l'empêche de glisser. Ce second tablier, formé, comme l'autre, de peau de bête, ressemble assez à nos carnassières de chasse. On l'orne ordinairement avec des rassades, et voilà tout ce qui compose la layette du nouveau-né.

Soit que la mère aille à l'ouvrage, soit qu'elle se rende au bal et même qu'elle y danse, elle ne se débarrasse point de son enfant. Ce marmot, dont on n'aperçoit que la tête, ne pleure jamais, ne pousse aucun vagissement, si ce n'est lorsqu'il éprouve le besoin de téter. La mère alors le fait tourner et l'attire de côté, sans qu'il soit nécessaire qu'elle le démaillotte. Mais lorsqu'elle est avancée en âge ou qu'elle a eu plusieurs enfants, sans déplacer celui qu'elle porte, elle lui passe la mamelle par dessous le bras ou la lui donne par dessus l'épaule. L'enfant, satisfait, cesse alors de pleurer, et la nourrice continue sa danse.

Lorsque enfin l'on juge qu'il est en état de s'aider et de s'évertuer lui-même, on le pose à terre devant la hutte. A force de ramper il se développe, et de jour en jour il s'essaie à se tenir debout. Une première tentative en amène une seconde; il s'enhardit, et bientôt il est assez fort pour suivre sa mère.

Ce qui contribue encore à donner aux enfants des sauvages cette souplesse et cette force qui les distinguent, c'est le soin que prennent les mères de les frotter avec de la graisse de mouton. Les hommes faits ont besoin eux-mêmes d'user de cette précaution, qui rend à la peau la flexibilité que lui ôteraient l'impétuosité des vents et les ardeurs du soleil.

Moins favorisé par les productions des climats africains que les Caraïbes par ceux d'Amérique, le Hottentot n'a pas, comme ces derniers, le rocou, lui rend un service continuel. Tout le monde sait que cet arbre donne une espèce de fruit ou de silique qui s'ouvre en deux parties et laisse échapper une soixantaine de graines, dont la pellicule est graisseuse et rougeâtre. Le Caraïbe, qui va toujours nu, ne manque jamais de s'en frotter tous les matins, depuis les pieds jusqu'à la tête. Il se préserve, au moyen de cette onction, des atteintes du soleil et de la piqûre des moustiques, et intercepte la transpiration, trop abondante entre les tropiques.

Lorsqu'une Hottentote touche au moment d'accoucher, c'est une vieille femme de la horde qui vient lui prêter un ministère officieux. Ces couches sont toujours heureuses. On ne connaît point chez les sauvages l'opération césarienne et de la symphyse; on ne consulte point, on n'agite jamais la question de savoir s'il faut sauver l'enfant aux dépens des jours de la mère; et si, par un exemple extrêmement rare, on ne pouvait accorder la vie qu'à l'un des deux, certes d'horribles distinctions n'ordonneraient point l'assassinat d'une mère, et l'enfant ne serait pas épargné.

Les Hottentotes sont sujettes, ainsi que les Européennes, à des indispositions périodiques; toutes les circonstances qui les accompagnent sont absolument les mêmes. La femme ou fille gonaquoise qui s'aperçoit de son état quitte aussitôt la hutte de son mari ou de ses parents, se retire à quelque distance de la horde, n'a plus de communications avec eux, se construit une espèce de cabane, s'il fait frais, et s'y tient recluse jusqu'à ce que, purifiée par des bains, elle soit en état de se représenter. Comme, dans ces circonstances, l'habillement sauvage cache assez mal l'état d'une femme, elle serait exposée à des railleries piquantes, si quelqu'un s'en apercevait; il n'en faudrait même pas davantage pour inspirer à l'époux qu'elle s'est choisi des dégoûts qui finiraient par la plus prompte séparation.

Les filles n'ont jamais de commerce avec les hommes avant d'être capables d'enfanter. A douze ou treize ans une fille est nubile, et, dans ce cas, sitôt qu'un garçon convient à son cœur, elle reçoit de ses parents la permission d'habiter avec lui.

Dans un pays où tous les individus sont égaux en naissant, pourvu qu'ils soient hommes, toutes les conditions sont égales, ou plutôt il n'y a point de conditions. Le luxe et la vanité, qui dévorent les fortunes, et leur font éprouver tant de variations, sont nuls pour les sauvages. Bornés à des besoins simples, les moyens par lesquels ils se les procurent, n'étant pas exclusifs, peuvent être et sont effectivement employés par tous. Ainsi, toutes les combinaisons de l'orgueil pour la prospérité des familles et l'entassement de dix fortunes dans un même coffre-fort n'y produisent aucune intrigue, aucun désordre, aucuns crimes. Les parents n'ayant pas de raison de s'opposer aux sentiments de prédilection qui entraînent un enfant vers un objet plutôt que vers un autre, tous les mariages, assortis par une inclination réciproque, ont toujours une issue heureuse, et comme, pour se soutenir, ils n'ont d'autres lois que l'amour, ils n'ont pour se rompre d'autres motifs que l'indifférence. Mais ces unions formées par la simple nature sont plus durables qu'on ne pense chez ces pasteurs, et leur amour pour leurs enfants rend deux époux de jour en jour plus nécessaires l'un à l'autre.

La formalité de ces mariages se réduisant donc à une promesse pure et simple de vivre ensemble tant qu'on se conviendra, l'engagement pris, deux jeunes gens sont tout à coup mari et femme. On tue des moutons, quelquefois un bœuf, pour célébrer une petite fête. Les parents donnent quelques bestiaux aux jeunes gens. Ceux-ci se construisent un logement; ils en prennent possession le jour même, pour y vivre ensemble autant de temps que l'amour entretiendra chez eux la bonne intelligence: car, s'il survient dans le ménage, comme je viens de le dire, quelque différend qui ne puisse s'apaiser que par la séparation, elle est bientôt prononcée. On se quitte, et chacun de son côté, cherchant fortune ailleurs, est libre de se remarier.

Le Gonaquois n'a d'autres vêtements que son kros et son jakal. Il marche toujours nu-tête, à moins qu'il ne pleuve ou qu'il n'ait froid : alors il porte un bonnet de cuir. Il orne ordinairement ses cheveux de quelques grains de verroterie, ou bien il y attache quelques plumes. J'en ai rencontré qui remplaçaient cette décoration par de petits morceaux de cuir découpé ; d'autres encore, ayant tué quelques petits quadrupèdes, en enflaient la vessie, et se l'attachaient comme une aigrette au dessus du front.

Tous, en général, font usage de sandales; ils les fixent avec des courroies. Ils ornent aussi, avec moins de profusion que les femmes, leurs jambes et leurs bras de bracelets d'ivoire, dont la blancheur les flatte infiniment, mais dont ils font pourtant moins de cas que des bracelets de gros laiton. Ils prennent tant de soin de ceux-ci, et les frottent si souvent, qu'ils deviennent très brillants et conservent le plus beau poli.

Ils sont adonnés à la chasse, et ils y déploient beaucoup d'adresse. Indépendamment des piéges qu'ils tendent au gros gibier, ils le guettent, l'attaquent, le tirent avec leurs flèches empoisonnées, ou le tuent avec leurs zagaies. Ces deux armes sont les seules dont ils se servent. L'animal qu'une flèche a touché ne tarde pas à ressentir les effets du poison, qui lui coagule le sang. Il est plus d'une fois arrivé à un éléphant ainsi blessé d'aller tomber à vingt ou trente lieues de l'endroit où il avait reçu le coup mortel. Sitôt que l'animal est expiré, on se contente de couper toute la partie des chairs voisine de la plaie qu'on regarde comme dangereuse; mais le reste ne se ressent en aucune manière des atteintes du poison. J'ai souvent mangé de ces viandes sans avoir éprouvé la plus légère incommodité; mais j'avoue que je n'aurais pas voulu courir les mêmes risques à l'égard des animaux chez qui le poison aurait séjourné quelque temps.

A la première inspection de leurs flèches on ne soupçonnerait pas à quel point elles sont meurtrières. Elles n'ont ni la portée ni la longueur de celles dont les Caraïbes font usage en Amérique, mais leur petitesse même les rend d'autant plus dangereuses qu'il est impossible à l'œil de les apercevoir et de les suivre, et par conséquent de les éviter. La moindre blessure qu'elles font est toujours mortelle, si le poison touche le sang ou la chair déchirée. Le remède le plus sûr est la prompte amputation de la partie blessée, si c'est quelque membre; mais si la plaie est dans le corps, il faut périr.

Ces flèches sont faites de roseaux et très artistement travaillées. Elles n'ont guère que dix-huit pouces ou tout au plus deux pieds de longueur, au lieu que celles des Caraïbes portent six pieds. On arrondit un petit os de trois à quatre pouces de long, et d'un diamètre moindre que celui du roseau; on l'implante dans ce roseau par l'un des bouts, mais sans le fixer. De cette manière, lorsque la flèche a pénétré dans un corps, on peut bien en retirer la baguette, mais le petit os ne vient point avec elle; il reste caché dans la plaie d'autant plus sûrement, qu'il est encore armé d'un petit crochet de fer placé sur son côté, de façon que par sa résistance et les nouvelles déchirures qu'il fait dans l'intérieur il rend inutiles tous les moyens que l'art voudrait imaginer pour le faire sortir. C'est ce même os qu'on enduit d'un poison qui a la fermeté du mastic, et à la pointe duquel on ajoute souvent encore un petit fer triangulaire et bien acéré, qui rend l'arme encore plus terrible.

Les arcs sont proportionnés aux flèches et n'ont que deux pieds et demi ou tout au plus trois de hauteur; la corde en est faite avec des boyaux.

La zagaie est ordinairement une arme bien faible dans la main d'un Hottentot; mais en outre sa longueur la rend peu dangereuse. Comme on la voit fendre l'air, il est aisé de l'éviter. D'ailleurs au delà de quarante pas celui qui la lance n'est plus sûr de son coup, quoiqu'on puisse l'envoyer beaucoup plus loin. C'est dans la mêlée seulement qu'elle peut être de quelque utilité. Elle a la forme d'une lance comme la zagaie de tous les pays; mais, destinée à être jetée à l'ennemi ou au gibier, le bois de celle d'Afrique est plus léger plus faible, et va toujours en diminuant d'épaisseur jusqu'à l'extrémité opposée au fer.

L'usage de cette arme est mal entendu, car le guerrier qui s'en sert avec le plus d'adresse est aussi le plus tôt désarmé. Les Gonaquois et tous les autres Hottentots n'en portent jamais qu'une, et l'embarras qu'en général elle leur cause, ainsi que le mauvais parti qu'ils en tirent, fait assez connaître qu'elle n'est pas leur défense favorite, d'où l'on peut conclure que l'arc et les flèches sont les armes naturelles du Hottentot. J'en ai vu quelques uns plus habiles à lancer la zagaie, mais le plus grand nombre n'y entend rien.

Dès qu'un Hottentot expire, on l'ensevelit dans son plus mauvais kros, on ploie ses membres de manière que le cadavre en soit entièrement enveloppé. Ses parents le transportent à une certaine distance de la horde et le déposent dans une fosse creusée à cette intention et qui n'est jamais profonde. Ils le couvrent de terre, ensuite de pierres, s'ils en trouvent dans le canton. Il serait difficile qu'un pareil mausolée fût à l'abri des atteintes du chakal et de l'hyène : le cadavre est bientôt déterré et dévoré.

Si les auteurs qui ont avancé que les Hottentots adorent la lune avaient compris le sens des paroles qu'ils chantent à sa clarté, ils auraient senti qu'il n'est question ni d'hommages, ni de prières, ni d'invocations à cet astre paisible. Ils auraient reconnu que le sujet de ces chants était toujours une aventure arrivée à quelqu'un d'entre eux ou de la horde voisine, et qu'autant improvisateurs que les nègres, ils peuvent chanter toute une nuit sur le même sujet en répétant mille fois les mêmes mots. Ils préfèrent la nuit au jour, parce qu'elle est plus fraîche, et qu'elle invite à la danse, aux plaisirs.

Lorsqu'ils veulent se livrer à cet exercice, ils forment en se tenant par la main un cercle plus ou moins grand, en proportion du nombre des danseurs et des danseuses, toujours symétriquement mêlés. Cette chaîne se fait et tournoie de côté et d'autre ; elle se quitte par intervalles pour marquer la mesure. De temps en temps chacun frappe des mains sans rompre pour cela la cadence. Les voix se réunissent aux instruments, et chantent continuellement : *Hoo ! hoo !* C'est le refrain général. Quelquefois un des danseurs, quittant le cercle, passe au centre ; là il forme à lui seul une espèce de pas anglais, dont tout le mérite consiste à l'exécuter avec autant de vitesse que de précision, sans bouger de la place où son pied s'est posé. Ensuite on les voit tous se quitter les mains, se suivre nonchalamment les uns après les autres affectant un air triste et consterné, la tête penchée sur l'épaule, les yeux baissés vers la terre, qu'ils fixent attentivement. Le moment qui suit voit naître les démonstrations de la joie, de la gaîté la plus folle. Ce contraste les enchante, quand il est bien rendu. Tout cela n'est au fond qu'un assemblage alternatif de pantomimes très bouffonnes et très amusantes. Il faut observer que les danseurs font entendre sans cesse un bourdonnement sourd et monotone, qui n'est interrompu que lorsqu'ils se réunissent aux spectateurs pour chanter en chorus le merveilleux *hoo! hoo!* qui paraît être l'âme et le point d'orgue de ce magnifique charivari. On finit assez ordinairement par un ballet général, c'est-à-dire que le cercle se rompt et qu'on danse pêle-mêle comme chacun l'entend. On voit alors l'adresse et la force briller dans tout leur jour, et les beaux danseurs répètent à l'envi des sauts périlleux.

Les instruments qui brillent là par excellence sont le goura, le joum-joum, le rabouquin et le romelpot.

Le goura a la forme d'un arc de Hottentot sauvage, il est de la même grandeur. On attache une corde de boyau à l'une de ses extrémités, et l'autre bout de la corde s'arrête par un nœud dans un tuyau de plume aplatie et fendue. Cette plume déployée forme un triangle isocèle très allongé, qui peut avoir environ deux pouces de longueur. C'est à la base de ce triangle qu'est percé le trou qui retient la corde, et la pointe, se repliant sur elle-même, s'attache avec une courroie fort mince à l'autre bout de l'arc. Cette corde peut être plus ou moins tendue, selon la volonté du musicien. Lorsque plusieurs gouras jouent ensemble, ils ne sont jamais montés à l'unisson. Tel est ce premier instrument, qu'on ne soupçonnerait point être un instrument à vent, quoiqu'il ne soit certainement que cela. On le tient à peu près comme le cor de chasse. Le bout de l'arc où se trouve la plume est à la portée de la bouche du joueur; il l'appuie sur cette plume, et, soit en aspirant, soit en expirant, il en tire des sons assez mélodieux. Mais les sauvages qui réussissent le mieux ne savent y jouer aucun air; ils ne font entendre que des sons flûtés ou lourés, tels que ceux qu'on tire d'une certaine manière du violon et du violoncelle.

Le goura change de nom quand il est joué par une femme, uniquement parce qu'elle change de manière de s'en servir; il se transforme en joum-joum. Assise à terre, elle le place perpendiculairement devant elle, de la même façon qu'on tient les harpes d'Europe; elle l'assujettit par le bas en passant un pied entre l'arc et la corde, observant de ne point la toucher. La main gauche tient l'arc par le milieu, et tandis que la bouche souffle sur la plume, de l'autre main la musicienne frappe la corde en différents endroits avec une petite baguette de cinq ou six pouces, ce qui opère quelque variété dans la modulation; mais il faut approcher l'oreille pour saisir distinctement la gradation des sons. Au reste, cette manière de tenir l'instrument m'a frappé; elle prête des grâces à la Hottentote qui en joue.

Le rabouquin est une planche triangulaire sur laquelle sont attachées trois cordes de boyau soutenues par un chevalet, et qui se tendent à volonté par le moyen de chevilles, comme nos instruments européens : ce n'est autre chose qu'une guitare à trois cordes. Tout autre qu'un Hottentot en tirerait peut-être quelque parti et le rendrait agréable ; mais celui-ci se contente de le pincer avec ses doigts, et le fait sans suite, sans art, et même sans intention.

Le romelpot est le plus bruyant de tous les instruments de ces sauvages. C'est un tronc d'arbre creusé, qui porte deux ou trois pieds, plus ou moins, de hauteur ; à l'un des bouts on a tendu une peau de mouton bien tannée, qu'on frappe avec les mains, ou, pour parler plus clairement, avec les poings, quelquefois même avec un bâton. Cet instrument, qui se fait entendre de fort loin, n'est pas, à coup sûr, un chef-d'œuvre d'invention ; mais, dans quelque pays que ce soit, c'est assez la méthode de remplacer par du bruit ce qu'on ne peut obtenir du goût.

Un physionomiste, ou, si l'on veut, un bel esprit moderne, réjouirait les cercles en assignant au Hottentot, dans la chaîne des êtres, une place entre l'homme et l'orang-outang. Je ne puis consentir à lui donner ce portrait ; les qualités que j'estime en lui ne sauraient le dégrader à ce point, et je lui ai trouvé la figure assez belle, parce que je lui connais l'âme assez bonne. Il faut pourtant convenir qu'il a dans les traits un caractère particulier qui le sépare en quelque sorte du commun des hommes. Les pommettes de ses joues sont très proéminentes, de telle sorte que, son visage étant fort large dans cette partie, et la mâchoire, au contraire, excessivement étroite, sa physionomie va toujours en diminuant jusqu'au bout du menton. Cette configuration lui donne un air de maigreur qui fait paraître sa tête très disproportionnée et trop petite pour un corps ordinairement gras et bien fourni. Son nez, plat, n'a quelquefois pas six lignes dans sa plus grande élévation ; ses narines, en revanche, sont très ouvertes, et dépassent souvent en hauteur le dos de son nez. Sa bouche est grande et meublée de dents petites, bien perlées, et d'une blancheur éblouissante. Ses yeux, très beaux et bien ouverts, inclinent un peu du côté du nez comme ceux des Chinois. A l'œil, ainsi qu'au toucher, on voit que ses cheveux ressemblent à de la laine ; ils sont courts, frisés, d'un noir d'ébène. Il ne porte que très peu de poils ; encore a-t-il soin de s'épiler. Ses sourcils, naturellement dégarnis, sont exempts de ce soin. La barbe ne lui croît que sous le nez et à l'extrémité du menton. Il ne manque point de l'arracher à mesure qu'elle se montre ; cela lui donne un air efféminé, qui, joint à la douceur naturelle qui le caractérise, lui enlève cette imposante fierté qui a mérité à l'homme le superbe titre de roi de la nature.

Quant aux proportions du corps, le Hottentot est parfaitement moulé. Sa démarche est gracieuse et souple ; tous ses mouvements sont aisés, bien différent des sauvages de l'Amérique méridionale, qui ne paraissent avoir été qu'ébauchés par la nature.

Les femmes, avec des traits plus fins, ont cependant le même caractère de figure. Elles sont également très bien faites, ont la gorge admirablement placée et de la plus belle forme dans la fraîcheur des ans, les mains petites et les pieds bien modelés, quoiqu'elles ne portent point de sandales. Le timbre de leur voix est doux, et leur idiome, en passant par leur gosier, ne manque pas d'agrément. Elles se livrent, lorsqu'elles parlent, à une infinité de gestes qui prêtent à leurs bras du développement et des grâces.

Le Hottentot, naturellement timide, est également très peu entreprenant. Son sang-froid flegmatique et son maintien réfléchi lui donnent un air de réserve qu'il ne dépose même pas dans les moments de sa plus grande joie, tandis qu'au contraire toutes les nations noires et basanées se livrent au plaisir avec l'abandon le plus expansif et la gaîté la plus vive.

Une insouciance profonde le porte à l'inaction et à la paresse. La garde de ses troupeaux et le soin de sa subsistance, voilà sa plus grande affaire. Il ne se livre point à la chasse en chasseur, mais en homme que son estomac presse et tourmente. Du reste, oubliant le passé, sans inquiétude sur l'avenir, le présent seul le frappe et l'intéresse.

Mais il est bon, serviable, et le plus généreux comme le plus hospitalier des peuples : quiconque voyage chez lui est assuré d'y trouver un gîte et la nourriture ; ils reçoivent, mais n'exigent pas. Si le voyageur a une longue route à faire; si, d'après les éclaircissements qu'il demande, on connaît qu'il est sans espoir de rencontrer de si tôt d'autres hordes, on l'approvisionne autant que possible de toutes les choses dont il a besoin pour continuer sa marche et gagner pays.

Tels sont ces peuples, ou du moins tels ils m'ont paru, dans toute l'innocence des mœurs et de la vie pastorale. Ils offrent encore l'idée de l'espèce humaine en son enfance. Un trait sublime que je place ici, quoiqu'il appartienne à mon second voyage beaucoup plus au nord du Cap et vers la côte ouest, achèvera ce tableau que j'ai tracé dans toute la candeur et la vérité de mon âme.

Une horde assez considérable de Kaminou-Kois était venue visiter mon camp avec cette confiance que donnent toujours des intentions honnêtes et droites, et que possèdent les hommes que leurs semblables n'ont point encore trompés. Forcé de ménager mes provisions, il ne m'était pas possible de régaler tout ce monde avec de l'eau-de-vie; la troupe était trop nombreuse, je ne pouvais, sans imprudence, me montrer généreux. J'en fis donner un verre au chef, et à ceux qui, par leur figure et plutôt encore par leur âge, me paraissaient les plus respectables. Mais à quelles ressources, à quels moyens n'a pas recours la bienfaisance, et qu'elle est ingénieuse quand elle veut se communiquer! Quel fut mon étonnement lorsque, m'apercevant qu'ils conservaient la liqueur sans l'avaler, je les vis tous s'approcher de leurs camarades qui n'en avaient point reçu et la leur distribuer de bouche à bouche de la même manière dont les tendres oiseaux du ciel se donnent la becquée! Je l'avouerai, cette action inattendue me troubla; j'en demeurai stupéfait: à la vue de cette scène touchante, quel cœur dénaturé n'eût point senti couler les larmes de l'attendrissement!

Portrait, mœurs et usages des Cafres.

Les Cafres, que je visitai ensuite, sont généralement d'une taille plus haute que les Hottentots et même les Gonaquois. Je n'ai pas vu un seul homme au dessous de cinq pieds cinq pouces. Leur figure n'a point ces visages rétrécis par le bas, ni cette saillie des pommettes des joues si désagréable chez les Hottentots, et qui déjà commence à s'effacer chez les Gonaquois. Ils n'ont pas non plus cette face large et plate, ni les lèvres épaisses de leurs voisins les nègres de Mozambique; ils ont au contraire la figure ronde, un nez élevé, pas trop épaté, et une bouche meublée des plus belles dents du monde. Ils ont aussi de beaux yeux, et la couleur du corps d'un noir bruni.

Les Cafres travaillent et forgent eux-mêmes leurs zagaies; mais ne connaissant du fer que sa malléabilité, leur art ne remonte pas jusqu'à sa première fonte: ainsi c'est du fer déjà travaillé qu'il leur faut. Ils tirent admirablement bien parti des vieux canons de fusils, des cercles de tonneaux et de toute autre ferraille de ce genre. Ils portent des zagaies de deux espèces: les unes ont la tige du fer unie et tout à fait ronde; les autres, plus artistement, je devrais dire plus cruellement travaillées, ont cette tige carrée: les quatre angles en sont découpés en pointes qui s'inclinent, tandis que les alternes remontent en sens contraire; ce qui nécessite le déchirement des chairs, soit qu'elles entrent dans le corps, soit qu'on les en retire. On ne peut qu'admirer leur patience lorsqu'on songe qu'avec un bloc de granit ou la roche même qui leur sert d'enclume, et un morceau de la même matière pour marteau, on voit sortir de leurs mains des pièces aussi bien finies que si la main du plus habile armurier y avait passé. Je le défierais, avec toute l'adresse et les combinaisons de son génie, de rien faire, avec les deux seuls instruments dont je viens de parler, qui approchât de ce que font ces sauvages.

L'habitant de la Cafrerie vit si familièrement au milieu de ses bestiaux, et leur parle avec tant de douceur, qu'ils obéissent ponctuellement à sa voix: comme ils ne sont jamais tourmentés ni maltraités par leurs conducteurs, ces animaux pacifiques ne font jamais usage des armes que leur a données la nature Le maître chargé du soin de les instruire et de les panser n'attache pas même les femelles pour les traire ; si cependant le sentiment de la maternité parle avec force à leur instinct, et les engage à retenir leur lait pour leurs petits, le moyen dont se servent les Cafres pour les contraindre à le lâcher est plus simple et moins dégoûtant que celui du Hottentot. On passe une entrave à l'un des pieds de derrière de la bête ; un homme robuste l'attire en s'éloignant : gênée par cette attitude, elle laisse aussitôt couler son lait. On emploie le même moyen lorsqu'une vache est privée de son veau.

On reçoit le lait dans les paniers, qui sont particulièrement l'ouvrage des femmes. Leur capacité dépend de la fantaisie, mais leur forme est toujours la même ; très légers, et ne risquant jamais de se rompre, ils sont sans contredit préférables à nos vases, quelle qu'en soit la matière. Les femmes que j'avais alors dans mon camp n'avaient point oublié leurs outils ; elles avaient apporté des joncs, pour ne pas rester oisives. Je m'amusais à voir fabriquer ces jolis paniers, qu'elles s'empressaient d'échanger avec moi contre de la quincaillerie, dès qu'elles y avaient mis la dernière main.

Avan de faire couler le lait dans ces vases, on avait soin de les bien laver ; mais c'était moins dans un esprit de propreté que dans le dessein d'en resserrer la texture : car enfin, quelque prévenu que je sois pour les sauvages, en faisa.t profession de tout dire, je ne dois pas me taire, même sur leurs défauts. Avouons donc que les Cafres sont dans l'usage constant d'échauder leurs ustensiles avec leur propre urine, et qu'ils ne se donnent pas la peine d'aller chercher de l'eau, lorsqu'ils n'en ont point à leur portée.

Ce procédé, qu'on mettait en usage sous mes yeux, n'était guère ragoûtant. Tous les soirs on avait attention de m'apporter un panier de laitage, dont mes gens et mon Keès, moins difficiles que leur maître, trouvaient à faire leur profit. J'évitais cependant avec soin de laisser voir à mes voisins la répugnance invincible que m'inspiraient leurs cadeaux journaliers.

Pour revenir encore sur les traits du Cafre, si le préjugé fait grâce à la couleur de la peau, il est telle femme cafre qui peut passer pour très jolie à côté d'une Européenne.

Ces peuples ne rendent point leur visage ridicule en épilant leurs sourcils comme les Hottentots. Ils se tatouent beaucoup, particulièrement la figure. Leurs cheveux, très crépus, ne sont jamais graissés ; il n'en est pas de même du reste de leur corps : c'est un moyen qu'ils emploient dans la seule vue d'entretenir la souplesse et la vigueur.

Dans la parure, les hommes en général sont plus recherchés que les femmes. Ils aiment beaucoup la verroterie et les anneaux de cuivre ; presque toujours on leur voit, soit aux bras, soit aux jambes, des bracelets faits avec des défenses d'éléphant : ils en scient en rouelles la partie creuse et laissent à ces anneaux naturels plus ou moins d'épaisseur. Il n'est plus question que de les polir et de les arrondir extérieurement. Ces gros anneaux ne pouvant s'ouvrir, il faut que la main puisse y passer pour les couler au bras ; ce qui fait qu'ils sont toujours aisés, et qu'ils jouent continuellement l'un sur l'autre. Si l'on donne à des enfants des anneaux moins larges, à mesure qu'ils grandissent le vide se remplit, et cette presque adhérence est un luxe qui flatte beaucoup ceux qu'on a ainsi décorés dès leur jeune âge. Ils se font encore des colliers avec des os d'animaux enfilés, auxquels ils savent donner la blancheur et le poli le plus parfait. Quelques uns se contentent de l'os entier d'une jambe de mouton, et cet ornement figure assez bien sur la poitrine : c'est une mouche sur le visage d'une jolie femme ; le Gonaquois a la même coquetterie. Quelquefois aussi ils remplacent cet os par une corne de gazelle ou toute autre chose, selon leur caprice. On verrait, je crois, autant de variétés et de bizarreries dans leurs ajustements qu'on en voit en Europe, s'ils avaient les mêmes moyens et les mêmes ressources. Ils sont assez constants dans leurs habillements, parce qu'ils ne pourraient remplacer par aucune étoffe les peaux dont ils se couvrent.

Il paraîtrait qu'ils sont moins pudiques que les Hottentots, parce qu'ils ne font point usage du jakal pour cacher les parties naturelles. Un petit capuchon de peau, qui ne couvre que le gland, loin de paraître modeste, annonce la plus grande indécence. Ce petit capuchon tient à une courroie qui s'attache à la ceinture uniquement pour ne pas le perdre : car, s'il ne craint pas de piqûres ou de morsures d'insectes, le Cafre s'inquiète peu que le capuchon soit en place ou non. Je n'ai vu qu'un seul homme qui portât, au lieu du capuchon, un étui de bois sculpté : c'était une nouvelle et ridicule mode qu'il avait prise chez un peuple de noirs éloigné de la Cafrerie. Dans la saison des chaleurs, le Cafre va toujours nu, il ne conserve que ses ornements ; dans les jours froids, il porte un kros de peau de veau ou de bœuf, qui souvent descend jusqu'à terre.

Une particularité qui peut-être ne se rencontre nulle part, et qui mérite de fixer l'attention, c'est que les femmes cafres ne font aucun cas de la parure. Comme elles sont, en comparaison des autres sauvages, bien faites et jolies, auraient-elles donc de plus le bon esprit de croire que les ornements sont moins faits pour ajouter à la beauté que pour masquer des imperfections ? Quoi qu'il en puisse être, on ne leur voit jamais l'étalage et la profusion de la coquetterie hottentote. Elles ne portent pas même de bracelets de cuivre ; leurs petits tabliers, plus courts encore que ceux des Gonaquoises, sont bordés de quelques rangs de verroterie : voilà leur grand luxe. La peau que les Hottentotes portent sur les reins par derrière, les femmes cafres la font remonter jusqu'aux aisselles, et l'attachent au dessus de la gorge, qui en est couverte. Elles ont aussi, comme leurs maris, le kros ou manteau, soit de veau, soit de bœuf, mais presque toujours ras. Les uns et les autres ne s'en servent que dans la saison pluvieuse ou lorsqu'il fait froid. Ces peaux sont aussi maniables, aussi moelleuses que nos plus fines étoffes. Quant aux procédés de la mégisserie des Cafres, ils sont à peu près les mêmes que ceux des Hottentots.

Quel que soit le temps, quelle que soit la saison, jamais les deux sexes ne couvrent leur tête. J'ai quelquefois remarqué une plume fichée dans les cheveux, encore cette fantaisie est-elle fort rare.

Les précautions des femmes cafres, dans leurs accouchements et dans leurs incommodités périodiques, sont absolument semblables à celles des Gonaquoises ou Hottentotes.

Leurs occupations journalières se bornent à façonner de la poterie, qu'elles travaillent aussi adroitement que leurs maris. Celles que j'avais eues dans mon camp, y ayant trouvé de la terre glaise qui leur convenait, n'avaient point perdu cette occasion de se faire des marmites et autres vaisselles à leur usage; elles n'avaient même pas manqué, à leur départ, d'emporter une grande provision de cette terre, dont elles avaient chargé leurs bœufs. Ce sont encore ces femmes, comme je l'ai déjà dit, qui travaillent les paniers; ce sont elles qui préparent les champs à recevoir les semences : elles grattent la terre avec des pioches de bois, plutôt qu'elles ne la labourent.

Les cabanes cafres, plus spacieuses et plus élégantes que celles des Hottentots, ont aussi la forme plus régulière: c'est absolument un demi-globe parfaitement arrondi La carcasse en est faite avec une espèce de treillage bien solide et bien uni, parce qu'il doit durer long-temps; on l'enduit ensuite, tant en dedans qu'en dehors, d'une epèce de torchis ou d'amalgame de bouse et de glaise battus ensemble, et bien uniment répandus. Ces huttes offrent à l'œil un air de propreté que n'ont certainement point les demeures hottentotes; on les croirait badigeonnées. La seule ouverture qui soit à ces cabanes est tellement étroite et basse, qu'il faut se mettre à plat ventre pour y pénétrer. Cette coutume me parut d'abord extravagante et renchérir beaucoup sur celle des Hottentots; mais comme ces huttes ne servent absolument qu'à passer la nuit, il est plus facile de s'y clore et de s'y défendre, soit contre les animaux, soit contre les surprises de l'ennemi. Le sol intérieur est enduit comme les murs; dans le centre on ménage un petit âtre ou foyer circulairement entouré d'un rebord saillant de deux ou trois pouces pour contenir le feu et mettre la cabane à l'abri de ses atteintes. Dans le tour extérieur et à cinq ou six pouces de la cabane, on creuse un petit canal profond d'un demi-pied, et qui porte autant de largeur. Ce canal est destiné à recevoir les eaux : cette précaution éloigne toute espèce d'humidité.

Une industrie mieux caractérisée, quelques arts, de nécessité première, il est vrai, un peu de culture, quelques dogmes religieux, annoncent dans le Cafre une nation plus civilisée que du côté du sud. La circoncision, qu'ils pratiquent généralement, prouverait assez, ou qu'ils doivent leur origine à d'anciens peuples dont ils ont dégénéré, ou qu'ils l'ont simplement imitée de voisins dont ils ne se souviennent plus : car, lorsqu'on leur parle de cette cérémonie, ce n'est, selon eux, ni par religion, ni par aucune autre cause mystique qu'ils la pratiquent. Ils ont pourtant une très haute idée de l'auteur des êtres et de sa puissance. Ils croient à une autre vie, à la punition des méchants, à la récompense des bons; mais ils n'ont point d'idée de la création : ils pensent que le monde a toujours existé, qu'il sera toujours ce qu'il est. Ils ne se livrent, du reste, à aucune pratique religieuse, ne prient jamais, en sorte qu'on pourrait très bien dire qu'ils n'ont pas de religion s'il n'y a point de religion sans culte. Ils sont eux-mêmes les instituteurs de leurs enfants, et n'ont point de prêtres. En revanche, ils ont des sorciers, que la plus grande partie révère et craint beaucoup. Je n'ai jamais joui de la satisfaction d'en joindre un seul; je doute fort, malgré tout leur crédit, qu'ils en imposent autant que les nôtres à la multitude.

Les Cafres se laissent gouverner par un chef général, ou, si l'on veut, une espèce de roi. Son pouvoir, comme j'ai eu occasion de l'observer, est très borné. Ne recevant point de subsides, il ne peut avoir aucune troupe à sa solde. Il est loin du despotisme : c'est le père d'un peuple libre; il n'est ni respecté ni craint, il est aimé. Souvent il est le moins riche de ses sujets, parce que, maître de prendre autant de femmes qu'il en veut, et ces femmes se faisant un honneur de lui appartenir, la dépense que son train royal occasionne, et qu'il est obligé de prendre dans sa caisse particulière, je veux dire dans son champ, ses bestiaux, ses fourrages, etc., souvent le ruine, et réduit ses propriétés à rien. Sa cabane n'est ni plus haute, ni mieux décorée que les autres. Il rassemble sa famille et son sérail autour de lui, ce qui compose un groupe de douze ou quinze huttes tout au plus. Les terres qui l'environnent sont ordinairement celles qu'il cultive. C'est un usage que chacun récolte lui-même ses grains pour en disposer à sa manière. C'est la nourriture favorite des Cafres : ils les écrasent et les broient entre deux pierres. C'est aussi pour cette raison que, chaque famille s'isolant pour avoir ses productions à sa portée, une horde seule qui ne serait pas fort nombreuse peut occuper souvent une lieue carrée de terrain.

L'éloignement des différentes hordes entre elles exige qu'on leur donne des chefs. C'est le roi qui les nomme. Lorsqu'il a à leur communiquer des avis intéressants pour la nation, il les fait venir et leur donne ses ordres, que je devrais appeler ses nouvelles; les différents chefs, porteurs de ces nouvelles, retournent chez eux pour en faire part aux leurs.

L'arme du Cafre, la simple lance ou zagaie, annonce en lui un caractère intrépide et grand. Il méprise et regarde comme indignes de son courage les flèches empoisonnées, si fort en usage chez ses voisins; il cherche toujours son ennemi face à face, il ne peut lancer sa zagaie qu'il ne soit à découvert. Le Hottentot, au contraire, caché sous une roche ou derrière un buisson, envoie la mort sans s'exposer à la recevoir. L'un est le tigre perfide qui fond traîtreusement sur sa proie, l'autre est le lion généreux qui s'annonce, se montre, attaque, et périt s'il n'est pas vainqueur. L'inégalité des armes n'est point capable de le faire balancer, son courage et son cœur sont tout pour lui. En guerre, à la vérité, il porte un bouclier d'environ trois pieds de hauteur, fait de peau de buffle prise dans la partie la plus épaisse. Cela lui suffit pour le défendre des flèches et même des zagaies; mais cette arme défensive ne le met pas à l'abri de la balle. Le Cafre manie encore avec beaucoup d'adresse une arme non moins terrible que la zagaie, lorsqu'il a joint son ennemi : c'est une massue de deux pieds et demi de hauteur, faite d'un seul morceau de bois ou racine de trois à quatre pouces de diamètre dans sa plus grande épaisseur, et qui va en diminuant par l'une des extrémités. Il frappe avec cet assommoir; quelquefois même il le lance à quinze ou vingt pas. Il est rare qu'il n'atteigne pas au but qu'il s'est proposé. J'ai vu l'un de ces sauvages tuer ainsi une perdrix dans le moment où elle s'élevait pour s'envoler. Ils nomment cette arme *kiri*.

Le pouvoir souverain est héréditaire dans la famille du roi : son fils aîné lui succède toujours; mais, à défaut d'héritiers mâles, ce ne sont point les frères, mais les plus proches neveux qui succèdent. Dans le cas où le souverain ne laisserait ni enfants, ni neveux, c'est alors parmi les chefs des différentes hordes qu'on choisit un roi. Quelquefois l'esprit de parti s'en mêle, et de là la fermentation et les brigues, qui finissent toujours par des scènes sanglantes.

La polygamie est d'usage chez les Cafres. Leurs mariages sont encore plus simples que ceux des Hottentots. Les parents du futur sont toujours contents du choix qu'il a fait; ceux de la future y regardent d'un peu plus près, mais il est rare qu'ils fassent de grandes difficultés. On se réjouit, on boit, on danse pendant des semaines entières, plus ou moins, selon la richesse des deux familles. Ces fêtes n'ont jamais lieu que pour de premières épousailles; les autres se font pour ainsi dire à la sourdine.

On n'enterre point ordinairement les morts; ils sont transportés hors du kraal par la famille, et déposés dans une fosse ouverte et commune à toute la horde. C'est là que les animaux viennent se repaître à loisir, ce qui purge l'air, que gâterait bientôt la corruption de plusieurs cadavres entassés. Les honneurs de la sépulture ne sont dus qu'au roi et aux chefs de chaque horde. On couvre leurs corps d'un tas de pierres amassées en forme de dôme.

Je ne connais point le caractère des Cafres relativement à l'amour, et je ne sais pas s'ils sont jaloux; tout ce que je crois, c'est qu'ils ne connaissent cette fureur que par rapport à leurs semblables, car ils cèdent volontiers leur femme, moyennant une petite rétribution, au premier blanc qui paraît la désirer. Hans m'avait fait plus d'une fois entendre que toutes celles que j'avais reçues dans mon camp étaient à mon service, et que je pouvais choisir. En effet, il n'était sorte d'agaceries auxquelles elles ne se livrassent devant leurs hommes pour m'attirer dans leurs piéges, et ceux-ci n'étaient peut-être scandalisés que de la froideur avec laquelle je paraissais recevoir ces caresses.

Le jour que j'avais fixé pour mon départ, ce jour heureux qui devait nous rapprocher du Cap, parut enfin. Je fis une revue générale de mes chariots, équipages, bœufs, attelages, etc. J'avais mis en ordre mes nouvelles collections, et repassé les plus anciennes; les balles que j'avais commandées, et le plomb nécessaire à la chasse étaient coulés; mes bœufs, qui depuis long-temps se reposaient et n'avaient pas manqué d'excellents pâturages, étaient à pleine peau et dans le meilleur état possible; en un mot, j'étais prêt à partir. J'accordai deux jours de plus pour prendre congé de nos bons voisins et nous divertir avec eux.

La nouvelle de ce départ définitif s'était répandue. Je vis bientôt arriver toute la horde par pelotons, hommes et femmes. Haabas était à leur tête; tout ce qui avait pu marcher le suivait: ils accouraient pour nous faire leurs adieux et recevoir les nôtres. Que j'étais aise qu'ils vinssent passer ces deux derniers jours avec moi! Le bon Haabas me présenta quatre ou cinq Gonaquois d'une autre horde que la sienne, et qui, ayant ouï parler de moi, avaient été députés pour m'engager à aller visiter leur canton. Il était trop tard; mais j'adoucis mon refus en leur promettant de me souvenir de leur tendre invitation au premier voyage que j'entreprendrais dans ces contrées.

Tant que durèrent ces quarante-huit heures on se livra de part et d'autre à tous les excès de la folie et du plaisir. Mon eau-de-vie ne fut pas épargnée, non plus que l'hydromel, que Haabas avait fait exprès préparer et apporter avec lui. Mais la belle Narina et sa sœur, qui étaient de la partie, ne prenaient aucune part à ces orgies, tout innocentes qu'elles fussent. La tristesse avait surtout voilé les traits de Narina. Je la consolai comme je pus; je l'accablai de présents, je lui en remis pour sa sœur, sa mère et tous ses amis, en un mot je me défis dans ce moment de presque tous mes bijoux; mais la parure n'était pas ce qui l'occupait en ce moment.

Le 4 décembre arriva; je partis... Je tenterais vainement de peindre la consternation de ces malheureux Gonaquois; on eût dit que je les livrais aux bêtes féroces, et qu'ils perdaient tout en me perdant.

Excursion dans les environs du Cap. Mœurs des colons

A peine de retour au Cap, Levaillant, entraîné par son esprit aventureux, s'occupa des préparatifs d'un second voyage, et se remit bientôt en route pour parcourir la Hollande hottentote, et étudier les mœurs des colons. Parmi les pays qu'il traversa, il en est un qui devait particulièrement l'intéresser: c'est le Fransche-Hoeck (le Coin français).

Le Fransche-Hoeck, dit-il, est dans une gorge de montagnes, entre le Stellembosch et le Dragestein. Il a reçu son nom des réfugiés qui vinrent le défricher sur la fin du siècle dernier. Le terrain en est bon, et fournit beaucoup de blé et de vin. C'est là que se mange le meilleur pain des colonies; ce n'est pas que le blé y soit meilleur qu'en tout autre lieu, mais c'est parce que la méthode française apportée par les émigrants s'y est conservée de père en fils sans altération. C'est là tout ce qui leur reste du souvenir de leur ancienne et cruelle patrie. Je n'ai trouvé dans ce canton qu'un seul vieillard qui parlât français; plusieurs familles cependant conservent et écrivent encore leurs noms primitifs.

Je ne vis pas sans intérêt cette race de réfugiés français, naguère persécutés dans leur injuste patrie, dépouillés, proscrits, avilis, chassés par elle comme des hordes de misérables, victimes du fanatisme et de l'intolérance, et n'ayant d'autre refuge, au sein de cet abandon affreux, que la pitié de quelques gouvernements voisins qui leur permirent d'aller arracher aux côtes de l'Afrique une subsistance qu'on eût craint même de leur donner dans une terre trop voisine des lieux témoins de leur désastre. Eloignés de la France, qui a rejeté ses enfants, ils ont oublié son langage, hélas! et n'ont pas perdu son souvenir; leurs usages même se sont fondus dans les usages hollandais ils ne diffèrent plus guère des autres colons; la trace originelle est perdue; on ne les reconnaîtrait à rien, s'ils n'avaient conservé, pour la plupart, des cheveux noirs, qui contrastent avec la chevelure presque toujours blonde des habitants de la colonie hollandaise.

On peut diviser les colons du Cap en trois classes: ceux qui habitent dans le voisinage du Cap jusqu'à une distance de cinq à six lieues, ceux qui sont plus éloignés et qui vivent dans l'intérieur des terres, enfin ceux qui, plus reculés encore, se trouvent à l'extrémité sur les frontières de la colonie, parmi les Hottentots.

Les premiers, possesseurs de propriétés opulentes ou de jolies maisons de campagne, peuvent être assimilés à ce que nous appelions autrefois de petits seigneurs terriens, et diffèrent beaucoup des autres colons par leur aisance et par leur luxe, surtout par leurs mœurs, qui sont hautaines et dédaigneuses : ici, tout le mal provient de leur richesse. Les seconds, simples, hospitaliers, très bons, sont des cultivateurs qui vivent du fruit de leur travail : ici, le bien résulte de la médiocrité.

Les derniers, assez misérables et trop paresseux pour arracher leur subsistance à la terre, n'ont d'autre ressource que dans le produit de quelques bestiaux qui se nourrissent comme ils peuvent. Semblables aux Arabes Bédouins, c'est beaucoup quand ils prennent la peine de les promener de pâturage en pâturage, de canton en canton. Cette vie errante les empêche de se bâtir des habitations fixes. Quand leurs troupeaux les obligent à séjourner pendant quelque temps dans un lieu particulier, ils se construisent à la hâte une hutte grossière qu'ils couvrent de nattes, à la manière des Hottentots, dont ils ont adopté les usages, et dont ils ne diffèrent plus aujourd'hui que par les traits du visage et la couleur. Le malaise pour ceux-ci naît de ce qu'ils n'appartiennent à aucune situation précise de la vie sociale.

Ces nomades fainéants sont généralement en horreur à leurs laborieux voisins, qui redoutent leur approche et s'en éloignent le plus qu'ils peuvent, parce que, n'ayant pas de propriété, ils violent sans scrupule celle des autres, et que, quand leurs bestiaux manquent de pâturage, ils les conduisent furtivement sur le premier terrain cultivé qui est à leur portée. Se flattent-ils de n'être point découverts, ils restent là jusqu'à ce que tout soit dévoré. S'aperçoit-on du délit, alors commencent des querelles, des batteries, puis des procès, dans lesquels il faut recourir au drossart, et qui finissent presque toujours par faire trois ennemis, du voleur, du volé et du juge.

Rien de plus vil et de plus rampant que les colons de la première classe quand ils ont affaire à quelqu'un des principaux officiers de la Compagnie, qui peuvent influer sur leur sort; mais aussi rien de plus insolemment haut vis-à-vis des personnes dont ils n'ont ni à espérer ni à craindre. Fiers de leur aisance, gâtés par la proximité d'une ville dont ils n'ont pris qu'un luxe qui les a corrompus et des vices qui les ont avilis, c'est surtout envers les étrangers qu'ils déploient leur morgue et leur imbécile orgueil. Voisins des colons qui habitent l'intérieur du pays, n'espérez pas qu'ils les regardent comme leurs frères; pleins de mépris pour eux, ils leur ont donné le nom de *Rauw-boer*, sobriquet injurieux qui, en français, répond à celui de manant. Aussi jamais ne voit-on ces honnêtes cultivateurs, lorsqu'une affaire les amène à la ville, s'arrêter dans leur route chez ces gens dont je parle: ils savent trop bien avec quel dédain insultant ils y seraient reçus; on dirait de deux peuples ennemis, toujours en guerre, dont les individus s'unissent seulement de loin en loin par quelque rapport d'intérêt.

Il est fâcheux que ces procédés si choquants aient infecté presque toutes les habitations qui environnent à peu de distance la ville du Cap, car ce canton est charmant. Embelli par la culture, par des vignobles nombreux, par des maisons de campagne très agréables, il offre partout des perspectives délicieuses, dont le site et la variété n'auraient que de quoi plaire, s'il avait d'autres habitants.

En pénétrant dans l'intérieur des terres on trouve les colons cultivateurs, qui, par leurs mœurs, leurs usages et le genre de leurs travaux, forment une classe particulière, distincte de celle que je viens de décrire. Plus éloignés du Cap, et par conséquent moins à portée de commercer de leurs denrées, ceux-ci sont moins riches que les premiers; on ne voit point chez eux ces maisons de campagne si agréables qui, placées à différentes distances de la ville, embellissent au loin son passage et lui forment les perspectives les plus riantes. Leur habitation est un grand hangar couvert de chaume, et dont l'intérieur est partagé en trois parties égales par deux cloisons qui ne s'élèvent que jusqu'à une certaine hauteur. La pièce du milieu, qui est celle par laquelle on entre, sert en même temps de salle à manger et de salon; c'est là que pendant le jour se tient toute la famille, c'est là qu'on prend le thé et qu'on reçoit les étrangers. Des deux pièces collatérales, l'une forme la chambre à coucher des deux enfants mâles, l'autre celle du père, de la mère et de leurs filles. Une troisième pièce, adossée à la pièce du milieu, sert de cuisine. D'autres corps de logis forment les écuries et les granges.

Telle est la distribution la plus généralement suivie dans l'arrondissement des colonies intérieures. Cependant, si l'on s'éloigne encore plus vers la frontière, là, l'aisance étant moindre, le logement a moins de commodités; il consiste dans un hangar sans divisions, et ne formant qu'une seule pièce, dans laquelle toute la famille vit réunie, sans se séparer ni la nuit ni le jour. On couche sur des peaux de moutons qui servent de couvertures.

L'habillement des colons se ressent de cette simplicité rustique. Pour les hommes, c'est une chemise de toile de coton bleue, un gilet à manches, une grande culotte, un chapeau à moitié détroussé; pour les femmes, un jupon, un casaquin juste à la taille, et un très petit bonnet rond de mousseline. A moins d'une parure extraordinaire, les uns et les autres ne portent point de bas; les femmes marchent même pieds nus pendant une partie de l'année. Quant aux hommes, leurs travaux exigeant une chaussure, ils s'en font une avec un morceau de peau de bœuf, appliquée et moulée sur le pied lorsqu'elle est encore fraîche. Ces sortes de sandales sont la seule pièce de leur habillement qu'ils fassent eux-mêmes; tout le reste est l'ouvrage des femmes, qui taillent également et travaillent toute leur garde-robe. Au reste, quoique ce soit là l'accoutrement journalier d'un colon, il a cependant un bon habit de drap bleu, qu'il porte les jours de cérémonie et de représentation. Il met aussi alors des bas et des souliers, et s'habille entièrement à l'européenne. Mais tout cet étalage ne se déploie que quand on va au Cap, encore n'a-t-il lieu qu'au moment où l'on est prêt à entrer dans la ville.

C'est ordinairement dans ces voyages qu'on achète de quoi renouveler sa garde-robe. Il est au Cap, comme aux piliers des halles à Paris, une sorte de fripiers qui font ce genre de commerce, et qui, par les profits et l'usure avec lesquels ils s'y livrent, ont été nommés *capse-smouse,* juifs du Cap. Ces boutiquiers trouvent le moyen de vendre fort cher leurs marchandises, mais elles varient de prix selon que les magasins sont plus ou moins garnis; il s'ensuit qu'elles n'ont jamais une valeur fixe, et que le colon qui arrive du désert, et qui sur ses achats ne peut avoir de données certaines, est nécessairement toujours dupe.

D'un autre côté, le marchand, qui connaît la probité de ces cultivateurs et leur exactitude à payer leurs dettes, fait tous ses efforts pour entamer un compte avec eux; il cherche à les tenter par le prétendu bon marché et la qualité de l'étoffe qu'il leur étale, et offre de remettre le paiement au voyage de l'année suivante. Il est rare que des gens simples et sans expérience soupçonnent la ruse qui se présente à eux sous une apparence trompeuse de politesse et de fraternité; s'ils cèdent, les voilà enlacés pour leur vie. A leur retour on engage avec eux un marché nouveau, payable à même terme; et c'est ainsi que, d'année en année, toujours débiteurs et toujours achetant sans s'acquitter jamais, ils deviennent la proie d'un usurier qui a fondé sa fortune sur leur sottise.

Il est vrai que ces niais acheteurs, après avoir été dupes au Cap, ne reviennent ordinairement chez eux que pour faire d'autres dupes. Ce qu'on a employé d'adresse à les tromper, ils l'emploient à leur tour pour tenter les Hottentots qui sont à leur service. Les coupons d'étoffes ou les vêtements de friperie qu'ils rapportent, ils les revendent à ces malheureux serviteurs, mais avec un tel profit, qu'ordinairement les gages d'une année ne suffisent point pour s'acquitter, et qu'ils se trouvent, comme leurs maîtres, endettés par anticipation pour l'année suivante. Ainsi, en dernier résultat, c'est le pauvre Hottentot qui paie l'usurier du Cap. Au reste, sa duperie est en petit l'image de ce qui se passe ici-bas dans toutes les conditions : partout le fripon adroit sait se procurer un tribut sur les simples ou les sots, et ce tribut, chacun de ceux-ci, après l'avoir payé, cherche à le rejeter sur un autre, de sorte qu'à la fin c'est sur le plus sot qu'il retombe. C'est ainsi que les hommes s'enchaînent par les moyens mêmes qui devraient les désunir.

L'habitude a rendu les colons insensibles au défaut de fruits et de légumes: la facilité qu'ils ont d'élever des bestiaux supplée chez eux à cette privation, parce que leurs troupeaux leur donnent pour les repas beaucoup de viande : c'est de viande, et de mouton surtout, qu'ils se nourrissent, et chez eux la table en est chargée avec une telle profusion, que l'aspect en devient dégoûtant.

De cette manière de vivre il résulte que les bestiaux ne sont pas seulement, dans les colonies comme partout ailleurs, un objet utile, mais un besoin de nécessité première : aussi un colon ne s'en rapporte-t-il qu'à lui-même du soin de surveiller les siens; tous les soirs, quand le troupeau rentre, il ne manque jamais de venir sur sa porte, un bâton à la main, et de compter toutes les bêtes, pour s'assurer qu'il ne lui en manque aucune.

Des gens qui n'ont d'autre occupation que certains travaux d'agriculture et une surveillance de troupeaux doivent avoir de longs intervalles d'oisiveté ; or c'est ce qu'éprouvent les colons, et spécialement ceux d'entre eux qui habitent fort avant l'intérieur des terres, et qui, à raison de leur grand éloignement, ne pouvant commercer de leurs grains avec le Cap, n'en cultivent que ce qui est nécessaire à leur consommation. A voir l'inaction profonde dans laquelle ils vivent, on dirait que pour eux le bonheur suprême consiste à ne rien faire. Quelquefois cependant ils se visitent entre eux, et alors les journées se passent à fumer, à prendre du thé, à conter ou à écouter des histoires dont le romanesque n'a pas même le mérite ni la moralité d'un conte de Barbe-Bleue.

Comme tout homme porte toujours avec lui et sa pipe et un sac de tabac fait d'une peau de veau marin, on n'arrive dans ce cercle qu'avec ces deux ustensiles d'usage. Dès qu'un des assistants veut charger sa pipe, il tire son sac et le fait passer à ses voisins pour remplir le leur : c'est là une politesse à laquelle on ne manque jamais. Chacun fume de son côté; bientôt ces fumées abondantes forment un nuage qui, après s'être élevé dans la partie supérieure du lieu de l'assemblée, finit, en s'accroissant insensiblement, par le remplir en entier, et par devenir si épais, que les fumeurs ne peuvent plus se voir les uns les autres.

Un usage qu'une répugnance invincible m'a toujours empêché d'adopter, c'est le bain du soir. J'ai dit qu'en aucun temps ni les hommes ni les femmes ne portaient de bas, et que pendant une très grande partie de l'année celles-ci ne se servaient même point de souliers; or, comme une pareille habitude expose sans cesse les pieds et les jambes à se salir, on a paré à cet inconvénient par une précaution journalière de propreté. Tous les soirs, avant de se coucher, la Hottentote ou la négresse qui est chargée du service de la maison apporte au milieu de la salle un baquet rempli d'eau, et lave les pieds de tout le monde, en commençant par le père et la mère, puis elle continue par les enfants et par toute la famille, et finit par les étrangers. Mais comme le baquet sert successivement à toute la société, sans que l'eau soit renouvelée une seule fois, on imagine bien que moi, qui n'en devais jouir que le dernier, je n'étais pas fort empressé d'aller m'y salir.

Ce qui prouve encore combien ces honnêtes gens ont de bonhomie et de loyauté dans les mœurs, c'est qu'un étranger, dès qu'il est accueilli par les maîtres de la maison, à l'instant devient en quelque sorte pour elle un membre de la famille. Accoutumés à vivre entre eux, ils ne connaissent d'autres liens que ceux de la parenté, et regardent en effet comme leurs parents les personnes qu'ils aiment. Les petits enfants qui venaient autour de moi, soit pour me caresser, soit pour admirer et compter mes boutons, m'appelaient leur grand-papa; j'étais le cousin des pères, l'oncle des jeunes filles, et j'avoue franchement que parmi mes nièces il s'en est trouvé plus d'une dont les instances naïves et les yeux charmants m'ont fait oublier l'heure à laquelle j'avais fixé mon départ.

Quand on entre dans une maison, le protocole du salut est de donner la main au maître du logis, puis à tous les hommes qui composent le cercle. Si dans la compagnie il s'en rencontre un qu'on n'aime pas, alors on ne lui présente point la main, et ce refus d'un témoignage commun d'amitié est une déclaration formelle qu'on le regarde comme son ennemi. Il n'en est point ainsi avec les femmes : on les embrasse toutes sans façon l'une après l'autre; en excepter une du baiser ce serait un affront insigne; vieilles ou jeunes, il faut les baiser toutes, c'est un bénéfice avec les charges.

A quelque heure de la journée que vous vous présentiez chez un colon, vous trouverez toujours sur la table la bouilloire et la théière. Cet usage est général, jamais les habitants ne boivent d'eau pure. Si un étranger se présente chez eux, c'est du thé qu'ils lui offrent pour se rafraîchir; eux-mêmes en prennent constamment pendant l'intervalle des repas, et même, comme il leur arrive souvent de passer une partie de l'année sans vin ni bière, ils n'ont pour tout le jour d'autre boisson que du thé.

Un voyageur arrive-t-il chez eux à l'heure du dîner, quand la nappe est mise, il donne la main, il embrasse, et de suite se place à table. Veut-il passer la nuit, il reste; il fume, prend du thé, demande des nouvelles, débite celles qu'il sait, et le lendemain, après avoir de nouveau donné la main et baisé, il poursuit sa route pour aller faire ailleurs la même cérémonie. Offrir de l'argent serait regardé comme une offense.

On sent bien que l'éducation, dans une pareille contrée, doit différer entièrement de ce qu'elle est en Europe. Là, les enfants n'ont point, comme ici, ces petits tambours, ces trompettes, et tous ces joujoux bruyants ou inutiles par lesquels on donne le change à leur pétulance naturelle, pour les rendre un peu moins incommodes; le seul amusement qu'ils connaissent est en même temps pour eux un commencement d'éducation.

C'est l'usage, quand le chariot de la maison ne marche pas, de le laisser en plein air à côté du logis. Dès que les enfants peuvent grimper sur la planche qui sert de siége, ils vont s'y placer, et là, un fouet en main, ils s'exercent à commander les bœufs, qui n'y sont pas, à les appeler par leur nom, à frapper la place de celui qui est censé ne pas obéir assez vite, en un mot à diriger la marche du char pour le faire avancer, tourner, reculer à propos. Après avoir ainsi manié successivement des fouets faits pour leur âge, il parviennent enfin à manier un bambou bien effilé, de quinze à seize pieds de long, dont la courroie est plus longue encore, et avec lequel ils peuvent, à plus de vingt-cinq pieds de distance, enlever le caillou qu'on leur désigne, ou une pièce de monnaie jetée à terre.

Quand un jeune colon sait conduire un char et manier un fouet, son éducation est presque achevée, car on ne lui apprend ni à lire ni à écrire. A l'époque de sa quatorzième année, il est admis dans les sociétés des hommes et prend sa place parmi eux. Dès cet instant, il donne la main aux hommes, embrasse les femmes et fume. On lui remet un fusil, avec le droit de chasser autant qu'il le voudra : dès ce moment, entrant en jouissance de tous les droits des hommes, il est censé un homme lui-même, et ne tarde pas à se choisir parmi les filles des environs une maîtresse, qu'il finit par épouser, car il est rare de rencontrer un garçon qui fasse la cour à plusieurs filles.

Les colons étant tous chasseurs, parce que tous ont à défendre leurs troupeaux et leurs champs des animaux sauvages et des bêtes féroces, ils ont chez eux un certain nombre de fusils, selon que leur famille est plus ou moins considérable; mais ils prennent pour ces fusils une précaution qui leur est particulière. L'expérience leur a appris que l'éclat et le luisant d'une arme peut, par son reflet, effrayer l'animal qu'on chasse, et l'avertir de fuir. Pour parer à cet inconvénient, on bronze en Europe les fusils; mais les colons, qui n'ont point cette facilité, enduisent les leurs de sang de mouton.

De retour au Cap, je fis de nouvelles promenades dans les environs; je montai au sommet de la montagne de la Table.

Vue dans l'éloignement et à une certaine distance, la montagne paraît se terminer en plateau, et telle est l'origine de ce nom de Table que lui ont donné les voyageurs et les marins. Cependant il s'en faut bien que son sommet soit une plaine; sillonné dans toute sa surface par d'énormes cavités, il est hérissé en même temps d'aspérités, de proéminences, de hautes roches, qui, par leur altération et leur éboulement, attestent combien l'action des météores lui a fait perdre de sa forme primitive. Sa face la plus longue est celle qui regarde la ville. Dénué d'instruments, il ne m'était guère possible d'en mesurer exactement l'étendue; en la parcourant plusieurs fois à pied je vis que, pour aller de l'extrémité est à l'opposé ouest, il me fallait près de vingt minutes, ce qui annonçait une longueur d'un quart de lieue au moins.

Pendant que je m'occupais de mon arpentage, ma bonne fortune me rendit témoin d'un phénomène intéressant, que souvent les curieux ont cherché à observer sur la montagne, mais qui ne s'offre pas toujours avec la même pompe aux regards des observateurs : c'était la formation d'un de ces orages du sud-est produit par l'amoncellement des nuages au sommet de la Table, et qu'on appelle vulgairement la Perruque, ainsi que je l'ai dit dans mon premier voyage. Il faut que je le décrive ici, mais d'une manière plus précise, de peur qu'on ne prenne l'effet pour la cause et qu'on n'attribue à l'un ce qui appartient à l'autre. Celui-ci s'annonça par une traînée de brouillards que nous vîmes balayer la surface de la mer; il s'avançait vers nous en passant par-dessus la baie Falso; son approche m'annonçait une des tempêtes les plus terribles. J'étais vers cette partie de la montagne qui, déjà séparée de la Table par l'action progressive et continue des éboulements, des pluies et des vents, prend le nom particulier de Diable, et tend de plus en plus à s'isoler de cette grande masse.

La traînée, en s'avançant, couvrit bientôt toute la vallée de la baie Falso jusqu'au pied des montagnes, et finit par nous dérober entièrement la vue du charmant paysage de Constance, de Nieuwland et du Ronde-Bosch; et puis, grossissant à vue d'œil, l'orage ne tarda pas à gagner successivement la hauteur de la Table, et, en moins de deux heures, il s'accrut au point que non seulement il couvrit la partie du terrain qui nous séparait du Diable, mais encore nous enveloppa nous-mêmes de toutes parts. Cette brume était si dense, qu'on ne pouvait rien distinguer à un pied de soi. Du reste, l'atmosphère, malgré ce grand mouvement de vapeur, ne semblait point troublée; je ne sentais pas un souffle de vent; en revanche, mes habits se mouillaient insensiblement.

J'avais eu plusieurs fois occasion de remarquer que, lorsque ces nuages venaient se répandre sur la Table, ils n'en couvraient que la partie orientale, tandis que l'occidentale restait pure et intacte; je savais encore, et je l'ai dit ailleurs, que souvent dans ces temps brumeux un colon qui part de la ville pour se rendre à la baie Falso peut choisir à son gré ou de marcher sous un soleil brûlant en prenant par l'ouest, ou de s'exposer à une pluie continue en prenant par le côté opposé. Or, maintenant que je me trouvais sur la montagne au moment où le nuage s'appesantissait sur elle, je pouvais aisément m'assurer quelle partie était couverte, quelle autre ne l'était pas, puisque, étant dans le nuage même, je n'avais qu'à marcher jusqu'au moment où j'en serais sorti. C'est ce que je fis en m'avançant vers l'ouest du plateau; mais à peine fus-je à mi-chemin de ce plateau que je me trouvai tout à coup sous les rayons d'un soleil ardent et sous un ciel de toutes parts très serein.

C'est alors que s'offrit à mes regards le spectacle du plus bel horizon que j'aie jamais considéré; je distinguais toutes les habitations qui parent les montagnes du Tigre, le Blaw-Berg, le Groene-Kloof et le Piquet-Berg. La ville se trouvait presque perpendiculairement sous mes pieds; mais lorsque avec ma lunette je me mis à considérer les girouettes des maisons, je m'aperçus qu'elles étaient tournées en tous sens, ce qui m'annonçait que le plus grand calme y régnait ainsi que sur la montagne, où il n'y avait pas le moindre mouvement dans les airs, puisque les feuilles des arbres dormaient dans une immobilité profonde.

La baie étalait un spectacle plus étonnant encore. Sa partie nord éprouvait une rafale très violente qui ne s'étendait point à la partie sud. Ainsi, par exemple, dans cette dernière partie, trois vaisseaux me semblaient jouir d'un repos parfait, et dans l'autre tous ceux qui se trouvaient à l'ancre étaient, au contraire, agités par un vent très violent. De ce contraste frappant, je dirai même incroyable dans un espace si peu étendu, il résultait entre l'une et l'autre une très grande différence dans la couleur des eaux. Ce double effet me paraissait magique, puisqu'il m'offrait dans un même cadre et sans intermédiaire le calme et la tempête.

Je ne cessais de suivre tous les mouvements de mon nuage. Une partie s'en était détachée, et, passant par l'échancrure qui sépare le Diable de la Table, elle était allée se fixer au revers de celle-ci, et y paraissait suspendue comme dans un état de stagnation, sans avoir avec la grande masse aucune autre communication. Vers les cinq heures, celle-ci sembla s'affaisser et devenir plus pesante. Je crus qu'elle allait se précipiter sur la ville et y occasionner un de ces ouragans si communs au Cap dans les mois de mars et avril, plus rares dans la saison où nous nous trouvions. Je me trompai. Sans diminuer de hauteur elle déborda le plateau, descendit au dessous de ses rebords, et, circulant ainsi le long de son escarpement, alla rejoindre le nuage du Diable, avec lequel elle se confondit pour n'en plus faire qu'un seul. Tout ceci s'opéra sans le moindre dérangement dans l'air; la rade elle-même cessa d'être agitée par le vent, et le calme universel me dit assez que je devais renoncer à l'attente d'un orage, dont le spectacle m'aurait beaucoup intéressé, mais dont les effets n'auraient pas également amusé les habitants de la ville, qui n'avaient pas le même intérêt à ces observations.

L'approche de la nuit vint me dédommager un peu de cette contrariété en m'offrant un tableau différent, il est vrai, et moins rare, mais plus sublime peut-être que cette grande tempête sur laquelle je m'étais avisé de compter : c'était le coucher du soleil dans l'Océan. On pourrait dire que c'était l'arrivée du maître de la nature aux bornes du monde. Je vis ce globe de feu se plonger et disparaître avec majesté dans les eaux. Quel ravissant spectacle il offrit à mes yeux étonnés, lorsque, rasant la surface des mers, il parut tout à coup en embraser l'abyme pour rejoindre, comme le dit Ossian, l'immense palais des ténèbres! A son approche, les flots élèvent leurs têtes agitées pour se dorer de sa lumière; leurs couleurs, diamantées par ses rayons, se dégradent insensiblement, et soudain ils s'abaissent lorsqu'il a disparu. Déjà l'Océan commençait à n'être plus éclairé, et l'immense rideau de nuages que j'avais à l'est reflétait encore ses feux dans leurs parties supérieures; leur masse totale représentait des montagnes de neige, et leur couronnement étalait une zone resplendissante de toutes les couleurs de l'arc-en-ciel. Ce spectacle ne dura qu'un instant; mais, à une distance de trente lieues vers le nord, les montagnes du Piquet, plus hautes encore que la Table, conservèrent pendant quelque temps la lumière sur leurs cimes majestueuses; elles se détachaient sur le fond pourpre et violâtre du ciel : on eût dit des fanaux destinés à éclairer l'Afrique intérieure pendant l'obscurité de la nuit. Que l'homme est petit à cette hauteur, et que ses passions sont misérables lorsqu'il se compare à l'immensité!

Aux approches des ténèbres, les vautours avaient quitté la plaine et regagnaient les rochers, les bavians se retiraient dans leurs repaires, les petits oiseaux voltigeaient encore autour de moi; épars sur les arbustes et les buissons, ils célébraient par leurs concerts la fin d'un si beau jour. Leur chant mourut avec le crépuscule; l'obscurité livra la montagne aux oiseaux funèbres, et moi, triste et penseur, je rentrai dans ma canonnière, qu'on avait entourée d'un grand feu pour en éloigner les animaux malfaisants, qui fuient la lumière.

Nouvelle expédition.

J'avais fixé mon départ au 15 juin. Le 14, je fis une revue générale de mes équipages et de mon monde. En comptant la femme de Klaas et mon inspecteur général Swanepoel, j'avais avec moi dix-neuf personnes, treize chiens bien appareillés, un bouc et dix chèvres, trois chevaux, dont deux très bien harnachés étaient un don de Boers, trois vaches à lait, trente-six bœufs pour l'attelage de mes trois chariots, quatorze pour relais et deux pour porter le bagage de mes Hottentots. Ces cinquante-deux bêtes à cornes suffisaient au service actuel. Je comptais en augmenter le nombre à mesure que, m'éloignant des colonies, il me deviendrait nécessaire d'en avoir davantage, et par les échanges je pouvais me les procurer à meilleur compte. Le coq qui, dans mon premier voyage, m'avait procuré quelques instants de plaisir, me fit naître l'idée d'en emmener encore un dans celui-ci, et afin qu'il fût plus heureux que n'avait été l'autre, je venais de lui donner une poulette. Enfin, pour mon amusement, je dirais pour ma société, j'emmenai mon singe Keès, Keès qui, retenu à la chaîne pendant mon séjour au Cap, semblait y avoir perdu sa gaîté, mais qui, depuis le moment où il il s'était revu libre, se livrait chaque jour à des folies extrêmement divertissantes.

Il est aisé, dans la partie méridionale de l'Afrique, de faire une longue marche pendant les plus beaux jours de l'été, c'est-à-dire en janvier, où le jour est de quatorze heures; mais au solstice de juin, quand le soleil est dans l'hémisphère septentrional, les journées n'étant plus que de neuf heures et demie, la longueur des nuits ne permet pas au voyageur d'avancer autant qu'il le désirerait. Or telle était à peu près l'époque où je me mettais en route.

Du Swart-Land je passai dans le canton des Vingt-quatre Rivières, le plus agréable sans contredit de toute la Compagnie hollandaise. Il doit son nom à la multiplicité des ruisseaux dont il est arrosé. On juge aisément à l'abondance de ces eaux à quel point ce terrain est productif et riant. Bien plus, les canaux principaux, par des saignées adroitement ménagées, portent l'abondance et la fécondité jusque dans les terres labourées de toutes les fermes environnantes. Les habitants mettent beaucoup d'adresse à diminuer ou à grossir le volume de ces eaux si favorables aux moissons. Nulle part dans la colonie les prairies ne jouissent au même degré d'une verdure aussi belle; il y règne une douce fraîcheur dont la vue seule, dans ce pays brûlé, flatte l'œil du voyageur, charme son imagination et suspend véritablement ses fatigues. Les Vingt-quatre Rivières sont l'Éden de l'Afrique; on s'y promène dans des bosquets d'orangers, de citronniers, de pampelmoes; le parfum des fleurs charme délicieusement l'odorat; une ombre légère invite au repos, aux rêveries, à la méditation.

Tout ce qui entoure ces jardins enchantés ajoute encore au prestige : les regards se promènent au loin sur un horizon magnifique; une enceinte de collines embellit et anime ces plans divers que terminent de hautes montagnes dont la crête va se perdre dans les nues.

Dans ce site enchanteur on rencontre sous ses pas tout ce qui sert aux besoins et aux douceurs de la vie. L'attrait de ces lieux se fait à peine sentir, qu'on y voudrait fixer à jamais sa demeure. Les habitations y sont plus rapprochées, elles s'y amassent insensiblement; je ne désespère pas qu'elles n'offrent bientôt le spectacle d'une seconde ville dans la colonie, et qu'enfin la vallée des Vingt-quatre Rivières ne devienne un jour la terre la plus riche et la plus peuplée des environs du Cap.

J'étais à un quart de lieue de la rivière de Kruys, quand la nuit vint me surprendre. Plus prudent, j'aurais campé où je me trouvais; mais le chemin m'ayant paru bon tout le jour, j'imaginai qu'il le serait jusqu'aux bords du Kruys. J'ordonnai à mes gens d'avancer; pour moi, qui avais triplé la route en chassant continuellement, la fatigue m'avait surpris : je montai dans mon chariot et me jetai sur mon matelas pour me reposer un moment.

Je n'avais plus qu'une journée de chemin pour arriver au Heere-logement (logement du seigneur); j'y devais rencontrer, m'avait-on dit, une source d'eau très abondante, une retraite fort agréable, des bosquets, des grottes chargées d'inscriptions et de dessins. Au portrait qu'on m'en avait fait, il semblait qu'une autre Angélique avait visité ces beaux lieux. Une Angélique! des inscriptions! des dessins! un Médor hottentot! J'éloignai toute cette magie invraisemblable, et ne retins que l'espoir d'y trouver la fontaine; elle me devenait d'un besoin trop pressant pour ne pas désirer d'y arriver avant la nuit. Je la trouvai en effet. Quelque respect qu'eût dû m'inspirer pour elle la description qu'on m'en avait faite, tout mon monde et mes bestiaux en eurent bientôt troublé les eaux. Quant à la grotte, aux inscriptions, aux lianes pendantes en festons, à notre approche toute cette féerie s'évanouit. Seulement une grande et vaste caverne servit à mettre à l'abri ma caravane et moi. Elle était spacieuse et fort élevée; nous pouvions enfin y être à couvert, sans pourtant y être enfermés, étant entièrement ouverte du côté de l'ouest. Assise sur un petit monticule, elle dominait mon camp et la plaine, dont la vue monotone et morte inspirait la tristesse et le découragement; enfin elle s'adossait à la grande chaîne des monts arides qui, se prolongeant en amphithéâtre, offraient un aspect à la fois effrayant et majestueux par leur nudité et les différentes teintes d'ocre, de gris et de blanc, qui coloraient leurs diverses parties. Les restes d'une habitation tombée en ruine attestaient que le propriétaire avait été forcé d'abandonner ce lieu sauvage et brûlé. Je m'arrangeai pour pour passer la nuit dans la grotte, et je fus obligé de la partager avec des ramiers et des choucas qui y arrivèrent à la chute du jour. Ils se perchaient par centaines sur un arbre dont la racine était implantée au sein d'une énorme crevasse; une des branches de l'arbre tapissait le fond de cette salle naturelle.

Après une marche très fatigante nous aperçûmes à la nuit tombante, de dessus un point élevé où nous nous trouvions alors, le fleuve des Éléphants serpenter au dessous de nous, à une demi-lieue de distance; mais comme je savais par expérience ce qu'on risque pour descendre des montagnes dans les ténèbres, je pris le parti de camper sur la hauteur, e', malgré l'extrême fatigue de mes attelages, d'attendre le jour pour gagner a rivière.

Elle était bordée de chaque côté par de très grands mimosas et par diverses sortes de bois blancs de l'espèce du saule; mais partout le terrain était sec et brûlé, et il n'existait pas même de verdure sous les arbres. En vain je parcourus le long des bords, dans l'espoir de trouver enfin quelque endroit moins aride qui offrît un herbage à mes bêtes; je ne vis pas une seule touffe de gazon, et il fallut qu'elles se contentassent de quelques plantes grasses et des feuilles des arbustes.

Il existait cependant, à peu de distance de la rivière, une maison habitée par la veuve Van-Zeil et sa famille. Quelques champs labourés me l'indiquaient; je m'y rendis donc, et j'y reçus l'accueil le plus amical. La veuve Van-Zeil me vendit quelques moutons et même quatre cents livres de tabac, que je crus devoir ajouter à ma provision. Ce tabac était de son cru; je le payai sur le pied de deux sous de Hollande la livre, ce qui fait, à peu de chose près, quatre-vingts livres de notre monnaie pour les quatre cents livres. J'achetai encore de l'eau-de-vie, avec laquelle je remplaçai la quantité qui avait été bue jusque là. La veuve, dans l'entretien que j'eus avec elle, me confirma ce que m'avait dit le pâtre hottentot sur la sécheresse désastreuse qui désolait le pays, sécheresse telle, que toutes les hordes de Petits Namaquois avaient quitté l'intérieur des terres pour se rapprocher des bords de la mer.

Bien me prit d'avoir traversé la rivière ce même soir, car pendant la nuit il survint un déluge d'eau qui dura sans interruption trois jours entiers, et qui me flatta de quelque espoir pour l'heureux succès de mon voyage; sa violence fut même telle dès le premier moment que je fus obligé d'arrêter et de camper sur la rive même. Ma bonne fortune me servit bien dans cette occasion; un jour plus tard il n'y avait plus de gué à espérer pour moi, et je me fusse vu réduit à passer la rivière sur des radeaux.

Parvenu sur la rive droite du Koïgnas, je dirigeai ma marche vers le Wleermuys-Klip ou la Roche aux Chauves-Souris. Mais en avançant j'aperçus la trace toute fraîche d'un lion; cette découverte, qui, depuis mon départ du Cap, était la première de ce genre, m'avertissait d'être sur nos gardes dans notre campement de nuit. L'animal se trouvait dans les fourrés de la rivière au moment de notre passage, et sans doute le bruit de ma caravane l'avait déterminé à fuir en plaine. Je me mis à sa poursuite avec un de mes chasseurs et quelques chiens, nous le suivîmes même pendant une partie de la journée; mais l'approche de la nuit et la crainte de m'égarer dans l'obscurité lorsque je ne pourrais plus distinguer la trace des roues de mes voitures me forcèrent de revenir à mon camp.

La roche des Chauves-Souris, au pied de laquelle nous nous trouvions, en contenait réellement des quantités innombrables. Effarouchés par une clarté qui leur était nouvelle, ces animaux faisaient, dans leurs repaires, un bruit effroyable qui déchirait les oreilles; d'autres en sifflant venaient par centaines voltiger autour de nous, et nous souffleter le visage avec leurs ailes. En vain on cherchait à s'en défendre, la nuée menaçante ne faisait qu'augmenter et de toutes parts on était frappé. Dans cette position désolante, je ne vis qu'un seul parti à prendre, celui de lever le camp et d'abandonner le champ de bataille à ces ennemis tenaces. Nous allâmes camper, toujours en descendant la rivière des Éléphants, à un endroit nommé en hottentot Krekenap, et en hollandais Backhoove.

Arrivé enfin avant la nuit sur les bords de la mer, je fis dresser ma canonnière et allumer du feu; mais, malgré notre extrême fatigue, aucun de nous ne put se livrer au sommeil : le vent de mer était si piquant et le froid si excessif, qu'il nous fallut passer la nuit entière à nous chauffer. Cet état de souffrance me faisait attendre impatiemment le point du jour; aussi, dès qu'il parut, me mis-je en quête avec trois de mes gens, en remontant les bords de la mer.

En quittant la rivière des Éléphants, Levaillant s'avança à travers un affreux désert dont le sol n'offrait qu'une surface aride et brûlée, forcé d'abandonner à chaque pas quelqu'une de ses bêtes.

Nous tracions nos sillons dans le sable, harassés, tristes, sans espoir. Enfin j'aperçus au loin le Krakeel-Klip ou Roche de Discorde, qu'on m'avait dit contenir un vaste bassin profondément creusé, et qui probablement devait être rempli par les eaux des dernières pluies. A mesure que nous avancions, nous croyions entrevoir des chariots arrêtés sur les bords du bassin ; ce fantôme excita parmi nous une joie universelle, et nous rendit à l'espérance : non seulement il nous annonçait qu'il y aurait de l'eau dans les cavités du rocher, mais, soit que les chariots appartinssent à quelques voyageurs ou à des colons qui s'étaient avancés jusque là, ils me promettaient des renseignements certains sur la route que j'avais à tenir. Hélas ! ce n'était effectivement qu'un fantôme : à notre approche les prétendus chariots disparurent pour faire place à deux énormes éléphants ; ils étaient venus se désaltérer au réservoir, et prirent la fuite aussitôt qu'ils nous virent approcher d'eux.

La cavité du rocher néanmoins contenait de l'eau, même elle en annonçait assez pour désaltérer toute ma caravane ; mais cette eau était détestable, parce que, servant d'abreuvoir à tous les animaux sauvages du canton, ses bords étaient couverts de fiente et d'excréments que sans cesse les pluies délayaient et faisaient descendre dans le fond du bassin. La fermentation de ces matières infectes et putrides lui avait communiqué une couleur verdâtre, une odeur nauséabonde, un goût abominable qui révoltait les sens. Telle était pourtant notre détresse, que la découverte de cette mare dégoûtante devint pour nous une bonne fortune. Avant d'y laisser abreuver les animaux, j'ordonnai qu'on y remplît les jarres que nous avions vidées la veille, et pour la rendre potable, s'il était possible, j'eus soin qu'on la filtrât à travers plusieurs linges ; on la mit ensuite sur le feu ; enfin j'y ajoutai quelques onces de café en poudre. A la vérité, elle s'éclaircit un peu par ces opérations, et perdit même en partie le mauvais goût que lui avaient fait contracter les particules salines et sulfureuses des excréments qu'elle tenait dissous ; mais elle n'en avait pas moins gardé la qualité malfaisante que lui avaient donnée ces dissolutions. Tous ceux qui en burent furent purgés, ils éprouvèrent des coliques plus ou moins douloureuses ; il y en eut même à qui elle causa de longs vomissements, des hoquets et des douleurs d'entrailles qui nous firent craindre que cette eau n'eût été empoisonnée. Moi seul je fus épargné, grâce à la précaution que je pris de couper mon eau avec du lait de chèvre.

De mon camp de Krekenap au Krakeel-Klip il n'y a que huit lieues, et pour ces huit lieues il m'avait fallu employer deux longs jours ; le second je n'avais pu en faire que trois, qui me coûtèrent huit heures de marche. Mais indépendamment de l'excessive faiblesse de mes bœufs, qui se traînaient avec effort et faisaient un quart de lieue par heure, nous étions forcés presque à chaque instant de dételer, pour abandonner ceux qui, tombant d'inanition, restaient sur la place. En un mot, on aura une idée précise de l'état malheureux où étaient réduits ces animaux, quand j'aurai dit que, depuis le moment de mon dernier départ, c'est-à-dire pendant ces deux jours désastreux, j'en laissai dix-sept étendus sur la route.

A force de précautions, de patience, de courage, nous gagnâmes le Schuit-Klip, mais non sans avoir perdu encore quelques bœufs, quoique la distance ne fût que de deux lieues et demie. Le Schuit-Klip ou Rocher-Bateau est une petite roche dont la forme ovale se trouve effectivement, selon sa dénomination, creusée en bateau. Elle avait conservé une petite quantité d'eau. Par surcroît de bonne fortune, cette eau se trouva exquise. Les quadrupèdes du voisinage, qui ne pouvaient boire dans le bassin, à cause de son escarpement trop rapide, n'avaient pu la gâter comme celle du Krakeel-Klip.

Des cinquante-quatre bœufs que j'avais eus en commençant mon voyage, il m'en était mort trente et un. Je partageai en trois attelages les vingt-trois bœufs qui me restaient, convaincu que huit bêtes suffiraient à ma voiture, tant elle était devenue légère; j'eus même le soin de ne faire faire à chaque relais qu'une lieue, et ce fut ainsi que j'arrivai à Oliphants-Kop ou Tête-d'Éléphant.

C'était encore là une roche à qui sa forme avait fait donner le nom qu'elle portait. Je me flattais d'y trouver de l'eau comme au Schuit-Klip, et réellement il y en avait eu dans ses différents creux; mais il ne s'y trouvait plus qu'une vase humide. Mes bœufs, qui de toute la journée n'avaient point bu, et qui la veille avaient à peine obtenu quelques gouttes rafraîchissantes, éventaient toutes les fentes de la roche sans y rien trouver. De leurs narines ces pauvres animaux aspiraient l'humidité qu'exhalait la vase; ils y promenaient leur langue pour en laper les parties aqueuses qu'elle pouvait contenir encore; ils battaient des flancs, et semblaient chercher à s'en imbiber par tous les pores. Pour moi, il ne me restait qu'un peu d'eau dans une jarre; je la partageai entre les douze Hottentots que j'avais avec moi. Nous en eûmes très peu chacun. Heureusement mes chèvres nous offraient une ressource; elles n'étaient point encore taries.

Les grandes et longues pluies que nous avions essuyées en longeant la rivière des Éléphants ne s'étaient point étendues jusqu'au canton d'Oliphants-Kop, ou du moins, s'il avait subi un orage, comme la vase du rocher l'indiquait, cette irrigation légère avait été trop faible pour que l'effet en fût devenu sensible sur le terrain.

Partout il montrait une aridité affreuse dont rien ne m'annonçait le terme. A l'ouest était une plaine immense, qui, en se prolongeant probablement jusqu'à la mer, n'offrait de toutes parts, à perte de vue, qu'une longue nappe de terre aride, sur laquelle perçaient de loin en loin quelques plantes grasses et quelques buissons rabougris et peu fournis. A l'est, un long rideau de montagnes pelées bordait tristement l'horizon; de tous côtés, enfin, régnaient l'abandon, le silence et le néant.

Voyage dans le pays des Petits et Grands Namaquois.

Il serait impossible de décrire ce que la caravane eut à souffrir au milieu de ces sables brûlants, où elle ne pouvait trouver une goutte d'eau pour apaiser un peu la soif qui la dévorait. Un soir enfin on vit des nuages s'amonceler à l'horizon. la foudre gronda, et bientôt, dit Levaillant, j'entendis le bruit de quelques grosses gouttes d'eau, heureux précurseurs d'une pluie abondante. Tous mes sens, en un moment dilatés d'aise et de joie, se rouvrirent à la vie. Couché sur le dos, je recueillis avec volupté les gouttes que le hasard faisait tomber; chacune d'elles paraissait un baume rafraîchissant sur ma langue desséchée et sur mon palais. Je le répète, la plus pure volupté de ma vie entière est celle que je goûtai en cet instant délicieux, acheté par tant de soupirs et de si longues angoisses. L'averse ne tarda point à fondre de toutes parts; elle tomba trois heures par torrents, le disputant de fracas avec le tonnerre, qui ne cessait de gronder sur nos têtes. Tout mon monde courait çà et là par l'orage, se cherchant l'un l'autre, et se félicitant, avec un air de triomphe, de se voir ainsi baignés; ils se sentaient revivre; on eût dit qu'ils cherchaient à se gonfler, comme pour offrir plus de surface à la pluie et s'en imbiber davantage.

Tant de bonheur ne pouvait être couronné tristement. Un vent d'est vint déchirer en lambeaux et emporter devant nous le reste des nuages; le ciel reprit sa pureté, et le soleil, qui la veille achevait de dessécher nos corps, sembla ne s'élever ce jour-là que pour réparer les dégâts de l'orage. Au réveil, chacun se trouvait un autre homme; nous étions ressuscités. Aussi l'un des premiers effets que nous fit éprouver ce changement inespéré fut une faim dévorante, qui fut satisfaite à son tour.

Quoique je ne dusse m'attendre qu'à une continuité de sécheresse et de malheurs, puisque ma marche était en raison contraire de celle des saisons; quoique la prudence me conseillât de retourner au Cap, et qu'il n'y eût presque qu'une fausse honte qui me fît persister dans mon projet, je résolus de reprendre ma route et de poursuivre mon voyage chez les Namaquois.

Le 10 août je me mis en marche; mon intention était de passer la nuit à Pots-kop-Heuvel : c'est ainsi que nous avions nommé le lieu où avaient été tués les éléphants.

Le chemin que nous avions fait depuis la rivière Verte me rapprochait du Namero, et déjà nous nous trouvions près des montagnes du Camis, qui se présentaient majestueusement à l'est du pays où le Baster m'avait annoncé que je pourrais trouver à me fournir les attelages qui m'étaient nécessaires. J'étais empressé d'y arriver; mais ayant trouvé dans notre route une source charmante, nommée Oog-Fontyn, ou fontaine de l'OEil, dont les eaux abondantes, douces et limpides, nous annonçaient une station agréable, les deux frères Baster, séduits par la fraîcheur du lieu, me proposèrent d'y camper, et, malgré mon impatience, je cédai à leur désir.

Nous avions à l'est la chaîne du Camis. Arrivés au pied des premières montagnes, nous ne trouvâmes que des sentiers étroits et tortueux, par lesquels il nous fallut gravir, et ne pouvant que rarement nous servir de nos chevaux. Après une marche très fatigante, ces routes escarpées nous conduisirent à une gorge profonde dans laquelle coulait une rivière que mon guide me dit être la rivière Verte, qui prend sa source dans ces montagnes. Quelque instruit que me parût le jeune homme dans la connaissance du pays, son assertion me semblait d'autant plus invraisemblable, qu'ayant côtoyé pendant long-temps le lit de la rivière Verte, je n'y avais pas vu une goutte d'eau courante, et que celle-ci coulait à pleins bords. Cependant il ne se trompait point; mais cette eau avait à traverser des sables et des terrains brûlants qui la tarissaient et l'empêchaient d'arriver jusqu'à la plaine quand elle n'était pas très abondante.

L'intention de mon guide, en me conduisant dans la gorge, était de m'aboucher avec un colon qui avait là une habitation, c'est-à-dire une mauvaise cabane dans laquelle il vivait. J'y achetai six bœufs, qui devaient m'être livrés lorsqu'à mon retour je repasserais par ce lieu. Plus loin, et plus avant dans les montagnes, je trouvai un gîte semblable, dont le maître me vendit, aux mêmes conditions, trois autres bêtes, en m'offrant de passer la nuit sous son toit.

Le maître de la case m'avait prévenu que plus loin, vers le nord-ouest, demeurait un autre habitant, qui, plus riche que lui en bestiaux, pourrait m'en vendre davantage. Malgré la répugnance que je me sentais pour entreprendre une nouvelle course par un temps aussi dur, je partis. Pendant toute notre marche, qui fut des plus pénibles, nous eûmes à essuyer une neige continuelle; elle tombait à gros flocons, comme dans les pays les plus septentrionaux de l'Europe. C'était une grande imprudence à nous de nous aventurer dans de pareilles circonstances; cependant nous arrivâmes sans accident à une pitoyable hutte, où nous trouvâmes un vieillard avancé en âge, qui se chauffait à un feu de bouse de vache, dont il m'invita de m'approcher.

Transi et morfondu, ce fut avec bien du plaisir que je trouvai à me réchauffer, quoique je ne pusse le faire que dans une position très incommode et accroupi à la hottentote, la cabane étant trop basse pour y rester debout. Cloëte (c'était le nom de cet habitant) à ce bienfait de l'hospitalité joignit celui de nous présenter du lait et du pain, les seules subsistances qu'il eût en sa disposition. Je me contentai du lait, parce que le pain ayant été pétri, au moins pour un quart, avec les égrisures de la meule qui avait moulu sa farine, je ne voulais point user mes dents à manger des pierres. Le soir notre patron nous régala d'un haamel (mouton gras) qu'il fit tuer, et qui fut mieux reçu de ma troupe que son lait.

Le froid ne m'avait pas permis de reposer la nuit précédente; il m'empêcha encore de dormir celle-ci, et il fallut la passer à causer avec Cloëte, accroupis tous deux auprès de son feu.

Notre route nous obligea à côtoyer les bords de la rivière Verte. La fraîcheur de cette riante vallée, les points de vue qui se reproduisent à chaque pas sous des formes diverses, remplissaient mon imagination des plus douces pensées. Je foulais un tapis de verdure et de fleurs; les coteaux environnants, chargés d'arbustes et de plantes brillantes, offraient à mes yeux autant d'arbres que de bosquets délicieux : c'était un jardin dans le sein d'un désert.

Adieu vallons, coteaux, géranium et fleurs de toutes les espèces; tapis de verdure, bords enchantés, douces rêveries, adieu! nous allons entrer dans les glaces.

Pour regagner le Namero il nous fallait traverser encore une autre chaîne de montagnes couverte de neiges; ainsi, en moins de huit heures de marche, nous eûmes successivement trois saisons, c'est-à-dire deux hivers par un été.

Nous atteignîmes enfin le pays des Petits Namaquois. A deux lieues au delà d'un réservoir nous aperçûmes quelques individus de cette peuplade occupés à garder des troupeaux, mais qui, épouvantés à l'aspect de ma caravane, prirent la fuite. Je piquai vers eux pour les rassurer et pour leur demander quelques renseignements, car, ayant à parcourir un pays inconnu, je ne pouvais trouver de secours et d'instructions que dans les hordes qui l'habitaient. Ils m'apprirent qu'à une lieue plus loin était une horde de leur nation, dans laquelle vivait une femme blanche à qui appartenaient les troupeaux qu'ils gardaient.

Nous nous rendîmes au lieu indiqué, et nous trouvâmes effectivement un kraal composé d'une vingtaine de huttes. La femme blanche était debout devant la sienne; elle avait, comme les Namaquoises, un vêtement de peaux tannées, mais elle ne portait point cependant, comme elles, ni le kros ni le petit tablier. Ses enfants n'avaient, comme leur mère, que des peaux pour vêtements, et sans leurs longs cheveux, je les aurais pris, à leur teint rembruni par le soleil, pour des enfants de Namaquois; j'y eusse été d'autant plus aisément trompé, qu'ils ne parlaient que la langue namaquoise.

Klaas Baster était le seul de ma caravane qui sût cet idiome : c'était celui de son enfance. Quoique différent de la langue hottentote, que je connaissais déjà, il avait néanmoins les trois mêmes clapements, et me parut fondé sur les mêmes principes généraux. Seulement je remarquai que ce peuple employait plus fréquemment ces sons rauques qui, tirés précipitamment du gosier, coupent les mots et les rendent pendant quelque temps inintelligibles pour les oreilles d'un étranger.

Je ne m'arrêterai point à détailler les mœurs et les usages de cette horde de Petits Namaquois, qui se rapprochent infiniment de ceux des autres peuplades voisines, dont je parlerai incessamment. Quant à leur habillement, il diffère peu de celui des Hottentots de la côte de l'est, et s'il est entre eux sur cet objet quelques différences, elles sont si légères qu'elles ne méritent pas d'être rapportées. Je remarquerai seulement qu'en général les Petits Namaquois sont plus robustement taillés et pas si maigres de figure que les Hottentots des environs du Cap.

La veuve avait envoyé à mon camp du lait de ses troupeaux. A son exemple, toutes les femmes de la horde en portèrent aussi des leurs, et ce tribut volontaire eut lieu pendant mon séjour dans le kraal. Il me rappelait ces jours agréables de mon premier voyage, où tous les matins la jeune Narina venait m'apporter le lait de ses chèvres qu'elle-même avait traites. Mais quelle différence! au lieu de ces paniers si jolis et si propres dans lesquels la charmante Gonaquoise m'offrait son présent, je ne voyais ici que des sébiles de bois grossièrement travaillées, et dont les bords étaient enduits d'une incrustation butyreuse et rance qui rebutait à la fois et l'odorat et la vue. Mes Hottentots, peu difficiles sur les recherches de propreté, s'accommodaient très bien du cadeau des Namaquoises. Pour moi, à qui il donnait une répugnance invincible, je me contentais du lait de ma ménagerie, et j'abandonnais à ma meute la portion du leur que ne consommaient point mes gens.

Le soir de mon arrivée il y eut bal, car il faut remarquer que, parmi les plaisirs que l'hospitalité des sauvages cherche à procurer aux étrangers, la danse tient toujours le premier rang. Ces fêtes bruyantes auraient pu m'amuser une première fois; mais j'avais entendu si souvent les *ha ha*, les *ho ho*, qu'ils ne m'intéressèrent que faiblement. Cependant mon attention fut réveillée par un des musiciens, qui joua de la flûte d'une manière à piquer ma curiosité. Je voulus connaître la méthode de cet homme : elle était bien simple, et consistait à sortir sa flûte d'entre ses lèvres pour la mettre dans une de ses narines; alors il soufflait comme auparavant, et ajoutant au vent du nez un petit nasillement qui assourdissait le son, il imitait l'écho si parfaitement, qu'il était impossible de ne pas s'y méprendre.

La femme blanche étant, dans toute la horde, la seule qui sût le hollandais, c'était la seule aussi avec qui je pusse m'entretenir. Je n'oublierai pas qu'un jour où elle me vantait beaucoup l'excellence du pays qu'elle habitait, elle avança, pour m'en convaincre, que jamais on y avait vu de puces. A l'entendre, c'était là un bienfait singulier de la nature, et une particularité du climat. Mais cette nature, dont la bonté prétendue l'avait garantie des puces, ne la garantissait point d'un autre parasite plus incommode, et, suivant moi, plus dégoûtant : la malheureuse en était couverte, ainsi que ses sujets.

Une autre incommodité plus insupportable encore, et qui distinguait ce lieu si fortuné, c'était des milliards de mouches et de moucherons. Ils formaient des nuées dont le kraal se trouvait enveloppé et les huttes remplies. Mes chariots et mes tentes en furent même tellement inondés, que, pendant les quatre jours que je passai dans le kraal, je fus obligé de coucher la nuit en plein air.

Quand nous eûmes repris notre marche, et que nous eûmes atteint le sommet des montagnes, nous pûmes apercevoir la longue et aride plaine où nous étions. Je fus glacé d'effroi en mesurant de l'œil cet espace immense que nous avions à traverser. Tout était sable et cailloux ; à peine, de loin en loin, découvrait-on quelques petits aloès dichotomes épars, et une infinité de touffes énormes d'euphorbe. D'espace en espace, cette mer de sable était hérissée de monticules peu élevés ; ces tertres diminuaient de hauteur à mesure qu'ils s'avançaient vers le nord : l'on eût dit que la terre finissait à l'horizon.

Après six heures d'une marche très fatigante, j'aperçus sur un tertre huit hommes qui paraissaient nous épier et observer notre arrivée; nous marchâmes vers eux. Ils s'enfuirent à notre approche; mais il y avait là, dans un enfoncement, plusieurs huttes, et sans doute c'étaient les leurs. Une habitation dans un pareil désert, dans un lieu qui n'offrait aucun genre de pâturage, m'annonçait que ces gens étaient des Boschjesmen. Malgré leur nombre, nos armes nous mettant en état de ne rien craindre d'eux, nous nous rendîmes aux huttes. Notre présence venait de mettre tout le monde en fuite. Nous n'y trouvâmes que quelques pièces de viandes sèches et un sac de sauterelles; mais nous vîmes la source que nous cherchions avec tant d'empressement, et quoiqu'elle ne fût pas abondante, elle suffit, quand nous l'eûmes élargie et creusée, à abreuver toute ma caravane.

Du tertre au grand nid nous allâmes camper et passer la nuit cinq lieues plus loin, à la fontaine des Zèbres. Ce mot fontaine m'annonçait de l'eau, mais cette eau était si salée qu'aucun de nous ne voulut en boire, et si peu abondante qu'on ne put y faire désaltérer mes bœufs.

La journée suivante fut beaucoup plus pénible encore, parce que les sables, en devenant plus fins, devenaient en même temps plus mobiles. On avait mis quatorze bœufs à chaque voiture, on relayait d'heure en heure; néanmoins les roues enfonçaient si avant, la chaleur était si accablante, ils étaient tellement affaiblis par le manque d'eau et de nourriture, qu'ils avançaient très peu.

Heureusement quelques heures de marche nous rendirent l'espoir. La plaine changea tout à coup ; le sable et le sol se montrèrent couverts d'un gramen particulier, qu'on nomme herbe des Boschjesmen, et dont ces sauvages mangent la graine. Les collines elles-mêmes avaient un aspect moins nu ; on y découvrait quelques petits arbustes rabougris parmi de grands aloès dichotomes, allant çà et là entre les rochers micacés, dont les reflets brillants éblouissaient nos yeux. La plaine était parsemée de gros morceaux de quartz, blancs comme la neige, et dont la base ou partie qui touchait à la terre avait la teinte et la demi-transparence de la prime d'émeraude. Probablement le sol contenait des molécules métalliques, qui, pénétrant les portions du quartz qu'elles atteignaient, leur donnaient cette couleur; du moins dans les fentes des blocs et des rochers je trouvai des pyrites cuivreuses et des cristaux colorés en vert.

J'aspirais avec l'impatience de l'affliction au moment d'arriver à la Grande-Rivière, à ce fleuve qu'on me disait ne jamais tarir et dont on m'avait peint les bords si agréables et si riants. Bientôt j'entendis au nord-ouest le mugissement des flots ; ce bruit, qui annonçait notre salut, fit tressaillir mon cœur d'allégresse, et involontairement mes gens poussèrent tous un cri de joie. Nos tourments allaient donc finir une seconde fois ! J'allais donc voir enfin une rivière ! car depuis celle des Éléphants je n'avais trouvé que des torrents, ou desséchés, ou qui ne contenaient que quelques amas d'une eau croupie et boueuse.

Pour jouir plus tôt d'un spectacle si doux, je montai à cheval avec mon Klaas, et courus vers le lieu qu'indiquait le bruit. Tous ceux de mes gens qui n'étaient pas occupés aux voitures se mirent à courir avec moi ; mon singe, mes chiens, tous ceux enfin de mes animaux qui étaient libres, partirent en même temps. Nous galopions tous pêle-mêle : c'était à qui arriverait le premier. Cependant je me laissais précéder de quelques pas par mes bêtes, bien sûr que leur odorat et leur instinct me guideraient par la route la plus courte. Les aboiements, les cris, la joie et les transports de ce groupe galopant, ressemblaient plus à une bacchanale qu'à une caravane de voyageurs affamés.

Je jouissais, à moi seul, du plaisir de tous ; mille sentiments confus m'agitaient à la fois, et mes yeux involontairement se remplissaient de larmes. Peu d'hommes sur la terre ont eu à souffrir des peines pareilles aux miennes, mais peu d'hommes aussi ont éprouvé des plaisirs aussi vifs.

Mon premier mouvement en arrivant à l'eau fut de m'y jeter aussitôt, afin de me rafraîchir en même temps que je boirais : c'était satisfaire à la fois deux besoins très pressants, et mes gens, ainsi que tous mes animaux, en firent autant.

Le fleuve offrait un coup d'œil majestueux, et, en effet, sa largeur, dans les endroits de son cours les plus resserrés, était celle qu'a la Seine lorsqu'elle entre dans Paris. Cependant, à juger de sa hauteur ordinaire par une grève de deux cents pas qu'en ce moment il laissait à découvert, il devait avoir baissé considérablement par l'effet de la sécheresse; aussi voyait-on s'élever au dessus de ses eaux beaucoup de roches, qui sans doute se trouvaient couvertes lorsqu'il était dans son plein.

Ses bords, dans une grande largeur, étaient garnis d'arbres de différentes espèces, et en telle quantité, qu'ils y formaient une sorte de forêt : c'étaient des mimosas, des ébéniers, nommés par les indigènes sabris, des abricotiers sauvages dont les fruits égalaient en bonté nos abricots d'Europe, diverses sortes d'arbres, et, en arbustes, une espèce de saule, remarquable par un fruit en grappe, et que nous nommâmes raisins sauvages. Tout cela était peuplé par une infinité d'oiseaux dont les chants ne m'étaient point encore connus.

J'étais ravi de joie en contemplant ces différents objets; je m'applaudissais de m'être déterminé à cette route, en rejetant l'idée d'en chercher une par l'est, et déjà je me berçais de l'espoir d'enrichir tout à coup et considérablement toutes mes collections.

Bientôt j'eus épuisé ce que les deux cantons offraient de curieux pour ma collection, et je n'eus plus d'autre vœu à faire que celui d'en sortir au plus vite; mais l'état où étaient mes attelages s'y opposait. Forcés de se nourrir d'une herbe nouvelle pour eux, ils étaient devenus de vrais squelettes. Jamais je n'allais les visiter que je n'eusse le désespoir dans l'âme. Ceux de mes gens qui étaient préposés à leur garde, quand au bout de huit jours je les faisais relever et les rappelais au camp, ne revenaient guère sans m'annoncer qu'il était mort quelques bêtes. Depuis cinq semaines je séjournais sur la rivière, dans l'espoir que nous éprouverions quelque pluie qui reverdirait les herbages, et pendant tout ce temps il n'avait plu qu'une fois, encore était-ce si faiblement, qu'à peine la poussière en avait été abattue.

Cependant la saison des grandes chaleurs venait de commencer; nous touchions au mois de novembre, et partout la terre brûlée ne me laissait plus d'espérance. Mes Hottentots eux-mêmes ne cachaient pas leur découragement. Il fallut donc se résoudre à diriger ailleurs mes explorations.

Départ de l'auteur pour le pays des Grands Namaquois Son arrivée à la rivière des Lions. Il tue des girafes.

Je fixai mon départ au 28 octobre, et partis, emmenant avec moi huit de mes fusiliers, au nombre desquels était Klaas Baster, et huit Namaquois qui consentirent à m'accompagner. Tout le reste de mon ancienne caravane demeura au camp, sous les ordres de Swanepoel. La nouvelle fut composée de quatre chiens, de mon singe Keès, de deux chevaux, de six bœufs de charge que j'avais loués pour porter mes effets, mes provisions, et même quelques instruments, tels que mon quart de cercle et ma boussole, et dix-huit personnes.

Nous traversâmes la rivière sur le radeau, et la côtoyâmes en la remontant et suivant encore son cours dans l'espoir que nous apercevrions quelques girafes que le besoin de boire y attirerait.

Les Namaquois qui connaissaient le canton me conseillèrent de camper après six heures de marche, et de quitter la rivière le lendemain, dans l'espérance de trouver les girafes dans la plaine.

Pendant la nuit nous fûmes inquiétés par les rugissements de trois lions, dont l'un s'approcha même si près de nous, qu'un de mes gens l'aperçut. Cette alerte, en troublant notre sommeil, nous mit dans le cas de partir de meilleure heure qu'à l'ordinaire.

A cette seconde journée nous fûmes obligés de faire, comme à la première, six grandes lieues vers l'ouest, et vînmes camper près d'une source qui, sortant du pied de quelques roches, et ornée de verdure le long de ses bords, présentait un site très agréable. Nous y passâmes la nuit. Le lendemain nous nous mîmes en marche pour visiter une horde de sauvages peu distante de là.

A mon approche, le chef, vieillard respectable, vint au devant de moi, accompagné d'une partie de sa horde. Après le compliment d'étiquette, il me fit présent de deux moutons pour ma troupe, et tandis qu'elle les apprêtait, j'allai visiter le kraal. A chaque hutte où je me présentais, j'entendais dire: *Tabacana maté*, donnez moi du tabac. Moi je répondais : *Deip maté*, donnez-moi du lait; et en effet, j'étais si altéré de la route, qu'en ce moment j'eusse préféré une jatte de lait à un présent de dix bœufs. Ma demande fut accueillie avec empressement ; on conduisit à ma tente plusieurs vaches, que je fis traire en ma présence.

Le vieillard ne m'avait pas quitté un seul instant, et j'avais mis sa présence à profit, le faisant interroger sur tout ce qu'il m'intéressait de savoir sur la contrée. Lui, profitant également de l'occasion, me parla d'un chagrin qu'il avait. Il était peu éloigné de la rivière; les hippopotames y fourmillaient, et ses compagnons et lui eussent bien voulu s'en procurer de temps en temps quelques uns pour leur nourriture; mais quoiqu'ils eussent creusé des fosses et tendu des piéges le long du rivage, depuis deux ans qu'ils habitaient le canton ils n'avaient pu encore en prendre que trois. Ces animaux, disait-il, étaient trop fins pour eux, et il ne doutait pas qu'avec mes fusils, dont il avait entendu raconter les effets, je n'en eusse autant qu'il me plairait.

Une pareille remarque était une prière indirecte de rendre service à la horde. C'était pour moi une occasion de me faire des amis, et quand la détresse où je me trouvais ne m'en eût pas imposé la loi, je l'eusse fait encore, pour obliger ces pauvres gens.

Mon plan fut de partir dans l'après-dîner du jour suivant, d'aller passer la nuit près de la rivière, et le lendemain, de commencer la chasse dès le crépuscule. J'emmenai avec moi tous mes chasseurs ; un détachement de la horde me suivit, avec quelques bœufs de charge pour le produit de notre chasse, et au point du jour je mis tout mon monde en activité.

La moitié de la double troupe passa le fleuve à la nage, tandis que l'autre moitié resta de mon côté. Quand les nageurs furent arrivés à l'autre bord, ils se partagèrent en deux bandes, dont l'une remonta la rivière à une certaine distance et l'autre la descendit. La même chose se fit sur mon rivage. Les quatre bandes embrassèrent ainsi trois quarts de lieue de rivière ; moi seul je restai en place et au centre des traqueurs.

A un signal donné, tous avaient ordre de partir de leur poste, à pas lents, et de se rendre vers moi, les uns en poussant de grands cris, les autres en tirant de temps en temps des coups de fusil, pour rabattre et conduire à ma portée les hippopotames qui se trouveraient dans cet espace du fleuve. Il s'en rencontra huit. Toutes les bandes de chasseurs étant réunies au centre commun, nous n'eûmes plus besoin que de patience et d'adresse.

En peu de temps nous en blessâmes plusieurs. Déjà même deux étaient mis à mort, et les gens de la horde étaient ravis de joie. Mais quelques uns d'entre eux s'étant mis à la nage pour faire échouer à la rive les deux bêtes mortes, un des nageurs reçut des hippopotames blessés un coup de boutoir, et un autre eut la cuisse fendue d'un coup de dent. Ce double accident m'en fit craindre quelque autre plus fâcheux encore. Je rappelai tout mon monde, et, au grand regret des Namaquois, je terminai ma chasse, que tout annonçait devoir être plus abondante, mais qui ne pouvait plus se continuer sans de très grands périls.

A l'exception de quelques morceaux que je réservai pour mes gens, j'abandonnai au kraal les deux animaux en entier. Le chef, pour me témoigner, au nom de tous, sa reconnaissance, me pria d'accepter un bœuf gras.

Nous arrivâmes, après quatre heures et demie de marche, dans une plaine desséchée qu'habitait une horde que je cherchais. Le kraal était composé d'une vingtaine d'hommes, qui vinrent au devant de moi pour me recevoir; tout y annonçait la plus profonde misère.

Cependant, je fus frappé d'une sorte de distinction que j'aperçus sur une des huttes : elle était couverte, en entier, d'une peau de girafe. Moi qui ne connaissais ce quadrupède, le plus haut de tous ceux du globe, que d'après les descriptions et les dessins fautifs que j'en avais vus, je n'avais garde de reconnaître ici sa robe, et cependant c'en était une. Enfin, j'étais dans le pays qu'il habite, j'allais en voir de vivants, et je touchais au moment d'être dédommagé, au moins en partie, des malheurs et des chagrins de mon voyage.

Bientôt un des Namaquois qui me servaient de guides vint avec empressement me donner un avis qu'il avait cru devoir m'être agréable.

Cet homme m'avait vu, dans sa horde, transporté de plaisir à la vue d'une peau de girafe, et il était accouru pour me dire qu'il venait d'apercevoir dans les environs un de ces animaux, sous un mimosa dont il broutait les feuilles.

A l'instant, ravi de joie, je sautai sur un de mes chevaux, et, suivi de mes chiens, je volai vers le mimosa indiqué. La girafe n'y était plus; nous la vîmes traverser la plaine du côté de l'ouest, et nous piquâmes pour la joindre. Elle prit un trot fort léger, sans néanmoins forcer sa marche. Nous galopâmes après elle, et de temps en temps lui tirâmes quelques coups de fusil; mais insensiblement elle gagna tellement sur nous, qu'après l'avoir poursuivie pendant trois heures, forcés d'arrêter, parce que nos chevaux étaient hors d'haleine, nous la perdîmes de vue.

Ce début n'était pas d'un bon augure; cependant nous ne perdîmes point courage. Le lendemain nous nous remîmes en chasse; bientôt nous rencontrâmes sept girafes, et je fus assez heureux pour en tuer une.

Qui croirait qu'une conquête pareille excita dans mon âme des transports voisins de la folie! Peines, fatigues, besoins cruels, incertitude de l'avenir, dégoût quelquefois du passé, tout disparut, tout s'envola à l'aspect de cette proie nouvelle; je ne pouvais me rassasier de la contempler; j'en mesurais l'énorme hauteur. Je reportais avec étonnement mes regards de l'animal détruit à l'instrument destructeur. J'appelais, je rappelais tour à tour mes gens, et quoique chacun d'eux en eût pu faire autant, quoique nous eussions abattu de plus pesants et de plus dangereux animaux encore, je venais le premier de tuer celui-ci, j'en allais enrichir l'histoire naturelle, j'allais détruire des romans, et fonder à mon tour une vérité.

L'auteur visite les Caminouquois et les Grands Namaquois.

A cinq lieues de nous, du côté de l'est, nous avions une horde de Caminouquois, qui, sans doute avertis de ma présence par nos feux, vinrent me rendre visite et donner à ma troupe des leçons d'économie. Ils se jetèrent en affamés sur ce qui restait de ma girafe, et ramassèrent soigneusement les os; ceux même que mes gens avaient jetés après en avoir mangé la moelle furent mis par eux à profit : ils les brisèrent en morceaux, m'empruntèrent ma chaudière pour les faire bouillir, et en tirèrent une quantité incroyable de graisse, qu'ils recueillirent avec une grande joie.

Pendant les neuf jours que je restai là, ce furent des voyages continuels du kraal à mon camp. C'étaient des fourmis prévoyantes, qui, allant et revenant sans cesse, emportaient toujours quelques provisions.

D'ailleurs, sans me donner aucune peine, je leur fournissais abondamment plusieurs espèces de gazelles. Chaque jour régulièrement elles venaient en troupe, vers les quatre heures du soir, boire à la source, et, me mettant en embuscade, j'en abattais autant qu'il me plaisait. Plus loin, à trois quarts de lieue, était une colline que j'avais appelée mon garde-manger. Tous les matins au lever du soleil elle était tellement couverte de gélinottes, que d'un seul coup chargé à mitraille j'en tuais plus qu'il ne nous en fallait pour notre consommation. Ainsi, après avoir éprouvé pendant long-temps les horreurs de la famine, nous nous trouvions tout à coup dans une abondance excessive, et je pouvais, avec notre superflu, nourrir sans peine mes voisins.

Je prolongeais quelquefois jusque chez eux mes promenades et mes chasses, dans le dessein de les étudier et de les connaître; mais ils n'ont rien absolument qui les distingue des Grands Namaquois; armes, mœurs, usages, habillements, langage, construction de huttes, tout chez les uns et chez les autres est entièrement semblable.

Le second jour j'arrivai à la rivière des Lions que nous traversâmes au même endroit où nous l'avions passée précédemment, et le quatrième, comme je l'avais conjecturé, je fus vers le soir à la vue de mon camp, sur l'autre bord de l'Orange.

Je ne tardai pas à parler d'une nouvelle expédition. J'avais dans mon camp un certain nombre de Caminouquois qui, d'amitié, m'y avaient suivi avec leurs femmes. Quand ces braves gens surent que j'allais partir pour une nouvelle excursion, tous, ainsi que les femmes, s'offrirent à m'accompagner, ne demandant pour tout traitement extraordinaire qu'une ration de tabac par lune. J'acceptai leur offre avec une grande joie.

Le quatrième jour nous arrivâmes dans un lieu ombragé par de beaux arbres, et d'une fraîcheur si agréable à l'œil et si séduisante au milieu des chaleurs intolérables qui nous dévoraient, que je résolus d'y passer non seulement la nuit, mais encore la journée suivante. Autour de moi étaient des herbages verts et des eaux claires, et dans le lointain j'apercevais des girafes, des gazelles, des gnoux, et surtout des espèces d'oiseaux que je ne connaissais pas encore.

En un instant mes tentes furent dressées et le bois ramassé, grâce aux femmes, qui, après avoir supporté les fatigues et la chaleur de ces quatre jours avec plus de courage que les hommes, se mirent sans délai à l'ouvrage; elles s'étaient emparées exclusivement de celui-ci, et ne voulaient point qu'ils s'en occupassent.

Il en était de même de ce qui regardait mon ménage, chacune d'elles disputait à qui se montrerait plus utile; elles semblaient craindre que je ne me repentisse de les avoir emmenées avec moi, et pour prévenir jusqu'aux germes du regret, elles cherchaient par mille prévenances à se rendre nécessaires. C'était pour elles une jouissance d'avoir à exécuter quelque ordre nouveau de ma part ou quelque détail qui me regardât, et c'était aussi un intéressant tableau que ces groupes d'êtres mouvants ou pressés autour de moi, et devenus si dociles depuis la dernière émeute du sérail.

La taille des Grands Namaquois est plus haute que celle des autres peuplades hottentotes; ils paraissent même plus grands que les Gonaquois, quoique peut-être ils ne le soient pas réellement; mais leurs os plus petits, leur air fluet, leur taille efflanquée, leurs jambes minces et grêles, tout enfin jusqu'à leurs longs manteaux peu épais, qui des épaules descendent jusqu'à terre, contribue à l'illusion. A voir ces corps effilés comme des tiges d'arbres, on dirait des hommes passés à la filière.

Moins foncés en couleur que les Cafres, ils ont un visage plus agréable que les autres Hottentots, parce que le nez est moins écrasé et la pommette des joues moins proéminente; mais leur physionomie froide et sans traits, leur air flegmatique et impassible, leur donnent un caractère particulier auquel on les distingue.

Les femmes ne tiennent rien de cette tranquille apathie. Gaies, vives, sémillantes, aimant beaucoup à rire, on croirait qu'elles sont d'une pâte différente. Il est aisé de concevoir que, malgré des humeurs si diverses, un ménage peut néanmoins vivre en paix. Mais ce qu'on a plus de peine à concevoir et à expliquer, je le répète, c'est comment ces tristes pères font des filles si gaies, et ces femmes si gaies des garçons si tristes.

Le kros ne diffère en rien pour la forme du manteau hottentot, seulement il est plus long. Beaucoup d'entre eux se servent de peaux d'hyène, de chacal ou d'isatis, quand ils sont assez heureux pour s'en procurer suffisamment pour faire un kros.

Quant aux ornements qu'ils y ajoutent, ce sont des verroteries et des plaques de cuivre qu'ils tirent des Hottentots de la colonie. J'ai trouvé chez eux une espèce particulière de ces verroteries en petits tubes allongés, de diverses couleurs et transparents. Cette sorte de verroterie étant inconnue au Cap, j'ai voulu savoir d'où les sauvages la tiraient; ils m'ont répondu qu'ils se la procuraient par des échanges avec d'autres nations voisines; que celles-ci ne l'avaient elles-mêmes que de la seconde main, et qu'originairement elle venait des noirs qui habitent les côtes de la mer des Indes à l'est de l'Afrique, et qui la fabriquent eux-mêmes.

Outre l'espèce de décoration que je viens de décrire, les Grands Namaquois en emploient une autre, celle de s'enduire les cheveux avec une couche très épaisse de graisse mêlée de différentes poudres de bois odoriférant. Plusieurs d'entre eux se tatouent le visage, les bras et même le corps; mais le dernier usage n'est pas si usité chez eux que chez d'autres peuples plus au nord. Au reste, il se pourrait aussi que ce fût un usage indigène, et que le même esprit de coquetterie qui l'a fait imaginer chez les autres peuples l'eût également fait inventer chez les Namaquois.

Pour ce qui est de la religion, du culte et des prêtres, des temples, de l'idée d'une âme immortelle, tout cela est nul pour eux; ils sont sur cet objet ce que sont tous les autres sauvages, leurs voisins, c'est-à-dire qu'ils n'en ont pas la plus légère notion.

La nature leur dit assez de ne pas faire à autrui ce qu'ils ne voudraient pas qu'on leur fît; mais les petites réunions, qui sont un commencement de civilisation, les mènent à cet égard plus loin que bien des peuples cultivés, en leur prescrivant de faire à autrui ce qu'ils voudraient qu'on leur fît.

Je ne sais si je dois rapporter ici un usage absurde qui est pratiqué chez les Namaquois, et qui, comme beaucoup d'autres, n'a de fondement que leur ignorance : c'est de se lier le prépuce lorsqu'ils ont une rivière à traverser. Cette opération se fait avec un fil de boyau, et même, comme leurs idées de pudeur sont sur certains points différentes des nôtres, ils la font sans aucune précaution vis-à-vis de leurs filles.

Quand je leur ai demandé le motif d'une pareille coutume, ils m'ont répondu, en vrais sauvages, que c'était pour fermer une ouverture à l'eau qui pourrait entrer dans leur corps. Et ce qui prouve combien les préventions de l'ignorance sont extravagantes et même contradictoires, c'est que les femmes, en pareil cas, ne se lient ni ne se bouchent aucune partie du corps, quelque accès qu'elles paraissent offrir à l'élément liquide.

D'après ce que j'ai dit du caractère flegmatique du Namaquois, on se doute bien que ce peuple n'est nullement guerrier; cependant il a, ainsi que les nations qui l'entourent, une zagaie et des flèches empoisonnées, et comme elles il sait très bien manier ces armes. Il possède des bœufs de guerre, redoutables dans les combats et favorables à la lâcheté ou à l'inaction du combattant. Il s'est même fait une arme particulière que n'ont point ses voisins: c'est un grand bouclier de sa hauteur, et derrière lequel il peut se cacher tout entier. Mais outre que son apathie naturelle l'empêche d'offenser et de se croire offensé, il est réellement, par la froideur de son caractère, pusillanime et poltron. Pour le faire trembler il suffit de prononcer devant lui le seul nom d'Houzouana; ce nom est celui d'un peuple voisin, né brave et guerrier, et distingué des autres nations africaines par des traits particuliers. J'aurai lieu d'en parler bientôt.

Malgré sa froideur, le Namaquois n'est pourtant pas insensible aux plaisirs; il cherche même avec quelque empressement ceux qui, sans lui donner beaucoup de peine, peuvent le secouer et lui procurer des sensations agréables. Tous les soirs, dès qu'on avait allumé le feu de mon camp, je voyais arriver trente ou quarante personnes, hommes et femmes, qui, se mêlant avec mes gens, s'asseyaient en cercle autour du feu; là, pendant quelque temps, on gardait un profond silence; enfin quelqu'un prenait la parole, il racontait une histoire et parlait pendant des heures entières.

Je ne savais pas assez bien la langue pour suivre en entier ce récit; cependant je voyais qu'il s'agissait ordinairement d'un événement à l'honneur de la nation, et que le héros malheureux de l'aventure était presque toujours une hyène, un lion ou même un Houzouana. De temps en temps l'orateur était interrompu par les éclats immodérés des femmes, qui riaient à gorge déployée. Les hommes, sans participer en rien à cette folle gaîté, raisonnaient gravement et avec l'apparence de la profondeur sur les détails qu'ils venaient d'entendre. Pour moi, au milieu de ces tableaux disparates et grotesques, je m'amusais de la morgue des raisonneurs, et les femmes, qui me voyaient rire et qui savaient que je ne comprenais rien à la narration, redoublaient d'éclats et riaient à perdre haleine.

Leurs instruments de musique sont les mêmes que ceux des autres Hottentots, mais leur danse est bien différente, et tient beaucoup du naturel de la nation.

Si notre visage a reçu de la nature des traits qui peuvent exprimer nos passions, notre corps a aussi des attitudes et des mouvements qui peignent nos affections et notre caractère. La danse du Namaquois est froide comme lui; il n'y met ni joie ni grâces, et sans l'excessive gaîté des femmes, ce serait la danse des morts.

Ces tortues, pour qui la danse est une fatigue, ne montrent guère d'ardeur que pour les gageures, les jeux de combinaison et de hasard, et tous les exercices sédentaires qui exigent de la patience et de la réflexion, dont sont plus capables que de mouvement.

Un de leurs jeux favoris est celui qu'ils appellent *le tigre et les agneaux*. Voici à peu près en quoi il consiste; je dis à peu près, car je ne l'ai jamais assez bien compris pour pouvoir l'expliquer clairement.

On trace sur la terre un carré long, et l'on y creuse une certaine quantité de trous, profonds de deux à trois pouces, ce qui forme une sorte d'échiquier. Les trous se font par rangées les uns à côté des autres; mais le nombre n'en est pas fixé, j'en ai vu depuis vingt jusqu'à quarante.

Pour jouer le jeu, on a, selon le nombre des trous, un nombre déterminé de crottins de brebis, durcis par le desséchement, et qui représentent les agneaux. Quelques uns des trous portent le nom d'agneaux également, et l'on y met les boules. Ceux qui restent vides sont appelés tigres; peut-être même ne représentent-ils que différents repaires du même animal, et des retraites ou embuscades qu'il occupe successivement l'une après l'autre. Le joueur commence par tirer quelques agneaux de leur trou, et par les mettre dans d'autres trous du tigre.

Probablement celui-ci a une marche réglée, comme certaines pièces de nos échecs, et la finesse du joueur consiste à éviter cette marche pour sauver ses agneaux et les empêcher d'être dévorés. Au moins, quand il lui fallait les placer ailleurs, je le voyais redoubler d'attention. Mais quelquefois il les approchait ou les éloignait si confusément, que, ne pouvant plus suivre la partie, je me perdais dans ses combinaisons et n'y comprenais plus rien, jusqu'au moment où l'on ramassait les enjeux.

Il y a un autre jeu, qui, beaucoup plus facile, parce qu'il est uniquement de hasard, est par là même d'autant plus dangereux; les Namaquois, qui l'aiment avec fureur, y risquent souvent leurs troupeaux et tout ce qu'ils possèdent. Il ressemble à ce jeu de croix ou pile que jouent en France les gens du peuple. Le mimosa du pays porte pour graine une espèce de fève qui fait la principale nourriture des girafes. On prend une certaine quantité de ces semences; on grave sur un de leurs côtés quelque signe, qui devient pour les joueurs ce que sont pour les nôtres les croix ou pile, et après les avoir agitées pendant quelque temps entre les deux mains, on les jette à terre, où il ne s'agit plus que d'examiner si les fèves qui présentent leur marque l'emportent en nombre sur celles qui n'en présentent point.

Ce jeu, fait pour réussir également et auprès des esprits indolents, parce qu'il ne les fatigue point, et auprès des esprits bornés, parce qu'il n'exige d'eux aucune combinaison, avait singulièrement plu à mes Hottentots; bientôt même ils s'y livrèrent avec une telle fureur, que depuis le matin jusqu'au soir ils ne faisaient rien autre chose, et que plusieurs d'entre eux, après avoir perdu tout ce qu'ils possédaient vaillant, jouaient, pour dernière ressource, la portion de tabac et d'eau-de-vie qui devait leur revenir les jours suivants.

Un jour un de mes Hottentots vint me demander une grâce : cet homme voulait faire présent d'une belle vache à un Namaquois de la horde; déjà il avait, pour le payer, quelques gains faits au jeu; mais son avoir ne suffisait pas, et il me suppliait de lui avancer sur ses gages un peu de quincaillerie, afin de se trouver en état de conclure le marché.

Un don d'une pareille importance supposait quelque grand service rendu. Avant de consentir à la demande, je voulus savoir sur quoi elle était fondée, et j'appris que ce n'était point d'un cadeau qu'il s'agissait, mais d'un troc; que mon Hottentot était amoureux de la fille du Namaquois; que pour l'obtenir de lui il avait offert une vache, et que celui-ci y avait consenti. Ainsi se font les mariages chez tous ces peuples africains : point de contrat, point de témoins, aucune cérémonie. Un homme et une femme se conviennent, ils vivent ensemble, et les voilà époux; si la fille a des parents, elle est leur propriété, et en conséquence il faut ou qu'ils la cèdent ou qu'on la leur achète.

J'avais fixé mon départ au 6 janvier. Au jour prescrit, le chef de la horde namaquoise auprès de laquelle j'étais campé vint avec ses deux femmes me faire ses adieux. Sa sœur avait un joli petit singe, du genre des guenons, dont le ventre était blanc et la robe verdâtre. Ce charmant animal était le premier que j'eusse vu de son espèce, et j'aurais bien désiré en être possesseur pour l'ajouter à ma collection; mais il était si cher à sa maîtresse, que jamais je n'eusse osé le lui demander. Chaque fois qu'elle venait me voir, elle l'amenait avec elle, et, avant d'entrer dans ma tente, l'attachait à un des piquets, afin qu'il pût jouer avec Keès.

L'amitié de cette femme pour son singe était une vraie passion, il semblait qu'elle y eût attaché son bonheur. Cent fois, pendant que nous causions ensemble, elle interrompait la conversation pour le baiser, et néanmoins, quand elle me vit partir, tout à coup, à ma grande surprise, elle le prit; puis, après l'avoir baisé et rebaisé tendrement, elle me le jeta sur l'épaule et me pria de le garder. Était-ce inconstance ou détachement? Non, les caresses qu'elle lui fit avant de me le donner prouvent le contraire; mais elle avait deviné que je serais fort aise de posséder l'animal, et sans autre cérémonial elle s'en détachait pour moi seul.

Pour arriver à une horde kabobiquoise que je me proposais de visiter, nous n'avions que huit lieues à faire; mais ces huit lieues étaient à travers des montagnes si arides, des gorges et des défilés si difficiles, qu'une journée ne pouvant suffire, mes guides koraquois me conseillèrent de partir de nuit, si je ne voulais pas être obligé de coucher en route et me voir exposé à manquer d'eau. Nous nous mîmes donc en marche à deux heures du matin, en nous dirigeant nord-ouest, et vers midi nous nous arrêtâmes pour dîner à l'abri de quelques rochers qui nous garantirent de l'ardeur dévorante du soleil.

Il nous restait encore trois lieues à faire. Je voulus, selon ma coutume, que Klaas et quelques autres de mes Hottentots prissent les devants, et qu'escortés par deux des guides ils se rendissent à la horde et la prévinssent de mon arrivée. Mes Koraquois m'assurèrent que cette précaution était complétement inutile, ce qui me fit soupçonner que déjà quelques uns des leurs m'avaient devancé.

Effectivement les Kabobiquois m'attendaient avec une impatience d'enfant. Tout ce qu'on leur avait dit de moi portait le caractère de l'enthousiasme le plus exagéré, et leur imagination avait enchéri encore sur ces extravagances. Cet homme blanc, ces fusils, ces instruments, toutes ces choses qu'ils n'avaient jamais vues, leur tournaient la tête, et le retard de mon arrivée était pour eux un tourment.

Dès que ma troupe fut aperçue, la horde tout entière quitta le kraal, et accourut avec empressement à ma rencontre. J'éprouvai ici, avec un surcroît d'obsession, tout ce que j'avais plus d'une fois causé de bouleversement dans des hordes toutes neuves de sauvages. Hommes et femmes, tous indistinctement, m'entourèrent et se précipitèrent autour de moi pour m'examiner. Ne pouvant en croire leurs yeux sur ce qu'ils voyaient, chacun me palpait; on me touchait les cheveux, les mains, tout le corps; ma barbe surtout étonnait à un point inconcevable. Plus de trente personnes vinrent successivement entr'ouvrir mes habits.

Tous s'imaginaient que j'étais un animal velu, dont le corps sans doute était couvert d'un poil aussi long que celui de mon menton, et surpris de voir qu'il n'en était pas ainsi, ils restaient pétrifiés d'étonnement, et avouaient, avec une ingénuité sauvage, qu'ils n'avaient encore rien vu de pareil dans aucun homme de leur contrée. Les petits enfants, transis de peur, se cachaient derrière leurs mères; si j'essayais d'en prendre quelqu'un pour le caresser, il jetait les hauts cris, comme ferait en Europe un enfant qui, pour la première fois, verrait un nègre.

Telle était ma position au milieu de cette multitude qui me pressait en foule, et dont j'ai déjà parlé, par anticipation, dans mon premier voyage. Seul de ma couleur parmi eux, je me livrais à eux sans crainte; l'étonnement de beaucoup d'entre eux à la vue d'un blanc et le tumulte qui en était la suite ne me surprenaient pas.

A travers cette curiosité incommode, je démêlais de plus en plus le principe constant de la nature, qui donne au sauvage un caractère simple, doux et confiant. Et réellement j'eus à peine passé vingt-quatre heures dans la horde que je fus l'ami de tout le monde, et que la confiance devint entière entre elle et moi. Ces enfants eux-mêmes qui, en me voyant, avaient montré tant de frayeur, s'étaient familiarisés avec moi; je les avais apprivoisés en leur donnant de petits morceaux de sucre candi, et les petits gourmands, alléchés par cette friandise, venaient sans cesse me caresser pour me faire ouvrir la boîte qui la renfermait.

Le chef de la horde me témoignait beaucoup d'attachement. C'était un homme d'un âge mûr et d'une taille majestueuse; il portait sur les épaules un long manteau qui traînait jusqu'à terre, et qui, formé dans le milieu de quatre peaux de chacal mises bout à bout, était bordé sur les côtés de peau d'hyène.

En parlant avec le chef, par mes interprètes, je m'étais aperçu qu'il lui manquait deux articulations au petit doigt de la main gauche. Je m'avisai de lui en faire demander la raison, et j'appris sans détour qu'ayant eu dans son enfance une maladie très grave, on lui avait fait cette amputation pour le guérir.

C'est un sujet de réflexion que cette coutume d'un peuple sauvage qui, pour soulager un homme souffrant, ajoute à ses maux des souffrances nouvelles qui ne sont que des souffrances, et j'avoue que cet exemple contrariait un peu mon expérience, qui jamais ne m'avait fait rencontrer aucun homme mutilé ou contrefait en quoi que ce fût.

J'eusse fort désiré interroger en détail les gens de la horde, j'eusse voulu leur adresser des questions sur quelques coutumes qui me paraissaient singulières; mais les difficultés croissaient à mesure que j'avançais dans la contrée. Les Kabobiquois avaient une langue particulière, et cette langue, quoiqu'elle eût le clapement hottentot, n'était entendue que par les Koraquois, qui, à raison du voisinage, entretenaient avec eux quelques liaisons.

Dangers que court l'auteur chez les Kabobiquois. Voyage chez les Houzouanas. Mœurs de ces peuples.

De toutes les hordes que j'avais vues jusque alors, aucune ne s'était montrée aussi recherchée dans ses ornements et ses atours que celle des Kabobiquois. Je ne voyais point parmi ses parures les rassades et les verroteries du Cap; le commerce de ces marchandises ne pénétrait point jusqu'à elle. Elle portait des bijoux en cuivre et les verroteries oblongues dont j'ai parlé ailleurs, et tout cela lui était apporté par des noirs dont elle n'entendait pas la langue, mais méchants et voleurs, et contre lesquels elle avait à se battre souvent, parce que, quand ils s'en retournaient, après avoir vendu leurs marchandises, ils cherchaient à les enlever, et souvent des bestiaux avec elles. Les objets de traite que j'avais en ce genre étaient inconnus, et avec ce mérite de nouveauté, ils ne pouvaient manquer de plaire beaucoup. A peine en eus-je montré quelques uns, qu'on se les disputa, et que tout le monde voulut en avoir; les femmes surtout ne pouvaient se tenir. Enfin on jugera de l'empressement général quand j'aurai dit que dans une seule journée je fis, et presque pour rien, l'acquisition de vingt bœufs; mais le marché le plus avantageux que je conclus fut celui d'un *bakkely os*, ou bœuf de guerre, qui appartenait au chef.

Cet animal, moins remarquable encore par sa taille gigantesque que par ses superbes formes, était le plus beau que j'eusse vu jusque là de son espèce. Sa tête, magnifiquement armée, portait deux immenses cornes, qui, s'éloignant symétriquement l'une de l'autre pour former deux demi-cercles parfaits, tout à coup repliaient en avant leurs pointes, en s'écartant entre elles de quatre pieds huit pouces. C'était le chef lui-même qui l'avait dressé. A ce titre il y tenait beaucoup et ne voulait point s'en défaire; mais je mis sous ses yeux tant d'objets différents, qu'il ne put résister à la séduction, et pour une boîte à amadou, du tabac, quelques rangs de verroteries, deux bracelets de laiton et plusieurs clous, j'eus l'animal.

Cependant il parut le lendemain regretter son marché, ou plutôt, ayant vu entre mes mains un objet nouveau qu'il préférait à ceux qu'il avait reçus la veille en échange, il n'eut plus d'ardeur que pour celui-ci, et voulut me rendre les autres. Cette envie bien naturelle de tout posséder fut la source d'un événement dont il faut que je donne les détails, car il faillit me devenir funeste.

Quoique je portasse ma barbe, ma coutume était de me raser la moustache de temps en temps. Cette opération était pour moi un rafraîchissement agréable, et je me le procurais assez fréquemment, surtout depuis que l'approche du tropique nous rendait les chaleurs moins supportables. J'étais occupé à me savonner les lèvres quand le chef entra dans ma tente avec deux de ses parents ou amis.

Libre de toute cérémonie de politesse envers des gens qui n'en connaissent nullement le protocole, je continuai ce que j'avais commencé. Eux, qui ne comprenaient rien à mon opération, paraissaient fort surpris. Ils attendaient en silence quel en serait le résultat, et suivaient de l'œil tous mes mouvements. Cette eau qui moussait dans mon bassin, et que j'appliquais sur mes lèvres, leur paraissait une sorte de magie. Mais ce fut bien autre chose lorsqu'ils virent le rasoir appliqué sur ma moustache et ma barbe disparaître si facilement de l'endroit qu'il avait touché. Ce prodige les émerveillait à un point que je ne puis dépeindre.

Pour le leur rendre plus sensible encore et leur en montrer les effets de plus près, je pris par un des bouts le kros du chef, et en un instant j'en rasai large comme la main.

Ce sauvage était un homme de bon sens et qui avait plus d'intelligence que n'en ont ordinairement ses semblables. Du premier aperçu il sentit de quel avantage inappréciable pouvait lui être un rasoir pour épiler un manteau d'été, et combien il en abrégerait les façons. D'abord il me témoigna par plusieurs signes très expressifs son admiration pour un si merveilleux instrument; puis, sans perdre de temps en paroles que je n'eusse pu entendre, il me fit voir par d'autres gestes également significatifs l'envie qu'il en avait.

C'était la première fois que nous nous parlions sans truchement, mais sa pantomime était si énergique que je n'avais pas besoin d'interprète pour le comprendre. Il me donnait à entendre que les bracelets, les ceintures et le tabac qu'il avait reçus de moi la veille en échange de son bœuf de guerre, lui déplaisaient maintenant, et qu'il m'offrait de me rendre tout cela pour le rasoir, si je consentais à le lui accorder.

Le nouveau marché qu'il proposait était mauvais pour lui. Je sentais très bien qu'un rasoir entre ses mains, employé à couper à sec le poil très rude d'un cuir desséché, serait gâté en très peu de temps. J'eusse désiré lui faire comprendre sur cela ce que son inexpérience l'empêchait de sentir, mais comment le lui expliquer? Déjà, dans son impatience, il avait dit à l'un de ses camarades d'aller à sa hutte chercher les effets qu'il voulait me rendre. Moi, j'étais déterminé à lui céder le rasoir et à le prier de garder le tout. Mais au milieu de ces combats, tout à coup on tira près de nous un coup de fusil, et à l'instant même nous entendîmes des cris affreux.

Je sortis précipitamment de ma tente pour savoir quelle était la cause de ce bruit, et je vis un Kabobiquois qui, s'éloignant d'un de mes chasseurs, fuyait à toutes jambes, tandis qu'à cent pas plus loin trois hommes poussaient des clameurs lamentables, et que près d'eux une jeune fille était renversée par terre. Je fis signe à mon chasseur de venir à moi; mais déjà l'explosion du coup et les hurlements des trois hommes avaient jeté l'alarme dans la horde. On criait à la trahison, on courait aux armes, et j'allais être ou massacré avec ma troupe, ou obligé de l'armer et de commencer le massacre. Ma situation était d'autant plus critique que ni moi, ni personne du kraal, nous ne savions quelle était la cause de tout ce trouble, et quand je l'aurais sue, comment l'expliquer ?

Dans cet embarras je pris le chef par la main, et m'avançai avec lui vers la horde. La frayeur était peinte sur son visage; il avait les yeux mouillés de larmes, et parlait avec beaucoup de vivacité. Probablement il se croyait tombé dans un piége; il se plaignait à moi, et accusait mes gens de perfidie. Cependant il me suivit sans peine.

Comme je me présentais avec lui, et que j'étais sans armes, on me reçut sans défiance, et ma présence parut calmer un peu l'effervescence des esprits. Mes gens, qui m'avaient vu prendre le chemin du kraal, y accoururent en foule sur mes pas pour me protéger, et leur nombre imposa à la multitude. Enfin tout s'éclaircit, et nous sûmes ce qui avait occasionné le tumulte.

Un Kabobiquois, ayant rencontré un de mes chasseurs qui revenait avec son fusil, avait voulu connaître cette arme, et l'avait prié de la lui montrer; mais en la maniant sa main s'était portée sur la détente, le coup était parti, et le sauvage, effrayé d'une explosion à laquelle il ne s'attendait pas, avait jeté le fusil et s'était sauvé à toutes jambes.

Malheureusement il se trouvait à cent pas de là, et dans la direction du coup, trois hommes de la horde et une jeune fille. Celle-ci avait reçu un grain de plomb dans la joue, et les autres quelques grains dans les cuisses et dans les jambes. L'auteur du désordre confirma lui-même ces éclaircissements. Alors l'effervescence fut apaisée, et l'on mit bas les armes.

Il ne restait plus qu'à connaître l'état des blessés et à leur porter les secours qui dépendaient de moi. Sans perdre de temps je me transportai près d'eux, toujours accompagné du chef. Nous rencontrâmes la jeune personne qui revenait du kraal, les yeux baignés de larmes. C'était pour un grain de plomb qu'elle se désolait ainsi; encore ce grain était-il si peu enfoncé dans la peau, qu'en la pressant avec les doigts je l'en fis sortir. Quant aux trois hommes, ils se roulaient à terre, ils hurlaient d'une manière épouvantable, et donnaient tous les signes du désespoir.

Cette étrange consternation m'étonnait beaucoup, et je ne concevais pas comment des hommes accoutumés à la souffrance s'affectaient à ce point de quelques légères piqûres dont la douleur n'eût pas même fait pleurer leurs enfants. Enfin on m'en apprit la raison. Ces sauvages, dont la coutume est d'empoisonner leurs flèches, s'imaginaient que j'empoisonnais de même le plomb de mes fusils : en conséquence ils se croyaient frappés à mort, et s'attendaient à périr sous peu d'instants.

Ce ne fut pas sans beaucoup de peine que je pus parvenir à leur expliquer qu'ils n'avaient rien à craindre.

Le soir, dès que mes feux furent allumés, tout le monde vint y danser et faire cercle comme à l'ordinaire. Les conversations roulèrent toutes sur l'accident du matin, si cependant on peut appeler conversation le tumulte et le brouhaha d'une multitude d'hommes qui parlaient six langues différentes.

Je m'en amusais beaucoup, quoique je n'y comprisse rien ; seulement j'entendais toutes les bouches prononcer le mot de *kaaboup :* c'est le nom que mes Hottentots donnaient au fusil, et ce nom était celui qu'avaient adopté tous les sauvages qui composaient l'assemblée. Parmi les Kabobiquois, les uns imitaient avec le son de la voix l'explosion du kaaboup, les autres faisaient le geste d'un homme qui couche en joue pour tirer; chacun jouait sa pantomime. Ces gaîtés durèrent toute la nuit, et ce fut ainsi que se termina une journée qui aurait pu être tragique et sanglante.

Le Kabobiquois n'a ni le nez écrasé des Hottentots, ni la pommette des joues élevée comme eux, ni enfin cette couleur bâtarde de peau qui, n'étant ni blanche ni noire, les rend étrangers et presque odieux aux deux races. Il ne s'oint pas le corps de ces graisses dégoûtantes qui font qu'on ne peut approcher d'eux sans se gâter et s'empuantir. Aussi grand que le Cafre pour la taille, il est d'un noir aussi décidé que lui.

Leurs cheveux, fort courts et fort crépus, sont ornés de petits boutons de cuivre rangés symétriquement et avec art. Au lieu de ce tablier de pudeur que le Hottentot fait avec la peau du chacal, ils ont une pièce ronde en cuir dont le contour est garni d'un petit cercle de cuivre dentelé, et sur laquelle ils tracent avec plusieurs couleurs de verroteries divers compartiments, qui, partant du centre, vont en divergeant vers la circonférence, comme les rayons de nos images du soleil.

Cette sorte de voile est assujettie sur l'aine par une ceinture; mais, comme il n'a que quatre pouces de diamètre, que le moindre mouvement le dérange, et qu'ils s'inquiètent fort peu de ces déplacements, la plaque remplit très mal l'usage auquel elle est destinée. Dans les grandes chaleurs, ce tablier étroit et presque inutile est pourtant la seule chose qu'ils aient sur le corps. Au reste, sa grande mobilité m'a mis souvent à portée de me convaincre qu'ils ne pratiquent point la circoncision; mais elle m'a fait connaître aussi qu'ils ont sur la pudeur des idées fort différentes des nôtres.

Ce n'est pas pourtant qu'avec cette nudité presque absolue ils aient des mœurs licencieuses ; les leurs, au contraire, sont chastes. Rien de plus sage et de plus réservé que leurs femmes, et quand je les comparais à celles de ces Grands Namaquois, qui se montraient si faciles et si agaçantes, je ne pouvais croire qu'à une distance peu considérable on pût voir une différence aussi grande.

Mes gens, accoutumés aux complaisances de celles-là, ne s'accommodaient guère de la sévérité des dernières, et le sacrifice leur paraissait d'autant plus pénible, qu'elles étaient plus jolies encore que les Namaquoises.

Les filles, qui chez les sauvages n'ont point la même retenue que leurs mères, parce que, n'ayant pas les mêmes obligations, elles sont libres, ici étaient réservées et sages comme elles. A la vérité elles avaient cette gaîté de leur âge qui ajoutait encore à leurs charmes ; mais elles n'étaient que gaies. Dès que la danse finissait, et que les parents se retiraient au kraal, toutes partaient avec eux, et pas une seule ne restait dans mon camp.

Soit raffinement de coquetterie, soit effet de sagesse, les Kabobiquoises ne se tatouent point le visage comme leurs maris et leurs pères; elles ne garnissent point leurs cheveux de ces boutons de cuivre qu'ils mettent dans les leurs, et toujours elles ont les pieds nus, quoique la plupart de ces sauvages portent des sandales.

Leur habillement consiste en un tablier de pudeur qui ne descend qu'à moitié des cuisses, un kros, qui, passant sous les aisselles, vient s'attacher sur la poitrine, et un long manteau semblable à celui des hommes.

Le manteau est en peaux garnies de leurs poils, et le kros en peaux tannées et apprêtées comme celle de nos gants d'Europe.

Quant à leurs verroteries, elles les portent en bracelets; elles en font des colliers dont les garnitures descendent par étages jusque sur l'estomac, et en attachent sur le devant de leurs ceintures plusieurs rangées, qui tombent sur les cuisses au dessous du tablier.

Ces sortes d'ornements étant d'assez longue durée, l'habitude de les voir rend le sexe peu sensible au plaisir de les posséder. Ceux qui venaient de moi plurent d'abord beaucoup, à raison de leur nouveauté; mais quand j'eus montré des ciseaux et des aiguilles, on leur préféra ces derniers objets, et ce nouveau choix fait honneur au bon sens des Kabobiquoises. Comme leur chef, elles prisaient plus ce qui est utile que ce qui pare.

Ce n'était point assez de leur avoir donné des aiguilles, il fallait encore leur montrer à s'en servir; c'est ce que je fis, et bientôt elles réussirent assez bien à joindre deux morceaux de peau ensemble. Elles employaient pour cette opération un petit fil de boyau qui se faisait dans la peuplade, et ce procédé leur paraissait plus expéditif, plus solide et plus propre que celui dont se servent en pareil cas les sauvages, et qui consiste à percer le cuir avec une arête ou un os pointu, pour passer ensuite le fil dans le trou.

J'aurais aujourd'hui bien des reproches à me faire, si le premier j'avais appris aux Kabobiquois, non seulement à coudre, mais à connaître et à aimer le tabac et l'eau-de-vie. Ils avaient avant mon voyage chez eux l'usage du tabac, et cette marchandise leur était apportée par des peuplades namaquoises, leurs voisins, qui, de proche en proche la recevant des colonies par le commerce, venaient la leur vendre pour des bestiaux. Mais ce trafic n'ayant lieu que dans certaines circonstances, et par conséquent la denrée étant très peu abondante, c'est pour eux une friandise dont ils ne peuvent user que rarement. Réduits à en manquer souvent, ils savent s'en passer, et ne feraient point un pas pour s'en procurer, si on ne leur en apportait.

Cette indifférence pour un objet que jusque là j'avais vu recherché avec empressement par toutes les nations sauvages, et regardé par elles comme une jouissance exquise, m'annonçait, ainsi que beaucoup d'autres choses dont j'ai déjà parlé, que ce peuple avait dans le caractère des nuances qui le distinguaient des autres. Il en était de même des liqueurs fortes, qui ne le flattaient point, et s'il y avait quelques individus qui parussent disposés à y trouver du goût, le très grand nombre les refusait.

Mais s'ils faisaient peu de cas de ce que contenaient mes flacons, en revanche ils prisaient beaucoup le flacon lui-même. Les bouteilles transparentes et solides les ravissaient d'admiration ; ils les appelaient de l'eau ferme ; car, malgré la chaleur du climat, ces sauvages avaient vu de la glace sur les pitons des montagnes dont ils sont environnés, et ils ne doutaient pas que le verre de mes bouteilles ne fût une eau que magiquement j'avais trouvé le moyen de rendre solide, et que j'empêchais de fondre dans leurs feux. L'impossibilité d'une explication à ce sujet m'empêchait de songer à les désabuser, et d'ailleurs quel bien en eût-il résulté? Je les laissai donc dans leur erreur, et me contentai de les obliger en leur abandonnant tous les flacons vides qui m'étaient inutiles.

De leur côté ils se piquaient de générosité envers moi, et je n'avais point encore vu de nation aussi désintéressée. Tous les soirs ils apportaient dans mon camp une quantité considérable de lait. Jamais ils n'y venaient passer la soirée avec mes gens sans amener quelques moutons dont ils les régalaient. J'ai vu nombre d'entre eux donner gratuitement et sans troc des pièces de leurs troupeaux, et quand je partis il y avait dans ma caravane plusieurs personnes qui possédaient en toute propriété des moutons et des bœufs qu'ils vaient reçus en pur don.

Quelle différence entre ce peuple, si loyal, si généreux, et ces Grands Namaquois qui, d'un air piteux, vont sans cesse tendant la main comme des mendiants pour demander tout ce qu'ils voient.

Avec des inclinations nobles, le Kabobiquois a encore le caractère guerrier. Ses armes sont des flèches empoisonnées, et une lance à long fer, différente de la zagaie hottentote. Dans ses batailles il a pour armes défensives deux boucliers, l'un fort grand et assez haut pour cacher en entier le combattant, l'autre beaucoup plus petit, et tous deux faits de peaux très épaisses capables de résister aux flèches.

Celui-ci, de forme ronde et large de douze à quinze pouces, se porte à l'avant-bras dans le moment de l'action ; mais quand il devient inutile on le relève au dessus du coude vers l'épaule. Pour ornement on le garnit d'un cercle de cuivre à sa circonférence, et, sur la surface de son champ, de rassades arrangées selon la fantaisie du propriétaire, disposées par compartiments et distinguées par des couleurs d'adoption.

Au moyen de ces différences d'enjolivement chacun a son bouclier, qui ne ressemble point à celui d'un autre, et comme les individus de la peuplade se reconnaissent à leur manière de se tatouer, ils savent aussi reconnaître chacun d'entre eux à l'espèce de blason qui distingue son écu.

Le courage que montrent dans leurs combats les Kabobiquois, ils l'exercent spécialement dans leurs chasses, surtout contre les animaux carnassiers. Quelque dangereuse que soit l'attaque des éléphants et des rhinocéros, ce n'est pourtant point contre ces deux espèces qu'ils tournent leurs armes, parce qu'étant herbivores ils n'en ont rien à craindre ni pour eux-mêmes ni pour leurs bestiaux ; mais le tigre, le lion, la hyène et la panthère étant des ennemis d'un autre genre, ils leur déclarent une guerre à outrance et les poursuivent sans relâche.

C'est avec la dépouille de ces animaux destructeurs qu'ils se font des boucliers, des ceintures, des sandales, des kros, des manteaux, etc. Ils tiennent à honneur de la porter, et n'attachent pas, à beaucoup près, la même considération aux peaux de rhinocéros ou d'éléphant. Si quelquefois ils chassent ceux-ci, c'est comme objet de nourriture, et alors ils emploient pour les prendre ces fosses recouvertes qui sont les piéges ordinaires des Hottentots; mais ce procédé de travail et de patience est celui qui convient le moins à des hommes aussi braves, aussi hardis que les Kabobiquois

Chasseurs déterminés, ils joignent à une valeur naturelle une grande acti vité. Agiles comme des cerfs, rien ne les rebute, ni les fatigues extrêmes, ni les courses les plus longues et les plus difficiles. J'ai fait avec eux plusieurs chasses, et toujours je les ai vus infatigables et prêts à tout. Cependant, malgré leur zèle si actif, jamais ils n'ont pu parvenir à me faire joindre un zèbre blanc, ni une espèce particulière de gazelle que je crois un gnoux, quoiqu'elle fût plus grande que les gnoux ordinaires.

Ces deux sortes d'animaux sont les plus communs du pays. On y voit aussi beaucoup de rhinocéros, et des quantités innombrables de gazelles; mais on n'y trouve plus de girafes, soit chaleur trop grande du climat, soit inconvenance de séjour, soit plutôt défaut des nourritures qui leur sont propres.

Avec cette audace et ce caractère déterminé, on serait porté à croire que les Kabobiquois sont féroces et indisciplinables, et cependant, parmi toutes les nations africaines que j'ai visitées, je n'en ai connu aucune qui pratiquât au même degré l'obéissance et la subordination.

Là, le chef n'est point, comme ailleurs, un premier entre des égaux; c'est un souverain au milieu de ses sujets, un maître entouré de ses esclaves : un mot, un geste, un regard lui suffisent pour se faire obéir. Quels que soient ses ordres, jamais on n'y contrevient, et il en est ainsi des familles particulières : ce que le chef est pour la horde, chaque père l'est pour les siens; ses commandements sont absolus, et il exerce chez lui la royauté, tandis qu'ailleurs il y obéit.

Quoique la peuplade fût très nombreuse, la sagesse avec laquelle elle était gouvernée, l'ordre que j'y voyais régner, m'annonçaient dans l'homme qui la commandait une intelligence supérieure à celle de tous les autres sauvages que j'avais vus jusque alors, et je ne connaissais que le vieil Haabas, ce Nestor de la nation gonaquoise, que je pusse lui comparer. D'après l'estime qu'il m'inspirait, c'était pour moi un vrai chagrin de ne point savoir sa langue et de ne pouvoir l'interroger librement sur mille objets qu'il m'eût été intéressant de connaître.

Son habitation annonçait sa dignité suprême; à la vérité, ce n'était qu'une hutte comme celles de ses sujets et couverte de peaux d'animaux comme la leur, mais elle était beaucoup plus grande et plus élevée, et d'ailleurs, autour de celle qui, à proprement parler, était la sienne, il y en avait six autres destinées à sa famille et occupées par elle.

L'aridité naturelle du pays qu'habitaient les Kabobiquois les a obligés à creuser des puits, tant pour leur usage que pour celui de leurs bestiaux; mais la même cause les réduisant souvent à voir leurs puits tarir, ils sont alors forcés de se transplanter et de chercher ailleurs un sol moins desséché, car la rivière des Poissons, quoique considérable dans les temps de pluie, est souvent à sec dans les chaleurs.

Les longs voyages auxquels les condamnent ces émigrations trop fréquentes, les rapports qu'elles leur procurent avec d'autres nations, doivent nécessairement leur donner des idées que ne peuvent avoir les peuplades sédentaires. Peut-être même serait-on porté à croire que c'est à cet accroissement d'idées qu'est due la supériorité d'intelligence qui les élève au dessus de leurs voisins; mais j'ai déjà parlé d'une nation qui, forcée comme celle-ci de se creuser des puits, et nomade comme elle, n'en est pas moins restée dans son infériorité d'état sauvage. Probablement la nature, qui a donné aux Kabobiquois un corps plus agile et un caractère plus courageux, leur aura donné aussi un moral plus perfectionné.

De toutes les nations africaines, celle-ci est la seule chez laquelle j'aie trouvé quelque idée confuse d'un Dieu. J'ignore si c'est à ses seules réflexions ou à ses communications avec d'autres peuples qu'elle doit cette connaissance sublime, qui seule la rapprocherait des nations policées; mais elle croit (autant que j'ai pu m'en assurer par mes gens) qu'au dessus des astres il existe un être tout-puissant, lequel a fait et gouverne toutes choses.

Au reste, je dois à la vérité d'ajouter ici que ce n'est là pour elle qu'une idée vague, stérile et sans suite; qu'elle ne soupçonne ni l'existence de l'âme, ni par conséquent les peines et les récompenses d'une autre vie; enfin, que, n'ayant ni culte, ni sacrifices, ni cérémonies religieuses, ni prêtres, elle n'a point de ce que nous appelons religion.

Ce qui occupait principalement ma horde kabobiquoise, c'était la crainte des Houzouanas. Du matin au soir, je n'entendais prononcer que le nom de Houzouana; si l'on chargeait mes truchements de me dire quelque chose, c'était sur les hostilités, les brigandages et les vols des Houzouanas.

Cette nation active, plus redoutée encore que redoutable, avait un établissement à une vingtaine de lieues environ vers le nord, et elle occupait la chaîne des montagnes qui du nord s'étendent à l'est. Le sol ingrat sur lequel elle était répandue l'empêchant de former des peuplades nombreuses et régulières, elle se divisait en pelotons plus ou moins considérables, selon les circonstances et les lieux; mais la même cause la réduisant souvent à une grande disette de vivres, elle fait des incursions sur ses voisins et pille leurs troupeaux. Ces brigands, vivant de rapines, sont tellement craints à la ronde pour leur valeur, qu'une poignée d'entre eux va faire fuir toute une horde de deux cents hommes armés complétement, et si, quand ils se retirent avec leur butin, on cherche à suivre leurs traces, c'est plus pour s'assurer de leur retraite que pour les combattre.

La horde kabobiquoise elle-même, quoique d'une nation plus brave que toutes les autres peuplades d'alentour, n'était pas plus aguerrie contre eux; élevée dès l'enfance à les redouter, elle croyait la résistance inutile, et ne prenait aucune précaution pour prévenir et repousser leurs attaques.

Depuis que le chef avait vu l'effet de mes fusils, et senti combien de pareilles armes me rendaient supérieur à ses ennemis, il avait cherché à m'animer contre eux et à m'intéresser dans sa querelle. Jaloux de connaître et de visiter cette nation, souvent je l'interrogeais sur elle, et lui demandais des éclaircissements; mais il répondait à mes questions par des conseils, ou par des plaintes dont l'intention visible était de m'irriter contre elle.

D'un autre côté, il craignait que, quand je serais éloigné, les Houzouanas ne vinssent se venger sur sa horde de m'avoir enseigné leur séjour et armé contre eux. Ainsi, employant mes interprètes, tantôt à m'inspirer une grande haine pour ces brigands, tantôt à me conseiller de ne pas avancer plus loin, il était sans cesse en contradiction avec lui-même. Il ignorait que, dans les différentes peuplades chez lesquelles je venais de passer, on m'avait parlé d'eux avec la même terreur, et que tous ces discours n'avaient produit en moi d'autre effet qu'un grand désir de les connaître.

Avec une caravane nombreuse, des chasses lointaines et fréquentes, des feux de nuit très multiplies, je ne pouvais rester long-temps inconnu à des hommes aussi errants que les Houzouanas. Je ne doutais nullement que dans leurs courses ils ne m'eussent aperçu et découvert, et s'ils ne s'étaient pas montrés encore, c'était que le bruit de mes armes à feu, qui se faisait entendre la nuit et le jour, les avait sans doute dégoûtés de l'envie de venir m'attaquer.

Ce qu'ils étaient pour les Kabobiquois, je l'étais pour eux, et cet état de terreur de leur part me fâchait beaucoup, parce qu'en les tenant éloignés il m'empêchait de les connaître. Quelle que fût la supériorité que me donnait sur eux la nature de mes armes, je n'avais garde d'en abuser; toute insulte était contraire à mes principes. Pour exécuter le projet que j'avais conçu, il me fallait beaucoup d'amis; j'avais cherché à m'en faire, et j'étais intimement convaincu que ces Houzouanas, si craints, si décriés, seraient de ce nombre.

Ma troupe pensait bien différemment. Les conversations que j'avais eues avec le chef venaient de la prévenir sur mon dessein, et, d'après l'obligation où j'étais de me servir de quatre truchements différents, il ne pouvait être un secret pour elle.

Dès qu'on en fut instruit dans le camp, je vis tout le monde s'alarmer, les hommes et les femmes se parler avec inquiétude, et les différentes nations se réunir entre elles et tenir des conférences. Quoique je n'entendisse rien à leurs discours, le mystère qu'ils y mettaient, l'air inquiet de leurs physionomies, tout m'annonçait un orage ou une conjuration prête à éclater.

Les Namaquois, comme les plus peureux, furent les premiers qui s'expliquèrent, et moi de mon côté je fus fort aise que le complot commençât par la déclaration de ces imbéciles sans énergie et sans âme. Ils vinrent m'annoncer qu'ils ne voulaient ni s'engager dans un pays dont personne de la troupe n'avait connaissance, ni s'exposer aux coups d'une nation que toutes les autres avaient en horreur, et qu'en conséquence ils se sépareraient de moi si je persistais dans ma résolution.

Je ne répondis à leurs discours que par un éclat de rire, et les prenant au mot, je leur permis de partir à l'instant même. Or, c'était là que je les attendais, et j'étais d'avance bien assuré qu'aucun d'eux n'en aurait le courage. Obligés, pour s'en retourner, de traverser des contrées infestées de Boschjesmen, jamais ils n'eussent osé y passer seuls; c'était pour eux une nécessité de rester sous mon aile, et par excès de poltronnerie, ils en étaient réduits à se conduire partout où je voudrais les mener. Ce fut la même chose pour leurs autres camarades.

Chaque bande vint me notifier son départ, mais, quand il fallut se séparer de moi, aucune ne l'osa. Leur terreur était telle, qu'en fuyant les Houzouanas et leur tournant le dos ils eussent craint encore d'en être attaqués.

Mes Hottentots du Cap, quoique aussi poltrons, se montrèrent moins à découvert, et d'ailleurs ceux-ci me donnaient d'autres sujets d'inquiétude. Accoutumés à la vie fainéante des colonies, sans cesse regrettant certaines commodités dont ils se voyaient privés, ils n'étaient nullement propres à des fatigues telles que celles que nous avions à supporter. La différence du climat dans lequel ils se trouvaient transplantés les rendait malades, et si je n'avais pris la précaution de faire de longs séjours dans la plupart des gîtes où je m'arrêtais, ils n'auraient pu suffire au voyage et eussent péri les uns après les autres.

Celui-ci les effrayait de plus en plus. Moins bruts que leur camarades, et par conséquent moins francs et moins ouverts, ils étaient assez adroits pour cacher leur pusillanimité sous des prétextes spécieux. Me parler des Houzouanas, c'eût été se trahir imprudemment, ils n'en prononçaient pas même le nom; mais, affectant de se montrer bons pères et bons maris, ils me rappelaient, avec un attendrissement simulé, leurs femmes et leurs enfants, qu'ils eussent battus peut-être s'ils avaient été près d'eux; ils me parlaient de leurs fatigues, de leur santé, et surtout des obstacles locaux et particuliers qu'allait m'offrir mon nouveau projet.

Effectivement, si j'en croyais les gens de la horde, j'avais à traverser un désert qui exigeait cinq jours de marche, et dans lequel je ne trouverais, ni pour ma troupe ni pour mes animaux, aucune sorte de nourriture ni de rafraîchissement. Pas le moindre vestige de végétation, pas même de terre végétale; ce n'était qu'une vaste mer de sable, où il ne serait pas possible de faire un pas sans enfoncer jusqu'aux genoux, et ce sable, mobile et léger comme la poussière, était si fin, que nous courions le risque d'être étouffés au moindre vent, si même nous ne périssions pas de soif et de faim, de fatigue et de misère, avant d'avoir fait seulement la moitié du chemin.

Au point du jour, ma caravane entière se trouva prête à partir. Pendant la nuit, les Grands Namaquois avaient tenu conseil entre eux, et ils s'étaient, comme je l'avais prévu, décidés à me suivre, non par courage ou par zèle, mais par pure poltronnerie, et dans la crainte d'être attaqués des Boschjesmen, s'ils retournaient chez eux sans escorte.

Mes Hottentots, qui se croyaient bien supérieurs aux Grands Namaquois, et qui eussent rougi de se montrer moins braves, se piquèrent d'affecter plus d'ardeur encore, et leur exemple entraîna le reste de la troupe. Koraquois, Kaminouquois, Petits Namaquois, gens de la horde du Baster, tous disputèrent d'empressement, c'était à qui témoignerait une plus grande impatience du départ. Ces Porte-Sandales, dont les récits avaient d'abord inspiré tant de frayeur, n'étaient plus à présent qu'un objet de risée; on plaisantait sur eux, et l'on disait hautement que, s'ils avaient refusé de m'accompagner, c'est parce qu'ils craignaient de mouiller ou de gâter leur chaussure.

Après une marche pénible nous arrivâmes en face des montagnes qu'on m'avait dit être le repaire des Houzouanas; elles n'étaient guère qu'à cinq ou six lieues de moi, et me paraissaient s'étendre et se perdre du sud au nord mais je n'avais garde d'aller m'y engager au hasard.

Pendant la nuit j'aperçus au loin, vers le sud, un très grand feu, qui, par le volume qu'il paraissait avoir malgré son éloignement, me semblait être un embrasement d'herbes sèches sur des montagnes. Mais plus près devant moi, à l'ouest, j'en vis trois autres, que je soupçonnai être des signaux; ceux-ci m'annonçaient que j'étais dans le voisinage de quelque peuplade, soit d Houzouanas, soit d'une autre nation, et, en conséquence, je résolus de m'approcher des montagnes dès que le jour paraîtrait.

Dans le moment, il n'y avait en dehors que des femmes, qui, à notre vue, poussèrent un cri d'alarme; mais, à ce signal, des hommes sortirent des huttes, armés d'arcs et de flèches, et toute la troupe, s'enfonçant dans la gorge, alla se cantonner sur un tertre, d'où avec assurance elle observa notre conduite, pour se décider sur celle qu'elle avait à tenir.

Éloigné comme je l'étais, il n'y avait nul espoir de me faire entendre, et d'ailleurs, que dire à des gens dont je ne savais pas la langue? Je pris donc le parti d'en employer une qu'ils pouvaient comprendre, et je leur fis, ainsi que ma petite troupe, tous les signes d'amitié que les circonstances du moment nous suggérèrent. Mais ce langage était entièrement nouveau pour eux, ils ne l'entendirent point, et je me vis réduit à mettre en usage le seul qui fût à leur portée, celui des présents.

Alors je m'avançai vers leurs huttes, que je trouvai toutes vides, à l'exception d'une seule, dans laquelle était resté un petit chien. A l'entrée d'une autre il y avait un tas de roseaux et quelques os aiguisés, destinés sans doute à faire des flèches. Ainsi qu'on attire un animal domestique par l'appât de quelque friandise, je déposai auprès du tas du tabac et des verroteries, après quoi je revins à mon premier poste.

Pendant cette opération ils s'étaient éloignés encore davantage; mais, quand je fus retiré, ils se rapprochèrent et vinrent ramasser le présent que j'avais laissé.

L'attention avec laquelle ils l'examinèrent, la joie qu'il parut leur causer, me firent croire que, d'après ces préliminaires d'amitié, je pourrais m'aboucher avec eux. Je m'avançai de nouveau, suivi de ma troupe; mais ils se retirèrent une seconde fois.

A la vérité ils s'éloignèrent beaucoup moins que la première; je remarquai même qu'ils semblaient discuter entre eux, et je me flattai que peut-être ils ne tarderaient pas à entrer en conférence. Je crus donc qu'il fallait en finir : je pris un nouveau présent de tabac et de verroteries, et le leur faisant apercevoir, je m'avançai seul vers eux.

Ce moyen de négociation réussit : un homme se détacha de la bande et s'approcha de moi à la distance de cent pas pour me demander qui j'étais et ce que je voulais. J'avais remarqué avec surprise que cet homme était noir, tandis que tout le reste de la horde, hommes et femmes, l'était beaucoup moins que les Hottentots mêmes. Mais ce qui m'étonna bien davantage, ce fut de l'entendre me questionner en hottentot. Je répondis dans la même langue que j'étais un voyageur qui avait voulu connaître la contrée qu'il habitait, et que je désirais, s'il était possible, d'y trouver des amis.

Alors il vint à moi; mes quatre camarades s'approchèrent également, et ils ne furent pas moins étonnés que moi de voir un homme de leur nation. Ils entamèrent conversation avec lui, l'assurèrent de la vérité de ce que je lui avais dit, et gagnèrent tellement sa confiance, qu'à l'instant il engagea par un signe ses camarades à s'approcher.

Les femmes, plus méfiantes ou plus circonspectes, restèrent groupées auprès des huttes en attendant le résultat de la conférence, et en nous lorgnant avec curiosité ; mais les hommes accoururent tous. Je distribuai entre eux le tabac et les verroteries que je leur avais montrés, et ces loups, qu'on s'était plu à me peindre si féroces, ne furent plus pour moi que des moutons.

Néanmoins, au moment où je venais de les apprivoiser, il fallut me séparer d'eux. Ma marche avait consumé beaucoup de temps ; la journée était fort avancée, et je craignais, en restant davantage, d'alarmer par mon absence mes gens restés en arrière ou de m'exposer à m'égarer la nuit dans un pays que je ne connaissais pas.

J'annonçai donc aux Houzouanas que le lendemain je reviendrais camper sur les bords de leur ruisseau. Je les assurai de nouveau qu'ils trouveraient en moi un ami toujours prêt à les obliger et à les défendre. Je leur garantis qu'ils n'éprouveraient de la part de mes gens ni insulte ni dommage ; mais je leur déclarai en même temps que, si j'avais à me plaindre d'eux en la moindre chose, j'userais aussi de toutes mes ressources, que je les assurai être de beaucoup supérieures à leurs forces.

Ce fut le Hottentot qui me servit d'interprète pour annoncer ces diverses dispositions ; ce fut lui qui me rendit la réponse très satisfaisante qu'on y fit, et je remarquai qu'outre la langue hottentote il parlait encore assez bien le hollandais. Enfin il m'offrit officieusement de me servir de guide jusqu'à mon camp, d'y passer la nuit, et de revenir le lendemain à la horde avec moi. Il était ravi de retrouver des compatriotes avec lesquels il pourrait parler sa langue maternelle ; moi, je l'étais de voir en lui une confiance qui fondait la mienne. Ainsi j'acceptai son offre avec reconnaissance, et nous partîmes.

On se doute bien qu'en route mon premier soin fut de l'interroger sur l'aventure qui l'avait transplanté chez les Houzouanas. Il me conta que, né dans les environs du Camis, il avait vécu pendant assez long-temps sujet de la Compagnie ; mais qu'ayant éprouvé des mauvais traitements et des injustices, et déserté avec un nègre esclave attaché au même maître que lui, après bien des courses il était venu chercher asyle et protection chez les Houzouanas. Le nègre était mort d'une flèche empoisonnée dans une escarmouche que la horde avait eue à soutenir avec une horde étrangère. Pour lui, resté seul, il continuait de vivre avec ses anciens protecteurs, dont, par son courage, il était en quelque sorte devenu le chef.

Les Houzouanas ne sont point meurtriers par profession, me dit-il. Si quelquefois ils versent du sang, ce n'est point la soif du carnage, mais une juste représaille qui leur met les armes à la main. Attaqués et poursuivis par les autres nations, ils se sont vus réduits à fuir dans des lieux inaccessibles.

S'ils trouvent à tuer des gazelles ou des damans, si les nymphes des fourmis sont abondantes, si leur bonne fortune leur amène beaucoup de sauterelles, alors ils restent dans l'enceinte de leurs rochers. Mais si la subsistance vient à leur manquer, malheur aux nations voisines. Du haut de leurs montagnes ils promènent au loin les yeux sur les contrées d'alentour : y aperçoivent-ils des troupeaux, ils vont les enlever ou les égorger, selon les circonstances ; mais s'ils volent, jamais du moins ils ne tuent que pour défendre leur vie, ou par représailles, et pour venger d'anciennes injures.

Quelquefois cependant il arrive qu'après des courses très fatigantes ils reviennent sans butin, soit parce que la proie a disparu, soit parce qu'ils ont été repoussés. Alors les femmes, exaspérées par la faim et par les cris de leurs enfants, que le besoin fait pleurer, entrent en fureur : reproches, injures, menaces, rien n'est épargné ; on veut se séparer, on veut quitter des maris sans courage, et en chercher d'autres qui aient l'industrie de nourrir leurs enfants et leurs femmes. Enfin, après avoir épuisé tout ce que la rage et le désespoir peuvent suggérer, elles détachent leur petit tablier de pudeur, et à tour de bras en frappent leurs maris au visage.

De tous les affronts qu'il est possible de leur faire, celui-ci est le plus outrageant, et jamais ils n'y résistent. Devenus furieux à leur tour, ils coiffent leur bonnet de guerre (c'est une sorte de casque fait avec la nuque de la hyène, dont le long poil forme sur leur tête une crinière flottante), ils partent comme des forcenés, et ne reviennent que quand ils ont enlevé quelques troupeaux.

A leur retour les femmes viennent au devant d'eux, elles leur font des caresses et exaltent leur courage ; enfin on ne songe plus qu'à se divertir ou à faire bombance, et l'on oublie les maux passés jusqu'à ce que de nouveaux besoins ramènent les mêmes scènes.

Mon Hottentot, en arrivant avec moi au camp, causa par sa présence une sorte de stupeur. S'il fût tout à coup tombé des nues, il n'aurait point, je pense, produit plus d'étonnement. Bientôt on l'entoura, et chacun voulut savoir par quelles singulières aventures il se trouvait si loin de son pays natal. On ne lui laissa pas même de relâche pendant la nuit ; les curieux ne le quittèrent point, et, après l'avoir régalé, ils employèrent tout leur temps jusqu'au moment du départ à le questionner et à l'entendre.

Le lendemain, j'allai, comme je l'avais annoncé, dresser ma tente sur le bord du ruisseau.

Si le retour du Hottentot rassura les Houzouanas, tout ce qu'il leur dit de moi leur inspira la plus grande confiance. A peine fus-je établi qu'ils vinrent tous avec amitié me visiter ; on eût dit qu'un sentiment de fraternité nous

unissait déjà depuis long-temps. Mais il n'en fut point ainsi de ma troupe: ce nom d'Houzouana avait frappé les esprits d'une telle terreur, les préventions contre ce peuple étaient si profondément enracinées, qu'on ne le voyait qu'avec horreur et avec effroi, et jusqu'au moment où nous le quittâmes, il fut toujours vu des mêmes yeux.

L'Houzouana est d'une très petite taille, et parmi eux c'est être fort grand que d'avoir cinq pieds; mais ces petits corps, parfaitement proportionnés, réunissent à une force et à une agilité surprenantes certain air d'assurance, d'audace et de fierté, qui en impose et qui me plaisait infiniment. De toutes les races de sauvages que j'ai connues, nulle ne m'a paru douee d'une âme aussi active et d'une constitution aussi infatigable.

Leur tête, quoiqu'elle ait les caractères principaux de la tête du Hottentot, est cependant plus arrondie par le menton que la sienne. Ils sont aussi beaucoup moins noirs, et ont cette couleur plombée du Malais, qu'au Cap on désigne sous le nom de *bouguinée*. Enfin leurs cheveux, plus crépus, sont si courts, que d'abord je les ai crus tondus. Pour le nez, il est encore plus écrasé que celui du Hottentot, ou plutôt ils n'ont point de nez, et le leur consiste en deux narines épatées qui ont tout au plus cinq ou six lignes de saillie. Aussi, moi, qui seul dans la troupe en avais un à l'européenne, je paraissais à leurs yeux un être disgracié de la nature. Leurs yeux ne pouvaient se faire à cette différence, qu'ils regardaient chez moi comme une difformité monstrueuse, et pendant les premiers jours, je les voyais tous avoir les yeux fixés sur mon visage avec un air d'étonnement vraiment risible.

De cette nullité de nez il résulte que, vu de profil, l'Houzouana est laid et ressemble au singe. Vu de face, on lui trouve au premier coup d'œil quelque chose d'extraordinaire, son front paraissant occuper plus de la moitié de son visage. Néanmoins il a tant de physionomie et des yeux si grands et si vifs, que malgré son air de singularité, il est assez agréable à voir.

La chaleur du climat dans lequel il vit le dispensant de tout vêtement, il est pendant toute l'année entièrement nu, à l'exception d'un très petit chacal attaché sur ses reins par deux courroies, dont l'extrémité lui tombe sur les jarrets. Endurci par cette habitude constante de nudité, il devient tellement insensible aux variations de l'atmosphère, que, quand des sables brûlants de la plaine il se transporte au milieu des neiges et des frimas de ses montagnes, il ne semble point s'apercevoir du froid.

Sa hutte ne ressemble point à celle du Hottentot; elle est coupée verticalement par le milieu, de sorte qu'une hutte hottentote en ferait deux d'Houzouanas. Dans les émigrations on laisse le kraal subsister, afin que, si quelque autre horde de la nation venait à passer par là, elle pût s'en servir. En route, les émigrants n'ont pour reposer qu'une natte suspendue et inclinée sur deux bâtons ; souvent même ils dorment sur la dure : il leur suffit alors d'une saillie de roche pour abri. Tout est bon à des gens dont le tempérament résiste aux plus extrêmes fatigues. Cependant s'ils s'arrêtent quelque part pour y séjourner, et qu'ils y trouvent des matériaux pour la construction de leurs huttes, alors ils se font un kraal; mais, à leur départ, ils l'abandonnent comme les autres. Il en est ainsi de tous ceux qu'ils élèvent.

Cette habitude de travailler pour leurs camarades annonce un caractère social et des inclinations bienfaisantes. En effet, ils sont non seulement bons maris et bons pères, mais compagnons excellents. Habitent-ils le même kraal, personne n'y a rien en propre, tout appartient à tous. Rencontrent-ils d'autres peuplades de leur nation, ils s'accueillent, se protégent, s'obligent entre eux. Enfin ils se traitent comme des frères, quoique jamais peut-être ils ne se fussent vus.

Naturellement agile et dispos, l'Houzouana se fait un jeu de gravir les montagnes et les pitons les plus hauts, et cette disposition a été pour moi une chose avantageuse. Le ruisseau sur lequel j'étais campé avait un goût cuivreux et une odeur nauséabonde qui en rendaient l'eau insupportable à boire. Mes bestiaux, accoutumés aux mauvaises eaux du pays, se contentaient de celle-ci; mais je craignais que mes gens en fussent incommodés, et ne voulais point qu'ils en fissent usage. Mes Houzouanas n'avaient point de lait à me fournir, puisqu'ils ne possédaient que quelques mauvaises vaches volées. Je leur demandai si, dans le voisinage du kraal, ils ne connaissaient point quelque bonne source à laquelle je pouvais envoyer ma troupe faire provision, et à l'instant, sans me faire d'autre réponse, ils partirent, grimpèrent sur leurs montagnes, et en moins de deux heures me rapportèrent toutes mes outres et mes vases pleins d'une eau excellente.

Pendant tout le temps de mon séjour sur le ruisseau, ils me rendirent le même service, et y mirent le même zèle et la même prestesse. Un de ces voyages eût coûté à mes Hottentots une journée entière.

Lorsqu'ils sont en course, la disette d'eau ne les inquiète point, même au milieu des déserts. Par un art particulier ils savent découvrir celle qui est cachée dans les entrailles de la terre, et leur instinct sur cet objet est supérieur encore à celui des autres Africains. Les animaux, en pareil cas, sentent l'eau; mais ils ne la devinent que par l'odorat, il faut qu'un courant d'air leur en porte les émanations, et par conséquent, il faut qu'ils soient au vent. Pendant mon séjour dans le désert à mon premier voyage, mes sauvages m'avaient montré plus d'une fois la même faculté, et moi-même, instruit par eux, je l'avais acquise aussi. comme je l'ai rapporté dans ma relation.

L'Houzouana, plus habile, n'a besoin que de sa vue. Il se couche le ventre contre terre, regarde au loin, et si l'espace qu'il a parcouru de l'œil recèle quelque source souterraine, il se relève et indique du doigt le lieu où elle est. Il lui suffit, pour la découvrir, de cette exhalaison éthérée et subtile que laisse évaporer au dehors tout courant d'eau, quand il n'est pas enfoui à une trop grande profondeur.

Quant aux lagunes et autres dépôts extérieurs formés par les pluies, ils ont une évaporation sensible qui les lui décèle, même lorsqu'ils sont masqués par quelque butte ou colline. Si ce sont des eaux courantes, telles que des ruisseaux ou des rivières, leurs vapeurs, plus abondantes encore, les lui dénotent si sensiblement, qu'il peut en indiquer le courant et tracer même jusqu'à leurs sinuosités.

L'Houzouana n'a pour armes qu'un arc et des flèches. Ces flèches sont très courtes, et se portent sur l'épaule dans un carquois d'environ dix-huit pouces de longueur sur quatre de diamètre, et qui, fait d'écorce d'aloès, est recouvert de la peau d'une sorte de gros lézard que ces nomades trouvent dans toutes leurs rivières, et notamment sur les bords de l'Orange et de la rivière des Poissons.

L'Houzouana forme aujourd'hui une nation isolée. Une chose qui m'a singulièrement surpris, c'est cette énorme croupe naturelle que portent les femmes, et qui, pareille à ces culs postiches qu'avaient adoptés les Françaises, les distingue de tous les autres peuples sauvages ou policés qui sont connus.

J'avais déjà eu plusieurs fois occasion de remarquer que chez les Hottentotes en général, à mesure qu'elles avancent en âge, la partie inférieure du dos se renfle et prend un accroissement qui sort des proportions qu'elle avait dans leur jeunesse. L'Houzouana ayant dans la figure quelque caractère du Hottentot, et par conséquent s'annonçant comme de même race, on pourrait croire que le gros derrière du sexe n'est que la croupe hottentote, plus renflée et portée à l'extrême. Mais j'observerai que chez les premières c'est une excroissance tardive, et en quelque sorte une infirmité de vieillesse, tandis que chez les autres c'est une difformité de naissance, un caractère originel.

J'ai vu une fille de trois ans entièrement nue, comme le sont à cet âge toutes celles des sauvages, jouer et sauter devant moi pendant plusieurs heures. Je la plaignais d'être chargée de ce gros paquet qui me paraissait devoir gêner ses mouvements, et je ne m'apercevais point qu'elle en fût moins libre. Quelquefois, pour s'amuser d'un jeune frère avec qui elle jouait, elle marchait à pas comptés, puis appuyant fortement le pied contre la terre, elle communiquait à son corps un ébranlement qui faisait remuer son postique comme une gelée tremblante. Le bambin cherchait à l'imiter; mais, n'en pouvant venir à bout, parce qu'il n'avait point ce gros cul qui n'est propre qu'au sexe, il se dépitait d'impatience, tandis que sa sœur riait à gorge déployée.

Les mères portent sur les reins, comme nos mineurs, une peau qui leur couvre la partie postérieure, mais qui, étant mince et flexible, se prête à tous les trémoussements des chairs et s'agite comme elles. Lorsqu'elles sont en marche, et qu'elles ont des enfants encore trop petits pour les suivre, elles les placent sur leur croupe. J'en ai vu courir ainsi, et l'enfant, âgé de trois ans et posé debout sur ses pieds, se tenait derrière elle, comme un jockey derrière un cabriolet.

Avec cette difformité monstrueuse, qui croirait que les Houzouanasses ont la main et le pied très mignons, que leur bras est d'une forme ravissante, et que ces parties de leur corps sont vraiment parfaites! Obligées de suivre leurs maris dans leurs immenses courses, elles portent des sandales ainsi qu'eux, et comme eux se coiffent la tête d'un bonnet de peau de chacal. Elles sont entièrement nues, et ne portent par devant qu'un très petit tablier de pudeur, et sur le côté, qu'un étui en bois, en ivoire ou en écaille de tortue, pour mettre la graisse qui leur sert à se boughouer; une queue de quelque quadrupède, emmanchée au bout d'un bâton, avec laquelle elles s'essuient le visage et le corps lorsqu'elles suent; enfin ce cuir des reins dont je viens de parler. Du reste, elles n'ont nulles verroteries ni ornement quelconque, à moins qu'on ne veuille regarder comme ornements des jarretières et des bracelets de cuir nu.

Cependant, comme la coquetterie et le désir de plaire semblent une qualité inhérente aux femmes, les Houzouanasses n'eurent pas plus tôt vu les verroteries et bijoux dont étaient parées celles de ma troupe, qu'elles voulurent en avoir aussi. Je leur en distribuai à toutes, et dès ce moment, elles ne manquèrent pas de les porter avec beaucoup de satisfaction.

J'ai dit plus haut qu'elles se boughouent et se graissent, et cet usage est commun aux hommes comme aux femmes. Comme les athlètes et les lutteurs de l'antiquité, ils le croient nécessaire pour entretenir la souplesse de leurs membres. Ils emploient à cette opération la graisse des animaux qu'ils tuent, et quand ils en manquent et qu'ils font griller pour leur nourriture des nymphes de fourmis, ils recueillent l'huile qui en suinte et la gardent au besoin. L'onction faite avec cette huile leur donne une odeur très forte, et qui pourtant n'est pas désagréable.

Après plusieurs journées de marche nous arrivâmes enfin chez les Gheyssiquois.

C'est chez les Gheyssiquois exclusivement qu'est pratiquée la semi-cas tration ; et elle l'est sans exception dans toutes leurs hordes, ainsi que me l'ont assuré ceux chez qui je l'ai vérifié par moi-même, et la chose ne me fut pas difficile. Dès qu'on sut quel était le sujet de ma curiosité, tout le monde s'y prêta complaisamment; il n'eût tenu qu'à moi de passer en revue la horde entière.

Quant aux motifs qui ont pu déterminer les sauvages au retranchement dont il s'agit, les voyageurs ne sont pas d'accord ; les uns l'attribuent au désir de se rendre plus agiles à la course, les autres à l'envie d'empêcher une trop grande propagation de l'espèce.

Quoique j'aie été à portée d'interroger sur son origine les nations qui la pratiquent, je ne me flatte pas de la connaître mieux que les autres voyageurs. Ceux des Gheyssiquois que j'ai questionnés m'en ont donné une raison si absurde, que j'hésite presque de la rapporter. Selon eux ce fut un signe distinctif que leurs ancêtres, étant en guerre avec les nations voisines, imaginèrent pour se reconnaître.

Après tout, on conçoit que des marques extérieures aussi apparentes et aussi visibles peuvent avoir été imaginées par des nations grossières ; mais qu'une d'elles ait adopté, pour se reconnaître, un signe très difficile à distinguer, et caché d'ailleurs par la pudeur, voilà ce qui me paraît invraisemblable, et qu'on aura de la peine à croire.

Au reste, il y a deux manières de faire l'opération, et comme l'une est moins douloureuse que l'autre, on les emploie selon l'âge de l'individu et la force de son tempérament. Je n'entrerai sur cela dans aucune explication ; les procédés sont à peu près les mêmes qu'ils le seraient chez nous, et le résultat en est suffisamment expliqué.

Je remarquerai seulement que c'est presque toujours le père qui se charge de l'opération, et qu'ordinairement il la fait à la naissance de son enfant ; quelquefois cependant il la retarde jusqu'à sa troisième année, et même plus tard : alors il emploie, comme je viens de le dire, d'autres procédés. »

Après quelques autres courses, de peu d'intérêt, Levaillant revint au Cap, où il ne séjourna que peu de temps. Il en repartit dans le courant de juillet 1784, et arriva à Paris les premiers jours de 1785, après une absence de cinq années.

VOLNEY.

VOYAGE EN ÉGYPTE ET EN SYRIE.

De l'Égypte en général. Alexandrie. Le Nil. Les Pyramides.

Nous n'avons pas cru devoir scinder l'extrait que nous allons donner du voyage de Volney en Égypte et en Syrie. Les nombreuses analogies qui rapprochent les divers peuples qu'il visita successivement, et surtout l'histoire de ces Arabes bédouins communs aux deux continents, et qui jouent depuis quelques années un rôle si important dans notre histoire, nous sera une excuse suffisante.

C'est en vain, dit Volney, que l'on se prépare par la lecture des livres au spectacle des usages et des mœurs des nations; il y aura toujours loin de l'effet des récits sur l'esprit à celui des objets sur les sens. C'est ce qu'éprouve l'Européen qui arrive transporté par mer en Turquie. Vainement a-t-il lu les histoires et les relations; vainement, sur leurs descriptions, a-t-il essayé de se peindre l'aspect des terrains, l'ordre des villes, les vêtements, les manières des habitants : il est neuf à tous ces objets, leur variété l'éblouit; ce qu'il en avait pensé se dissout et s'échappe, il reste livré aux sentiments de la surprise et de l'admiration.

Parmi les lieux propres à produire ce double effet, il en est peu qui réunissent autant de moyens qu'Alexandrie en Égypte. Le nom de cette ville, qui rappelle le génie d'un homme si étonnant; le nom du pays, qui tient à tant de faits et d'idées; l'aspect du lieu, qui présente un tableau si pittoresque; ces palmiers qui s'élèvent en parasol, ces maisons à terrasse qui semblent dépourvues de toit, ces flèches grêles des minarets qui portent une balustrade dans les airs, tout avertit le voyageur qu'il est dans un autre monde. Descend-il à terre, une foule d'objets inconnus l'assaille par tous ses sens : c'est une langue dont les sons barbares et l'accent âcre et guttural effraient son oreille ; ce sont des habillements d'une forme bizarre, des figures d'un caractère étrange. Au lieu de nos visages nus, de nos têtes enflées de cheveux, de nos coiffures triangulaires et de nos habits courts et serrés, il regarde avec surprise ces visages brûlés, armés de barbe et de moustaches ; cet amas d'étoffe roulée en plis sur une tête rase ; ce long vêtement qui, tombant du cou aux talons, voile le corps plutôt qu'il ne l'habille ; et ces pipes de six pieds, et ces longs chapelets dont toutes les mains sont garnies, et ces hideux chameaux qui portent l'eau dans des sacs de cuir, et ces ânes sellés et bridés qui transportent légèrement leur cavalier en pantoufles, et ce marché mal fourni de dattes et de petits pains ronds et plats, et cette foule immonde de chiens errants dans les rues, et ces espèces de fantômes ambulants qui, sous une draperie d'une seule pièce, ne montrent d'humain que deux yeux de femme. Dans ce tumulte, tout entier à ses sens, son esprit est nul pour la réflexion ; ce n'est qu'après être arrivé au gîte, si désiré quand on vient de la mer, que, devenu plus calme, il considère avec réflexion ces rues étroites et sans pavé, ces maisons basses et dont les jours rares sont masqués de treillages, ce peuple maigre et noirâtre, qui marche nu-pieds et n'a pour tout vêtement qu'une chemise bleue, ceinte d'un cuir ou d'un mouchoir rouge. Déjà l'air de misère qu'il voit sur les hommes et le mystère qui enveloppe les maisons lui font soupçonner la rapacité de la tyrannie et la défiance de l'esclavage. Mais un spectacle qui bientôt attire toute son attention ce sont les vastes ruines qu'il aperçoit du côté de la terre. Dans nos contrées, les ruines sont un objet de curiosité ; à peine trouve-t-on, aux lieux écartés, quelque vieux château dont le délabrement annonce plutôt la désertion du maître que la misère du lieu. Dans Alexandrie, au contraire, à peine sort-on de la ville neuve dans le continent que l'on est frappé de l'aspect d'un vaste terrain tout couvert de ruines. Pendant deux heures de marche on suit une double ligne de murs et de tours qui formaient l'enceinte de l'ancienne Alexandrie. La terre est couverte des débris de leurs sommets ; des pans entiers sont écroulés, les voûtes enfoncées, les créneaux dégradés, et les pierres rongées et défigurées par le salpêtre. On parcourt un vaste intérieur sillonné de fouilles, percé de puits, distribué par des murs à demi enfouis, semé de quelques colonnes anciennes, de tombeaux modernes, de palmiers, de nopals, et où l'on ne trouve de vivant que des chacals, des éperviers et des hiboux. Les habitants, accoutumés à ce spectacle, n'en reçoivent aucune impression ; mais l'étranger, en qui les souvenirs qu'il rappelle s'exaltent par l'effet de la nouveauté, éprouve une émotion qui souvent passe jusqu'aux larmes, et qui donne lieu à des réflexions dont la tristesse attache autant le cœur que leur majesté élève l'âme.

Toute l'existence physique et politique de l'Égypte dépend du Nil; lui seul subvient à ce premier besoin des êtres organisés, le besoin de l'eau, si fréquemment senti dans les climats chauds, si vivement irrité par la privation de cet élément. Le Nil seul, sans le secours d'un ciel avare de pluie, porte partout l'aliment de la végétation. Par un séjour de trois mois sur la terre, il l'imbibe d'une somme d'eau capable de lui suffire le reste de l'année. Sans son débordement on ne pourrait cultiver qu'un terrain très borné et avec des soins très dispendieux; et l'on a raison de dire qu'il est la mesure de l'abondance, de la prospérité de la vie.

C'est donc à juste titre que les Égyptiens ont eu dans tous les temps et conservent même de nos jours un respect religieux pour le Nil; mais il faut pardonner à un Européen si, lorsqu'il les entend vanter la beauté de ses eaux, il sourit de leur ignorance. Jamais ces eaux troubles et fangeuses n'auront pour lui le charme des claires fontaines et des ruisseaux limpides; jamais, à moins d'un sentiment exalté par la privation, le corps d'une Égyptienne, hâlé et ruisselant d'une eau jaunâtre, ne lui rappellera les Naïades sortant du bain. Six mois de l'année l'eau du fleuve est si bourbeuse, qu'il faut la faire déposer pour la boire. Pendant les trois mois qui précèdent l'inondation, réduite à une petite profondeur, elle s'échauffe dans son lit, devient verdâtre, fétide et remplie de vers, et il faut recourir à celle que l'on a reçue et conservée dans les citernes. Dans toutes les saisons, les gens délicats ont soin de la parfumer. Au reste, l'on ne fait en aucun pays un aussi grand usage d'eau. Dans les maisons, dans les rues, partout, le premier objet qui se présente est un vase d'eau, et le premier mouvement d'un Égyptien est de le saisir et d'en boire un grand trait, qui n'incommode point, grâce à l'extrême transpiration. Ces vases, qui sont de terre cuite non vernissée, laissent filtrer l'eau au point qu'ils se vident en quelques heures. L'objet que l'on se propose par ce mécanisme est d'entretenir l'eau bien fraîche, et l'on y parvient d'autant mieux qu'on l'expose à un courant d'air plus vif. Dans quelques lieux de la Syrie, l'on boit l'eau qui a transsudé; mais en Égypte l'on boit celle qui est dans le vase.

Une autre merveille de l'Égypte ce sont les pyramides. La main du temps, et plus encore celle des hommes, qui ont ravagé tous les monuments de l'antiquité, n'ont rien pu jusqu'ici contre les pyramides. La solidité de leur construction et l'énormité de leur masse les ont garanties de toute atteinte, et semblent leur assurer une durée éternelle. Les voyageurs en parlent tous avec enthousiasme, et cet enthousiasme n'est point exagéré. L'on commence à voir ces montagnes factices dix lieues avant d'y arriver ; elles semblent s'éloigner à mesure qu'on s'en approche. On en est encore à une lieue, et déjà elles dominent tellement sur la terre, qu'on croit être à leur pied ; enfin l'on y touche, et rien ne peut exprimer la variété des sensations qu'on y éprouve : la hauteur de leur sommet, la rapidité de leur pente, l'ampleur de leur surface, le poids de leur assiette, la mémoire des temps qu'elles rappellent, le calcul du travail qu'elles ont coûté, l'idée que ces immenses roches sont l'ouvrage de l'homme, si petit et si faible, qui rampe à leurs pieds, tout saisit à la fois le cœur et l'esprit d'étonnement, de terreur, d'humiliation, d'admiration, de respect.

De la Syrie et de ses habitants.

Nous ne suivrons point Volney dans son histoire des mamelouks ; nous ne nous arrêterons pas non plus au tableau qu'il trace de l'état du peuple en Égypte : la sagesse de Méhémet-Ali a depuis complétement changé la face des choses. Nous allons traverser avec lui l'isthme de Suez, et le suivre dans la Syrie.

Lorsqu'un Européen arrive en Syrie, et même en général en Orient, ce qui le frappe le plus dans l'extérieur des habitants est l'opposition presque totale de leurs manières aux nôtres : l'on dirait qu'un dessein prémédité s'est plu à établir une foule de contrastes entre les hommes de l'Asie et ceux de l'Europe. Nous portons des vêtements courts et serrés, ils les portent longs et amples ; nous laissons croître les cheveux et nous rasons la barbe, ils laissent croître la barbe et rasent les cheveux ; chez nous se découvrir la tête est une marque de respect, chez eux une tête nue est un signe de folie ; nous saluons inclinés, ils saluent droit ; nous passons la vie debout, eux assis ; ils s'asseyent et mangent à terre, nous nous tenons élevés sur des siéges. Enfin, jusque dans les choses du langage, ils écrivent à contresens de nous, et la plupart de nos noms masculins sont féminins chez eux.

Un caractère également remarquable est l'extérieur religieux qui règne et sur les visages, et dans les propos, et dans les gestes des habitants de la Turquie; l'on ne voit dans les rues que mains armées de chapelets; l'on n'entend qu'exclamations emphatiques de *ô Dieu ! Dieu très grand ! Dieu très haut !* A chaque instant l'oreille est frappée d'un profond soupir ou d'une éructation bruyante qui suit la citation d'une des quatre-vingt-dix-neuf épithètes de Dieu, telles que *source de richesse ! ô très louable ! ô impénétrable !* Si l'on vend du pain dans les rues, ce n'est pas du pain que l'on crie, c'est *Dieu est libéral ;* si l'on vend de l'eau, c'est *Dieu est généreux ;* ainsi des autres denrées. Si l'on se salue, c'est *Dieu te conserve!* si l'on remercie, c'est *Dieu te protége !* en un mot, c'est Dieu en tout et partout.

Il est encore dans l'intérieur des Orientaux un caractère qui fixe l'attention d'un observateur, c'est leur air grave et flegmatique dans tout ce qu'ils font et dans tout ce qu'ils disent; au lieu de ce visage ouvert et gai que chez nous l'on porte ou l'on affecte, ils ont un visage sérieux, austère ou mélancolique; rarement ils rient, et l'enjouement de nos Français leur paraît un accès de délire. S'ils parlent c'est sans empressement, sans geste, sans passion; ils écoutent sans interrompre; ils gardent le silence des journées entières, et ils ne se piquent point *d'entretenir la conversation;* s'ils marchent, c'est posément et pour affaires, et ils ne conçoivent rien à notre turbulence et à nos *promenades* en long et en large. Toujours assis, ils passent des journées entières rêvant, les jambes croisées, la pipe à la bouche, presque sans changer d'attitude : on dirait que le mouvement leur est pénible, et que, semblables aux Indiens, ils regardent l'inaction comme un des éléments du bonheur.

La comparaison de notre état civil et domestique à celui des Orientaux présente plusieurs raisons de ce flegme, qui est leur caractère général. Chez nous, l'une des sources de la gaîté est la table et l'usage du vin; chez les Orientaux, ce double plaisir est presque inconnu. La bonne chère attirerait une avanie, et le vin une punition corporelle, vu le zèle de la police à faire exécuter les préceptes du Koran. Ce n'est pas même sans peine que les musulmans tolèrent dans les chrétiens l'usage d'une liqueur qu'ils leur envient. Aussi cet usage n'est-il habituel et familier que dans le Kesraouân et le pays des Druzes, et là les repas ont une gaîté que l'eau-de-vie ne procure point dans les villes même d'Alep et de Damas.

Une seconde source de gaîté parmi nous est la communication libre des deux sexes, qui a lieu surtout en France. L'effet en est que, par un espoir plus ou moins vague, les hommes, recherchant la bienveillance des femmes, prennent les formes qui peuvent la procurer. Or tel est l'esprit ou telle est l'éducation des femmes, qu'à leurs yeux le premier mérite est de les amuser, et certainement de tous les moyens d'y réussir le premier est l'enjouement et la gaîté. C'est ainsi que nous avons contracté une habitude de badinage, de complaisance et de frivolité, qui est devenue le caractère distinctif de notre nation en Europe. Dans l'Asie, au contraire, les femmes sont rigoureusement séquestrées de la société des hommes. Toujours renfermées dans leur maison, elles ne communiquent qu'avec leur mari, leur père, leur frère et tout au plus leur cousin germain; soigneusement voilées dans les rues, à peine osent-elles parler à un homme, même pour affaires : tous doivent leur être étrangers. Il serait indécent de les fixer, et l'on doit les laisser passer à l'écart, comme si elles étaient une chose contagieuse : c'est presque l'idée des Orientaux, qui ont un sentiment général de mépris pour ce sexe. Quelle en est la cause? pourra-t-on demander. Celle de tout, la législation et le gouvernement. En effet, ce Mahomet si passionné pour les femmes ne leur a cependant pas fait l'honneur de les traiter dans son Koran comme une portion de l'espèce humaine ; il ne fait mention d'elles ni pour les pratiques de la religion ni pour les récompenses de l'autre vie, et c'est une espèce de problème chez les musulmans si les femmes ont une âme. Le gouvernement fait plus encore contre elles, car il les prive de toute propriété foncière, et il les dépouille tellement de toute liberté personnelle, qu'elles dépendent toute leur vie ou d'un mari, ou d'un père, ou d'un parent. Dans cet esclavage, ne pouvant disposer de rien, l'on conçoit qu'il est assez inutile de solliciter leur bienveillance, et par conséquent d'avoir ce ton de gaîté qui les captive. Ce gouvernement, cette législation, paraissent eux-mêmes la cause de la séquestration des femmes, et peut-être, sans la facilité du divorce, sans la crainte de se voir enlever sa fille ou sa femme par un homme puissant, serait-on moins jaloux d'en dérober la vue à tous les regards.

Cet état des femmes chez les Orientaux cause dans leurs mœurs divers contrastes avec les nôtres. Leur délicatesse sur cet article est telle, que jamais ils n'en parlent, et qu'il serait très indécent de leur demander des nouvelles des femmes de leur maison. Il faut être avancé dans leur familiarité pour traiter avec eux de cette matière, et alors ce qu'ils entendent de nos usages les confond d'étonnement. Ils ne peuvent concevoir comment chez nous les femmes vont le visage découvert, eux pour qui un voile levé est l'enseigne d'une prostituée ou le signal d'une bonne fortune; ils n'imaginent pas comment on peut les voir, leur parler, les toucher sans émotion, et être en tête-à-tête sans se porter aux dernières extrémités. Cet étonnement nous indique l'opinion qu'ils ont des leurs, et l'on en peut d'abord conclure qu'ils ignorent absolument l'*amour* tel que nous l'entendons; le besoin qui en fait la base est chez eux dépouillé des accessoires qui en font le charme; la privation y est sans sacrifice, la victoire sans combat, la jouissance sans délicatesse ; ils passent sans intervalle du tourment à la satiété. Les amants y sont des prisonniers toujours d'accord pour tromper leurs gardes, toujours prompts à saisir l'occasion, parce qu'elle est rapide et rare; discrets comme les conjurés ; ils cachent leur bonheur comme un crime, parce qu'il en a les conséquences. Le poignard, le poison, le pistolet, sont toujours à côté de l'indiscrétion ; son extrême importance pour les femmes les rend elles-mêmes ardentes à la punir, et souvent pour se venger elles deviennent plus cruelles que leurs maris et leurs frères. Cette sévérité entretient des mœurs assez chastes dans les campagnes ; mais dans les grandes villes, où l'intrigue a plus de ressources, il ne règne pas moins de débauche que parmi nous, avec cette différence qu'elle est plus obscure. Alep, Damas, et surtout le Caire, ne le cèdent point en ce genre à nos capitales de province. Les jeunes filles y sont retenues comme partout, parce qu'un accident découvert leur coûterait la vie ; mais les femmes mariées y prennent d'autant plus de liberté, qu'elles ont été plus longtemps contraintes, et qu'elles ont souvent de justes raisons de se venger de leurs maîtres. En effet, à raison de la polygamie, permise par le Koran, la plupart des Turcs s'énervent de bonne heure, et rien n'est plus commun que d'entendre des hommes de trente ans se plaindre d'impuissance; c'est la maladie pour laquelle ils consultent davantage les Européens, en leur demandant du *màdjoun*, c'est-à-dire des pilules aphrodisiaques. Le chagrin qu'elle leur cause est d'autant plus amer, que la stérilité est un opprobre chez les Orientaux ; ils ont encore pour la fécondité toute l'estime des temps anciens, et le plus heureux souhait que l'on puisse faire à une jeune fille, c'est qu'elle ait promptement un époux, et qu'elle lui donne beaucoup d'enfants. Ce préjugé leur fait prématurer les mariages, au point qu'il n'est pas rare de voir unir des filles de neuf ou dix ans à des garçons de douze ou treize ; il est vrai que la crainte du libertinage et des suites fâcheuses qu'il attire de la part de la police turque y contribue aussi. Cette prématurité doit encore être comptée parmi les causes de l'impuissance. L'ignorance des Turcs se refuse à le croire, et ils sont si déraisonnables sur cet article, qu'ils méconnaissent les bornes de la nature dans les temps même où leur santé est dérangée. C'est encore un des effets du Koran, où le prophète a pris la peine d'insérer un précepte sur ce genre de devoir. D'après ce fait, Montesquieu a eu raison de dire que la polygamie était une cause de dépopulation en Turquie ; mais elle n'est qu'une des moindres, attendu qu'il n'y a guère que les riches qui se permettent plusieurs femmes ; le peuple, et surtout celui des campagnes, se contente d'une seule, et l'on trouve quelquefois dans les hautes classes des gens assez sages pour imiter son exemple, et convenir que c'est assez.

Ce que ces personnes racontent de la vie domestique des maris qui ont plusieurs femmes n'est pas propre à faire envier leur sort ni à donner une haute idée de cette partie de la législation de Mahomet. Leur maison est le théâtre d'une guerre civile continue. Sans cesse ce sont des querelles de femme à femme, des plaintes des femmes au mari. Les quatre épouses en titre se plaignent qu'on leur préfère les esclaves, et les esclaves qu'on les livre à la jalousie de leurs maîtresses. Si une femme obtient un bijou, une complaisance, une permission d'aller au bain, toutes en veulent autant et font ligue pour la cause commune. Pour établir la paix, le polygame est obligé de commander en despote, et de ce moment il ne trouve plus que les sentiments des esclaves, l'apparence de l'attachement et la réalité de la haine. En vain chacune de ces femmes lui proteste qu'elle l'aime plus que les autres, en vain elles s'empressent lorsqu'il rentre de lui présenter sa pipe, ses pantoufles, de lui servir son café; en vain, pendant qu'il repose mollement étendu sur son tapis, elles chassent les mouches qui l'importunent; tous ces soins, toutes ces caresses n'ont pour but que de faire ajouter à la somme de leurs bijoux et de leurs meubles, afin que, s'il les répudie, elles puissent tenter un autre époux, ou trouver une ressource dans ces objets qui sont leur seule propriété : ce sont de vraies courtisanes, qui ne songent qu'à dépouiller leur amant avant qu'il les quitte; et cet amant, dès long-temps privé de désirs, obsédé de complaisances, accablé de tout l'ennui de la satiété, ne jouit pas, comme l'on pourrait croire, d'un sort digne d'envie. C'est de ce concours de circonstances que naît le mépris des Turcs pour les femmes, et l'on voit qu'il est leur propre ouvrage.

Les musulmans sont élevés dans le préjugé du fatalisme, et ils sont fermement persuadés que tout est prédestiné. De là une sécurité qui tempère et le désir et la crainte, de là une résignation armée contre le bien et contre le mal, une apathie qui ferme également accès aux regrets et à la prévoyance. Que le musulman essuie une grande perte, qu'il soit dépouillé, ruiné, il dit tranquillement : *C'était écrit!* et avec ce mot il passe sans murmurer de l'opulence à la misère; qu'il soit au lit de mort, rien n'altère sa sécurité; il fait son ablution, sa prière; il a confiance en Dieu et au prophète; il dit avec calme à son fils : *Tourne-moi la tête vers la Mecque*, et il meurt en paix.

D'après ce que j'ai exposé des habitudes des Orientaux, l'on ne sera plus étonné que leur caractère se ressente de leur vie privée et de leur état civil. Dans les villes même les plus actives, telles qu'Alep, Damas et le Caire, tous les amusements se réduisent à aller au bain ou à se rassembler dans des cafés qui n'ont que le nom des nôtres. Là, dans une grande pièce enfumée, assis sur des nattes en lambeaux, les gens aisés passent des journées entières à fumer la pipe, causant d'affaires par phrases rares et courtes, et souvent ne disant rien. Quelquefois, pour ranimer cette assemblée silencieuse, il se présente un chanteur ou des danseuses, ou un de ces conteurs d'histoires que l'on appelle *nachid*, qui, pour obtenir quelques paras, récite un conte ou déclame des vers de quelque ancien poète. Rien n'égale l'attention avec laquelle on écoute cet orateur; grands et petits, tous ont une passion extrême pour les narrations; le peuple même s'y livre dans son loisir. Un voyageur qui arrive d'Europe n'est pas médiocrement surpris de voir les matelots se rassembler pendant le calme sur le tillac et passer deux ou trois heures à entendre l'un d'eux déclamer un récit que l'oreille la moins exercée reconnaît pour la poésie, au mètre très marqué, à la rime suivie ou mêlée de distiques. Ce n'est pas le seul article sur lequel le peuple d'Orient l'emporte en délicatesse sur le nôtre. La populace même des villes, quoique criailleuse, n'est jamais aussi brutale que chez nous, et elle a le grand mérite d'être absolument exempte de cette crapule d'ivrognerie qui infecte jusqu'à nos campagnes. C'est peut-être le seul avantage réel qu'ait produit la législation de Mahomet; joignons-y néanmoins la prohibition des jeux de hasard, pour lesquels les Orientaux, par cette raison, n'ont aucun goût; celui des échecs est le seul dont ils fassent cas, et il n'est pas rare d'y trouver des joueurs habiles.

De tous les genres de spectacle le seul qu'ils connaissent, mais qui n'est familier qu'au Caire, est celui des baladins qui font des tours de force comme nos danseurs de corde, et des tours d'adresse comme nos escamoteurs. L'on en voit qui mangent des cailloux, soufflent des flammes, se percent le bras ou le nez sans se faire de mal, et qui dévorent des serpents. Le peuple, à qui ils cachent soigneusement leurs procédés secrets, a une sorte de vénération pour eux, et il appelle d'un nom qui signifie tout ce qui étonne, comme *monstre, prodige* et *miracle,* ces tours de gibecière, dont l'usage paraît très ancien dans ces contrées. Ce penchant à l'admiration, cette facilité de croire aux faits et aux récits les plus extraordinaires, est un attribut remarquable de l'esprit des Orientaux; ils admettent sans répugner, sans douter, tout ce que l'on veut leur conter de plus surprenant. A les entendre, il se passe encore aujourd'hui dans le monde autant de prodiges qu'au temps des *génies* et des *afrittes.*

Mœurs et usages des Arabes Bédouins.

Parmi les races nombreuses qui peuplent la Syrie, nous parlerons seulement des Bédouins, dont la nature, par les circonstances dans lesquelles elle les a placés, a fait une race d'hommes aussi singulière au moral qu'au physique. Cette singularité est si tranchante, que leurs voisins, les Syriens même, les regardent comme hommes extraordinaires. Cette opinion a lieu surtout pour les tribus du fond du désert, qui ne s'approchent jamais des villes. Lorsque, du temps de Dâher, il en vint des cavaliers jusqu'à Acre, ils y firent la même sensation que feraient parmi nous des sauvages de l'Amérique. On considérait avec surprise ces hommes, plus petits, plus maigres et plus noirs qu'aucuns Bédouins connus; leurs jambes sèches n'avaient que des tendons sans mollets; leur ventre était collé à leur dos; leurs cheveux étaient crêpés presque autant que ceux des nègres. De leur côté, tout les étonnait; ils ne concevaient ni comment les maisons et les minarets pouvaient se tenir debout, ni comment on osait habiter dessous et toujours au même endroit ; mais surtout ils s'extasiaient à la vue de la mer, et ils ne pouvaient comprendre ce *désert d'eau*. On leur parla de mosquées, de prières, d'ablutions, et ils demandèrent ce que cela signifiait, ce que c'était que Moïse, Jésus-Christ et Mahomet, et pourquoi les habitants, n'étant pas de tribus séparées, suivaient des chefs opposés.

On sent que les Arabes des frontières ne sont pas si novices ; il en est même plusieurs petites tribus qui, vivant au sein du pays, comme dans la vallée de *Beqâå*, dans celle du Jourdain et dans la Palestine, se rapprochent de la condition des paysans ; mais ceux-là sont méprisés des autres, qui les regardent comme des *Arabes bâtards* et des *rayas* ou *esclaves des Turcs*.

En général, les Bédouins sont petits, maigres et hâlés, plus cependant au sein du désert, moins sur la frontière du pays cultivé, mais là même toujours plus que les laboureurs du voisinage. Un même camp offre aussi cette différence, et j'ai remarqué que les *chaiks*, c'est-à-dire les riches, et leurs serviteurs, étaient toujours plus grands et plus charnus que le peuple. J'en ai vu qui passaient cinq pieds cinq et six pouces, pendant que la taille générale n'est que de cinq pieds deux pouces. On n'en doit attribuer la raison qu'à la nourriture, qui est plus abondante pour la première classe que pour la dernière. On peut même dire que le commun des Bédouins vit dans une misère et une famine habituelles. Il paraîtra peu croyable parmi nous, mais il n'en est pas moins vrai que la somme ordinaire des aliments de la plupart d'entre eux ne passe pas six onces par jour. C'est surtout chez les tribus du Nadji et de l'Hedjâz que l'abstinence est portée à son comble ; six ou sept dattes trempées dans du beurre fondu, quelque peu de lait doux ou caillé, suffisent à la journée d'un homme ; il se croit heureux s'il y joint quelques pincées de farine grossière ou une boulette de riz. La chair est réservée aux plus grands jours de fête, et ce n'est que pour un mariage ou une mort que l'on tue un chevreau. Ce n'est qu'aux chaiks riches et généreux qu'il appartient d'égorger de jeunes chameaux, de manger du riz cuit avec la viande. Dans sa disette, le vulgaire, toujours affamé, ne dédaigne pas les plus vils aliments ; de là l'usage où sont les Bédouins de manger des sauterelles, des rats, des lézards et des serpents grillés sur des broussailles ; de là leurs rapines dans les champs cultivés et leurs vols sur les chemins ; de là aussi leur constitution délicate et leur corps petit et maigre, plutôt agile que vigoureux.

Les Arabes Bédouins sont divisés par tribus, qui constituent autant de peuples particuliers. Chacune de ces tribus s'approprie un terrain qui forme son domaine ; elles ne diffèrent à cet égard des nations agricoles qu'en ce que ce terrain exige une étendue plus vaste pour fournir à la subsistance des troupeaux pendant toute l'année. Chacune de ces tribus compose un ou plusieurs camps qui sont répartis sur le pays, et qui en parcourent successivement les parties à mesure que les troupeaux les épuisent. De là il arrive que sur un grand espace il n'y a jamais d'habités que quelques points qui varient d'un jour à l'autre; mais comme l'espace entier est nécessaire à la subsistance annuelle de la tribu, quiconque y empiète est censé violer la propriété, ce qui ne diffère point encore du droit public des nations. Si donc une tribu ou ses sujets entrent sur un terrain étranger, ils sont traités en voleurs, en ennemis, et il y a guerre. Or, comme les tribus ont entre elles des affinités par alliance de sang ou par conventions, il s'ensuit des ligues qui rendent les guerres plus ou moins générales. La manière d'y procéder est très simple. Le délit connu, l'on monte à cheval, l'on cherche l'ennemi; l'on se rencontre, on parlemente; souvent on se pacifie, sinon l'on s'attaque par pelotons ou par cavaliers; on s'aborde ventre à terre, la lance baissée; quelquefois on la darde, malgré sa longueur, sur l'ennemi qui fuit. Rarement la victoire se dispute, le premier choc la décide. Les vaincus fuient à bride abattue sur la plaine rase du désert; ordinairement la nuit les dérobe au vainqueur. La tribu qui a du dessous lève le camp, s'éloigne à marches forcées, et cherche un asyle chez les alliés. L'ennemi satisfait pousse les troupeaux plus loin, et les fuyards reviennent à leur domaine. Mais du meurtre de ces combats il reste des motifs de haine qui perpétuent les dissensions. L'intérêt de la sûreté commune a dès long-temps établi chez les Arabes une loi générale qui veut que le sang de tout homme tué soit vengé par celui de son meurtrier : c'est ce qu'on appelle le *târ* ou *talion*. Le droit en est dévolu au plus proche parent du mort; son honneur devant tous les Arabes y est tellement compromis, que, s'il néglige de prendre son *talion*, il est à jamais déshonoré. En conséquence, il épie l'occasion de se venger; si son ennemi périt par des causes étrangères, il ne se tient point satisfait, et sa vengeance passe sur le plus proche parent.

Ces haines se transmettent comme un héritage du père aux enfants, et ne cessent que par l'extinction de l'une des races, à moins que les familles ne s'accordent en sacrifiant le coupable, ou en *rachetant le sang* pour un prix convenu en argent ou en troupeaux. Hors cette satisfaction, il n'y a ni paix, ni trêve, ni alliance entre elles, ni même quelquefois entre les tribus réciproques; *Il y a du sang entre nous*, se dit-on en toute affaire, et ce mot est une barrière insurmontable. Les accidents s'étant multipliés par le laps de temps, il est arrivé que la plupart des tribus ont des querelles, et qu'elles vivent dans un état habituel de guerre, ce qui, joint à leur genre de vie, fait des Bedouins un peuple militaire, sans qu'ils soient néanmoins avancés dans la pratique de cet art.

La disposition de leurs camps est un rond assez irrégulier, formé par une seule ligne de tentes plus ou moins espacées. Ces tentes, tissues de poil de chèvre ou de chameau, sont noires ou brunes, à la différence de celles des Turkmans, qui sont blanchâtres. Elles sont tendues sur trois ou cinq piquets de cinq à six pieds de hauteur seulement, ce qui leur donne un air très écrasé. Dans le lointain, un tel camp ne paraît que comme des taches noires; mais l'œil perçant des Bédouins ne s'y trompe pas. Chaque tente, habitée par une famille, est partagée par un rideau en deux portions, dont l'une n'appartient qu'aux femmes. L'espace vide du grand rond sert à parquer chaque soir les troupeaux. Jamais il n'y a de retranchement; les seules gardes avancées et les patrouilles sont des chiens; les chevaux restent sellés et prêts à monter à la première alarme. Mais comme il n'y a ni ordre ni distribution, ces camps, déjà faciles à surprendre, ne seraient d'aucune défense en cas d'attaque. Aussi arrive-t-il chaque jour des accidents, des enlèvements de bestiaux, et cette guerre de maraude est une de celles qui occupent davantage les Arabes.

Chaque tribu est composée d'une ou de plusieurs familles principales, dont les membres portent le titre de *chaiks* ou *seigneurs*. Ces familles représentent assez bien les *patriciens* de Rome et les *nobles* de l'Europe. L'un de ces chaiks commande en chef à tous les autres : c'est le général de cette petite armée. Quelquefois il prend le titre d'*émir*, qui signifie *commandant* et prince. Plus il a de parents, d'enfants et d'alliés, plus il est fort et puissant. Il y joint des serviteurs qu'il s'attache d'une manière spéciale en fournissant à tous leurs besoins. Mais en outre il se range autour de ce chef de petites familles, qui, n'étant point assez fortes pour vivre indépendantes, ont besoin de protection et d'alliance. Cette réunion s'appelle *qâlibé* ou *tribu*. On la distingue d'une autre par le nom de son chef ou par celui de la famille commandante. Quand on parle de ces individus en général on les appelle *enfants* d'un tel, quoiqu'ils ne soient pas réellement tous de son sang et que lui-même soit un homme mort depuis long-temps.

Le gouvernement de cette société est tout à la fois républicain, aristocratique et même despotique, sans être décidément aucun de ces états. Il est républicain, parce que le peuple y a une influence première dans toutes les affaires, et que rien ne se fait sans un consentement de majorité; il est aristocratique, parce que les familles des *chaiks* ont quelques unes des prérogatives que la force donne partout; enfin il est despotique, parce que le *chaik* principal a un pouvoir indéfini et presque absolu. Quand c'est un homme de caractère, il peut porter son autorité jusqu'à l'abus; mais dans cet abus il est des bornes que l'état des choses rend assez étroites. En effet, si un chef commettait une grande injustice, si, par exemple, il tuait un Arabe, il lui serait presque impossible d'en éviter la peine; le ressentiment de l'offense n'aurait nul respect pour son titre; il subirait le *talion*, et, s'il ne payait pas le sang, il serait infailliblement assassiné, ce qui serait facile, vu la vie simple et privée des chaiks dans le camp. S'il fatigue ses sujets par sa dureté, ils l'abandonnent et passent dans une autre tribu. Ses propres parents profitent de ses fautes pour le déposer et s'établir à sa place. Il n'a point contre eux la ressource des troupes étrangères; ses sujets communiquent entre eux trop aisément pour qu'il puisse les diviser d'intérêt et se faire une faction subsistante. D'ailleurs, comment la soudoyer, puisqu'il ne retire de la tribu aucune espèce d'impôt; que la plupart de ses sujets sont bornés au plus juste nécessaire, et qu'il est réduit lui-même à des propriétés assez médiocres et déjà chargées de grosses dépenses?

En effet, c'est le chaik principal qui, dans toute tribu, est chargé de défrayer les allants et les venants; c'est lui qui reçoit les visites des alliés et de quiconque a des affaires. Sur le prolongement de sa tente est un grand pavillon qui sert d'hospice à tous les étrangers et aux passants. C'est là que se tiennent les assemblées fréquentes des chaiks et des notables pour décider des campements, des décampements, de la paix, de la guerre, des démêlés avec les gouvernements turcs et les villages, des procès et querelles des particuliers, etc. A cette foule qui se succède il faut donner le café, le pain cuit sous la cendre, le riz, et quelquefois le chevreau ou le chameau rôti; en un mot, il faut tenir table ouverte, et il est d'autant plus important d'être généreux, que cette générosité porte sur des objets de nécessité première. Le crédit et la puissance dépendent de là; l'Arabe affamé place avant toute vertu la libéralité qui le nourrit, et ce préjugé n'est pas sans fondement, car l'expérience a prouvé que les *chaiks* avares n'étaient jamais des hommes à grandes vues; de là ce proverbe, aussi juste que précis : *main sacrée, cœur étroit.* Pour subvenir à ces dépenses le *chaik* n'a que ses troupeaux, quelquefois des champs ensemencés, le casuel des pillages avec les péages des chemins; et tout cela est borné. Celui chez qui je me rendis, sur la fin de 1784, dans le pays de Gaz, passait pour le plus puissant des cantons; cependant il ne m'a pas paru que sa dépense fût supérieure à celle d'un gros fermier; son mobilier, consistant en quelques pelisses, en tapis, en armes, en chevaux et en chameaux, ne peut s'évaluer à plus de 50,000 livres, et il faut observer que dans ce compte quatre juments de race sont portées à 6,000 livres, et chaque tête de chameau à dix louis. On ne doit donc pas, lorsqu'il s'agit des Bédouins, attacher nos idées ordinaires aux mots de *prince* et de *seigneur;* on se rapprocherait beaucoup plus de la vérité en les comparant aux bons fermiers des pays de montagnes, dont ils ont la simplicité dans les vêtements comme dans la vie domestique et dans les mœurs. Tel chaik qui commande à 500 chevaux ne dédaigne pas de seller et de brider le sien, de lui donner l'orge et la paille hachée. Dans sa tente, c'est sa femme qui fait le café, qui bat la pâte, qui fait cuire la viande. Ses filles et ses parentes lavent le linge, et vont, la cruche sur la tête et le voile sur le visage, puiser l'eau à la fontaine. C'est précisément l'état dépeint par Homère, et par la Genèse dans l'histoire d'Abraham; mais il faut avouer qu'on a de la peine à s'en faire une juste idée quand on ne l'a pas vu de ses propres yeux.

La simplicité, ou, si l'on veut, la pauvreté du commun des Bédouins, est proportionnée à celle de leurs chefs. Tous les biens d'une famille consistent en un mobilier dont voici à peu près l'inventaire : quelques chameaux mâles et femelles, des chèvres, des poules, une jument et son harnais, une tente, une lance de treize pieds de long, un sabre courbe, un fusil rouillé à pierre ou à rouet, une pipe, un moulin portatif, une marmite, un seau de cuir, une poêlette à griller le café, une natte, quelques vêtements, un manteau de laine noire; enfin, pour tous bijoux quelques anneaux de verre ou d'argent que la femme porte aux jambes et aux bras. Si rien de tout cela ne manque le ménage est riche. Ce qui manque au pauvre et ce qu'il désire le plus est la jument. En effet, cet animal est le grand moyen de fortune; c'est avec la jument que le Bédouin va en course contre les tribus ennemies ou en maraude dans les campagnes et sur les chemins. La jument est préférée au cheval, parce qu'elle ne hennit point, parce qu'elle est plus docile, et qu'elle a du lait qui, dans l'occasion, apaise la soif et même la faim de son maître.

Ainsi restreints au plus étroit nécessaire, les Arabes ont aussi peu d'industrie que de besoins; tous leurs arts se réduisent à ourdir des tentes grossières, à faire des nattes et du beurre. Tout leur commerce consiste à échanger des chameaux, des chevreaux, des chevaux mâles et des laitages, contre des armes, des vêtements, quelque peu de riz ou de blé, et contre de l'argent qu'ils enfouissent. Leurs sciences sont absolument nulles; ils n'ont aucune idée ni de l'astronomie, ni de la géométrie, ni de la médecine. Ils n'ont aucun livre, et rien n'est si rare, même parmi les chaiks, que de savoir lire. Toute leur littérature consiste à réciter des contes et des histoires, dans le genre des *Mille et une nuits*. Ils ont une passion particulière pour ces narrations; elles remplissent une grande partie de leurs loisirs, qui sont très longs. Le soir ils s'asseyent à terre à la porte des tentes, ou sous leur couvert s'il fait froid, et là, rangés en cercle autour d'un petit feu de fiente, la pipe à la bouche et les jambes croisées, ils commencent d'abord par rêver en silence; puis à l'improviste quelqu'un débute par un *il y avait au temps passé*, et il continue jusqu'à la fin les aventures d'un jeune chaik et d'une jeune Bédouine. Il raconte comment le jeune homme aperçut d'abord sa maîtresse à la dérobée et comme il en devint éperdument amoureux; il dépeint trait par trait la jeune beauté, vante ses yeux noirs, grands et doux comme ceux d'une gazelle, son regard mélancolique et passionné, ses sourcils courbés comme deux arcs d'ébène, sa taille droite et souple comme une lance. Il n'omet ni sa démarche légère comme celle d'une *jeune pouline,* ni ses paupières noircies de *kohl*, ni ses lèvres peintes de bleu, ni ses ongles teints de *henné* couleur d'or, ni sa gorge semblable à une couple de grenades, ni ses paroles douces comme le miel. Il conte le martyre du jeune amant, *qui se consume tellement de désirs et d'amour que son corps ne donne plus d'ombre.* Enfin, après avoir détaillé ses tentatives pour voir sa maîtresse, les obstacles des parents, les enlèvements des ennemis, la captivité survenue aux deux amants, etc., il termine, à la satisfaction de l'auditoire, par les ramener unis et heureux à la tente paternelle; et chacun de payer à son éloquence les éloges qu'il a mérités. Les Bédouins ont aussi des chansons d'amour, qui ont plus de naturel et de sentiment que celles des Turcs et des habitants des villes, sans doute parce que ceux-là, ayant des mœurs chastes, connaissent l'amour, pendant que ceux-ci, livrés à la débauche, ne connaissent que la jouissance.

On a souvent reproché aux Arabes leur esprit de rapine; mais, sans vouloir l'excuser, on ne fait point assez d'attention qu'il n'a lieu que pour l'étranger réputé ennemi, et par conséquent il est fondé sur le droit public de la plupart des peuples. Quant à l'intérieur de leur société, il y règne une bonne foi, un désintéressement, une générosité, qui feraient honneur aux hommes les plus civilisés. Quoi de plus noble que ce droit d'asyle établi chez toutes les tribus! Un étranger, un ennemi même, a-t-il touché la tente du Bédouin, sa personne devient pour ainsi dire inviolable. Ce serait une lâcheté, une honte éternelle, de satisfaire même une juste vengeance aux dépens de l'hospitalité. Le Bédouin a-t-il consenti à *manger le pain et le sel* avec son hôte, rien au monde ne peut le lui faire trahir. La puissance du sultan ne serait pas capable de retirer un réfugié d'une tribu, à moins de l'exterminer tout entière. Ce Bédouin si avide hors de son camp n'y a pas plus tôt remis le pied qu'il devient libéral et généreux. Quelque peu qu'il ait, il est toujours prêt à le partager; il a même la délicatesse de ne pas attendre qu'on le lui demande. S'il pnd son repas, il affecte de s'asseoir à la porte de sa tente afin d'inviter les pa sants. Sa générosité est si vraie, qu'il ne la regarde pas comme un mérite, mais comme un devoir; aussi prend-il sur le bien des autres le droit qu'il leur donne sur le sien.

CAMPBELL.

VOYAGE A ALGER.

Aspect d Alger. Description de la ville. La Kasba. Bains. Cafés, etc.

Je m'embarquai le 11 septembre à Marseille, et le 16 nous étions en vue d'Alger. L'aspect de la ville frappe plutôt par son originalité que par sa beauté; mais aucune cité ne possède proportionnellement autant de villas que la capitale de l'Algérie en compte sur les riants coteaux qui l'environnent, et leur blancheur éclatante, ressortant plus vive au milieu de verts bosquets, procure un des plus beaux spectacles que l'on puisse voir.

Alger est bâtie en amphithéâtre sur le penchant d'une colline, au bord de la mer. Elle est entourée d'un large fossé et d'une muraille de 30 à 40 pieds de hauteur, de douze d'épaisseur et de trois quarts de lieue de circonférence, garnie de canons. Du côté de la terre elle est défendue par le fort de l'Empereur, qui la domine, et le port est protégé par des fortifications irrégulières.

Je logeai chez M. Descousse, ancien capitaine de cavalerie sous Napoléon, et maintenant négociant et colonel de la garde nationale d'Alger. La maison de mon hôte avait été celle de l'aga des janissaires. C'est une des plus belles de la ville. On entre de la rue dans un vaste vestibule; la principale pièce du rez-de-chaussée, celle où l'aga, entouré de ses serviteurs, s'asseyait pour fumer sa pipe et recevoir les visites, est devenue une loge de portier; de chaque côté sont des pièces voûtées qui servaient autrefois d'étables, et que le nouveau propriétaire a converties en caves; un magnifique escalier à jour en marbre blanc, tapissé de toiles vertes et jaunes, conduit à une cour de trente pieds carrés, pavée aussi en marbre; une quadruple galerie, soutenue par des colonnes de marbre blanc, et qui monte d'étage en étage, produit un charmant effet ; des portes à deux battants, curieusement travaillées, s'ouvrent sur ses galeries. La maison est surmontée d'une terrasse d'où l'on peut admirer le magnifique panorama de la ville et de sa rade pavoisée, des montagnes et de leurs riantes villas. C'est là que se réunissaient, au clair de la lune, la famille et les amis de mon hôte. Sous la domination turque, les femmes seules avaient le droit de se promener sur ces terrasses. Jusqu'ici je n'y ai aperçu aucune dame maure ; mais les juives viennent s'y pavaner avec beaucoup de coquetterie. Malgré tout ce luxe d'architecture, les maisons mauresques sont peu confortables à l'intérieur. En général, elles ne reçoivent de jour que par les croisées de la cour, qui sont toutes grillées, ce qui donne à ces maisons l'air de prisons.

On compte à Alger 153 rues, 14 impasses et 5 places. Quand on parcourt un quartier de cette ville où les Français n'ont point porté le marteau, on croirait errer dans les détours étroits d'un labyrinthe ; c'est à peine si on peut passer deux de front dans les rues, et dans beaucoup d'endroits les toits opposés se joignent et forment une arcade. On y rencontre de loin en loin quelque dame maure enveloppée dans une grande draperie qui ressemble assez à un suaire, et cette momie est peu propre à vous inspirer des idées galantes. Ces rues étroites préservent assez bien de la chaleur et même de la pluie ; mais on y respire un air empesté, et il n'est pas possible qu'Alger soit jamais exempte de fièvres putrides. Il y a cependant de larges égouts couverts, et quatre aqueducs amènent de l'eau en abondance dans un grand nombre de fontaines. Chacune de ces fontaines a une écuelle attachée par une chaîne, et une inscription recommande aux fidèles de préférer l'eau aux liqueurs fortes.

Tout intéresse dans ce pays ; la grande place surtout offre, les jours de marché, un spectacle vraiment curieux par la diversité des costumes et des figures. Au milieu de ces Maures aux larges turbans, de ces Juifs à l'air rusé, et de leurs femmes aux longs cheveux pendants sur leurs épaules ; au milieu de ces Kabyles à l'air farouche, à la taille gigantesque, l'Européen paraît être de trop, il gâte l'harmonie du tableau.

On a long-temps exagéré la population d'Alger. D'après le recensement officiel de 1833, elle ne dépasse pas 25,000 habitants. Alger ne possède aucun édifice remarquable, car on ne saurait décorer de ce nom même la demeure du dey, cette kasba dont on a fait tant de bruit en Europe. On en jugera par la description qu'en donne un Français qui faisait partie de l'expédition.

« La Kasba, dit le baron Denniée, est une enceinte informe, fermée par des murailles blanchies à la chaux, d'une hauteur prodigieuse, sans issues, sans jours, crénelées à la mauresque, et desquelles s'échappent par de profondes embrasures, sans ordre ni alignement, de longs canons dont l'embouchure est peinte en rouge. On ne pénètre dans ce lieu, en venant du château de l'Empereur, que par la porte neuve de la ville, et après avoir suivi une longue et tortueuse ruelle, dont la largeur suffit à peine, dans quelques parties, pour le passage d'une bête de somme.

» Cette ruelle conduit, après quelques minutes de marche, sous un porche sombre, au centre duquel s'élève une coupe en marbre blanc d'où coule une eau limpide. Ce porche, grossièrement décoré de lignes rouges et blanches, et de quelques miroirs, est le lieu où se tenaient les nègres qui formaient la garde fidèle du dey. Ce porche franchi, une seconde ruelle conduit, d'un côté, au magasin à poudre, et de l'autre à l'entrée de la cour intérieure où le dey faisait sa demeure. Cette cour, dallée en marbre, est carrée; elle offre sur trois de ses côtés des galeries soutenues par des colonnes torses. Sous l'une de ces galeries est une espèce de retraite indiquée par une longue banquette de drap écarlate, où le dey se tenait quelquefois. C'est dans cette cour que les négociants étaient tenus de venir déposer la cargaison de leurs navires pour que le dey choisît lui-même le 5, le 6 ou le 10 pour cent qui lui convenait. Cette manière sauvage d'imposer le commerce avait donné naissance à des amoncellements de denrées et de parcelles d'objets fabriqués de toute espèce entassés pêle-mêle.

» C'est encore sous cette galerie et de plain-pied que se trouvaient les salles renfermant le trésor. Le premier étage se compose de quatre galeries; dans l'une de ces galeries était placé une espèce de palanquin sous lequel le dey venait entendre la musique. Ce meuble bizarre était adossé à de petites chambres où se trouvaient encore après le départ du dey quelques harnachements de chevaux, etc. L'une des galeries du premier étage communiquait à une longue batterie qui commandait la ville, et aussi, par un véritable escalier de moulin, à une galerie supérieure où venaient aboutir les quatre longues chambres sans glaces ni tentures, mais blanchies à la chaux, qui formaient l'appartement du dey. Cette galerie supérieure conduisait par une autre, incroyablement basse, au quartier des femmes, composé de six petites pièces, clos par de hautes murailles; ces appartements n'obtenaient de jour que par une cour intérieure dont le sol était à la hauteur du premier étage. D'un côté, cette triste demeure était appuyée par les canons qui commandaient la montagne dans la direction du château de l'Empereur, et de l'autre, c'est-à-dire du côté de la cour principale, par une épaisse muraille, d'où, pour satisfaire la timide curiosité des femmes, on remarquait dans quelques unes des chambres des espèces de meurtrières longues et étroites projetées diagonalement, et desquelles l'œil sollicitait la vue de quelques pieds de la galerie supérieure où le dey venait parfois se délasser. C'est encore dans le voisinage de l'appartement des femmes que se trouve un espace décoré du nom de jardin, et dans lequel on ne parvient qu'après cent détours bizarres, qu'en descendant 60 ou 80 degrés. Ce jardin, encaissé dans de hautes murailles d'une blancheur éblouissante, ayant pour tout ombrage un long berceau de jasmin, était le seul lieu dont l'accès fût permis aux femmes. »

On compte à Alger un grand nombre de mosquées. Elles sont presque toutes pareilles. Il y a à l'entrée une fontaine où les croyants font leurs ablutions avant de pénétrer dans le lieu saint; elles sont surmontées d'un dôme et d'un minaret, espèce de clocher terminé en croissant, sur lequel le muezzin plante un drapeau quand il y monte pour appeler les fidèles à la prière. Le pavé est couvert de nattes, de roseaux ou de riches tapis.

Les bains publics sont très nombreux; un jeune Maure y masse, frictionne et essuie le baigneur en chantant des chansons arabes. Les cafés sont aussi en assez grand nombre; on y voit les Maures et les Arabes étendus sur des bancs, fumant, buvant du café sans sucre, et jouant à des jeux qui ont assez d'analogie avec nos jeux d'échecs et de dames, le tout au son d'une musique fort peu agréable pour des oreilles civilisées. Les Algériens ont aussi une espèce d'opéra national, où des danseuses mauresques sans voile exécutent des danses ou plutôt des pantomimes monotones. Quelques unes de ces dames m'ont paru très jolies. Les boutiques ouvertes par les Français sont à la mode d'Europe; mais celles des Juifs et des Maures ont la plus triste apparence : ce sont des espèces de niches pratiquées dans le mur latéral d'une maison, et qui n'ont pas plus de quatre pieds de profondeur sur sept de hauteur.

Les Algériens, se rasant la tête, ont des barbiers pour leurs cheveux, comme nous en avons pour nos barbes, et les boutiques des barbiers sont, à Alger comme partout, le rendez-vous des oisifs, des officines de nouvelles et de cancans. Des bancs sont disposés tout autour, et les murs sont chargés de grossières peintures représentant les victoires navales des Algériens sur les chrétiens.

Les Algériens paraissent être les descendants des Maures de l'Andalousie, auxquels se mêlèrent les Turcs, qui formèrent la caste guerrière, l'aristocratie de la nation. Ces deux races sont aujourd'hui tellement confondues, que l'œil de l'étranger a peine à saisir la différence.

Le costume des Maures est assez connu aujourd'hui pour que nous ne nous arrêtions pas à le décrire. Quant au costume des dames maures, il est difficile de le connaître; pour moi je n'en ai vu qu'en peinture, si j'en excepte deux ou trois danseuses dont j'ai parlé. Ces danseuses étaient jolies; mais leur costume ne ressemblait probablement pas plus à celui des dames maures que la toilette d'une danseuse d'opéra ne ressemble à celles des beautés de nos salons. Ce n'est pas que les femmes maures de la classe commune soient invisibles; on les rencontre à pied dans des rues sombres et étroites, mais elles sont toujours voilées, et elles passent près de vous comme des fantômes. On en rencontre aussi sur les chemins, mais toujours à cheval et enfermées dans des espèces de boîtes. Je fis bien des tentatives inutiles pour me procurer des renseignements à ce sujet, et je serais resté dans une complète ignorance sans l'obligeance d'une dame anglaise résidant à Alger. Cette dame, pensant, et avec raison, me faire un présent agréable, m'envoya deux poupées portant le costume complet des dames maures avec toutes ses broderies. Voici donc quel serait ce costume. Les cheveux, attachés par un ruban bleu, pendent sur les épaules. Le vêtement de dessous est une chemise de beau linge bordée de dentelle sur la poitrine; une riche veste de velours brodée de soie couvre les bras et les épaules et descend jusqu'à la ceinture; du coude part une large manche de soie qui va jusqu'au bout des doigts, mais qu'on tient toujours relevée pour laisser voir les bracelets qui ornent les bras; des pantalons brodés de soie partent de la ceinture et descendent jusqu'aux genoux. Par dessus cette toilette se porte une robe de soie brodée, absolument semblable à celles de nos dames d'Europe, et qui couvre tout le corps des épaules aux chevilles; mais il paraît que l'on se passe de cette dernière pièce de la toilette pour laisser voir ses jolies jambes toutes nues. Des pantoufles de maroquin, un voile, un châle, des boucles d'oreilles et un collier, complètent ce costume pittoresque.

On ne peut pas attendre de l'éducation limitée que reçoivent les dames maures un grand développement d'intelligence. Malgré le luxe de leur parure, elles sont très peu propres, familières avec leurs négresses, et ne s'élevant guère dans leur conversation au dessus des futilités. On les dit généralement peu remarquables par leur beauté. Cependant, quoi qu'on en ait dit, il n'est pas vrai que les musulmans pensent que leurs femmes n'ont point d'âme.

On va m'accuser de médisance quand je dirai que les dames maures aiment beaucoup les petits chiens; mais ce n'est pas seulement pour elles, comme nos dames d'Europe, un mignon, l'objet de chères caresses : c'est une friandise recherchée. Ceci me rappelle l'exclamation d'un sauvage du Canada, devant lequel on vantait les bonnes qualités de l'évêque de Québec. « Oh! oui, s'écria ce sauvage, vous avez bien raison, il était excellent. — Vous l'avez donc connu? — Je le crois bien, j'en ai mangé. » Les dames maures aiment les petits chiens comme ce sauvage aimait les évêques. On dit que c'est dans la persuasion que la chair de ces animaux a la propriété d'engraisser ceux qui s'en nourrissent; or, pour une dame maure, l'embonpoint est une condition indispensable de la beauté.

Les Maures valent généralement mieux que leur réputation. Il y en a peu qui profitent de la polygamie, et ils sont bons pour leurs enfants. Ils sont, en général, très propres sur leurs personnes et dans leurs maisons, et, sous ce rapport, ils rivalisent avec les Hollandais. La plupart sont industrieux; ils se lèvent avec le soleil pour vaquer à leurs affaires, s'ils en ont, ou bien ils vont tuer le temps dans des cafés, où ils fument en buvant du café et de l'opium. Les cafés d'Alger qui ne sont pas tenus par des Français n'ont guère d'autres meubles que quelques bottes de paille sur lesquelles on s'assied pour jouer aux échecs et aux dames.

Les Maures sont très sobres; ils ne mangent pas le quart de ce que mange un Européen. Le déjeuner des riches se compose de café et de thé, avec des fruits, de la limonade et des sorbets. Les pauvres remplacent le thé par une plante du pays, qui est salutaire et à très bon marché. Le repas du soir est le plus important dans toutes les classes; c'est à ce seul repas que l'on mange de la viande.

On remarque dans les cérémonies mortuaires des Maures algériens une singulière coutume que l'on retrouve chez les anciens Irlandais. Quand un membre d'une famille est mort, toutes les femmes de la maison se mettent à pousser des cris, auxquels les voisines, les amis, les parents, viennent bientôt joindre les leurs. Ils gourmandent le défunt de s'être laissé mourir. « Pourquoi nous avoir quittés, nous qui vous nourrissions, qui vous habillions, qui vous aimions? » Le défunt ne répond mot, comme on le pense bien, et se laisse livrer au fossoyeur, qui lave le corps et le dépose dans un cercueil; il est ensuite porté à une chapelle et conduit de là au cimetière. Quelquefois la cérémonie se termine par un hymne chanté en chœur.

FIN.

TABLE DES MATIÈRES

AFRIQUE.

FIN DE LA TABLE.

LIMOGES ET ISLE,
Imprimerie de MARTIAL ARDANT FRÈRES.

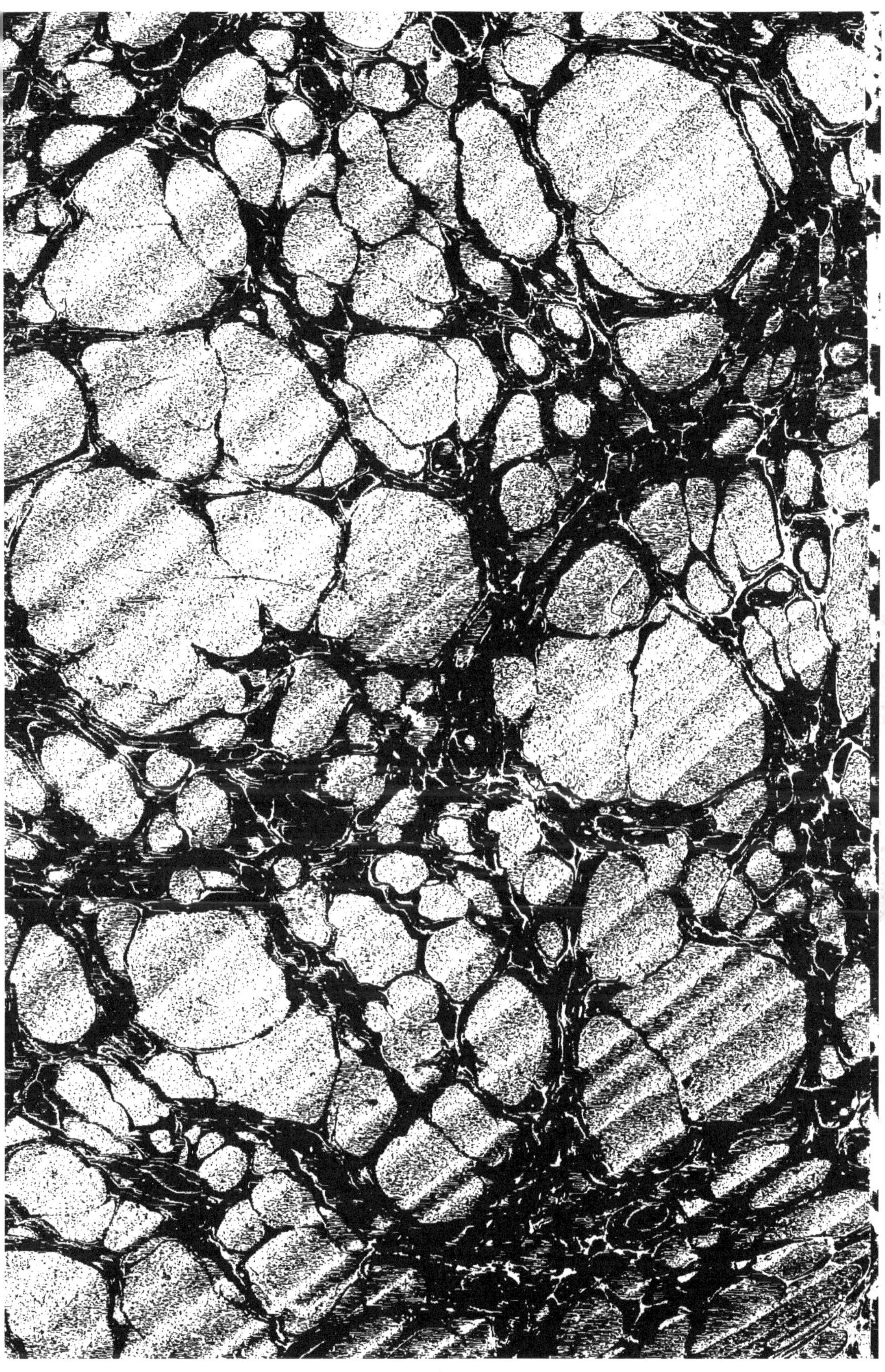

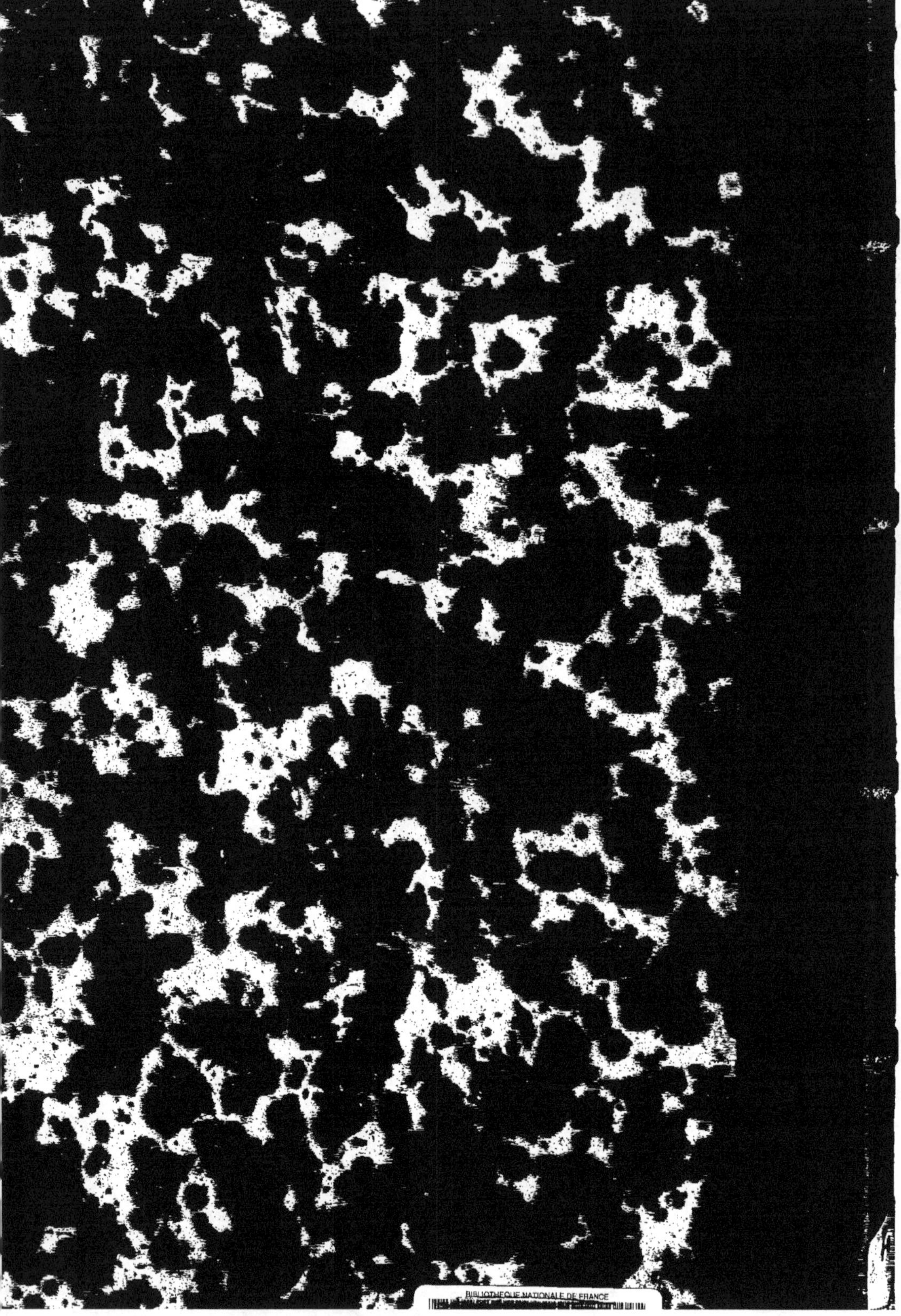

www.ingramcontent.com/pod-product-compliance
Ingram Content Group UK Ltd.
Pitfield, Milton Keynes, MK11 3LW, UK
UKHW031045260726
13965UKWH00006B/390

9 782013 425957